KINDER LERNEN ZUKUNFT. Didaktik der Lernkulturen

Beiträge zur Reform der Grundschule – Band 153
Herausgeber: Der Vorstand des Grundschulverbandes e. V.
Verantwortlich für diesen Band: Marion Gutzmann

Herausgegeben von Markus Peschel

KINDER LERNEN ZUKUNFT

Didaktik der Lernkulturen

Grundschulverband e.V.
Frankfurt am Main

Satz und Gestaltung: novuprint · Agentur für Mediendesign, Werbung, Publikationen GmbH, 30175 Hannover

Redaktionelle Mitarbeit: Patrick Peifer

Bildnachweis: Die Rechte für die Abbildungen liegen bei den jeweiligen Autorinnen und Autoren, falls nicht anders vermerkt; Cover: Katharina Ritter, www.designritter.de

Bibliografische Information der Deutschen Nationalbibliothek:
Die Deutsche Nationalbibliothek verzeichnet diese Publikation in der Deutschen Nationalbibliografie; detaillierte bibliografische Daten sind im Internet über http://dnb.d-nb.de abrufbar.

Druck und Bindung: WKS Print Partner GmbH, 34587 Felsberg

ISBN 978-3-941649-32-3 / Best. -Nr. 1117
(Beiträge zur Reform der Grundschule, Band 153)

Bestelladresse: info@grundschulverband.de bzw. direkt online unter www.grundschulverband.de → Shop → Buchreihe

In den meisten Beiträgen des vorliegenden Bandes bringen Autorinnen und Autoren ihr Bemühen um eine gendersensible Sprache durch besondere schriftsprachliche Zeichen zum Ausdruck. Da es zurzeit keine allgemein anerkannte Lösung für das Problem „gendersensibler" (Schrift-)Sprache gibt, verwendet jede Autorin und jeder Autor ihre oder seine bevorzugte Form.

Inhalt

3 Fachinhalte und Lernkulturen

Markus Peschel

Lernkulturen und Didaktik

Etablierung einer Lern-orientierten Didaktik über den Lern- und Kulturbegriff

Warum dieses Buch?

Ein Buch, das in der Reihe „Reformen der Grundschule" erscheint, muss einen innovativen pädagogischen Ansatz verfolgen und etwas Altes neu definieren oder zumindest neue Ideen, bei denen es sich lohnt, diesen weiter nachzugehen, skizzieren – um ggf. auch wieder auf „alte" Diskussionen zu rekurrieren und diese neu bzw. modern zu interpretieren. Dies wurde in den letzten Bänden dieser Reihe sehr deutlich: Zunächst wurde die historische Entwicklung „Auf dem Weg zu einer kindgerechten Grundschule" (Band 148/149) nachgezeichnet. Davon ausgehend wurden die Entwicklung von Fachgrundlagen (Band 150), von Denk- und Arbeitsweisen „Über die Fächer hinaus" (Band 151) und von „Schulkulturen" (Band 152) aufgearbeitet. Damit wurden die didaktischen Ideen für das Lernen aus Sicht des Grundschulverbandes differenziert dargelegt.

Die Idee, eine Didaktik der Lernkulturen für den Bereich „Lehren und Lernen in Schule" zu begründen, ist nicht neu; so sind z. B. viele Ansätze der Reformpädagogik entsprechend ausgelegt, mehr ein fachübergreifendes als ein fachspezifisches Lernen zu evozieren. Dabei sind aber vielfältige strukturelle Einflüsse – etwa Fach- oder fachdidaktische Verständnisse, Einflüsse seitens der Psychologie, der Pädagogik, der Lebenswissenschaften usw. – gegenüber einem fachübergreifenden Lern-Verständnis teilweise diametral angelegt. Organisationsfragen von Schule und Unterricht, Räume, Klassenzusammenstellungen, Noten, Leistungsrückmeldungen, Pausen, Verwaltung von Lernbiografien, Laufbahnempfehlungen usw. dominieren teilweise den Inhalt und erschweren ein individuelles Verständnis im Sinne einer pädagogischen Leistungskultur. (Alleiniger) Kompetenzerwerb oder Wissensanhäufung ist aber nicht Bildung (vgl. auch Ramseger 2020 in GSV-Band 151).

> Wenn dieser Band eine Idee oder Vision aufwerfen kann, wie eine Lern-orientierte Didaktik Einzug in die Bildungsinstitution Schule halten kann, sind wir – im Sinne einer Theorie-Praxis-Verschränkung der Lehrkräfteausbildungsphasen und im Sinne des reformorientierten Ansatzes und der Standpunkte des Grundschulverbandes – einen Schritt weiter …!

Lernen von Kindern geschieht selten fachspezifisch und an den o. g. Organisationsstrukturen ausgerichtet, sondern eher situativ, genetisch, individuell und intrinsisch. *Wie* dieser Ansatz eines Lernens des Individuums in verpflichtenden, institutionalisierten Einrichtungen erfolgen kann, dem soll mit diesem Band nachgegangen werden.

Warum also ein Buch mit einer *nicht-Fach-orientierten* Ausrichtung? Warum die Idee, einerseits den Lernbegriff und andererseits den Kulturbegriff (statt einer Fachorientierung) derartig zentral zu stellen, und dies dann auch noch im Hinblick auf die Entwicklung einer Vermittlungstheorie (Didaktik)? Es soll damit versucht werden, insgesamt innerhalb der *Vermittlungs*intention (Didaktik) immer auch die *Erwerbs*logik (Lernen) zu denken und das **Lernen als Ziel der Vermittlung und nicht Vermittlung als Selbstzweck** zu intendieren – häufig überlagert von anderen (heimlichen Lehr-) Zielen, die sich teilweise in einer Schulkultur tradieren (vgl. auch Nießeler in diesem Band).

Die in diesem Band skizzierten Beispiele werden zeigen, dass es vielfältige teilweise unbeschriebene Kulturen an der Schule gibt und dass die Begriffe, die diese Tradition kultivieren, zu hinterfragen und zu innovieren sind; denn die Didaktik hat sich inzwischen deutlich differenzierter zu den Vorgängen beim Lernen (auch in Schule) geäußert, als die Begriffe vermitteln. Züchtigungs- oder Bloßstellungskulturen als (hilflose) Ansammlung (de-)motivationaler Maßnahmen, damit die Kinder sich an Regeln halten und lernen, sind obsolet bzw. sollten obsolet sein. Wenn aber die Schule sich in den Grundlagen nicht ändert und weiterhin nur Wissen lehrt und das eigene Lehren abprüft und benotet, statt die Kinder lernen zu lassen, benötigt sie weiterhin Instrumente der Selektion und Disziplinierung.[1]

Wenn sie (also die „Schule") aber lustvoller Lernort ist, den die Schüler*innen besuchen *wollen* (und nicht nur *müssen*), weil individuelles Lernen Spaß macht und spielerisch und eigenaktiv in der Auseinandersetzung mit der Gruppe (subjektorientiert, situiert, sokratisch, genetisch, spielerisch und/ oder auch begeistert) gelernt wird, ändert sich die Lernkultur einer Schule (vgl. auch Andersen in diesem Band).

Diese Didaktik, die Inhalte, Lernende und Arrangeure eines lustvollen und lernenden Miteinanders adressiert, steht im Einklang mit wissenschaftlichen Erkenntnissen von „erfolgreichem" Lernen als kulturellem Gut im Sinne des Lernens miteinander (vgl. auch Falko Peschel in diesem Band).

---

1) Hier hat sich auch durch die Standpunkte des Grundschulverbandes viel getan (vgl. https://grundschulverband.de/unsere-themen/standpunkte-2/ [14.11.21]), wobei die Grundzüge eines behavioristischen Lern-Verständnisses vielfach weiterhin vorhanden, wenn auch nicht so deutlich sichtbar sind (vgl. Krommer 2013). Und das Nichterreichen von – meist extern gesetzten – Zielen wird auf Landes-, Schul-, Klassen- und Schülerebene sanktioniert – mit jeweils anderen Mitteln (vgl. auch Standpunkt Inklusive Bildung; https://grundschulverband.de/wp-content/uploads/2019/04/ Standpunkt-Inklusive-Bildung.pdf/ [14.11.21]).

Die Beiträge (vgl. u.a. Schorcht & Platz in diesem Band) geben vielfältige Hinweise darauf, wie Lernen (aus meist überfachlicher oder fachübergreifender Sicht) verstanden werden kann (vgl. auch Calvert & Hausberg in diesem Band). Es geht dabei häufig um Begriffe wie Lernen, Weltaneignung oder Welterschließung (vgl. auch Rauterberg & Scholz in diesem Band) – und fast nie um „klassische" Vermittlungsmethoden oder Aufgaben (vgl. auch Kihm & Peschel in diesem Band).

Dieser Band soll dabei Mut machen, das Lernen in den Mittelpunkt der sachbezogenen Auseinandersetzung zu stellen und Ableitungen zu generieren, die für das Lernen notwendig sind, sodass sich daraus eine Innovation und eine Lernkultur ableitet (vgl. auch Giest in diesem Band).

Wie angedeutet, wird dieses Verständnis bzw. eine solche Didaktik der Lernkultur(en) zu einer zunächst temporären, dann aber dauerhaften Schulkultur, wenn sie „von der überwiegenden Mehrheit oder einer wichtigen Teilgruppe als notwendig, wichtig oder wünschenswert assoziiert wurde, um sie dann als Kulturgut zu bewahren und anderen zu vermitteln" (s. Kurzinfo S. 10).

Was meint „Kultur", „Lernen", „Didaktik"?

Kultur

Der Kultur einer Gesellschaft und der Kultur in der Schule als Abbild der gesellschaftlichen Entwicklungen kann man gut in der Historie nachspüren (vgl. auch GSV-Band 148/149), insbesondere wenn (vermeintliche) Kulturen im Rückblick als irritierend oder verstörend wahrgenommen werden.[2] Insofern ist der Kulturbegriff vor allem im Präsens und kulturelle Entwicklung als dauerhafter Veränderungsprozess zu begreifen.[3] Gesellschaftliche und auch sprachliche Entwicklungen von Kulturen lassen sich auch in der Grundschule gut thematisieren. Allein die Frage nach früheren bzw. aktuellen gesellschaftlichen kulturellen Entwicklungen, z. B. Taschengeld, Handynutzung oder Film- und Fernsehgewohnheiten sowie Jugendsprache oder Musikgeschmack oder gendergerechte Sprache, lässt schon in sehr kurzer Zeit Veränderungen erkennen, die die Schüler*innen bereits in den ersten Schuljahren überblicken bzw. wahrnehmen können.[4] Auch der Umgang mit Daten unterliegt aktuel-

2) Dies ist recht gut für Auswirkungen des Wilhelminischen Kaiserreichs, für den Behaviorismus, aber auch für Schule und NS-Zeit oder Schule in der DDR (s. Kasten auf S. 70) beforscht.

3) Kultur ist nicht starr, sonst wären es Dogmen oder unveränderbare Gebote. Selbst die Rechtskultur, die sich in vielen Paragraphen manifestiert, ist nicht unerschütterlich und passt sich den gesellschaftlichen Veränderungen an. Als Beispiel seien hier nur der § 218a (Schwangerschaftsabbruch) oder die Frage der Gleichstellung zu nennen.

4) Ein Kultur„schock" erfolgt ja bereits mit Beginn der Schulzeit, wenn die bislang weitgehend freie Zeiteinteilung in Bezug z. B. auf das eigene Spielen mit Schuleintritt schlagartig fremdbestimmt und reglementiert ist.

len und teilweise brisanten Einflüssen und Wandlungen und beeinflusst das Lernen in einer Kultur der Digitalität (vgl. auch Irion & Knoblauch in diesem Band).

Kultur ist ein – auch für die Grundschule – wichtiger, zentraler Begriff, der sich ableitet aus (1) zunächst nicht dauerhaft erscheinenden schulischen Aspekten oder Gepflogenheiten, die dann aber (2) immer wiederkehrende Muster ausbilden, die (3) sich etablieren und so (4) eine Kultur hervorbringen in eben der Weise, dass diese (a) (gesellschaftlich) entwickelt wurde, (b) von der überwiegenden Mehrheit oder einer wichtigen Teilgruppe als notwendig, wichtig oder wünschenswert assoziiert wurde, um sie dann (c) als Kulturgut zu bewahren und (d) anderen zu vermitteln.[5]

Lernen

Um nur einen sehr groben Überblick über die bedeutsamen Ansätze (bzgl. Lernen, Lernverständnissen) der letzten 100 Jahre zu geben, wären als Lerntheorien, die das Lernen – nicht die Schule – beschreiben, zu nennen (vgl. u. a. Gudjons 2012):

- Subjektwissenschaftliches Lernen (Holzkamp 1995)
- Kognitivismus und Konstruktivismus (meist in gemäßigter Form, vgl. Arnold 2007)
- Situatives, genetisches Lernen (im Sachunterricht, vgl. z. B. Soostmeyer 1978)
- Modelllernen (Beobachten, Imitation, Identifikation, vgl. u. a. Bandura 1976)
- Instruktionalismus, der das Reiz-Reaktions-Lernen als Grundlage für eine klassische Vermittlung nutzt (ähnliche Ansätze sind die kybernetische Didaktik, Beispiel wären die multimedialen Sprachlabore der 1970er-Jahre)
- Behaviorismus mit der Klassischen (Pawlow) und Operanten Konditionierung (Skinner)

Die Aufzählung ist bewusst von neueren Ansätzen zu älteren Theorien gehalten, um zu zeigen, dass es aktuelle Ansätze gibt, die aber bislang eher wenig Verbreitung in Schule erfahren. Stattdessen orientieren sich viele Vermitt-

5) „Kultur als der von Menschen erzeugte Gesamtkomplex von Vorstellungen, Denkformen, Empfindungsweisen, Werten und Bedeutungen, der sich in Symbolsystemen materialisiert" (Nünning & Nünning 2003: 6). Als Beispiel sei die Digitalisierung zu nennen, die erst zaghaft entwickelt wurde (Programmieransätze in den 1970er-Jahren), dann didaktische Beispiele für sinnvolle schulische Nutzungsformen (PC als Schreibmaschine, Blatt 1996) generiert und über die gesellschaftlichen Transformationen als Kulturgut und damit als vierte Kulturtechnik (KMK 2016) fixiert wurden.

lungen und Didaktiken an älteren Lerntheorien, die während einer anderen Gesellschaftsform, anderen Arbeitsverhältnissen und einem anderen Verständnis von Lernen, Lehren, Kind, Schüler*in und Gesellschaft begründet wurden. Selbst subjektwissenschaftliche Lerntheorien sind dabei schon über 30 Jahre bekannt bzw. entwickelt und folgen einem Menschenbild aus den 1990er-Jahren. In den Vermittlungswissenschaften scheint ein gemäßigter Konstruktivismus vorzuherrschen, der in einigen Ausprägungen – in gemäßigter Form – weiterhin an den Instruktionalismus aus den 1970er-Jahren angelehnt scheint.

Didaktik (und Mathetik)

Ohne hier einen Überblick über die didaktischen Entwicklungen zu geben (vgl. hierzu u. a. Gudjons 1986; Terhart 1999; Ruf et al. 2008), scheint deutlich, dass auch die Didaktik[6] verschiedenen Wandlungen und kulturellen Einflüssen unterliegt und dabei die Vermittlung von Inhalten in einem theoretisch-praktischen Feld fokussiert. So wird deutlich, dass z. B. die Vermittlungsebene einem dienlichen Zweck unterliegt, also (besonders aktuell) einem Verständnis von besonders gutem (= effektivem oder effizienten) Lernen. Eine Orientierung an einer Mathetik als zugrunde liegender Wissenschaft wird hingegen anstelle operationalisierbarer Outputergebnisse vielmehr das individuelle Lernen fokussieren und die Aneignung sowie Weiterentwicklung von Lerninhalten in den Mittelpunkt stellen (vgl. auch Wedekind, Kihm & Peschel in diesem Band). Inhalte und Ziele lassen sich entsprechend weniger überprüfen und „das Vermitteln“ ist innerhalb eines mathetischen Umgangs nicht der Kern der Aktivität, sondern ermöglicht einen individuellen Sachzugang.

Lernkultur als Kultur für das Lernen

Schule soll grundlegend Chancengleichheit ermöglichen, sie soll die Kinder individuell und gemeinschaftlich bilden – an den kulturellen Gegenständen der Jetzt-Zeit als Vorbereitung für ihre und die gesellschaftliche Zukunft (vgl. KMK 2016). Eine Lernkultur als Kultur für das Lernen müsste also insbesondere in Schulen neu ausgebildet werden, denn es überwiegen bei Weitem Vermittlungsaspekte, überprüfbare Ergebnisse und eine Organisation von Lernmöglichkeiten samt dem professionellen Fachpersonal (Lehrkräfte für die Fächer der Grundschule) (vgl. Gebauer 2020).

---

6) Didaktik: von griech. didaktikḗ téchnē (διδακτικὴ τεχνή), zu griech. didáskein (διδάσκ ειν) ‚lehren‘. lehren: ahd./mhd. mit Bezug aufs Gotische laisjan ‚lehren‘ ist Kausativbildung im Sinne von ‚wissend machen‘ zu einem in got. lais ‚ich weiß‘, eigentlich ‚ich bin wissend geworden, habe erfahren, habe nachgespürt‘ belegten Präteritopräsens.

Wie würde eine Schule aussehen, die sich an einer solchen Lernkultur orientiert? Eine Schule, die das Lernen im Sinne des Ziels einer Schulkultur versteht und diesem Ziel Organisation, Gebäude, Lernzeiten etc. anpasst (vgl. auch Krawczyk in diesem Band). Und: Wie sieht es aktuell aus? Aktuelle Beispiele aus verschiedenen Schulen aller Bundesländer greift der Band 152 auf:

> *„Das Buch handelt also nicht nur von Ideen, sondern auch von deren konkreter Umsetzung. Wenn in einer Schule eine Entwicklung angestoßen werden soll und der Weg noch unklar ist, bietet dieser Band eine Fülle anschaulicher und in der Praxis gut umsetzbarer Impulse. Stockt die Entwicklung einer Schule oder wird verzweifelt für das aufgetauchte Problem nach einer Lösung gesucht, findet sich in diesem Buch garantiert ein Lösungshinweis."* (Carle et al. 2021: 9)

Ausbildung von Lehrkräften für Schulkulturen

Wenn wir in den 2020er-Jahren Lehrkräfte an der Universität oder Pädagogischen Hochschule ausbilden, so sind der Konzeption der Ausbildung bzw. der Ausgestaltung der Lerninhalte für zukünftige Lehrkräfte vielfältige Entscheidungen im Kontext der gesellschaftlichen und schulischen Entwicklungen vorausgegangen, die Veränderungen bisheriger/bestehender (Ausbildungs-) Kulturen beinhalten und aus eben den o. g. gesellschaftlichen Veränderungen resultieren; hier ein paar Beispiele zur Illustration:

- Der Lehrer*innenberuf ist kein Ausbildungsberuf[7] mehr, sondern
- beruht auf einem elaborierten tertiären (Aus-)Bildungsverständnis[8].
- Diese Ausbildung erfolgte in der historischen bzw. gesellschaftlichen Entwicklung zunächst an praxisorientierten Seminaren, später dann an Fach-, d. h. Pädagogischen Hochschulen, Gesamthochschulen und letztlich gegenwärtig (überwiegend) an Universitäten.[9]

---

7) Obwohl die Ausbildung zur Lehrkraft nicht mehr rein praktisch zu verstehen ist, ist es der Beruf aber vornehmlich schon; allerdings sprechen wir vom „reflected practioner", also einem Praktiker, der seine Handlungen theoriegeleitet plant, entwickelt und reflektiert.

8) Vgl. u. a. Professionalisierungsdiskurs bzw. strukturfunktionaler Ansatz nach Parsons (1968) oder Tertiärisierungsbestrebungen speziell im Kontext Pädagogischer Hochschulen (Forneck et al. 2009).

9) Die Entwicklung einer zunehmenden Tertiärisierung kann man gut einerseits an dem Diskurs über die Pädagogischen Hochschulen (nur noch) in Baden-Württemberg ablesen oder in den Entwicklungen, die seit einigen Jahren in den Nachbarländern Österreich und Schweiz zu beobachten sind (vgl. u. a. Forneck et al. 2009: https://paedagogik.de/dimensionen-des-sachunterrichts/product/sachen-unterrichten-1515/; https://paedagogik.de/dimensionen-des-sachunterrichts/product/natur-mensch-gesellschaft-nmg-2189/). Auch die aktuellen Auseinandersetzungen innerhalb des universitären Kontextes über die Verortung der Lehrkräftebildung in den verschiedenen Fakultäten und der Professionalisierung durch ‚Schools of Education' zeigen die Entwicklung der Lehrer*innenbildung bzw. der Ausbildungskultur von Lehrkräften auf.

- Die Qualifikation für den Lehrer*innenberuf verlangt (in Deutschland) eine Praxisphase, die nachgehend zu theorieorientierten Inhalten die Vermittlungspraxis in den Mittelpunkt stellt – das Referendariat.
- Diese zweite Qualifikationsphase wurde von – ehemals anscheinend notwendigen – 24 Ausbildungsmonaten auf 18 oder gar 12 Monate verkürzt und teilweise in Kooperation von Studienseminaren und Universitäten innerhalb der ersten Ausbildungsphase neu gestaltet.
- Es erfolgt eine Eingruppierung in Entgeltgruppen (A11, A12, A13), (vornehmlich) von den Ausbildungszeiten (Primarstufe vs. Sekundarstufe) abhängig.[10]
- Diese Ausbildungsumsetzungen, Eingruppierungen und Laufbahnmöglichkeiten werden landesspezifisch verantwortet.
- Die Ausbildung zur Grundschullehrkaft erfordert ein 1-Fach-, 2-Fach-, 3-Fach- oder gar Generalist*innenstudium (vgl. u. a. Breitenmoser et al. 2020), um dann an einer 4- bis 6-jährigen Grundschule im deutschsprachigen Raum zu unterrichten.
- Diese Entwicklungen sind sehr dynamisch und u. a. von Arbeitsmarktsituationen abhängig.

Ferner muss man in Bezug auf die Aktualität von Ausbildungsinhalten oder Vermittlungspraktiken die gesellschaftlichen und schulischen Kulturentwicklungen in die Zukunft extrapolieren:[11] Die Ausbildung von Lehrkräften erfolgt in den Lebensjahren ab ca. 18 Jahren, hier schließen sich ein 4- bis 5-jähriges Studium und ein 1- bis 2-jähriges Referendariat an[12], sodass in

---

10) Die Bindung der Ausbildungszeiten an Entgeltgruppen kann man sehr gut an den aktuellen Entwicklungen in verschiedenen Bundesländern (z. B. Schleswig-Holstein, Sachsen, Mecklenburg-Vorpommern) ablesen, die einerseits eine zeitliche Ausweitung der Ausbildung mit höherer Eingruppierung (A13) von Grundschullehrkräften verbinden. Andererseits ist dies auch notwendig geworden, um dem Lehrkräftemangel im Grundschulbereich entgegenzuwirken. Inwiefern eine unterschiedliche Besoldung von Lehrkräften verschiedener Schulstufen oder Schulformen noch zeitgemäß ist, ist Gegenstand verschiedener politischer Diskussionen (vgl. u. a. www.gew.de, www.Grundschulverband.de).

11) Dieses Beispiel ist bewusst als ‚Gedankenspiel' (s. u.) angelegt – wohlwissend, dass das Abitur nicht der einzige Zugang ist, die Diskussion erneut um G8/G9 geführt wird, es weitere Qualifikationswege, Umwege, Quereinstiege, Verzögerungen u. v. a. m. gibt.

12) Hier zeigen sich Unterschiede zu anderen Ländern, wie z. B. der Schweiz, in der es eine einphasige Grundschulehrer*innenausbildung gibt, die die Praxisnähe durch hohe Anteile berufspraktischer Studien während der Ausbildung an der PH realisiert – in einem 6-semestrigen BA-Studium. Auch die Verkürzung der zweiten Ausbildungsphase in Deutschland mit Verlagerung von Praxisanteilen in universitäre Praxissemester sind Entwicklungen, hinter denen teilweise nicht belegte Annahmen der frühzeitigen Praxisorientierung liegen (vgl. u. a. Gehrmann 2012; 2016).

einem optimistischen Szenario die für die Grundschule ausgebildete Lehrkraft im Alter von ca. 23 bis 25 Jahren für mehr als die nächsten 40 Jahre tätig sein wird. Dort lehrt die Lehrkraft, die heute im Jahr 2021 ausgebildet wird, in der Grundschule noch bis ca. ins Jahr 2060 Schüler*innen, die dann wiederum eine Berufslaufbahn im Anschluss an die Schule beginnen, welche wiederum bis in das 22. Jahrhundert im Arbeitsmarkt Wirksamkeit entfaltet (vgl. auch Giest & Lompscher 2006; Robinson 2017).

Wir diskutieren also aktuelle Ausbildungsnotwendigkeiten und Fragen nach Bildung, Lernen und Kultur, die letztlich bis (weit) ins 22. Jahrhundert wirken. Dies macht es m. E. zwingend erforderlich, nach der Ausbildung für das (Grundschul-)Lehramt regelmäßige Phasen stetiger Weiterentwicklungen durch Weiterbildungsprogramme – auch im Sinne einer Schulkultur – umzusetzen und diese Weiterbildung von Lehrkräften entsprechend professionell zu institutionalisieren.[13]

Was in den nächsten Jahrzehnten aber an Inhalten, Vermittlungsmethoden, Medien und Didaktik notwendig ist oder in welchen Räumlichkeiten bzw. Orten dies stattfinden wird (vgl. auch Gryl in diesem Band), können wir heute nur antizipieren und zukünftige Veränderungen ggf. mit Rückgriff auf die Historie spekulieren.[14] Werden die nächsten 40 Jahre auch nur annähernd so intensiv – und es deutet viel darauf hin, dass im Zuge der Digitalisierung weitaus stärkere Veränderungen zu erwarten sind –, müssen wir Lehrkräfte an der Universität nicht für einen praktischen Unterricht in Schulen z. B. für das Jahr 2025 qualifizieren, sondern die Grundlagen für die eigene innovative und stetige Weiterentwicklung im Sinne eines lebenslangen Lehrer-Lernens legen. Wie soll man heute Lehrkräfte ausbilden, damit diese noch in einigen Jahrzehnten modern genug unterrichten und Kinder von überübermorgen auf die dann veränderte Gesellschaft, die dann aktuelle Kultur und Technik bzw. das Berufsleben des 22. Jahrhunderts vorbereiten? Und dies in den vielleicht jetzt zu bauenden Schulgebäuden, mit der Technik von übermorgen und den kulturellen Entwicklungen der nächsten Jahrzehnte. „Rezepte“ für

---

13) Besonders deutlich wird dies z. B. im Bereich der Digitalisierung, den man in der didaktischen Entwicklung gut von Beginn der 1980er-Jahre an verfolgen kann, also rückblickend 30 bis 40 Jahre, und die zunehmende – auch Corona-bedingte – Beschleunigung der didaktischen und technischen Entwicklung in den letzten (und nächsten?) Jahren.

14) Welche Entwicklung Schule in den letzten 40 Jahren durchlebt hat, kann man eindrucksvoll an den gesammelten Bänden des Grundschulverbandes ablesen. Hilfreich sind auch hier die historischen Entwicklungen, die gut in den Dekadenkongressen (vgl. Bundesgrundschulkongress 2019) ablesbar sind. Hierbei sind räumliche Entwicklungen sicherlich langlebiger als technische Entwicklungen. Der Schulneubau muss sich allerdings solchen flexiblen Entwicklungen oder Neuausrichtungen anpassen (z. B. Ganztagsschule, Lernzentrum des Stadtteils o. a.).

den Unterricht, gleich welcher Art, werden in den 2030er-, 2040er-, 2050er- und 2060er-Jahren nicht mehr funktionieren – sofern sie überhaupt funktionieren bzw. funktioniert haben. Umso wichtiger ist die bildungsbasierte Grundlegung von Theorie und Praxisreflexion (vgl. u.a. Giest & Lompscher 2006).[15]

Kulturbegriff in Schule

Schulkultur wird dabei auch deutlich von Fragen der Länderhoheit in der Bildung beeinflusst – einschließlich divergentem Verständnis von Lerninhalten und Standards von Abschlüssen; Deutschland hat dabei eine andere politische Grundsetzung als z. B. Frankreich oder die DDR. Auch die Frage, wer letztlich für den Lernerfolg zuständig ist, wer aufgrund welcher Leistung einen Erfolg definiert oder misst und wie sich dies auf das Lernen und die Lerninhalte auswirkt, mag in den oben beschriebenen Beispielen von Lehren und Lernen bzw. unter-richten neu definiert werden. Also: Wer verantwortet Bildung, wer das Lernen?

Erschwerend kommt in unserem konsekutiven und selektiven Bildungssystem hinzu, dass a) verschiedene Lehrer*innen in b) verschiedenen Schuljahren und Schulstufen in einem c) fachlichen[16] bzw. überfachlichen sehr heterogenen Gerüst (vgl. u. a. Wodzinski 2011) des Lernens kumulativ und miteinander agieren. Der resultierende *Unterricht* erfolgt ferner d) in einer bildenden Institution (Schule) mit e) verbrachten Zeiten (Unterricht) in f) heterogenen[17] und „willkürlich“ zusammengesetzten (Lern-)Gruppen (= Klassen?).

Also: Wer garantiert das Lernen im Unterricht? Und wie wird es bewertet, gemessen oder entwickelt? (vgl. auch Peschel, Fischer, Kihm & Liebig in diesem Band).

---

15) Dass es einer stetigen Weiterentwicklung bedarf, und diese auch bzw. zumeist durch äußere Impulse angestoßen wird, kann man gut an den Lockdown-Szenarien im Zuge der Corona-Pandemie erkennen. Alle bisherigen schulischen Umgangsweisen mussten neu digital gelernt und mit Technik, Weiterbildung, Engagement und neuen Kompetenzen umgesetzt werden (vgl. auch Grundschule aktuell 152).

16) Für den Bereich Physiklernen hat Muckenfuß (1995) die Heterogenität des Weges vom Grundschulkind zum/zur Abiturient*in, das/der/die sich mit Physik befasst, nachgezeichnet.

17) Untersuchungen in Bezug auf die Altersstruktur bzw. Jahreshomogenität zeigen, dass die Vorstellung einer homogenen Schulklasse (nicht nur in der Grundschule, auch in den weiterführenden Schulen) eine Illusion ist. Entwicklungsunterschiede in Klasse 1 betragen schon etwa 3 bis 4 Jahre (Zürcher Longitudinalstudie, vgl. Largo & Beglinger 2010; www.remo-largo.ch/studien.html [21.02.21]); „Karawaneneffekt“: Dieser Entwicklungsunterschied bleibt erhalten oder vergrößert sich sogar.

> Die Lehrperson kann – so allgemein die Auffassung von (ko-)konstruktivistischen oder subjektorientierten Lerntheorien, die sich letztlich in einer Didaktik kultivieren – nur ein möglichst gutes Lehren umsetzen, in der Hoffnung, dadurch ein Lernen zu initiieren (vgl. Arnold 2007). Eine Garantie für den Lern- oder Bildungserfolg kann jedoch – so die o.g. Auffassung – auf jeden Fall nicht die Lehrperson, sondern nur der/die einzelne Lernende – also das Kind bzw. der/die Schüler*in – geben.

Es ist also eine Konzentration von Schule und Unterricht notwendig: auf die Lernenden und das bzw. ihr Lernen. Alles Weitere (Schule, Klassen, Zusammensetzung, Stundenplan, Allgemeine Didaktik, Schulpädagogik, Grundschulpädagogik, Grundschuldidaktik, Fachdidaktik, Methodik und sogar Motivation) muss sich diesem Kernanliegen, Schüler*innen zu bilden, unterordnen bzw. immer wieder überprüfen, ob die Intentionen dem Kerngedanken eines lernenden Subjekts entsprechen (vgl. u.a. Peschel 2020).

Eine auf das Lehren konzentrierte Didaktik arbeitet aber an den Kernintentionen von Subjekt und Bildung bzw. am Lernen vorbei und fokussiert den/die Absender*in, nicht den/die Adressat*in des Bildungssystems.[18] Geht es um eine Lehr-theoretische oder Lehr-intendierte Didaktik, so konzentriert sich diese Schulkultur auf „gute" Darbietungen, Optimierungen und Vermittlung von Unterrichtsstoff und erzielt auch gute Erfolge – aber dies ist nur eine Seite der Medaille. Geht es auch anders? Könnte man nicht eine Angebots-Lern-Kultur entwickeln, in der Kinder – z.B. begleitet mit Beratung von Lehrkräften – entsprechende Angebote situiert, individuell nutzen?

Wie das Beispiel zum Kaugummiverbot (siehe Kasten) zeigt, sind vielfältige Aspekte, die eine Kultur in Bezug auf das Lernen in Schule bedingen, nicht ausreichend sichtbar oder werden als selbstverständlich interpretiert. So ist auch die Kultur des Stillsitzens in Lernphasen zu hinterfragen, da sie zwar ein organisatorisches Merkmal – ruhige Klasse, Arbeitsplatzbelastung, Rücksichtnahme – beinhaltet, aber nicht in erster Linie auf das Lernen ausgelegt ist. So sind leise Klassen – also leise Kinder, die in der Summe gesehen dann als leise Klasse subsumiert werden – nicht zwangsläufig in den Lern-Leistungen

18) Inwiefern eine Umorientierung seit dem PISA-Schock 2000 (www.oecd.org/ueber-uns/erfolge/deutschlands-pisa-schock.htm [21.02.21]) dazu beigetragen hat, die Outputleistung des Systems Schule sowie ökonomische Überlegungen von Effizienz im Bildungssystem statt Inhaltsorientierung und Lernorientierung anzulegen, muss an anderer Stelle diskutiert werden (vgl. auch www.wiwo.de/erfolg/hochschule/oekonomisierung-der-bildung-junge-menschen-werden-wie-maschinen-behandelt/12965326.html [21.02.21], Böttcher 2002; Flitner 2006). Sicherlich ist die Frage nach Lerninhalten oder Bildung auch eine Frage der sinnvollen Verwendung von Lernzeit – aber in einem individuellen und nicht ökonomischen Verständnis.

Beispiel Schulkultur: Individuelles Lernen und Demokratielernen (Kaugummiverbot)

An einem trivial erscheinenden Beispiel soll expliziert werden, wie schulische Gepflogenheiten Einfluss nehmen können auf eine Schul- und Lernkultur: Eine Abfrage bei Fortbildungen oder auch in Vorlesungen fördert immer ein wenig Unverständnis hervor, wenn gefragt wird: *„Sollte in der Schulstunde Kaugummikauen erlaubt sein?"*

Es werden dabei zumeist unreflektiert und ohne Berücksichtigung motivationaler, bewegungsorientierter Ansätze oder Kognitionsunterstützung durch das Kauen Meinungen tradiert, die sich auf die Auswirkungen „verbrauchter Kaugummis" beziehen, den Lernaspekt oder die motorische Entlastung/Kompensation aber zumeist außen vor lassen.

So wird zumeist für das Kaugummi-*kau*-Verbot damit argumentiert, dass die Kinder die Kaugummis unter die Tische kleben würden, dass es unappetitlich aussieht, wenn ein Kind mit offenem Mund kaut, dass es dann ja alle dürfen müssten (und die Kinder ihre Kaugummis teilen müssen) oder auch: Was denken denn die Kolleg*innen oder Eltern, wenn sie plötzlich in meine Klasse kommen (oder Unterricht vertreten)?[a] Ich vertrete die Auffassung, dass man alle diese Aspekte/Befürchtungen entkräften kann und einen Umgang – also Regeln – finden kann, die ein Kaugummikauen in der Klasse *möglich machen*.[b] Eine Erlaubnis bedeutet dabei nicht, dass plötzlich jedes Kind der Klasse zu jeder Zeit (gar mit offenem Mund) genussvoll und geräuschvoll Kaugummi kaut – obwohl dies die Angst sein mag. Vielmehr entsteht in gemeinschaftlicher Auseinandersetzung mit den Kindern (z. B. auch im Klassenrat) ein gemeinsamer Umgang mit dem Wunsch der Kinder, den Anforderungen an die soziale Einrichtung Klasse und dem Miteinander-Lernen aller Kinder, ein Bewusstsein für Gemeinschaft und Individualität.

Es werden Für und Wider abgewogen und der Wunsch des Einzelnen (oder mehrerer) in Auseinandersetzung mit dem Wunsch aller bzw. der Mehrheit und ggf. weiteren Rahmenbedingungen (Schulordnung, Klassenordnung) evoziert.

---

a) Dass sich dies leicht übertragen lässt auf andere „Störaspekte" ist offensichtlich: Dürfen Süßigkeiten genascht werden? Darf gegessen werden? Darf getrunken werden? Wann? Von wem? Was ist mit Kindern, die zu Hause kein Frühstück bekommen haben usw.?

b) Einige Klassen bzw. Lehrkräfte erlauben manchmal – in Prüfungssituationen – das Kaugummikauen. Warum nur dort? Warum zeitlich oder örtlich eingeschränkt? Muss man dies in Schulordnungen regeln bzw. erlauben?

Insofern ist eine Diskussion über das Für und Wider von Kaugummis in der Lernzeit eine spezielle und unmittelbare demokratische Verhandlung. Nichts anderes schaffen Gesetze, Ordnungen und Regeln der Gemeinschaft bzw. Gesellschaft, wie es in Bezug auf Freiheit des Individuums im Sinne des Allgemeinen möglich ist – eine Kultur der Gemeinschaft mit Vereinbarungen für alle.

Und, um wieder auf den Kern, das (zumeist ungeschriebene) Kaugummiverbot in der Klasse, zurückzukommen: Wir haben in der Klasse als Regel ein „Kaugummi-unter-den-Tisch-klebe-Verbot" beschlossen, das eben verhindern soll, dass Tische unappetitlich aussehen oder eklig anzufassen sind. Zudem weitere flankierende Regeln, wie: „Es darf keinen stören, es soll nicht zu hören oder zu sehen sein, wenn Du Kaugummi kaust", „Man sollte vorher die Sitznachbar*innen fragen", gemeinsam als Klassenregeln beschlossen. Diese Regeln wurden natürlich auch kontrolliert (2- bis 3-mal im Schuljahr Tische/Stühle prüfen), und in der Klasse machten sich die Kinder untereinander auf störendes (Kau-)Verhalten aufmerksam. Die Kinder achteten sorgsam aufeinander und lernten, Rücksicht zu nehmen.

Zugegeben, es sind nun *mehrere* Regeln DAFÜR, damit ein Kaugummi-Kauen ermöglicht wurde, was sich auch mit *einem* Verbot GEGEN Kaugummis beheben ließe.

Nur würde dieses Verbot weder individuelle Wünsche zulassen noch die Zielorientierung (Lernen, Tische) noch Notwendigkeiten nach motorischem Ausgleich beim Lernen oder gar demokratische Prozesse berücksichtigen. Es würde als von der Lehrkraft induzierte Regel alle Schüler*innen und alle gleichermaßen negativ treffen, ohne die Sach-, Sozial- oder Individualebene zu berücksichtigen. Und: Ist das „Ich klebe den Kaugummi heimlich unter den Tisch" nicht einfach nur der Tatsache geschuldet, dass die Kinder ihren Platz während der Stunde nicht verlassen dürfen – oder weil das Kauen heimlich geschieht/geschehen muss? Stattdessen kauen sie weiter heimlich, verstoßen wissentlich gegen (ungeschriebene) Regeln und kleben den Kaugummi unter den Tisch, damit es keiner – zumindest nicht der/die Lehrer*in – merkt.

besser. Es ist hierbei zu bedenken, dass die Disziplinierung unter Sozialgesichtspunkten definiert ist – und somit unter anderen Gesichtspunkten als dem Lernen des Individuums betrachtet wird. Die daraus resultierende Kultur des Miteinanders sollte dabei aber berücksichtigt bzw. thematisiert werden und kann wiederum Lerninhalt sein. Dies erreicht man aber nicht mit Sanktionen oder Verordnungen, sondern über die Einsicht des Individuums in der Gruppe. Traditionell werden an Schulen relativ viele Restriktionen in

Bezug auf die Bewegung ausgesprochen (z. B. Forderung ruhigen Sitzens im Klassenzimmer, Rennverbot im Schulhaus, Beschränkung der Bewegungsvielfalt durch räumliche Pausenhofgestaltung mit ausgewählten Spielgeräten; vgl. auch Gramespacher, Störch Mehring, Bucher & Klostermann in diesem Band). Inwiefern eine Schule ein Bewegungsprofil aufgrund einer anderen Lernkultur oder eines anderen didaktischen Verständnisses hervorbringt, ist in gewisser Weise der Interpretation des kulturellen Verständnisses geschuldet.

Sprache und Kultur: Unterrichten – „unter" und „richten"

Neben diesen kulturellen und zeitlichen Betrachtungen scheint es erforderlich zu sein, einen Blick auf die sprachlichen Entwicklungen, die mit der Kulturentwicklung korrespondieren, zu werfen und einige Gedankenspiele sprachlicher Art mit der kulturellen Auswirkung auf Schule anzustellen; denn in Sprache manifestieren sich Konstrukte und Muster, die dann eben wieder verdauert werden.

Wenn Schulen Orte des Lernens sind, warum heißen sie dann Schulen und nicht Lernorte, Lernzentren oder Bildungszentren? Warum wird in Schulen unterrichtet? (Siehe hierzu auch die Fußnoten 20 und 21.)

Wer unter-richtet wen?

Allein in den verwendeten Worten, mit denen wir aktuell hantieren (und diesen Artikel schreiben), z. B. „Unterricht" und „unterrichten", manifestiert sich ein kulturell verankertes, teilweise tradiertes, aber ggf. durchaus schon verändertes Verständnis eines Sachgegenstandes. Die gesellschaftliche Verankerung von Worten ist dabei sehr beständig und tradiert alte, sicherlich teil-

Etymologisches Wörterbuch (vgl. www.DWDS.de):

unterrichten Vb. ‚unterweisen, Kenntnisse vermitteln, lehren', mhd. underrihten ‚einrichten, zustande bringen, anweisen, unterweisen, belehren, im Gespräch zurechtweisen', frühnhd. ‚mitteilen, benachrichtigen, informieren' (15. Jhdt.), reflexiv ‚sich Kenntnisse verschaffen, sich informieren, orientieren' (um 1500), mnd. Underrichten ‚zurechtweisen, Vorstellungen machen, belehren'. Auszugehen ist vielleicht von ↗unter ‚zwischen' (s.d.), also ‚etw. zwischen zweien zum Zwecke der Erkenntnis(vermittlung) darlegen' (s. ↗richten). Dazu die Rückbildung Unterricht m. ‚regelmäßige Unterweisung eines Lernenden oder vieler Lernender durch einen Lehrenden, schulmäßige Belehrung, Unterrichtsstunde' (Anfang 16. Jhdt.), mhd. underriht ‚Weisung, Veranlassung'. Unterrichtung f. ‚das Unterrichten, Belehrung, Bescheid, Benachrichtigung, Mitteilung' (15. Jhdt.), mnd. underrichtinge ‚Unterweisung, Auseinandersetzung, Anweisung'.

weise überkommene Normen. Verwiesen sei dabei auf die oben schon angesprochene Debatte über das Gendersternchen oder Ausdrücke wie: Das Licht *brennt* … (was spätestens bei modernen LED-Lampen fachlich falsch ist: Dort „brennt" nichts mehr). Dabei beinhaltet das Wort „Unterricht" eben zwei (in einem modernen, innovativen didaktischen Wortsinn) Negativa: „Unter" und „richten". Wer ist in welchem (Lehr-Lern-)Szenario also „unter" und unter wem? Und wer richtet – wen? Wäre es nicht an der Zeit, vor allem in Bezug auf eine Didaktik der Lernkulturen, über grundlegende Begriffe von Unterricht und Schule nachzudenken und z. B. von „Lehr-Lern-Situationen" oder generell von „Lernen" zu sprechen?

Denn Lehren, Schule und Unterricht sind vor allem zu einem Zweck da: dass die Schüler*innen etwas lernen. Obwohl Lernen das anerkannte Ziel von Schule ist, wird in Schule und Unterricht meist aber nicht das Lernen in den Mittelpunkt gestellt, sondern das Lehren bzw. das Unterrichten, denn die Schüler*innen werden – sprachlich – in der Schule nicht von „Lern-begleiter*innen", „Lern-intensivierer*innen" oder „Lern-möglichmacher*innen" gefördert, sondern von „Lehrer*innen" „unterrichtet".[19]

Das Lernen ist nicht die Zielsetzung von Schule, sondern das „Schulen", so wie es Aufgabe der Lehrkraft ist, zu lehren.[20] Oder anders gesagt: Die Schule schaltet – von vielen positiven Ausnahmen abgesehen! – das Lernen der Schüler*innen gleich (vgl. u. a. Helmke 2017), denn für ein individuelles Lernen oder für zu schnelle oder langsame Lerner*innen oder gar für individuelle Lerninhalte oder Lernwünsche ist selten Zeit bzw. „kein Platz".[21]

---

19) Weitere Beispiele für die sprachliche Doktrin sind: Lehrpläne (statt Lernwege oder Lerninhalte), Kernlehrpläne (statt individuelle Curricula), Klassenbücher (statt Lern-Portfolio), Lehrer*innenpult usw. Kurioserweise ist dabei das ursprüngliche Verständnis von Schule – wenn man sich die Wortherkunft und Etymologie anschaut – nicht an Begriffen wie Leistung, Output, Qualifikationsziele oder Lerneffektivität orientiert. Insofern hat sich das sprachliche und kulturelle Verständnis von „Schule" im Laufe der Zeit kulturell und sprachlich deutlich gewandelt (vgl. www.DWDS.de): ahd. Scuola (9. Jh.), mhd. schuol(e), mnd. schōle sind wie mnl. scōle, nl. school, aengl. scōl, engl. school Entlehnungen aus lat. schola, griech. scholḗ (σχολή) Rast, Muße, (gelehrte) Unterhaltung, Vortrag, Ort des Vortrags, Auditorium.

20) Auch Ausweichungen in andere Worte, z. B. ‚Lehranstalt' oder ‚Bildungswesen' u. a. hilft hierbei wenig weiter, denn um neue Lernkulturen zu begründen, erfordert es auch neue Worte und nicht nur die Neubenennung bereits bestehender Begriffe und Inhalte.

21) Schule beinhaltet im allgemeinen Verständnis nicht einen Ort, in dem frei, lern- oder wissenschaftsorientiert durch die Auseinandersetzung mit mehreren Meinungen, Hinzuziehung von Expert*innen, mittels eigener Zielsetzungen und individueller Methoden versehenes Lernen erfolgt. Schule vermittelt im üblichen Verständnis zumeist EINE bestimmte Sichtweise, die per Lehrperson in der Schule mittels verordnetem Curriculum allen Kindern den gleichen Inhalt – zu der gleichen Zeit – in der gleichen Geschwindigkeit – mit dem gleichen Ziel und einer gleichzeitigen Überprüfung vermitteln soll.

Wer richtet bzw. wer prüft wen?

Auch die Frage, ob nicht das „richten" nach dem „unter-richten", also die Frage von Prüfungen, Notengebung, Laufbahnentscheid usw., allein an die Person der Klassen- oder Fachlehrer*in gebunden sein sollte, kann diskutiert werden.[22] In den meisten außerschulischen Prüfsituationen ist der/die Ausbilder*in nicht gleichzeitig auch der/die Prüfer*in.[23] Lehrkräfte prüfen aber i. d. R., ob die eigenen Schüler*innen die von ihnen selbst geplanten und vermittelten Unterrichtsinhalte, die vom Curriculum vorgegeben sind, wiedergeben können. Sie prüfen eigentlich ihr eigenes Vermittlungsvermögen in Bezug auf die selbst gesetzten Unterrichtsziele mittels eigen erstellter Testinstrumente.

Wie sähe eine Prüfungskultur aus, die z. B. die Prüfungen im Kollegium untereinander abstimmt, wenn also beispielsweise die Klassen- oder Fachlehrer*in die Inhalte ausbilden und andere Lehrkräfte der Schule die Inhalte prüfen und der Lehrkraft und den Kindern individuelle Rückmeldungen zu der Leistung geben würden? Dies könnten z. B. Lehrkräfte der gleichen oder einer anderen Klassenstufe sein, es könnte schulübergreifend angelegt werden oder an externe Instanzen (hier sei *nicht* auf PISA, TIMMS, Kermit, Vera, LAU u. a. verwiesen) ausgelagert werden? Was ändert sich für den eigenen Unterricht, wenn jemand anderes meine Leistungen bzw. die Leistungen der Kinder der eigenen Klasse überprüft? Wer entwickelt entsprechende (objektive) Tests, mit denen eine andere Instanz als die Ausbilder*in den Lernenden individuelle Hilfen, Unterstützungen und ein qualitatives Feedback geben könnte? Kann man (überhaupt) objektiv testen/messen oder gehört (immer) ein individueller Anteil dazu? Wie gehen nicht prüfbare Faktoren (u. a. Lehrkräftewechsel o. Ä.) in eine solche Testung ein? Weitergedacht: Was würde sich verändern, wenn es keine Noten mehr gäbe und die Überprüfung der Lerninhalte nicht einem Notenschnitt, einer Versetzung oder einem „Erfolg" dienen, sondern der Verbesserung des eigenen, individuellen Zugangs zum Lerninhalt samt Diagnose der Lernwege, -hindernisse, -schwierigkeiten und passender, individueller Vorschläge für Unterstützungsmaßnahmen – an die Expert*in (Klassenlehrer*in)?

---

22) Studien zu PISA, TIMSS haben ergeben, dass weder die Notengebung mit dem Intellekt noch die Laufbahnempfehlung mit den individuellen Entwicklungs- und Realisierungschancen übereinstimmen (vgl. Baumert et al. 2003). Die Profession der Lehrkraft ist somit in Hinsicht auf Auswahlentscheide deutlich zu hinterfragen. Auch bzgl. Reliabilitäten, also der Zuverlässigkeit und Wiederholbarkeit der Beurteilung, schneiden Lehrkräfte schlecht ab (ebd.).

23) In einem Vergleich würde dann der/die Fahrlehrer*in auch die Führerscheinprüfung abnehmen, der/die Pilotenausbilder*in auch die Flugerlaubnis erteilen.

Schulen als Orte des Lernens

Wenn aber nicht mehr das Lehren oder Unterrichten das zentrale Ziel von Schule ist, sondern das Lernen der Kinder die Ausbildung einer neuen Schulkultur bedingt, ist es erforderlich, sich über Formen der Aneignung von Kompetenzen auszutauschen und sich ggf. zu besinnen, wie Kinder, sofern man sie lässt, lernen.

Spielkultur und Lernkultur

Ein Blick in die frühkindliche, sprachliche, aber vor allem motorische Entwicklung und die (kognitive, soziale) Entwicklungspsychologie zeigt eindeutig, dass Lernen nicht ohne Spiel und Spielen nicht ohne Lernen funktionieren kann (vgl. auch Andersen in diesem Band).[24] Kinder differenzieren sogar im Spiel den Ernst des Spiels und erfinden Bereiche, die „Spiel-Spiel" oder „Spiel-Ernst" heißen, um zu zeigen, dass sie sich dauerhaft in der Situation Spiel befinden, dieses aber sehr ernst oder eher spielerisch begreifen können (vgl. u. a. Hildebrandt et al. 2014). Hier werden Inhalte, Situationen und Verhaltensweisen erprobt und in der Gemeinschaft getestet; es drohen keine Sanktionen, denn es ist ja keine „echte" Situation, sondern ein „Spiel". Wie wichtig der spielerische Umgang mit Lerninhalten ist und wie wichtig eine variierende (= spielerische) Auseinandersetzung mit Möglichkeiten, Variablen, Abweichungen und Testszenarien für das Lernen ist, wird deutlich, wenn man die Methoden, die im Spiel erprobt wurden, aus dem Spiel z. B. in die Situation „Experimentieren" transferiert.

Beim Experimentieren ist der – hier ebenfalls manchmal nicht ganz ernst gemeinte – Umgang mit Variablen, Modifikationen, Neuausrichtungen, konkreten und sehr genauen Beobachtungen der Differenzierungen und Variationen sowie Ableitungen aus vorhandenen Mustern notwendig, um auf die Erkenntnis des Experiments zu gelangen.[25] Auch die Auseinandersetzung

24) Im Kontext Didaktik wird das Spiel aber häufig für Vermittlungen genutzt, sodass heutzutage im Unterricht vieles als Spiel bezeichnet wird, das das Lernen „optimieren" soll. Das Spiel ist dann aber kein Selbstzweck mehr, sondern wird instrumentalisiert. Echtes Spiel ist zweckfrei! Das kindliche Spiel aber unterliegt Bestimmungen und Definitionen – und wird individuell verhandelt. Dies ist nicht gleichzusetzen mit Ansätzen von „game-based", „gamification" oder generell „Lernspielen".

25) Nehmen wir das Beispiel von Feuer und Verbrennung: Wer hat schon mal ernsthaft einen Stein ins Feuer gehalten, um zu probieren, ob er nicht evtl. doch brennt. Man kann diesen „spielerisch" ins Feuer halten und dann lachend sagen „ich wollte ja nur mal probieren, war ja nicht erst gemeint". Aber genau diese Bestätigung von vermeintlichen Trivialitäten ist eine wichtige (naturwissenschaftliche) Erkenntnismethode. Kann man doch so z. B. brennbare „Steine" (Steinkohle) ggf. von Granit unterscheiden. Aus dem vermeintlichen Spiel kann dann schnell ernste Erkenntnis werden, die ohne die Ebene des „Nicht-ganz-ernst-Gemeinten" in der Form nicht

mit anderen „Wissenschaftler*innen“ oder Mitexperimentierenden wird im Spiel geprobt und die Kommunikation und das gegenseitige Wahrnehmen von Erkenntnissen, Beobachtungen und Interpretationen im Spiel angebahnt. Inhalte werden im Spiel spielerisch erschlossen. Eine Konsekution von „erst wird gelernt, dann dürft ihr spielen“ verkennt die Wichtigkeit des freudvollen, intensiven und konzentrierten Spiels und verschreibt dem Spiel die Rolle des Motivationsgimmicks. Im Übrigen funktionieren viele Lernprogramme nach diesem Schema, dass es zur Belohnung für das Lösen von mehr oder weniger kniffligen Aufgaben ein Spiel gibt.

Lern(kultur)en in Schule – ein Fazit?!

Mit Bezug auf die o. g. Beispiele heimlicher Lehrpläne im Sinne einer tradierten Schulkultur, die meist unsichtbar für die Akteur*innen an Schulen sind, soll in diesem Band ein Blick auf die Ansätze geworfen werden, die Chancen für neue Lernkulturen an Schule beinhalten. Wie erwähnt manifestieren sich in Worten, Begriffen und Bildern Sichtweisen auf die Welt und auf die damit verbundene Kultur und auch Didaktik.

Ich möchte hierbei betonen, dass es niemals um eine „gute Theorie“ auf der einen Seite und eine „schlechte Praxis“ auf der anderen Seite gehen kann und darf. Es steht außer Frage, dass es genauso gute und viele Beispiele gibt, in denen sich die Praxis weiterentwickelt hat und dies in „der Theorie“ noch nicht berücksichtigt ist – dies wird im GSV-Band 152 „Schulkulturen in Entwicklung“ deutlich. **Es geht bei dieser Darstellung vornehmlich darum, diese immer wiederkehrende Theorie-Praxis-Diskrepanz von erster und zweiter Ausbildungsphase bzw. der Arbeit an der Schule als Notwendigkeit einer engeren Theorie-Praxis-Verzahnung zu verstehen.** Dies bedeutet aber nicht zwangsläufig mehr Praxisanteile im Studium, sondern auch Forschungsintegration an Schulen.

Markantes Beispiel für eine einfach umzusetzende organisatorische Änderung ist der 45-min-Rhythmus des Unterrichts. Stunden werden weder einem inhaltlichen Lernen noch einer kognitiven Belastungsanalyse gerecht, sondern tradieren sich – auch über Abrechnungsmodelle der Lehrer*innenarbeitszeit. Die Allgemeine Didaktik, die Grundschulpädagogik,

möglich wäre. Naturwissenschaftliche Erkenntnisse sind nicht immer aus biederem Ernst und einer gezielten Variablenmodifikationsstrategie aufgrund vorhergehender elaborierter Hypothesen entstanden. Im Gegenteil: Manchmal hilft der Zufall (Röntgenstrahlung), manchmal ein Versehen, manchmal ist es auch reine Probierlust, manchmal sind es absurd scheinende Gedanken (Atomaufbau, Mondlandung) und manchmal auch großer Fleiß (Glühlampe), der zu einer Erkenntnis oder einer Optimierung führt (vgl. z. B. Rheinberger 2020).

die Grundschuldidaktik(en) und die Fachdidaktik(en) haben m. W. keine Zeitangabe für Lernerfolge oder Tätigkeiten definiert. Sie stellen Lernarrangements, Lehr-Lern-Situationen oder generell das (fachliche) Lernen der Schüler*innen mitsamt der individuellen Aneignung in den Mittelpunkt der didaktischen Überlegungen – zumindest bei konstruktivistisch-orientierten pädagogisch-didaktischen Bemühungen – und können diese Forderungen mit Evidenzen (qualitativer oder quantitativer Forschung) belegen und dabei Theorien über das Lernen berücksichtigen. Diese motivationalen und subjektorientierten theoriebasierten didaktischen Entwicklungen finden dann aber selten Eingang in schulpraktische Umsetzungen, Kernlehrpläne oder Lehrerhandreichungen. Diese Diskrepanz eines modernen kulturellen didaktischen Anspruchs zum Lernen und der Auseinandersetzung mit Normierungen und Vorgaben tragen viele Lehrkräfte[26] jeden Tag mit sich und bemühen sich um bestmögliche Freiheit des lernenden Individuums und der sozialen Klassengemeinschaft in Auseinandersetzung mit Vorgaben, Anforderungen und Regeln, die von außen herangetragen werden. Die Frage der Entwicklung von Lernkulturen an Schulen beinhaltet auch die universitäre Phase, die die Expert*innen für pädagogisch-didaktische Lernzugänge ausbildet.

Neben der generellen Frage von Lehr- vs. Lernkulturen, der Frage von „Stoffvermittlung" vs. „Erschließung von Lerninhalten", inhaltlich ggf. subjektiv bedeutsamer Fachinhalte, stellt sich die Frage nach weiteren (heimlichen) Lehrplänen, die sich je nach Schule bzw. Schulkultur manifestieren. Sicherlich gibt es gesellschaftliche Kulturgüter, die nicht nur in gesellschaftlichen Kontexten, sondern explizit auch in der Schule gelernt werden müssen, weil sie bedeutsam sind und Teil einer Gesellschafts- oder Schulkultur sind und vermittelt werden müssen. Müssen? Dieser Band versucht, den massiven Einflüssen durch u. a. besoldungsrechtliche oder curriculare Einordnung, Lehrplan-Bearbeitung, Leistungstests, PISA etc. ein didaktisches Verständnis als Kontrapunkt entgegenzusetzen, um das „Lernen der Kinder" in den Fokus zu rücken und weniger das „Lehren von Schüler*innen".

Es sollte sich somit in der gesellschaftlichen Kultur und damit auch in der (jeweiligen) Schulkultur widerspiegeln, welchem Lernansatz, welcher Lerntheorie gefolgt wird und wie dieses Lernen an diesem Lebens- und Lernort begleitet wird. Dabei sind vielfältige Zugänge, individuelle Schwerpunktsetzungen und auch Fragen nach Inklusion, Digitalisierung u. v. a. m. kulturbildend und damit schulprofilbildend. Schule wäre demnach viel stärker an Inhalten, Schwerpunkten, Zielsetzungen ausgerichtet und würde demnach einen neuen Namen oder auch die Rückbesinnung auf „Schola" im Sinne

---

26) Hier wird die aktuelle sprachliche Verwendung genutzt, ohne die vorher entwickelte Diskussion über Lernbegleitung, Lernhelfer oder Lernarrangeurin zu führen.

von Rast, Muße, (gelehrte) Unterhaltung erfordern. Selbstverständlich benötigt eine Gesellschaft und eine gesellschaftliche Entwicklung Normierungen, Traditionen, Lerninhalte und Berufsbefähigungen. Das Bild des Lernens und der Berufe sowie der Kultur ist im 21. Jahrhundert jedoch grundlegend anders orientiert als zu der Zeit der Begründung der Institution Schule oder der Allgemeinen Schulpflicht vor 100 Jahren (vgl. GSV-Band 148/149). Die nachfolgenden Texte beinhalten eine grundlegende Aufgeschlossenheit und generelle Bereitschaft, sich auf etwas Neues einzulassen und eine „Nicht-Fach-sondern-Lern-orientierte Didaktik“ zu entwickeln, die nicht nur – wie in GSV-Band 151 – „über die Fächer hinaus“ geht, sondern die Fokussierung auf das Lernen im Sinne einer Didaktik der Lernkulturen handhabbar machen kann. Es kommt dabei auf das WIE des Einsatzes von Fachlichkeiten, Aufgabenkulturen u. v. m. an.

> Wenn dieser Band einen kleinen Anteil daran hat, den im Bundesgrundschulkongress 2019 nachgespürten Aspekten „Kinder – Lernen – Zukunft“ eine überfachliche, institutionelle Antwort gegeben zu haben, haben die Autor*innen dieses Bandes einen wichtigen Teil zur kulturellen Schulentwicklung beigetragen.

Literatur

Arnold, R. (2007): Ich lerne, also bin ich. Eine systemisch-konstruktivistische Didaktik. Heidelberg: Carl Auer Verlag.

Bandura, A. (1976): Lernen am Modell. Ansätze zu einer sozial-kognitiven Lerntheorie. Stuttgart: Klett Verlag.

Bartnitzky, H. (2019): Auf dem Weg zur kindergerechten Grundschule. 50 Jahre Grundschulreform. 50 Jahre Grundschulverband. Reihe: Beiträge zur Reform der Grundschule. Bd. 148/149. Frankfurt a. M.: Grundschulverband e. V.

Bartnitzky, H.; Brügelmann, H.; Hecker, U. & Schönknecht, G. (Hrsg.) (2007): Pädagogische Leistungskultur: Ästhetik, Sport, Englisch, Arbeits-/Sozialverhalten. Reihe: Beiträge zur Reform der Grundschule. Bd. 124. Frankfurt a. M.: Grundschulverband e. V.

Baumert, J.; Artelt, C.; Klieme, E.; Neubrand, M.; Prenzel, M.; Schiefele, U.; Schneider, W.; Tillmann, K.-J. & Weiß, M. (Hrsg.) (2003): PISA 2000. Ein differenzierter Blick auf die Länder der Bundesrepublik Deutschland. Opladen: Leske + Budrich Verlag.

Blatt, I. (1996): Schreibprozess und Computer. Eine ethnographische Studie in zwei Klassen der gymnasialen Mittelstufe. Neuried: Ars Una Verlag.

Böttcher, W. (2002): Kann die ökononomische Schule auch eine pädagogische sein? Weinheim/München: Juventa Verlag.

Bourdieu, P. (1997): Ökonomisches Kapital – Kulturelles Kapital – Soziales Kapital. In: Ders.: Die verborgenen Mechanismen der Macht. Hamburg: VSA, 49–80.

Breitenmoser, P.; Mathis, C. & Tempelmann, S. (Hrsg.) (2020): Natur, MensCH, GesellsCHaft (NMG). Standortbestimmungen zu den sachunterrichtsdidaktischen Studiengängen in der Schweiz. Baltmannsweiler: Schneider Verlag Hohengehren.

Carle, U.; Kauder, S. & Osterhues-Bruns, E.-M. (Hrsg.) (2021): Schulkulturen in Entwicklung. Reihe: Beiträge zur Reform der Grundschule. Bd. 152. Frankfurt a. M.: Grundschulverband e. V.

Digitales Wörterbuch der deutschen Sprache. www.dwds.de/ [Zugriff: 21.02.2021].
Flitner, E. (2006): Pädagogische Wertschöpfung. Zur Rationalisierung von Schulsystemen durch public-private-partnerships am Beispiel von PISA. In: Oelkers, J.; Horlacher, R. & Casale, R. (Hrsg.): Rationalität und Bildung. Studien im Umkreis Max Webers. Zürich, 245–266.
Forneck, H. J.; Düggeli, A.; Künzli David, C.; Linneweber-Lammerskitten, H.; Messner, H. & Metz, P. (Hrsg.) (2009): Professionalisierung von Lehrerinnen und Lehrern. Orientierungsrahmen für die Pädagogische Hochschule FHNW. Bern: Hep Verlag.
Foucault, M. (1983): Der Wille zum Wissen I. Sexualität und Wahrheit. Übersetzt von Ulrich Raulff und Walter Seitter. Frankfurt a. M.: Suhrkamp Verlag.
Gebauer, M. (2020): „Wildnis" als außerschulischer Lern-, Bildungs- und Erfahrungsort im heterogenitätssensiblen Sachunterricht. In: www.widerstreit-sachunterricht.de, Nr. 25, Oktober 2020.
Gehrmann, A. (2012): Personal für pädagogische Handlungsfelder. In: Sandfuchs, U.; Melzer, W.; Dühlmeier, B. & Rausch, A. (Hrsg.): Handbuch Erziehung. Bad Heilbrunn: Verlag Julius Klinkhardt, 533–536.
Gehrmann, A. (2016): „Die Systemfrage kann als relativ abschließend behandelbar angesehen werden" – Anmerkungen zu Schulentwicklung, Bildungsexpansion und Lehrerbedarf nach 1945. In: Idel, S. et al. (Hrsg.): Professionsentwicklung und Schulstrukturreform. Zwischen Gymnasium und neuen Schulformen in der Sekundarstufe. Bad Heilbrunn: Verlag Julius Klinkhardt, 23–46.
Gewerkschaft Erziehung und Wissenschaft (GEW): www.gew.de/ [Zugriff: 21.02.2021].
Giest, H. & Lompscher, J. (2006): Lerntätigkeit – Lernen aus kultur-historischer Perspektive. Ein Beitrag zur Entwicklung einer neuen Lernkultur im Unterricht. Heidelberg: Lehmanns Media Verlag.
Grundschulverband e. V. (GSV): https://grundschulverband.de/ [Zugriff: 21.02.2021].
Gudjons, H. (Hrsg.) (1986): Didaktische Theorien. Hamburg: Bergmann + Helbig Verlag.
Gudjons, H. (2012): Pädagogisches Grundwissen. Überblick – Kompendium – Studienbuch. 11. Aufl. Bad Heilbrunn: Verlag Julius Klinkhardt.
Hecker, U.; Lassek, M. & Ramseger, J. (Hrsg.) (2020): Kinder lernen Zukunft. Anforderungen und tragfähige Grundlagen. Reihe: Beiträge zur Reform der Grundschule. Bd. 150. Frankfurt a. M.: Grundschulverband e. V.
Hecker, U.; Lassek, M. & Ramseger, J. (Hrsg.) (2020): Kinder lernen Zukunft. Über die Fächer hinaus: Prinzipien und Perspektiven. Reihe: Beiträge zur Reform der Grundschule. Bd. 151. Frankfurt a. M.: Grundschulverband e. V.
Helmke, A. (2017): Unterrichtsqualität und Lehrerprofessionalität. Diagnose, Evaluation und Verbesserung des Unterrichts. Anhang: Einblicknahme in die Lehr-Lern-Situation (ELL), Version 7.1., 7. Aufl. Zugriff unter http://andreas-helmke.de/buchanhang/ [Zugriff: 21.02.2021]. Seelze: Klett-Kallmeyer.
Hildebrandt, E.; Peschel, M. & Weißhaupt, M. (Hrsg.) (2014): Lernen zwischen freiem und instruiertem Tätigsein. Bad Heilbrunn: Verlag Julius Klinkhardt.
Holzkamp, K. (1995): Lernen. Subjektwissenschaftliche Grundlegung. Frankfurt a. M.: Campus Verlag.
Kihm, P. & Töpfler, M. (Hrsg.) (2020): Grundschule in und nach Corona (Themenheft). Grundschule aktuell, H. 152. Frankfurt a. M.: Grundschulverband e. V.
Krommer, A. (2013): Von Skinners „Teaching Machines" (1954) zu den „Learning-Apps". https://axelkrommer.com/2013/09/17/von-skinners-teaching-machines-1954-zu-den-learning-apps/ [Zugriff: 18.11.2021].

Kultusministerkonferenz (KMK) (2016): Bildung in der digitalen Welt. Strategie der Kultusministerkonferenz. Zugriff unter: www.kmk.org/fileadmin/Dateien/pdf/PresseUndAktuelles/2017/Digitalstrategie_KMK_Weiterbildung.pdf [Zugriff: 21.02.2021].

Largo, R. H. & Beglinger, M. (2010): Schülerjahre. Wie Kinder besser lernen. München: Piper Verlag.

Muckenfuß, H. (1995): Lernen im sinnstiftenden Kontext. Entwurf einer zeitgemäßen Didaktik des Physikunterrichts. Berlin: Cornelsen Verlag.

Nünning, A. & Nünning, V. (Hrsg.) (2003): Konzepte der Kulturwissenschaften. Theoretische Grundlagen – Ansätze – Perspektiven. Stuttgart: Verlag J. B. Metzler.

Organisation for Economic Co-operation and Development (OECD): www.oecd.org/ueber-uns/erfolge/deutschlands-pisa-schock.html [Zugriff: 21.02.2021].

Parsons, T. (1968): The Structure of Social Action. A Study in Social Theory with Special Reference to a Group of Recent European Writers. 2 Vols. New York: Free Press.

Peschel, F. (2012): Offener Unterricht. Idee – Realität – Perspektive und ein praxiserprobtes Konzept zur Diskussion. Teil I. Allgemeindidaktische Überlegungen. Baltmannsweiler: Schneider Verlag Hohengehren.

Peschel, M. (2020): Grundschulen müssen zu Schulen für JEDES Kind werden, erst dann sind sie eine Schule für ALLE Kinder! In Grundschule aktuell, H. 149. Frankfurt a. M.: Grundschulverband e. V., 2.

Ramseger, J. (2020): Lernen als Selbstaneignung der Welt. In: Hecker, U.; Lassek, M. & Ramseger, J. (Hrsg.): Kinder lernen Zukunft. Über die Fächer hinaus: Prinzipien und Perspektiven. Reihe: Beiträge zur Reform der Grundschule. Bd. 151. Frankfurt a. M.: Grundschulverband e. V., 10–22.

Rheinberger, H.-J. (2020): Experimentalität. Hans-Jörg Rheinberger im Gespräch über Labor, Atelier und Archiv. Berlin: Kulturverlag Kadmos.

Robinson, V. M. J. (2017): Reduce Change to Increase Improvement. Thousand Oaks: Corwin Press.

Ruf, U.; Keller, S. & Winter, F. (Hrsg.) (2008): Besser lernen im Dialog. Dialogisches Lernen in der Unterrichtspraxis. Seelze: Kallmeyer Verlag.

Soostmeyer, M. (1978): Problemorientiertes Lernen im Sachunterricht. Paderborn: Verlag Ferdinand Schöningh.

Terhart, E. (1999): Konstruktivismus und Unterricht. Gibt es einen neuen Ansatz in der Allgemeinen Didaktik? In: Zeitschrift für Pädagogik, 5, 629–647.

Weißhaupt, M.; Hildebrandt, E. & Leonhard, T. (2019): Wenn die Lehrperson ins Spiel kommt. Das kindliche Rollenspiel und dessen Beeinflussung als soziale Praxis des Kindergartens. Forum: Qualitative Sozialforschung / Forum: Qualitative Social Research, 20(2), Art. 9, Zugriff unter: http://dx.doi.org/10.17169/fqs-20.2.3055 [Zugriff: 21.02.2021].

WirtschaftsWoche. www.wiwo.de/erfolg/hochschule/oekonomisierung-der-bildungjunge-menschen-werden-wie-maschinen-behandelt/12965326.html [Zugriff: 21.02.2021].

Wodzinski, R. (2011): Naturwissenschaftliche Fachkonzepte anbahnen – Anschlussfähigkeit verbessern. SINUS Transfer Grundschule. Kiel: Leibniz-Institut für die Pädagogik der Naturwissenschaften an der Universität Kiel (IPN).

1 Lernkulturen, Schulkulturen, Lehrkulturen

Andreas Nießeler

Kulturelles Lernen in der Grundschule

> *Lernen ist nicht nur überlebensnotwendig, sondern auch eine „wundervolle Möglichkeit für den Menschen […], weil er mittels Lernen zum Menschen werden kann, weil er über die erst durch Lernen mögliche Erweiterung und Verfeinerung seines Wissens und Könnens und über die erst durch Prozesse des Leben-Lernens mögliche Integration der Erfahrungen und Hoffnungen sich als Mensch gestalten und (er-)finden kann."* (Göhlich & Zirfas 2007: 7)

Für Kinder ist Lernen eine existenzielle Erfahrung. Es bedingt zum einen das Hineinwachsen in eine Kultur, deren Bedeutungen, Regeln und Ordnungen erlernt werden müssen, um sich darin zurechtzufinden und um selbstständig und handlungsfähig zu werden. Zum anderen ermöglicht Lernen Kindern, diese Kulturwelt mit zu formen und ihre eigenen Kulturen zu erfinden. Der hierfür zugrunde gelegte Kulturbegriff ist ein weiter Kulturbegriff (vgl. Müller-Funk 2010: 8). Es geht dabei weder um eine normative Abgrenzung einer an einer Art geistigem Leben orientierten kulturellen Sphäre gegenüber einer technisch und wissenschaftlich bestimmten Zivilisation noch um ein abgeschlossenes System nationaler Kulturen oder einzelner kultureller Identitäten. Kultur ist vielmehr alles, was Menschen gestaltet haben. Der Kulturphilosoph Ernst Cassirer hat diese Formen kulturellen Lebens als symbolische Formen bestimmt. Er versteht darunter wahrnehmbare Ausdrucksformen des menschlichen Geistes, die von sinnenhafter und zugleich sinnhafter Bedeutung sind. Mythos und Religion, Sprache, Kunst, Geschichte und Wissenschaft, aber auch Technik, Rechtspraxis, Erziehung sowie Umgangsformen bilden ein dichtes *Symbolnetz*, welches die menschliche Existenz von Grund auf bestimmt: „Verglichen mit den anderen Lebewesen, lebt der Mensch nicht nur in einer reicheren, umfassenderen Wirklichkeit; er lebt sozusagen in einer neuen *Dimension* der Wirklichkeit" (Cassirer 1944/1990: 49).

Schon Kinder lernen in diesen Dimensionen. Ihr Lernen ist nicht von vornherein auf Anpassung festgelegt, sondern entschieden auf eine Offenheit im Umgang mit vorhandenen Sachen angelegt. Sie lernen, sich jenes dichte Symbolnetz anzueignen, spinnen dabei ihre eigenen Netze und gestalten die Welt zu ihrer Kulturwelt. Diese Aspekte kulturellen Lernens sollen im Folgenden beschrieben werden, um solche „wundervollen Möglichkeiten" des Lernens aufzuzeigen und in ihrer Relevanz für Lernkulturen didaktisch fruchtbar zu machen.

Was ist Lernen?

Allgemein kann man Lernen als einen biologischen Anpassungsprozess an eine sich ständig verändernde Umwelt charakterisieren, bei dem es zu überdauernden Änderungen im Verhaltenspotenzial als Folge von Erfahrungen kommt. Dieser Verweis auf die Zeitlichkeit des Lernens ist wichtig, um Lernprozesse von zufälligen Verhaltensänderungen oder Reflexen abzugrenzen. Diese können zwar auch eine Art Reaktion auf Umwelteinflüsse darstellen, aber gehen nicht dauerhaft und langfristig in das Verhaltensrepertoire eines Organismus ein. Die Zeitlichkeit des Lernens macht es notwendig, dass es Formen geben muss, mit denen die neuen Potenziale aufbewahrt und wieder abgerufen werden können. Jeder Lernprozess wird daher von einer neuronalen oder mentalen Veränderung begleitet, die in irgendeiner Form das Lernergebnis konserviert und dauerhaft sichert (vgl. Hasselhorn & Gold 2009: 35–37).[1] Lernen als Anpassungsprozess ist überall im Tierreich zu beobachten. Die Tierforschung hat inzwischen bemerkenswerte Parallelen zwischen menschlichen und tierischen Lernprozessen gerade im Blick auf höhere Formen des Lernens herausarbeiten können (siehe z. B. Carey 1991; im Überblick Tomasello 2020). Für die Spezies Mensch ist jedoch jene kumulative Kulturevolution typisch, die nicht dem langsamen Gang der natürlichen Vererbung und der genetischen Selektion folgen muss, sondern sich ungleich schneller entwickeln und ausdifferenzieren kann, indem neue Errungenschaften einer Generation durch spezifische Symbolsysteme aufgehoben, an die nächste Generation vermittelt und von dieser erlernt werden können. Der erstaunliche Schatz menschlicher kognitiver Fertigkeiten und Produkte ist das Ergebnis einer einzigartigen Weise kultureller Weitergabe, die nach Tomasello vorrangig durch die menschlichen Fähigkeiten zur geteilten und gemeinsamen Intentionalität, Kommunikation, zu Imitationslernen, Lernen

---

1) Die neuro-biologischen Grundlagen des Lernprozesses werden zunehmend genau erklärbar durch die Beschreibung von Veränderungen im Nervensystem. Nervenzellen sind miteinander verbunden und bilden über die Synapsen Netzwerke, durch die Informationen in Form von Transmittern von Nervenzellen an andere übermittelt werden können. Zentraler Bestandteil ist die Plastizität der Synapsen und die Variabilität der Verbindungen. Lernen ist weder nur eine Impulsübertragung, die wie in einem Schaltkreis geschaltet werden kann, noch die schlichte Verstärkung von synaptischen Übertragungswegen. Beim Lernen verändert sich vielmehr das gesamte Nervenzellensystem. Wie dies letztlich gesteuert wird und wie die einzelnen Zellen und das Nervenzellensystem in diesem fluktuierenden Netzwerk zusammenwirken, ist noch weitgehend unverstanden. Vermutlich wird menschliches Lernen nie restlos erklärbar sein, da wir dazu als neutraler Beobachter auf unser eigenes Lernsystem schauen müssten (vgl. Meyer-Drawe 2008: 71–99).

durch Unterricht und kooperatives Denken begründet ist (vgl. Tomasello 2002; 2009; 2020).

Tomasello geht bei der Formulierung seiner Theorie von Vygotskijs Psychologie des Menschen aus, welche die menschlichen Formen der Kognition und Sozialität ontogenetisch erklärt durch Formen soziokultureller Tätigkeiten. Jedoch modifiziert und aktualisiert Tomasello diese durch den Rahmen moderner Evolutionstheorie: Diese betont, „dass Organismen ihre Umwelt ebenso erben wie ihre Gene: Ein Fisch erbt nicht nur Flossen, sondern auch das Wasser. Menschenkinder erben einen soziokulturellen Kontext, der voller kultureller Artefakte, Symbole und Institutionen ist, und ihre einzigartigen Reifungsfähigkeiten blieben inaktiv ohne einen soziokulturellen Kontext, in dem sie sich entwickeln könnten [...]“ (Tomasello 2020: 18-19). Damit kann der Ansatz von Vygotskij (1930/1978) insofern erweitert werden, als er sich nicht nur auf die Dimension der Weitergabe der Kultur beschränkt, sondern sich auch auf die *Koordinationsdimensionen* der Kultur konzentriert: „darauf, wie Menschen, Kinder eingeschlossen, in dem Moment zusammenwirken und kommunizieren (wie sie miteinander *ko*-operieren), in dem sie sich mit anderen an soziokulturellen Tätigkeiten beteiligen“ (Tomasello 2020: 19). Tomasellos Fokus liegt daher auf der Ermöglichung von „kooperativen Kulturpraktiken des Lehrens“ und des „auf Konformität abzielenden Lernens“, welche die „entscheidende Rolle bei der einzigartigen Weitergabe der Kultur spielen“ (ebd.). Kulturelles Lernen wird in diesem Kontext beschreib- und evolutionstheoretisch begründbar als Anpassungsleistung an eine Umwelt, die genuin als Kultur verstanden werden muss, und die wiederum selbst eine von lernenden Individuen in Zusammenarbeit und im Dialog hervorgebrachte und gestaltete Kulturwelt ist. Für pädagogische Kontexte ist diese Verknüpfung überaus ertragreich, da sowohl die individuelle als auch die soziale Bedeutung des Lernens genauer erfasst werden kann.

Die Welt als Kulturwelt ist schließlich auch die Welt, die im Lernen mitgestaltet werden kann – wenn nicht „muss“.

Kulturelle Bedingungen des Lernens

Die autopoietische Erschließung von Welt

Die Offenheit menschlicher Weltbezüge und die Vielfalt und Komplexität von Kulturwelten resultiert aus einem Lernprozess, der gewissermaßen als probierende und deutende Handlung beschrieben werden kann, die auf das Lernsubjekt und ebenso auf Wirklichkeit bezogen ist. Das Verhaltensrepertoire, das notwendig ist, um sich in einer kulturell geprägten Lebenswelt zu orientieren, und das zugleich flexible Handlungen ermöglicht, die selbst Lebenswelt mitgestalten, ist nicht vollständig als angeborene biologische Ausstattung gegeben. Vielmehr ist menschliches Lernen so angelegt, dass es sich selbst ständig im Lernprozess hervorbringt. Lernen kann nur das Subjekt selbst, indem es sich lernend seine Welt herstellt. Ein allgemeines erkenntnistheoretisches Prinzip dazu lautet: Der Mensch kann das am besten verstehen, was er selbst gemacht hat. Oder in der Formulierung von Immanuel Kant: „Der Welt erkennen will muss sie zuvor zimmern und zwar in ihm selbst“ (Kant 1926: 41).

Moderne lerntheoretische Positionen gehen deswegen von konstruierenden Aktivitäten beim Lernen aus. Lernend eignet sich der Mensch Welt nicht wie eine abbildende fotografische Platte an, auf der die unterschiedlichen Eindrücke eins zu eins eingeprägt werden. Vielmehr ist seine Weltaneignung ebenso Gestaltung zur Welt, die Wirklichkeit erschließt, indem er sich selbst seine Welt hervorbringt. Der Begriff *Autopoiesis* bringt dies zum Ausdruck: Weltverständnis ist eine Art herstellende Tätigkeit (*poiesis*), um Vorstellungen selbst (*auto*) zu schaffen. Auch im kindlichen Lernen ist diese Form der autopoietischen Erschließung von Welt gut zu beobachten: „Die Welt kommt nicht in den Kopf der Kinder; nein: Kinder machen sich Schritt für Schritt die Welt zugänglich“ (Scheunpflug 2004: 188).

Kinder konstruieren ihr Wunschhaus. Im Vordergrund: ein Trampolin. Wichtig ist, dass es bunt ist. Im größten Zimmer ist eine Schatztruhe (vgl. Brill, May-Kraemer, Nießeler & Wagner 2017)

Der Konstruktivismus zeigt, dass das Gehirn und das Nervensystem ein autopoietisches, selbsttätiges System bilden, das Wirklichkeit nach seinen Vorstellungen interpretiert. Behavioristische Modelle, welche diese Konstruktionsleistungen ausblenden wollen und Lernen nur als Verhaltensmodifikationen untersuchen, übergehen also die wesentlichen kulturellen Aktivitäten des Lernprozesses: Lernende konstruieren ihr Wissen, indem sie Erfahrungen interpretieren. Lernende sind keine passiven Rezipienten vorgegebener Inhalte, sondern selbstgesteuerte Subjekte, die sich aktiv-entdeckend mit Wirklichkeit auseinandersetzen. Umso wichtiger ist es, Schule nicht als Vermittlungsraum zu beschreiben, sondern als Erfahrungs- oder Lernraum (s. a. Wedekind et al. in diesem Band). Denn diese Didaktik der Lernkulturen stellt die handlungsbezogenen Aspekte des Lernens in den Vordergrund und betont, dass Lernen nicht nur eine passive Verhaltensänderung ist oder nur ein Abspeichern von Informationen. Auch Kinder überprüfen die Stimmigkeit ihrer Welt- und Selbstdeutungen ständig (durch Erfahrungen, Fragen, Handlungen und Gespräche) und entwickeln diese weiter bzw. korrigieren diese, wenn sie sich als nicht mehr tragfähig erweisen.

Konstruieren umfasst im Gegensatz zu behavioristischen Modellen die interpretierende und gestaltende Tätigkeit des Selbst, das seine Welt im Lernen hervorbringt im Sinne der Autopoiesis. Man kann das Selbst von anderer Warte aus betrachtet auch als biologisches Subjekt sehen, das aufgrund seiner Ausstattung mit einem hochkomplexen Netzwerk an Nervenzellen zu dieser Form des Lernens in der Lage ist.

Dieser Lernbegriff ist damit anschlussfähig an den Bildungsbegriff, der auch in der Ko-Konstruktion die Selbstbildung als Kern modernen Bildungsverständnisses herausstellt (vgl. Schäfer 2005). Bildung geht aus Lernen hervor, aber auch über Lernen hinaus, insofern Bildung nicht nur eine Anpassungsleistung ist, sondern eine fortwährende Tätigkeit (*energeia*) freisetzt, „die die auf Aktualisierung drängenden Möglichkeiten des Menschen (*dynamis*) zu verwirklichen trachtet" (Dörpinghaus, Poentisch & Wigger 2006: 69).

Sozialität: Lernen mit und von Anderen

Bereits die ersten nachgeburtlichen Lernerfahrungen von Kindern beziehen sich nicht nur auf sich selbst oder auf die Dinge, sondern auch auf ihre Mitmenschen. Wenn das Neugeborene in den Arm genommen, berührt und mit einem Lächeln empfangen wird, so lernt es schnell, dass und wie seine unmittelbaren Bezugspersonen auf seine Äußerungen reagieren: Es lernt mit der Zeit, selbst zu lächeln und den Reflex der Mundwinkel zu steuern, wenn es geherzt werden will. Und es lernt, wie es sich artikulieren muss, wenn es Schmerzen oder Hunger hat oder wenn es sich alleine fühlt. Schon in frühen sozialen Interaktionen nehmen Säuglinge an solchen sogenannten Protokonventionen mit denen teil, die für sie sorgen: Eltern und Säugling richten ihre Aufmerksamkeit aufeinander. Beide sehen sich an, berühren sich, äußern sich und teilen sich mit. Und sie sind in der Lage, andere nachzuahmen. Schon menschliche Neugeborene imitieren in sozialen Interaktionen bestimmte Körperbewegungen, z. B. Mund- und Kopfbewegungen. Das Imitationslernen ist eine wichtige Form kulturellen Lernens, durch das die soziale Wirklichkeit angeeignet werden kann (vgl. Tomasello 2002: 74 f.). Insbesondere Rollenspiele schaffen eine „mimetische Welt, die, auf die soziale Wirklichkeit bezogen, einige ihrer Aspekte mit besonderem Nachdruck darstellt, indem sie diese wie auf einer Bühne aufführt" (Gebauer 1997: 1047).

Kulturelles Lernen setzt voraus, dass die Mitmenschen mit dem Neugeborenen lernen. Kindliches und elterliches Verhalten sind in diesem Sinne komplementär angelegt und von gegenseitiger Responsivität geprägt: Die Eltern lernen, auf Äußerungen des Kindes zu reagieren und diese angemessen zu interpretieren. Vieles ist in dieser symbiotischen Beziehung angeboren und instinktiv. Entscheidend ist aber, dass sich auf dieser Grundlage eine eigene Kultur der Eltern-Kind-Beziehungen entwickelt, die von wechselseitigen Lernprozessen geprägt ist und wiederum selbst zur Grundlage für weiterführende Lernerfahrungen des Kindes wird (vgl. Keller 2011). Das Kind kann nur in einem geschützten und gesicherten Raum die eigentlichen Potenziale seines Lernvermögens entfalten und entdeckend-lernend seine Umgebung erkunden. Die Bindungsgenese ist prägend für die Qualität des explorativen Verhaltens. Störungen in dieser Bindung können zur Entwicklung von Lernbeeinträchtigungen, Verhaltensauffälligkeiten und Verhaltensproblemen führen. Die hohe Pflegebedürftigkeit des Kindes ist also der Preis für seine hohe sozialkommunikative Kompetenz. Positiv formuliert: Die Mängel des menschlichen Neugeborenen in der Instinktausstattung bergen bereits alle Potenziale der menschlichen Kulturentwicklung (vgl. Chasiotis & Keller 1993; Keller 2017).

Sozialität ist also ein Schlüssel für das Verständnis der Besonderheit menschlichen Lernens.

Tomasello (2002) hat in einem Vergleich von Lernformen und Lernleistungen des Menschen mit höheren Primatenarten trotz vieler Parallelen einen wesentlichen Unterschied herausarbeiten können, der gewissermaßen ein Alleinstellungsmerkmal der menschlichen Lebensform ist: das Vermögen zur geteilten Aufmerksamkeit. Schon Kleinkinder sind darauf angelegt, sich etwas zeigen zu lassen. Umgekehrt sind auch Erwachsene daraufhin evolviert, ihren Nachkommen etwas zu zeigen und zu vermitteln. Diese hohe Responsivität ist eine Voraussetzung, um die Nachkommen zu besseren (reproduktiv erfolgreicheren) Erwachsenen großzuziehen: Säuglinge fordern Zuwendung ein und normalerweise reagieren ihre Mitmenschen ihrem Gegenüber entsprechend auf diese Erwartungshaltung des Kindes.

Aus einem Projekt am Museum für Gegenwartskunst (MGK) in Siegen. Kinder lassen sich Fotografien von Fachwerkhäusern zeigen (vgl. Brill, May-Kraemer, Nießeler & Wagner 2017)

Für das Kind bedeutet diese Perspektive auf Andere eine grundlegende Änderung seines Weltverständnisses. Tomasello spricht dabei von einer „Neunmonaterevolution“ (ebd.: 77). Hierbei ist nicht die Festlegung auf ein entwicklungsbedingtes Zeitfenster maßgebend, sondern die neue Art und Weise, wie Kinder ab einem gewissen Alter lernen. Etwa in diesem Alter fangen Kleinkinder an, eine Reihe von Verhaltensweisen der gemeinsamen Aufmerksamkeit zu zeigen, die deutlich machen, dass sie andere Personen als intentionale Akteure verstehen. Nur Menschen haben diese Fähigkeit, ihre subjektiven Absichten auf Absichten anderer Menschen einzustellen und sich in diese hineinzuversetzen. Menschen können ihre Aufmerksamkeit auf etwas richten, das ihnen selbst gar nicht aufgefallen wäre, aber das ihnen von Anderen gezeigt wurde. Sie lassen sich auf etwas aufmerksam machen und bemerken dann, warum diese Richtung der Aufmerksamkeit auch für die Anderen, die darauf aufmerksam gemacht haben, wichtig ist. Man schaut in die Richtung, in die jemand zeigt, und hat damit teil an dem, was der Andere erkannt hat. Dies kann eine Gefahr sein oder ein Nahrungsmittel. Es kann aber auch ein besonderes Ding oder ein Phänomen sein, das andere interessiert und auf das sie hinweisen.

Aufgrund dieses Vermögens zur geteilten Intentionalität können sich Kinder Kultur aneignen: Sie verfolgen den Blick der Anderen auf Gegenstände, sie interagieren mit Anderen, sie sehen ihre Mitmenschen als soziale Bezugspunkte und lernen, mit den Gegenständen in derselben Weise wie diese umzugehen und sich auf ihr Verhalten gegenüber äußeren Gegenständen einzustellen. Erst diese Formen geteilter Aufmerksamkeit versetzen Kinder in die Lage, die kognitiven Fertigkeiten und das Wissen Anderer zu nutzen und am Potenzial ihres kulturellen Milieus teilzuhaben. Evolutionstheoretisch betrachtet ist dieses Vermögen zum Überleben der Spezies Mensch unabdingbar, da Menschen auf ihre Gemeinschaft angewiesen sind und alleine nicht existieren können. Man kann aber auch sagen, diese Besonderheit hat zur spezifischen Entwicklung menschlicher Lebensformen geführt. Diese konnten sich als Gruppen besser an unterschiedliche Umwelten anpassen, indem komplexe Verweisungsnetze geschaffen wurden, die als Kulturwelten ein ungleich dichteres intentionales Netz heterogener Aufmerksamkeiten spannen, als dies der individuellen Aufmerksamkeit möglich wäre.

Medialität: Symbolische Formen der Weltaneignung

Symbolische Formen ermöglichen eine spezifische Form des Lernens, die eine ganz neue Dimension menschlicher Welten eröffnet. Indem Lernergebnisse nun nicht nur „biologisch", also mittels neuronaler Veränderungen im individuellen Gedächtnis, sondern „kulturell", also mittels symbolischer Formen konserviert und verfestigt werden können, entsteht ein kollektives Gedächtnis, das zeitlich ungleich überdauernder ist als das individuelle Gedächtnis und damit generationenübergreifend wirksam wird. Den größten Teil des Wissens erwirbt der Mensch nicht aus eigener Erfahrung. Es wird in Auseinandersetzung mit vorhandenen symbolischen Formen erlernt. Kulturelles

Lernen ermöglicht damit Teilhabe am kollektiven Gedächtnis, in dem Wissen über Generationen hinweg mithilfe von Medien der Erinnerung aufbewahrt und tradiert wird.

Kulturelles Lernen aktiviert somit symbolische Formen der Weltaneignung. Ebenso ist es ein Lernen mit diesen Medien, das eigene Lernergebnisse in symbolischen Formen verdichtet und konserviert.

Für den Kontext kulturellen Lernens ist an dieser Stelle wichtig zu sehen, dass es symbolische Formen gibt, die erst erlernt und ausdifferenziert werden müssen wie die Schrift oder wie wissenschaftliche Modelle. Und es gibt Medien wie die Sprache, die Bedingung für die Symbolentwicklung sind, d. h. erlernt werden, aber ebenso im kulturellen Lernen angelegt und damit eingeboren sind. Kinder haben das Vermögen, ihre Welt symbolisch zu gestalten. Wenn Kinder auf ihre eigene Weise ihre Eindrücke, Erlebnisse, Wahrnehmungen und Erfahrungen symbolisieren, wenn sie ihre Vorstellungen äußern und versuchen, ihre Wirklichkeit zu deuten, so zeigt sich darin jenes ursprüngliche Vermögen der symbolischen Weltaneignung, sich Wirklichkeit verständlich zu machen.

Kinder „basteln" ihr Haus (vgl. Brill, May-Kraemer, Nießeler & Wagner 2017)

Im kulturellen Lernen der Kinder äußert sich somit das Vermögen, sich seine Kulturwelt zu schaffen, indem man teilhat an kulturell geformter Wirklichkeit und indem man Erfahrungen zu seinen Vorstellungen bildet. Individuelle Dimensionen des Erlebens- und Erfahrungsprozesses werden mit äußeren, vom Subjekt unabhängigen Ordnungen der Mit- und Umwelt vermittelt, was Schäfer als Integration von innerer und äußerer Welt bezeichnet (vgl. Schäfer 2005: 106). Bereits im kindlichen Ausdrucksbemühen formen sich Bedeutungs- und Sinnstiftungen, die sich in Nachahmung und Spiel, im Zeichnen, Gestalten und Herstellen entwickeln und die eng verbunden sind mit der Herausbildung sprachlicher Perspektiven. Das Kind lernt so, sich in seiner Welt zu orientieren und seiner Welt Bedeutungen zu geben. Für das Kind stellen seine Ausdrucksformen wichtige Medien des Weltverstehens und der Weltaneignung dar (vgl. Nießeler 2010).

Spontaneität: Spielerisches und kreatives Lernen

Kulturelles Lernen kreiert, wie Kultur im Allgemeinen, einen Überschuss an Bedeutungen, der aus der Vielfalt und Dynamik der symbolischen Formen resultiert. Das Kind übernimmt kulturelle Konventionen und Deutungen, die es durch Imitation und durch die Teilhabe an symbolischen Formen von Anderen erwirbt. Es macht aber ebenso kreative Sprünge, die über diese hinausgehen (Tomasello 2002: 67). Wie Tomasello feststellt, deuten die Belege der Entwicklungspsychologie darauf hin, dass sich etwa im Alter von vier bis fünf Jahren das Gleichgewicht zwischen der Tendenz der Kinder, andere nachzuahmen, und ihrer Tendenz, eigene kreative kognitive Strategien zu verwenden, verlagert: Sie werden sich ihrer selbst bewusst und verinnerlichen durch sprachliche Interaktionen und symbolische Ausdrucksformen verschiedene Perspektiven, „die ihnen erlauben, für sich selbst in einer stärker selbstregulierten Weise zu reflektieren und zu planen, obwohl die dabei benutzten Mittel manchmal wieder kulturellen Ursprungs sind“ (ebd.).

Das Kind formt also aus eigenem Willen das, was gelernt wird, zu dem, was es selbst erkennt. In der Philosophie bezeichnet man diesen intrinsisch motivierten Antrieb als Spontaneität, wobei weniger die Unmittelbarkeit oder überraschende Entschlusskraft im alltagssprachlichen Sinne eines spontanen Handelns im Vordergrund steht als vielmehr die Fähigkeit, etwas von sich aus zu tun und selbst Vorstellungen eines Gegenstandes zu bilden. Es ist also das Vermögen gemeint, Anschauungen zu Vorstellungen zu bilden und durch diese Vorstellungen einen Gegenstand zu erkennen. Im Gegenspiel zur Rezeptivität ist Spontaneität das Vermögen, Vorstellungen selbst hervorzubringen. Die Sinnlichkeit gibt die Grundlage für die Vorstellung (Rezeptivität), die Vorstellung bildet die Eindrücke der Sinnlichkeit (Spontaneität). „Ohne Sinnlichkeit würde uns kein Gegenstand gegeben, und ohne Verstand keiner gedacht. Gedanken ohne Inhalt sind leer, Anschauungen ohne Begriffe sind blind“ (Kant 1787/1974: 98). Kants für die Theorie der Erkenntnis prägende Sichtweise bezieht sich bei der Vorstellungsbildung allerdings nur auf die Begriffsbildung und auf die wissenschaftliche Erkenntnis, während im Kontext der Kulturphilosophie auch andere Vorstellungsbildungen berücksichtigt werden müssen, wie sie allgemein in der Pluralität symbolischer Formen und im Besonderen in symbolischen Formen in der kindlichen Weltaneignung zum Vorschein kommen (vgl. Nießeler 2003).

Die Spontaneität des kulturellen Lernens von Kindern zeigt sich insbesondere im Spielen. Spiel ist nicht Mittel zum Zweck, vielmehr geht man ganz im Spiel auf und hat den Wunsch, immer weiter zu spielen. Kinder lassen sich daher nur schwer aus ihren Spielen bringen und bewegen sich in einer eigenen, dichten und lustvoll erlebten Welt, die zwar fern der Realität zu sein scheint, dennoch mit Wirklichkeit verknüpft und auf Wirklichkeit bezogen ist.

Der Bezug zum kulturellen Lernen zeigt sich mehrfach: Zum einen wird das Spiel von den Sachen geformt, die zum Spielen anregen. Es sind die Sachen aus der Lebenswelt des Kindes, die zu Spielsachen werden, und damit die Sachen der Kultur, in der das Kind aufwächst und in der es sich entwickelt. Spielerisches Sachlernen ist immer auch eine Form der Kulturaneignung, die mimetische Züge beinhaltet (im Sinne der Mimesis als Imitation anderer Menschen und als Nachahmung sozialer Praktiken). Zum anderen hat das Spiel aber maßgebliche kreative Momente. Denn das Kind setzt sich in Szene und spielt seine Welt. Es ahmt Wirklichkeit nicht abbildgetreu nach, sondern gestaltet das, was ihm wichtig ist, imaginativ aus und um. Langeveld hat das Spiel als Form der unverbindlichen Sinngebung charakterisiert, die der kreativen Sinngebung der Kunst ähnlich ist (vgl. Langeveld 1968). Im Spiel äußert sich die Freiheit der Kinder, den Dingen ihre Bedeutungen zu geben, die nicht notwendigerweise identisch mit normativ vorgegebenen Deutungen sein müssen. So schafft das Spiel trotz der Bezüge zur Lebenswelt seine eigene Welt, in der das Kind seine Fähigkeiten in Auseinandersetzung mit den vorhandenen Dingen, Mitmenschen und Lebewesen weiterentwickeln kann und zugleich sich diese Sachen zu seinen Sachen macht.

Mit Recht kann man sagen, das Spiel ist ein wichtiges Medium kulturellen Lernens der Kindheit (vgl. Stenger 2010). Man kann aber auch die Perspektive umdrehen und ausgehend vom kindlichen Spiel feststellen, dass dessen Spontaneität das angeborene Vermögen zum kreativen Lernen belegt. Das Spiel ist in dieser Hinsicht nicht eine kindertypische Vorform der Weltaneignung, sondern dessen Grundlage. Es bietet als ästhetische Erfahrung im Verständnis von Friedrich Schiller die „Chance zur Selbstverwirklichung des Menschen in der ‚lebendigen Gestalt' der Schönheit" (Gebauer 1997: 1039) und es bildet Welten, die relative Autonomie besitzen und zugleich Bezug auf die Lebenswelten außerhalb des Spieles nehmen (vgl. ebd.: 1042). Gebauer bezeichnet die Als-ob-Welt von Spielern daher als „mimetische Welt", die Spielern wirklicher als die Wirklichkeit erscheinen kann, wenn er/sie an das Spiel glaubt und sich mit den Aufführungen vollkommen identifiziert (ebd.: 1047).

Kulturelles Lernen in der Grundschule

Die theoretischen Sondierungen des Lernens belegen, dass menschliches Lernen mehr ist als nur eine Änderung des Verhaltens als Anpassung an eine vorgegebene Wirklichkeit. Menschliches Lernen folgt der Intention, Sinn in der offenen und oft verwirrenden Vielfalt der Welt- und Kultureindrücke zu stiften, um sich in dieser Welt selbst zu orientieren. Langeveld bezeichnet dies als Akt der persönlichen Sinngebung, in der sich der Einzelne als Person konstituiert (vgl. Langeveld 1968: 96).

Kulturelles Lernen macht einerseits in der Kultur hervorgebrachte und aufbewahrte Bestände zugänglich, andererseits werden im theoretisch-reflektierenden wie praktisch-handelnden Umgang mit Sachen die produktiven Kräfte der Lernsubjekte angeregt, gefördert und entfaltet. Beide Strukturmomente, Tradition und Produktion, sind wechselseitig aufeinander bezogen. Wie die Tradierung kultureller Bestände auf Personen angewiesen ist, welche dazu beitragen, dass diese nicht in Vergessenheit geraten und ständig aufs Neue wiederbelebt werden, so gewinnen Individuen aus ihren Bezügen zur Kultur eigene Orientierungen, die ihre Lebensgeschichte prägen und die ihre besondere Identität ausmachen. Lernen ist in diesem Verständnis nicht nur die Einführung in Kulturwelten, sondern eröffnet gleichursprünglich auch Formen der Selbstkultivierung, welche wesentlich zur Geschichte von Kultur beitragen.

Kulturelles Lernen in der Grundschule muss daher im Sinne der Grundlegung von und Freisetzung für Bildung die kulturell-produktiven und performativen Kompetenzen fördern, durch die Kinder in die Lage versetzt werden, sich mit ihren eigenen Gestaltungen und Symbolisierungen anzunähern, sich auf ihre Weise und aus ihrer Perspektive verständlich zu machen und ihre eigenen Positionen zu bestimmen. Dies kann gefördert werden,

- wenn vielfältige Angebote und Medien vorbereitet sind, mit denen und durch die die schulische Umgebung zu einem kulturellen Raum wird und Schüler*innen an Kultur partizipieren können;
- wenn Schüler*innen angeregt und unterstützt werden, selbst und gemeinsam mit anderen produktiv und gestaltend tätig zu werden, sodass Eindruck und Ausdruck konstruktiv zusammenwirken und Gelegenheit besteht, die eigene Kultur zu gestalten;
- wenn Schüler*innen Chancen und Grenzen kultureller Gestaltungen durchdenken, bewerten und reflektieren und im Dialog mit anderen ihre eigene Orientierung entwickeln können;
- schließlich wenn Kulturen von Kindern ernstgenommen und wenn ihre Lebensformen und Lebensentwürfe, sofern sie begründet werden können, anerkannt und im Dialog mit der Erwachsenengeneration vermittelt werden (Nießeler 2020a: 125).

Die Kultur sachunterrichtlicher Lehr-Lernprozesse muss also sowohl die Eigenheiten des Kindseins und dessen Eigensinnigkeit als auch die kulturelle Bedeutung der Sachen der kindlichen Lebenswelten berücksichtigen. Sachlernen setzt erst dann für Bildung frei, wenn sie die Subjekte einbezieht, welche sich mit den Sachen auseinandersetzen. Im Umgang mit, beim Ausprobieren, Konstruieren, Erfinden und Bedeuten erfährt das Kind etwas über seine Welt und über sich und entwickelt dabei seine eigene Kultur der Sachen. Die Qualität sachunterrichtlicher Aufgabenkultur kann daran gemessen werden, ob Kind und Sache in ein produktives Wechselverhältnis gelangen. Der

Anspruch besteht darin, „Formen zu finden und bereitzustellen, in denen nicht nur die bereits bestehende kulturelle Tradition als eines historisch gewachsenen, vielschichtigen und komplexen Weltverhältnisses aufgegriffen und angeeignet werden kann, sondern die darüber hinaus auch geeignet sind, produktive Möglichkeiten der Selbstentfaltung freizusetzen" (Duncker 1994: 84).

Beispiele für Kulturelles Lernen als Kulturforschung und Kulturanalyse

Abschließend soll das Potenzial kulturellen Lernens an einem Bildungsbereich der Grundschule aufgezeigt werden, der zu den Kernbereichen der Grundlegenden Bildung in der Grundschule gehört: nämlich das Sachlernen. Bereits in den 1990er-Jahren gab es in diesem Kontext den Versuch einer Reform der Grundschule, welche den traditionell gegebenen Fächerkanon aufbrechen wollte und von Formen der Welterschließung ausging, die in Verbindung mit Klafkis Bildungstheorie gedacht werden können (vgl. Faust-Siehl u. a. 1996). Der Weltbegriff ist jedoch sehr weit gefasst und muss differenziert werden, indem von Lebenswelten, genauer gesagt von Lebenswelten, die kulturell geformt sind, auszugehen ist. Lernen ist in diesem Sinne ein kulturelles Lernen, das dazu beiträgt, dass sich Kinder in der Kultur, in der sie aufwachsen und in die sie hineinwachsen, orientieren können. „Orientierung in der Kultur, Orientierung durch Kultur und Orientierung von Kultur bilden sich jeweils ergänzende und gegenseitig bereichernde Aspekte eines vielseitigen Aneignungsprozesses" (Nießeler 2020a: 12).

Anknüpfungsmöglichkeiten hierzu bietet der Perspektivrahmen Sachunterricht (GDSU 2013), insofern als er fachgemäße Arbeitsweisen mit perspektivübergreifenden Denk-, Arbeits- und Handlungsweisen verzahnt und sich an sinnbezogenen und von den Lernsubjekten selbst initiierten Lernprozessen orientiert. Es ist damit aber nur ein Rahmen vorgegeben, der inhaltlich gefüllt werden muss. Daher ist es notwendig, von kulturellen Feldern auszugehen, die einerseits die Schüler*innen selbst betreffen und die sie mitgestalten und die andererseits exemplarisch für das Allgemeine von Bildung sind, welche nicht nur das Individuum, sondern auch die Kultur im weiten Sinne umfasst.

In der Auseinandersetzung mit kulturellen Feldern wie Wissenschaft, Sozialität, Räumen, Geschichte oder Technik (vgl. Nießeler 2020a: 144-150) entstehen gemeinsame Aufmerksamkeiten für kulturelle Erscheinungen, ihre Gestaltungen und Gestaltungsmöglichkeiten, die reflektiert, kritisch hinterfragt und auch kreativ umgestaltet werden können. Solche Kulturanalysen sind insofern exemplarisch, als die Sachen die Möglichkeit haben, gewissermaßen Widerworte einzubringen (vgl. Nießeler 2020b). Bal bezeichnet das in ihrer Kulturtheorie als Fokalisation der Aufmerksamkeit, die andere Perspektiven aufnimmt und miteinander ins Spiel bringt. Die Theorie fluktuiert zwischen Wahrnehmung und Begriff und eröffnet so das Potenzial der Kulturanalyse, die „Stoßkraft einer Interpretation zu bremsen, abzulenken und zu komplizieren" (Bal 2006: 18). „So kann sich die Theorie wandeln und vom starren Oberdiskurs zu einem eigenständigen, lebendigen Objekt der Kultur werden. Bei diesem Verfahren können wir von den Objekten, die unseren Untersuchungsbereich bilden, etwas lernen" (ebd.).

Beispielsweise ergibt sich im kulturellen Feld „Räume" die Möglichkeit, die eigene Wohnumgebung zu thematisieren und zu erforschen, wie kulturelle Praktiken dieses kulturelle Feld strukturieren. Dabei können Schüler*innen erforschen, welche Dinge und Gegenstände für Wohnumwelten bedeutsam sind und wie anhand solcher Dinge eigene Kulturwelten gestaltet werden. Daraus ergeben sich Suchbewegungen danach, welche Dinge vertraut sind und welche Dinge fremd erscheinen, insbesondere wenn sie in anderen Lebensweltkontext etabliert sind. Über solche Erkundungen von Dingen in verschiedenen Wohnumgebungen lernen Schüler*innen andere Bedeutungen und Perspektiven auf Lebenswelten über unterschiedliche kulturelle Gestaltungen kennen. Warum wird etwas als „vertrauter Gegenstand" charakterisiert, warum etwas als „fremd" (vgl. Müller 2006)? Kriterien für „vertraute Gegenstände" können ihr häufiger Gebrauch sein, positive Gefühle, die sich mit ihnen verbinden, ihr Charakter als möglicher Glücksbringer, die Tatsache, dass sie selbst hergestellt wurden, weitere Assoziationen zu positiven Dingen oder die Verbindung zu einem anderen, vertrauten Menschen. „Als ‚fremd' bezeichneten die Kinder Gegenstände, die selten oder nicht mehr im Gebrauch sind, deren Funktion bzw. Funktionsweise sie nicht verstehen, die Furcht auslösen, an die schlechte Erinnerungen geknüpft werden (z. B. Tod eines Meerschweinchens) oder die dem eigenen Rollenverständnis widersprechen" (ebd.: 6).

In diesem Feld können Regeln erforscht werden, welche die Ordnungen im sozialen Umfeld stützen. Man erwartet einen gewohnten Gebrauch der Dinge, wenn man zu Tisch geht, sich auf einen Stuhl setzt und das Essen einnimmt. Diese Praktiken und kulturellen Formen können geschichtlich und gesellschaftlich divergent sein. Es gibt vielfältige Essgewohnheiten und Sitten (so sitzt man nicht überall am Tisch, sondern man kann auch knien oder „zu Tisch liegen"). Andererseits haben diese Formen in den jeweiligen Situationen eine gewisse *Verbindlichkeit*, die kulturell ausformuliert wird und davon entlastet, ständig aufs Neue soziale Rituale erfinden zu müssen. Diese Formen einer „schwachen Normativität" tragen zu gemeinsamen Orientierungen in kulturellen Feldern bei, zeigt aber auch die Heterogenität kultureller Praktiken (vgl. Bauks u. a. 2019). Man wäre überrascht, wenn man sich zum Essen unter den Tisch und nicht an den Tisch setzen würde. Man ist gewohnt, beim Buffet anzustehen und sein Essen mit an den Tisch zu nehmen, würde aber nicht in einer Mensa Teller von anderen Tischen nehmen. Menschen, die in einem Baumhaus wohnen, wären wiederum überrascht, wenn ein Ding mit vier Beinen in ihrer Wohnung stünde.

Das Innere eines Baumhauses, Heimstatt einer Korowai-Familie in einer Höhe von 50 Metern über dem Boden (Salgado 2013: 143)

Beim Thema „Wohnen" können auch gut Bezüge zum historischen Lernen hergestellt werden. Schomaker referiert hierfür ein Beispiel, das zwar aus der Jugendbildung stammt, aber auf den Sachunterricht übertragbar ist, wenn es um die Rekonstruktion von Alltagsgeschichte geht: Mittels Fundstücken aus unterschiedlichen Zeiten, die allesamt über viele Jahre zum Inventar eines Hauses in Berlin gehörten, näherten sich Jugendliche verschiedenen Aspekten der Geschichte dieses Hauses an. Sie erkundeten anhand von Einschusslöchern an der Hauswand, einer großen, bauchigen Glasflasche, einem Lottoschein, einem verbeulten Eimer aus Blech, einem Paar Tanzschuhe u. v. m. die Geschichte des Hauses und entwarfen mittels ihrer Fundstücke mögliche Biografien der dort zu unterschiedlichen Zeiten lebenden Menschen. Neben der Erarbeitung von Kenntnis über die Vergangenheit bestand ein großer Gewinn des Projektes auch in der Förderung sozialer, künstlerisch-kreativer und demokratischer Kompetenzen (vgl. Schomaker 2013: 141).

Weiter ins Philosophieren übergehen kann dieses Thema durch den Einbezug des Bilderbuchs von Antje Damm „Der Besuch" (vgl. May-Krämer 2019): Dieses handelt von einer einsamen und zurückgezogenen älteren Frau, an deren Eingangstür das Schild „Bitte nicht stören" hängt. Der unerwartete Besuch eines Jungen wird zuerst als „Einbruch" erlebt, dann aber als eine produktive Störung erfahren, welche für die Frau wie für den Jungen bestehende Ordnungen durcheinanderbringt und eine Offenheit hervorruft, durch die plötzlich Raum für die neue Gestaltung der Lebenswelt entsteht. Im Symbol eines „Papierfliegers" kommt gewissermaßen neuer Wind herein, im Spiel damit lassen sich die Generationen aufeinander ein. Was ursprünglich als beängstigendes Fremde irritiert und das eigene Leben stört (die Lebenswelt der älteren Frau für den Jungen wie vice versa die Lebenswelt des Jungen für die ältere Frau), wird in dieser Wandlung als Impuls für neue Lebensfreude erfahren. „So lassen sich Themen und Fragen formulieren, die es ermöglichen mit unterschiedlichen Kindern ins gemeinsame Nachdenken oder auch Nachspüren zu kommen, mit ihnen einen lebensweltlichen Bezug herzustellen, Nachdenkgespräche zu führen, Fotostopps […] anzuregen, Bildszenen nachzustellen, Bilder zu zeichnen, Gedankenexperimente zu initiieren, Wohnräume nachzubauen, Papierflieger-Briefe loszuschicken, Texttheater […] zu spielen" (May-Krämer 2019: 310).

Fazit

In diesem Verständnis kann Sachunterricht zu einem Kulturforum werden (Nießeler 2020a: 153–154), zu einem Ort der wechselseitigen Vermittlung von Kultur und Vermittlung zwischen Kulturen, wo Fragen gestellt und beantwortet werden, wo Kinder Ideen austauschen und entwickeln können, wo Begegnungen und Dialoge ermöglicht werden und wo Kinder lernen sich zu orientieren, Sachverhalte zu beurteilen und sich in ihrer Welt zu positionieren.

Zur Initiation und Förderung solcher Lernformen bedarf es einer pädagogischen Grundhaltung der Lehrkraft, welche sich auf die Offenheit von Bildung einlassen und sich eingestehen muss, dass Lernen auch von einem Nichtwissen motiviert werden kann, das gemeinsame Orientierungen erst hervorbringt. Diese Offenheit erschwert auf der einen Seite eine Evaluation des Lernprozesses, da dieser nicht von der Ergebnisseite her abgeprüft werden könnte, sondern die Kompetenzentwicklung im Bereich des problemlösenden und aufmerksamen Nachdenkens fördert. Auf der anderen Seite bietet sich die Chance eines dialogischen Lernens, also eines Lernens im und durch den Dialog, das sich auf den Anderen einlässt, von dessen Einsichten und Vorstellungen profitiert, aber auch durch die gegenseitige Kritik zu neuen Erkenntnissen gelangen kann. „So verwirklicht sich die Freiheit und Stärke des Nachdenkens, welches aus sich selbst Orientierung geben und Verbindlichkeiten schaffen kann" (Nießeler 2020a: 154).

Literatur

Bal, M. (2006): Kulturanalyse. Frankfurt am Main.

Bauks, M.; Bermes, C.; Schimmer, T. M.; Schneider, J. G. & Steinicke, M. (Hrsg.) (2019): Verbindlichkeit. Stärken einer schwachen Normativität. Bielefeld.

Brill, S.; May-Krämer, S.; Nießeler, A. & Wagner, B. (2017): Förderung von Vielperspektivität im Sachunterricht durch die Verknüpfung von Sachlernprozessen mit außerschulischem Lernen im Museum. In: H. Giest, A. Hartinger & S. Tänzer (Hrsg.): Vielperspektivität im Sachunterricht. Bad Heilbrunn: Klinkhardt, 58–65.

Carey, S. (1991): The epigenesis of mind. Essays on biology and cognition. Hillsdale, NJ u. a.

Cassirer, E. (1944/1990): Versuch über den Menschen. Einführung in eine Philosophie der Kultur. Frankfurt a. M.

Chasiotis, A. & Keller, H. (1993): Die menschliche Kindheit und die Kindheit der Menschheit. Die ersten Lebensjahre aus psychobiologischer Perspektive. In: Evolution und Anpassung, 190-209.

Dörpinghaus, A.; Poentisch, A. & Wigger, L. (2006): Einführung in die Theorie der Bildung. Darmstadt.

Dörpinghaus, A. & Uphoff, I. K. (2011): Grundbegriffe der Pädagogik. Darmstadt.

Duncker, L. (1994): Lernen als Kulturaneignung. Schultheoretische Grundlagen des Elementarunterrichts. Weinheim, Basel.

Faust-Siehl, G. u. a. (1996): Welterkundung statt Sachunterricht. In: Die Zukunft beginnt in der Grundschule. Empfehlungen zur Neugestaltung des Primarbereichs. Frankfurt am Main, 63–75.

GDSU (Hrsg.) (2013): Perspektivrahmen Sachunterricht. Vollständig überarbeitete und erweiterte Ausgabe. Bad Heilbrunn.

Gebauer, G. (1997): Spiel. In: Wulf, C. (Hrsg.): Vom Menschen. Handbuch Historische Anthropologie. Weinheim, Basel, 1038–1048.

Göhlich, M. & Zirfas, J. (2007): Lernen. Ein pädagogischer Grundbegriff. Stuttgart.

Hasselhorn, M. & Gold, A. (2009): Pädagogische Psychologie. Erfolgreiches Lernen und Lehren. 2., durchgesehene Auflage, Stuttgart.

Kant, I. (1787/1974): Kritik der reinen Vernunft. In: Werkausgabe Band III–IV. Hrsg. von W. Weischedel. Frankfurt am Main.

Kant, I. (1926): Gesammelte Schriften (Akademieausgabe) Band XXI. Berlin.

Keller, H. (2011): Kinderalltag: Kulturen der Kindheit und ihre Bedeutung für Bindung, Bildung und Erziehung. Berlin, Heidelberg.

Keller, H. (2017): Entwicklung als kulturspezifische Lösung universeller Entwicklungsaufgaben. In: Rauh, A. (Hrsg.): Fremdheit und Interkulturalität. Aspekte kultureller Pluralität. Bielefeld, 79–100.

Langeveld, M. J. (1968): Das Ding in der Welt des Kindes. In: Langeveld, M. J.: Studien zur Anthropologie des Kindes. 3. Aufl. Tübingen, 142–156.

May-Krämer, S. (2019): Philosophieren mit Kindern: Grundhaltung und Methode. In: Stein, R.; Link, P.-C. & Hascher, P. (Hrsg.): Frühpädagogische Inklusion und Übergänge. Berlin, 303–314.

Meyer-Drawe, K. (2008): Diskurse des Lernens. München.

Müller, H.-J. (2006): Kann ich einem Wolf vertrauen? www.praxisgrundschule.de (April 2006), 5–8.

Müller-Funk, W. (2010): Kulturtheorie. Einführung in Schlüsseltexte der Kulturwissenschaft. 2., erweiterte und bearbeitete Auflage. Tübingen u. Basel.

Nießeler, A. (2003): Formen symbolischer Weltaneignung. Zur pädagogischen Bedeutung von Ernst Cassirers Kulturphilosophie. Würzburg.

Nießeler, A. (2010): Symbolische Formen in der kindlichen Weltaneignung. In: Duncker, L.; Lieber, G.; Neuß, N. & Uhlig, B. (Hrsg.): Bildung in der Kindheit. Das Handbuch zum ästhetischen Lernen für Kindergarten und Grundschule. Seelze, 38–42.

Nießeler, A. (2013): Bildung im Netz symbolischer Formen – kulturphilosophische Perspektiven. In: Pädagogische Rundschau 67, Heft 2, 129–141.

Nießeler, A. (2020a): Kulturen des Sachunterrichts. Bildungstheoretische Grundlagen und Perspektiven der Didaktik. Reihe: Kinder. Sachen. Welten. Dimensionen des Sachunterrichts Band 12. Schneider Verlag Hohengehren: Baltmannsweiler 2020.

Nießeler, A. (2020b): Das Einzelne als Spiegel des Ganzen? Exemplarität im Kontext des kulturellen Gedächtnisses. In: Pädagogische Rundschau 74/2020/Heft 6. 593–602.

Reckwitz, A. (2017): Die Gesellschaft der Singularitäten. Berlin.

Salgado, S. (2013): Genesis. Köln.

Schäfer, G. E. (2005): Bildungsprozesse im Kindesalter. Selbstbildung, Erfahrung und Lernen in der frühen Kindheit. Weinheim, München.
Scheunpflug, A. (2004): Lernen als biologische Notwendigkeit. Schulkindheit aus Sicht von naturwissenschaftlicher Anthropologie und evolutionärer Pädagogik. In: Duncker, L.; Scheunpflug, A. & Schultheis, K.: Schulkindheit. Anthropologie des Lernens im Schulalter. Stuttgart, 172–225.
Schomaker, C. (2013): Zur Bedeutsamkeit von Dingen in Sachlernprozessen. In: Nohl, A.-M. & Wulff, C. (Hrsg.): Mensch und Ding. Die Materialität pädagogischer Prozesse. Zeitschrift für Erziehungswissenschaft. Sonderheft 25. Wiesbaden, 139–151.
Stenger, U. (2010): Spielen und Lernen. In: Duncker, L., Lieber, G., Neuß, N. & Uhlig, B. (Hrsg.): Bildung in der Kindheit. Das Handbuch zum ästhetischen Lernen für Kindergarten und Grundschule. Seelze, 30–37.
Tomasello, M. (2002): Die kulturelle Entwicklung des menschlichen Denkens. Zur Evolution der Kognition. Frankfurt am Main.
Tomasello, M. (2009): Die Ursprünge der menschlichen Kommunikation. Frankfurt am Main 2009.
Tomasello, M. (2020): Mensch werden. Eine Theorie der Ontogenese. Berlin.
Vygotskij, L. S. (1930/1978): Geschichte der höheren psychologischen Funktionen. (Original: Mind in Society: The Development of Higher Psychological Processes). Münster u. a.

Falko Peschel

Demokratische Schule und offenes Unterrichten

Als ich dem Begriff der „Lernkultur“ zum ersten Mal bewusster begegnet bin, habe ich mich gefragt, ob das wieder einmal der Versuch ist, alten Wein in neue Schläuche zu füllen. Ich bin immer noch völlig niedergeschlagen von der Entwicklung, den der Begriff und das Bemühen um „Inklusion“ gemacht haben. Einst postuliert als das genaue Gegenteil von „Integration“, nämlich als Ausdruck des Unverständnisses, warum man Menschen erst „separieren“ oder „segregieren“ muss, um sie später so aufwendig und mühevoll wieder zu „integrieren“, ist der Begriff der „Inklusion“ schon lange nicht mehr Ausdruck für die selbstverständliche Verschiedenartigkeit aller Menschen. Er wird vielmehr häufig noch rudimentärer benutzt als die „Integration“ – mit dem Erfolg, dass jetzt immer mehr Kinder in den Schulen nicht mehr an sich selbst, sondern an formalen Messlatten gemessen werden und förderbedürftig erscheinen. Sogar die sonst so kritischen „Freien Alternativschulen“ haben ihren letzten Fachtag zur Inklusion mit dem Motto versehen „Förderplan für alle!“. Der Ruf nach Sonderpädagogen in Regelschulklassen war noch nie so groß …

Aber wie verhält es sich mit dem Begriff der „Lernkultur“? Auf was sollte bei der Verwendung geachtet werden, damit der Begriff nicht ähnlich schnell verschlissen und nichtssagend wird? Der aus den beiden Komponenten „Lernen“ und „Kultur“ bestehende Begriff ist deshalb im schulischen Kontext so interessant, weil er oft erst bei näherer Betrachtung seinen vollen Anspruch entfaltet und dann irritierend wirken kann, denn eine (positive) „Lernkultur“ möchte ja vermutlich jede Lehrkraft in ihrer Klasse haben. Aber was heißt das denn nun genau?

Lernen ist wissenschaftlich definiert als eine langfristige Verhaltensänderung. Das ist schon einmal interessant, denn genau das wird in Schule ja oft nicht angestrebt, wenn bestimmte Stoffgebiete in irgendeiner Form „durchgenommen“ und dann schnell abgetestet werden – der Begriff des „Bulimie-Lernens“ drückt das Problem drastisch aus, das auch viele Studien immer wieder belegen, und was vermutlich den Erfahrungen der meisten Menschen entspricht:

> *Vierzig Prozent der Zehntklässler können in Mathematik kaum Lernfortschritte verzeichnen, 20 Prozent von ihnen büßen sogar mathematische Kompetenzen ein. In den Naturwissenschaften sieht es ähnlich aus. Auch hier werden 20 Prozent der Schüler derzeit schlechter. „Wir sind davon ausgegangen, dass Schüler etwas dazulernen. Warum machen wir sonst Schule?“, fragte Manfred Prenzel bestürzt.*
>
> (Füller 2006: 6)

Das, was von den erlebten 10.000 bis 15.000 Schulstunden nach wenigen Jahren als dauerhaft gelernt übrig bleibt, ist nicht nur verschwindend gering, sondern hat vor allem auch selten mit dem durchgenommenen „Stoff" zu tun – es sind eher die oft zufälligen und unbewussten Lernanteile, die dauerhaft abgespeichert werden, nicht die Inhalte, die laut Lehrplan gelernt werden sollten (die impliziten und inzidentellen Anteile menschlichen Lernens werden in unterschiedlichsten Quellen auf bis zu 90 % geschätzt). Hier kommt die untrügliche Selektionsfunktion von Schule zum Tragen, die doch weit über ihren Bildungsanspruch wirkt und oft ratlose Menschen wie die durch den nachfolgenden Tweet bekannt gewordene 17-jährige Gymnasiastin Naina zurücklässt:

> *Ich bin fast 18 und hab keine Ahnung von Steuern, Miete oder Versicherungen. Aber ich kann 'ne Gedichtsanalyse schreiben. In 4 Sprachen.*
>
> (Naina @nainablabla – 10.01.2015)

Lernen ist langfristige Verhaltensänderung – nicht Langeweile

Allein der Begriff des „Lernens" scheint also schon eine andere Kultur in Schule zu erfordern als das übliche „Aberledigen" von vorgegebenen Aufgaben (vgl. auch Kihm et al. in diesem Band), um überhaupt erst gültig zu werden. Aber was besagt denn der zweite Wortbestandteil „Kultur"?

Sieht man „Kultur“ im Zusammenhang mit schulischer Lernkultur als einen Inbegriff einer bestimmten Lebensweise einer Gruppe von Menschen und deren Ausdruck, so wird schnell klar, dass die Beziehungsebene hier plötzlich eine immense Bedeutung bekommt. Kultur kann dann nicht einfach von oben verordnet werden, sondern ist ein Zusammenspiel aller Beteiligten, die die Kultur, in der sie zusammen leben (und lernen) gemeinsam und gegenseitig fundamental prägen. Insofern haben wir es beim Begriff der „Lernkultur“ nicht nur mit einem der Schulrealität oft diametral entgegenstehenden Lernbegriff zu tun, sondern auch mit einem Kulturverständnis, das dem Einzelnen eine diametral entgegengesetzte Rolle zum Vorgaben abarbeitenden Individuum zuweist (vgl. auch Nießeler in diesem Band): Jeder Einzelne in der Klasse ist kultureller Akteur, der im Zusammenspiel mit Mitschülern und Lehrkräften nicht nur für seine eigenen langfristigen Verhaltensänderungen verantwortlich ist, sondern auch für die der anderen.

Dieses Verständnis von „Lernkultur“ passt gut zu den Elementen, die in der wissenschaftlichen Literatur im Anschluss an die Selbstbestimmungstheorie der Motivation (Deci & Ryan 1993) immer häufiger als die zentralen für menschliche Lernmotivation bzw. menschliches Lernen benannt werden und deckt gut auch den aktuell als immer wichtiger angesehenen Begriff des Erfahrens von „Selbstwirksamkeit“ ab:

- das Erleben von Autonomie,
- das Erleben von Kompetenz und
- das Gefühl sozialer Eingebundenheit.

Alle drei Dimensionen lassen sich ohne zwangsläufige Abstriche nur in einem Unterricht wirklich erfahren, der dem Subjekt entsprechenden Raum gewährt. Einen Raum im Beziehungsgeflecht einer ehrlich und aufrichtig miteinander lebenden und lernenden Gemeinschaft. Es ist offensichtlich, wie weit entfernt davon der Unterricht noch ist, den wir in der Regel in der Schule antreffen – auch an den wenigen Schulen, die angefangen haben, einzelne Bausteine einer anderen Unterrichtskultur zu praktizieren.

Aber genau dieser Weg macht Mut und Lust auf mehr.

Demokratie als Aufgabe, eine echte „Lernkultur“ zu schaffen

Als zentral für den Aufbau einer „Lernkultur“ erscheint der Beziehungsaspekt zwischen allen Akteuren (Kindern und Lehrkräften) unter gegenseitiger persönlicher Würdigung, damit überhaupt erst eine (positive) Basis für die gemeinsam zu entwickelnde Kultur des Zusammenlebens und -lernens geschaffen werden kann. Diese Forderung wird noch zusätzlich gestützt von dem immer größer werdenden Bedürfnis der Kinder nach einem Umfeld, das ihnen den notwendigen Halt und die Orientierung gibt, die ihnen in anderen

Lebensbereichen immer mehr wegbrechen – sei es durch eine immer unübersichtlicher und überfordernder wirkende Welt mit ihrem hohen Anspruch an die Standhaftigkeit und Impulskontrolle des Einzelnen oder auch nur durch den hohen zeitlichen Anteil, den Schule mit Nachmittagsbetreuung mittlerweile im Vergleich zum sonst Halt gebenden familiären Leben innehat.

Und hier rückt nun der Aspekt der Demokratie ins Bild. Wenn man Demokratie nicht auf ein wenig Alibi-Mitbestimmung („Partizipation") in ausgewählten Bereichen reduziert (Wahl des Klassensprechers o. Ä.), sondern als das Grundrecht des Einzelnen auf sein eigenes Leben und Lernen versteht, dann ist es in der Schule nicht weit her mit der Demokratie. Das Schulsystem ist eines der undemokratischsten Teile der Demokratie, in der wir leben.

Dies hängt weniger an Vorgaben wie der Schulpflicht oder den Richtlinien und Lehrplänen als an der Form, wie an der Schule Beteiligte Schule verstehen und umsetzen – oder glauben, handeln zu dürfen. Natürlich drücken die Vorgaben der Schule eine Erwartungshaltung des Staates aus, die oft genug dazu führt, dass alle einschließlich der Eltern unter einen nicht zu verneinenden Druck geraten. Aber es gibt genügend Beispiele für ein Lernen in diesem System, die zeigen, dass man durchaus anders Schule machen kann.

> *Die Demokratie [...] beruht keineswegs allein auf Abstimmung [...], sondern grundlegend zuerst auf Übereinstimmung hinsichtlich des Unabstimmbaren, welche Übereinstimmung die Möglichkeit des Zusammenlebens begründet und das Abstimmbare aussondert und zur Wahl freigibt.* (Arndt 1961: 23 f.)

Nimmt man die oben gemachten Ausführungen für eine von Kindern und Erwachsenen gemeinsam geprägte Lernkultur ernst, dann führt dies unweigerlich nicht nur zu (basis-)demokratischen Umgangsformen in der Schule, sondern es muss auch vor allem die Lernmethode demokratisiert und den Kindern im Sinne eines selbstbestimmten Lernens in der Gemeinschaft maßgeblich in die Hand gegeben werden. Die Lehrplanvorgaben sind dabei nicht das Problem, denn diese verlangen sogar die Demokratisierung des Unterrichts, denn die Kinder sollen sich mit für sie selbst bedeutsamen Gegenständen auseinandersetzen und „selbst planen, entdecken, erkunden, untersuchen, beobachten, experimentieren, dokumentieren und ihre Arbeiten bewerten" (MSJK 2003: 17). Und eben nicht nach-planen, nach-entdecken, nach-erkunden, nach-untersuchen, nach-beobachten, nach-experimentieren, nach-dokumentieren und nach-bewerten, sondern sie sollen das selbst tun. Das ist nicht nur Wortklauberei, sondern Qualitätssicherung.

Die Kinder werden so selber zu Akteuren ihres Lernens: Sie arbeiten gemäß den Bildungszielen der Schule selbstverantwortet auf eigenen Wegen an eigenen fachungebundenen Vorhaben innerhalb der sich darüber austauschenden Lerngemeinschaft. Hier erst ist der Wandel passiert, der von einer „Lernkultur" sprechen lässt: Durch die Annahme und Beeinflussung der selbst

Lernkultur ist Beziehung – nicht Hierarchie

gewählten Inhalte wird der Weg von der „Differenzierung von oben" durch den Lehrenden zur „Individualisierung von unten" durch den Lernenden.

Aber wie kann man das in Schule umsetzen?

Lernen und Leistung zulassen – eine „Lernkultur" der Kompetenzorientierung

Bevor anhand praktischer Beispiele die Tragweite des o. g. Verständnisses von „Lernkultur" veranschaulicht werden soll, muss ein Einvernehmen darüber hergestellt werden, was eigentlich eine Leistung bzw. eine Lernleistung darstellt.

Nehme ich als Lehrkraft meinen Auftrag ernst, dass die Kinder in der Schule die Möglichkeit bekommen sollen, etwas zu lernen, also langfristige Verhaltensänderungen aufzubauen, so scheidet bei der Verschiedenartigkeit der Kinder von mindestens drei bis vier Entwicklungsjahren (s. Abb. auf S. 52; Largo 2009: 284) der gängige Schulunterricht schnell aus, selbst wenn das Lehrgangsthema mehr oder weniger differenzierend umgesetzt wird. Drei bis vier Entwicklungsjahre Bandbreite bedeuten, dass ich schon ab dem ersten Schuljahr so ziemlich den gesamten Grundschulstoff zeitgleich in einer Lerngruppe vertreten habe. Und trotz dieser Entwicklungsbandbreite werden in der Regel bestimmte für diesen Zeitpunkt vorgesehene Inhalte (Diktattexte, Mathematikaufgaben) einfach so lange geübt, bis ein Großteil der Klasse sie in einem Test fast eins zu eins wiedergeben kann. Wer das dann perfekt macht (z. B. die, die es schon vorher konnten), bekommt eine gute Note, wer Probleme dabei hat (z.B. die, die noch auf einem anderen Entwicklungsstand sind), eine schlechtere. Aber was genau wird da eigentlich gemessen?

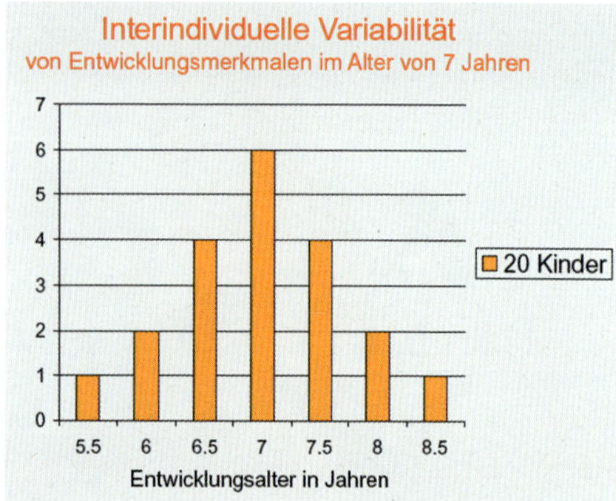

Entwicklungsbandbreite Gleichaltriger nach Largo

Im Grunde misst man doch nur, welche Kinder sich gut an die Vorgaben adaptieren bzw. gut auswendig lernen können, in der Prüfungssituation stressfest sind und welche Eltern am Wochenende Zeit hatten, oder? Was man sicherlich mit einem geübten Diktat nicht misst, ist die Rechtschreibleistung eines Kindes – zu viele Kinder haben in der Grundschule noch gute Noten im geübten Diktat, während sie dann an der weiterführenden Schule unter Umständen direkt absacken, wenn die Rechtschreibleistung in ungeübten Texten gezeigt werden soll. Genauso die Kinder, die die gerade durchgenommenen Mathematiktechniken entsprechend der geübten Aufgaben anwenden können, aber in ihrer Schulzeit trotzdem keinerlei mathematische Kompetenz aufbauen. Aber vor allem misst man auch nicht, was Kinder schon alles können, was über das abgetestete Wissen hinausgeht.

Eine Leistung ist also nicht das Wiedergeben von etwas rein Auswendiggelerntem, sondern ergibt sich erst durch die schon oben mehrfach angesprochene langfristige Verhaltensänderung. Deshalb wurde das traditionelle, auf „Belehrung" basierende, inputorientierte „Lernen" (– oder besser „Nicht-Lernen?) in den aktuellen Lehrplänen durch eine kompetenzorientierte Lerngestaltung ersetzt, die der Gefahr eines reinen Auswendiglernens von Inhalten oder Techniken vorbeugen soll. Beschrieben wird das beispielsweise so:

> *Ein Schüler ist in einem Fach kompetent, wenn sie oder er:*
> - *über Fähigkeiten und Fertigkeiten zum Lösen von Problemen verfügt*
> - *auf vorhandenes Wissen zurückgreift bzw. sich das notwendige Wissen beschafft*
> - *zentrale fachliche Zusammenhänge versteht*
> - *angemessene Handlungsentscheidungen trifft*
> - *Lerngelegenheiten nutzt*
> - *motiviert ist, ihre bzw. seine Kompetenzen auch in Zusammenarbeit mit anderen einzusetzen.*
>
> (MSW 2008: 9)

Die Qualitätsanforderung, die hier formuliert wird, ist eine, die nicht nur eine andere Leistungsmessung, sondern vor allem einen anderen Unterricht als den üblichen verlangt. Dabei ist zu beachten, dass kompetenzorientierte Lehrpläne und Stundentafeln nie abzuarbeitende Vorgaben sind, sondern Gestaltungshilfen. Die scheinbaren Vorgaben können nicht als Entschuldigung für einen Unterricht dienen, der am einzelnen Kind vorbeigeht. Kompetenzorientierte Lehrpläne können nicht umgesetzt werden, wenn gleiche Inhalte zeitgleich von allen Kindern auf ein und dieselbe Weise durchgenommen werden. Es sind immer die einzelnen Kinder, die die Inhalte und den Lernverlauf bestimmen, denn niemand kann sie „lernen machen" oder für sie lernen.

Die Lehrpläne sind nicht mehr *input*orientiert, sondern *output*orientiert. Das heißt, ich habe als Lehrkraft eine nie da gewesene Freiheit, wie die Kinder sich etwas aneignen, weil es keine Inputvorgaben mehr gibt. Aber die andere Seite der Medaille ist, dass ich als Lehrkraft auch nicht mehr bestimmte Sachen einfach als „durchgenommen" ins Klassenbuch eintragen kann und das betroffene Kind ist selber schuld, wenn es etwas nicht „gelernt" hat, sondern ich muss begründen können, warum sich ein Kind eventuell etwas nicht angeeignet hat.

Dazu muss der Unterricht inhaltlich, methodisch und organisatorisch so aufgebrochen sein, dass ein Kind auch die Möglichkeit hat, sich entsprechend seiner Lernvoraussetzungen und Lernbedürfnisse lernend zu beschäftigen.

Aber wie kann diese Öffnung aussehen?

Freigabe der Lernwege statt Abarbeiten – eine „Lernkultur" der Eigenproduktionen

Bei den herkömmlichen Formen offenen Unterrichtens wie Wochenplanarbeit, Stationenlernen, Werkstattunterricht, projektorientiertem Lernen oder Freier Arbeit ist der Unterschied zum gleichschrittigen Lehrgangsunterricht oft nur marginal. Zwar können meist Zeit, Ort und Sozialform vom Kind in gewisser Weise gewählt werden, aber Inhalte und Methoden sind weitgehend durch Arbeitsblätter, Kopiervorlagen, Stations- und Werkstattaufträge etc. vorgegeben. Die Eigenverantwortung des Lernens wird reduziert auf die Auswahl aus dem vorgegebenen Angebot, das selbstgesteuerte Lernen wird eingeschränkt auf die Bestimmung der Arbeitsreihenfolge oder des Arbeitsortes, ein interessegeleitetes Lernen findet höchstens ansatzweise im Rahmen der von der Lehrkraft bereitgestellten Auswahl statt. Eine individuelle Differenzierung erfolgt nicht wirklich.

Der Unterricht ist zwar nicht mehr lehrerzentriert, aber – oft entgegen der Auffassung vieler Lehrerinnen und Lehrer – eben dadurch noch lange nicht schülerzentriert. Er ist im Prinzip „materialzentriert" geworden (Peschel 2002). Der Lehrgang, der früher direkt vom Lehrenden bzw. vom Schulbuch vorgegeben wurde, ist nun im Material bzw. in den Arbeitsblättern zu finden.

Lernkultur ist eigene Wege gehen – nicht vorgegebene

Sie geben in der Regel nicht nur genau vor, was zu tun ist, sondern vor allem auch wie bzw. auf welche Art etwas zu machen ist.

Möchte man sich dem o.g. Begriff von „echter Leistung" nähern, so muss an erster Stelle der Lernweg an sich freigegeben werden. Es dürfen keine Vorgaben zum Kompetenzerwerb oder zur Problemlösung erfolgen, es darf nicht etwas „eingeführt" oder vorgemacht werden, von dem man dann denkt, dass es nach dem „Durchnehmen" beherrscht wird, sondern der Lernende muss an seine vorhandenen Denkstrukturen und Vorstellungen anknüpfen und Wege und „Umwege" gehen können. Er muss im Unterricht ohne direkte Lehrerbetreuung arbeiten können und sein Lernen weitmöglichst selbst organisieren bzw. verantworten – was nicht heißt, dass er nicht fragen darf oder der Erwachsene Tipps geben darf. Das ist aber von der Grundbasis her etwas ganz anderes, weil hier das „Lernen" und nicht das „Lehren" im Vordergrund steht.

Eine gelenktere Variante dieses Ansatzes ist der Einsatz von „Offenen" oder „Guten Aufgaben" (z.B. Rasch 2007a; 2007b; vgl. auch Kihm & Peschel in diesem Band), die eine ganz individuelle Auseinandersetzung des Lernenden mit der Fragestellung erfordern, die er dann für sich dokumentiert und die in einen Austausch mit Mitschülern und Lehrkräften über seine Ideen und Lösungsvorstellungen mündet. Dies ist in jeder Schul- und Unterrichtsform, sowohl im Fachunterricht als auch in einem Gesamtkonzept wie z.B. dem „Reisetagebücherunterricht" (Gallin & Ruf 1990; 1995; 1999) möglich. Und das eben ohne vorstrukturierte Aufgaben, ohne kleinschrittig einzuübende Techniken – und vor allem ohne unverstandenes Auswendiglernen.

Die konsequente Fortführung der methodischen Öffnung ist dann als konkrete Utopie die Öffnung der Lerninhalte. Grundlage dieses Ansatzes ist das interessebezogene Lernen, d.h., man lernt am schnellsten und einfachsten (und meist sogar ohne es als „Lernen" zu empfinden), wenn man sich selber für einen Gegenstand interessiert. Durch die hohe innere Motivation ergibt sich zusammen mit dem selbstgesteuerten Lernen auf eigenen Wegen eine sehr hohe Effektivität beim Lernen.

Hier weicht die traditionelle Aufgabenstellung durch Buch, Tafel oder Lehrkraft dem „weißen Blatt" (Zehnpfennig & Zehnpfennig 1992; 1995). In diesem Unterricht gibt es keine vorstrukturierten Lehrgänge oder Arbeitsmaterialien mehr, sondern die Kinder arbeiten mit leeren Blättern oder Computerseiten, die sie selbst mit Geschichten, Rechenaufgaben, Forschervorträgen usw. füllen. Es sind nicht nur die Lernwege, sondern auch die Lehrplaninhalte vom Lehrenden freigegeben – mit dem faszinierenden Ergebnis, dass diese in der Praxis durch die Vielfalt der Themen und Aktivitäten der Kinder bei Weitem überschritten werden.

Die Kinder kommen morgens in die Schule und nehmen sich Sachen für den Tag vor, denken sich Geschichten und Kniffelaufgaben aus, führen Forscherprojekte durch, gestalten musisch etc. und stellen sich die Ergebnisse am Tagesende gegenseitig vor. Die Lehrkraft sorgt für die notwendige „Lernatmosphäre" in der Klasse, gibt Impulse, strukturiert, verfolgt den Fortschritt der Kinder und hält die Passung zum (offenen) Lehrplan im Auge. Sie lässt den Kindern größtmöglichen Raum, ohne aber die Fäden aus der Hand zu geben (Peschel 2002; 2003).

Lernkultur schließt andere mit ein – und eben nicht als Konkurrenz

Dieser Unterricht ist nicht nur für die Kinder, sondern auch für die Lehrkraft sehr entlastend. Da die Kinder ganz eigenverantwortlich und selbstständig innerhalb der in der Klasse herrschenden Kultur arbeiten, entfällt das sonst notwendige Zusammenstellen, Aufbereiten und Nachhalten von Arbeitsaufträgen und Kopiervorlagen. Jede Produktion, die man sich ansieht, ist ein Original – und genau das macht diese Art von Unterricht so angenehm. Es ist einfach spannend, an den unterschiedlichsten Ideen und Denkwegen von Kindern teilhaben zu dürfen, ihr Sachwissen ohne Beschränkung auf bestimmte Teilgebiete zu erleben oder ihre Kreativität im tagtäglichen Miteinander zu spüren.

Zielperspektiven einer „Lernkultur“ Offenen Unterrichtens als konkrete Utopie (Peschel 2002; 2003)
Organisatorische Öffnung – Öffnung von Raum, Zeit und Sozialformen
Die Wahl des Arbeitsplatzes richtet sich nach den Anforderungen der Arbeit/der Lernenden, nicht nach einer einmal getätigten Zuweisung, auch Arbeitsplätze außerhalb der Klasse können sinnvoll sein.
Die Einteilung der Arbeitszeit richtet sich nach den Anforderungen der Arbeit/der Lernenden, nicht nach einer fremd vorgegebenen Zuweisung, auch ein eigener Pausenrhythmus kann sinnvoll sein.
Die Wahl der Arbeits- und Sozialform richtet sich nach den Anforderungen der Arbeit/der Lernenden, nicht nach einer fremd vorgegebenen Zuweisung, es lassen sich die verschiedensten Kombinationen und Rhythmen vorstellen.
Methodische Öffnung – Öffnung der Lernwege
Der Lernweg wird über das Erstellen von Eigenproduktionen frei gegeben, d.h. die Aneignung des Wissens erfolgt nach den Anforderungen der Arbeit/der Lernenden, nicht nach einem fremd vorgegebenen Lehrgang; statt Arbeitsmitteln finden sich „Werkzeuge“ (wie eine Buchstabentabelle, ein Wörterbuch, ein Hunderterfeld etc.) sowie verschiedenste Alltagsmaterialien (Bücher, Experimentiermaterial etc.) zur Unterstützung des Lernens.
Inhaltliche Öffnung – Öffnung der Fächer und Themen
Die Eigenproduktionen der Kinder werden fachlich frei gegeben, d.h. die Aneignung des Wissens erfolgt nach den Anforderungen der Arbeit/der Lernenden, sie unterliegt innerhalb des offenen Lehrplans als „Minimalcurriculum“ keinen fremd vorgegebenen Fachabfolgen und -lehrgängen; statt Fachstunden findet ein überfachliches, interessegeleitetes Arbeiten und Austauschen statt.
Soziale Öffnung – Öffnung zu Mitbestimmung, Demokratie und gegenseitigem Austausch
Die Regulierung der Gemeinschaft wird frei gegeben, d.h. Regeln, Austausch, Klassenleben etc. richten sich nach den Anforderungen der Arbeit/der Lernenden, sie sind prozessual und können jederzeit in entsprechenden Verfahren angepasst bzw. geändert werden; als organisatorische Hilfsmittel hat sich hier die Versammlung der Klasse oder Einzelner im Sitzkreis bewährt.

Diese Öffnung ist natürlich nur so weit umzusetzen, wie ich sie mir als Lehrkraft selbst zutraue bzw. zumuten kann. Aber es muss mir als Lehrkraft bei allen Entscheidungen bewusst sein, dass sich „selbstverantwortliches Lernen“ nun einmal nicht imitieren lässt. Entweder man ist für sein Lernen selbst verantwortlich oder nicht.

Basisdemokratie statt Alibi-Gesprächskreis – eine „Lernkultur" der Eigenverantwortung

Zentral in einem auf Eigenproduktionen der Kinder basierenden Unterricht ist „das Lernen hochzuhalten". Neben seiner Funktion als Austauschplattform über soziale Prozesse, zur Absprache von Vorgehensweisen und Regeln, zum Planen und Vorstellen von Arbeitsvorhaben etc. sollte deshalb der in vielen Klassen übliche Morgenkreis vor allem dazu dienen, dass die einzelnen Kinder sich gegenseitig mitteilen, was sie sich zum Lernen vorgenommen haben oder vornehmen wollen.

Lernkultur ist Rechenschaft ablegen – miteinander, nicht gegeneinander

Bei uns fragt z. B. der wöchentlich demokratisch gewählte „Kreisleiter" am Schluss des Kreistreffens vor den beiden „Lernzeiten" am Vormittag jedes Kind kurz, was es anschließend tun möchte. Dabei geht es nicht darum, dass man genau diese Sache die ganze anschließende Lernzeit über dann auch tut (es gibt oft genug gute Gründe, Arbeiten zu wechseln, oder man schafft mehr als gedacht), sondern es geht vielmehr darum, dass man aus dem Kreis geht und sich nun ganz bewusst dem Lernen zuwendet und damit Rechenschaft über sein Tun ablegt. Und wenn man sich einmal vom Lernen (oder auch vom Kreistreffen zum Weiterlernen) abmelden möchte, kann bzw. muss man das auch über den Kreisleiter oder den Kreis tun. Es ist also nicht egal, ob man in der Schule lernt oder nicht, aber man hat auch das Recht, sich Auszeiten nehmen zu können (was zugegebenermaßen äußerst selten vorkommt, da es in einem „Unterricht", in dem die Kinder sich selber aussuchen, was sie tun, nicht nur keinen Sinn macht, nichts zu tun, sondern dies dazu noch äußerst langweilig wäre).

Ein drittes Treffen u. a. zum Vorstellen von Arbeitsergebnissen am Schluss des Vormittags rundet den Austausch im Kreis ab und ist auch ein Baustein, um „das Lernen hochzuhalten". Da alle Vorgehensweisen demokratisch von den

Kindern beschlossen werden, gibt es zeitweise weitere Funktionen dieses Treffens oder der anderen Kreise, sei es, dass jedes Kind sein Tun rückblickend selber bewertet, sei es ein gemeinsam abgestimmtes Führen von bestimmten Listen (z. B. wer wie oft in der Woche gerechnet hat oder wer mal wieder einen Vortrag halten könnte etc.). Viele dieser Funktionen sind nur über kurze Zeitspannen aktuell, andere implementieren sich auf Dauer – aber alle sind jederzeit verhandelbar und auch die Erwachsenen haben dasselbe Stimmrecht wie die Kinder.

Vom vorgegebenen Wochenplan zur offenen „Lernkultur" mit Absicherung

Natürlich gibt es keine Anleitung oder eine Rezeptsammlung für den Aufbau einer „Lernkultur" in der eigenen Klasse, da diese ja in einer Gruppe gemeinsam entstehen bzw. entwickelt werden muss. Auch nützen viele der in entsprechenden Zeitschriften abgedruckten „Sternstunden" toller Projekte nur begrenzt in der eigenen Klasse, wenngleich natürlich Anregungen und Impulse gegeben werden können. Aber es soll trotzdem im Folgenden ansatzweise anhand praxisbezogener Beispiele verdeutlicht werden, was mit den o. g. Ausführungen gemeint ist und worin der Paradigmenwechsel zu einer mit den Kindern entwickelten und auf ihrem Engagement basierenden „Lernkultur" besteht.

Wochenplan vom bis Name: **B**

		fertig	kontrolliert
Schreiben	Schreibe einen Bericht über unseren Besuch beim Tierarzt in der letzten Woche!		
Lesen	Partnerlesen: Übe mit einem anderen Kind das Stück im Lesebuch auf S. 25 mit verteilten Rollen zu lesen.		
Rechtschreiben	*Nächste Woche schreiben wir das Diktat:* Übe den Text als Dosen-Diktat, Schleich-Diktat, Dreh-Diktat oder Hör-Diktat. (Für das Hör-Diktat mußt Du Dich rechtzeitig in die Liste für den Walkman eintragen!)		
Rechnen	1. Stelle Dir ein Blatt mit dem Einmaleins der 7 und ein Blatt mit dem Einmaleins der 9 her. Lerne sie auswendig und laß Dich von einem anderen Kind abfragen. 2. Mathebuch S. 27, Aufgabe 5 a-d *Zusatzaufgabe für Spezialisten: S. 28, Nr. 7*		
Sachunterricht	Male ein Kaninchen und einen Hasen und schreibe auf, worin sie sich im Aussehen und ihrer Lebensweise unterscheiden. > Informationen dazu findest du im Sachbuch S.33 - Du kannst aber auch andere Bücher aus der Klassenbücherei benutzen.		

Montag	Dienstag	Mittwoch	Donnerstag	Freitag

Hans Brügelmann und Erika Brinkmann veranschaulichen diesen Paradigmenwechsel in ihrem Buch „Die Schrift erfinden" (1998: 57 ff.) treffend anhand von vier Wochenplantypen:

So wird ein Wochenplan mit ganz konkreten Arbeitsvorgaben (Plan A, ohne Abb.), wie er wohl mit Abstand am häufigsten in der Praxis vorzufinden ist, durch das Einräumen eines gewissen Freiraumes bei der Herangehensweise an die Aufgaben zu einem Wochenplan, der dem Kind eine erste Eigendifferenzierung ermöglicht (Plan B). Zwar werden die Inhalte thematisch noch eng vorgegeben, aber durch das Erweitern der methodischen Zugangsweisen kann das Kind selbst für ein Stück mehr an Passung im Hinblick auf sein eigenes Lernvorgehen sorgen.

Wenn man auf diese Weise als Lehrkraft den Gleichschritt der Klasse immer mehr aufgebrochen hat, fragt man sich irgendwann, warum eigentlich alle Kinder das gleiche Thema bearbeiten müssen? Arbeiten sie nicht alle auf so unterschiedlichem Niveau, dass das „Gleiche" an diesen Arbeiten sowieso nur gering ist – der Anspruch dieser „Gleichheit" aber bei vielen der Kinder zu Über- und Unterforderung führt?

Wenn man Lesen, Schreiben und Rechnen durch Lesen, Schreiben und Rechnen lernt, dann kann egal sein, ob Peter eine Geschichte über Piraten schreibt und Lukas daneben eine über seinen letzten Besuch bei seinen Großeltern. Und wenn Christine lieber Harry Potter liest als die Geschichte vom „tollpatschigen Osterhasen" im Lesebuch, ist auch das in Ordnung bzw. im Grunde sogar von ungleich höherem Niveau. Und beim Automatisieren des Einmaleins macht es bestimmt mehr Sinn, die Vorkenntnisse zu berücksichtigen und die Reihen zu üben, die man noch nicht beherrscht, als die, die gerade „dran" sind (Plan C). Während eine Lehrkraft nicht wirklich für 20 oder 30 Kinder „von oben" differenzieren kann, so kann aber jedes der 20 bis 30 Kinder für sich selbst „von unten" individualisieren.

Wochenplan vom bis	Name:		C
			fertig
Freies Schreiben: Am Freitag wird vorgelesen!		Schreib-konferenz	
Lesen:	Wähle Dir in der Leseecke ein Buch zum Lesen aus. Male ein Bild dazu!		
Rechnen:	1. Übe mit einer PartnerIn die Einmaleins-Reihen, die Dir noch schwer fallen: 2. Am Brett hängen die Rätselaufgaben von den anderen Kindern. Such Dir aus, welche Du bearbeiten möchtest. 3. Denk Dir auch eine Rätselaufgabe aus.	Vergleiche Deine Lösung mit anderen Kindern!	
Rechtschreibung:	1. Arbeit an der Rechtschreibung von Wörtern 2. Sammle Wörter, in denen das <a> lang klingt wie in Ameise. Ordne sie!		
Projekt Mittelalter:			

Montag	Dienstag	Mittwoch	Donnerstag	Freitag

Und wenn man schließlich merkt, dass dieser Unterricht viel besser auf das einzelne Kind passt als ein fremd vorgegebener Plan, wird man zu dem Schluss kommen, dass der höchste Grad an Passung zwischen Kind und Lerninhalt sowie die höchste Lernmotivation und Selbstständigkeit dann erreicht wird, wenn das Kind sich seinen eigenen Arbeitsplan macht. Schriftlich festgehalten oder auch nicht, als Selbstverpflichtung für einen bestimmten Zeitraum im Voraus oder auch nicht, unter der Vorgabe von Fächern oder auch nicht, in Absprache mit der Lehrkraft oder auch nicht (als mögliches Beispiel Plan D).

Erst jetzt kommt die Rollenveränderung zustande, mit der der gemeinsame Aufbau einer „Lernkultur“ begründet werden kann: Der Lernende agiert selbstgesteuert und selbstverantwortlich, die Lehrkraft steht ihm bzw. der Klasse koordinierend, beratend und impulsgebend zur Seite – nimmt den Lernenden die Selbstverantwortung aber nie ab. Und ganz schnell wird die Lehrkraft merken, dass die Kinder die Pläne eigentlich gar nicht benötigen – Pläne verwenden nach einiger Zeit dann nur noch einzelne Kinder, die das benötigen, als „Lernverträge“ mit sich selbst, der Lehrkraft oder der Klasse.

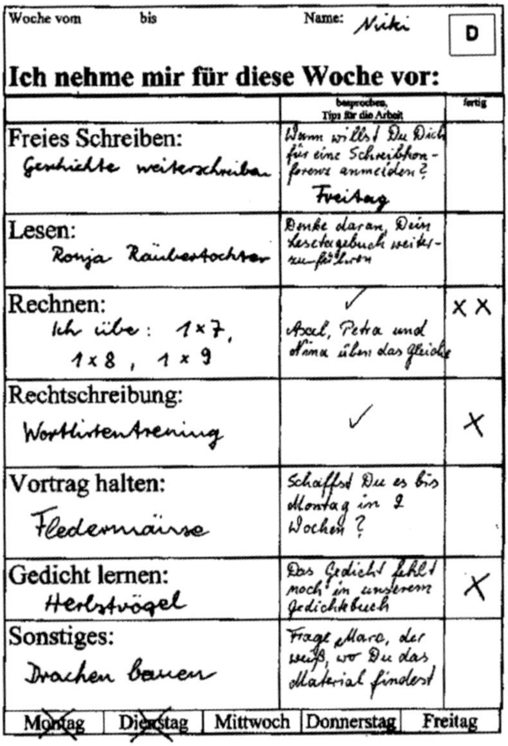

Woche vom bis Name: Niki **D**

Ich nehme mir für diese Woche vor:

	besprochen, Tips für die Arbeit	fertig
Freies Schreiben: Geschichte weiterschreiben	Wann willst Du Dich für eine Schreibkonferenz anmelden? Freitag	
Lesen: Ronja Räubertochter	Denke daran, Dein Lesetagebuch weiterzuführen	
Rechnen: Ich übe: 1×7, 1×8, 1×9	✓ Axel, Petra und Nina üben das Gleiche	X X
Rechtschreibung: Wortlistentraining	✓	X
Vortrag halten: Fledermäuse	Schaffst Du es bis Montag in 2 Wochen?	
Gedicht lernen: Herbstvögel	Das Gedicht fehlt noch in unserem Gedichtebuch	X
Sonstiges: Drachen bauen	Frage Marc, der weiß, wo Du das Material findest	

Montag	Dienstag	Mittwoch	Donnerstag	Freitag

Wichtig dabei ist, dass die Lehrkraft sich den Halt, die Institutionen und Absicherungen im Unterricht schafft, die sie benötigt, um das individuelle Arbeiten der Kinder nicht nur sinnvoll zu begleiten, sondern vor allem auch auszuhalten. Diese Institutionen findet man neben der absichernden Vorgabe der einzelnen Lernbereiche auch im abgebildeten Kinder-Wochenplan als „Tipps für die Arbeit“: von der Schreibkonferenz über das Lesetagebuch, das Vermitteln von Rechenpartnern (vgl. auch Schorcht & Platz in diesem Band), die Vortragskultur, das Gedichtebuch bis hin zu den Hinweisen auf das Werkmaterial. Welche Institutionen und Rituale, welche Inhalte und Methoden in der jeweiligen Lerngruppe dann umgesetzt werden und welche überhaupt notwendig sind, ergibt sich im Prozess – einschließlich des zeitweisen Auftauchens von bestimmten Regeln und Erwartungen und des Wegfallens von anderen.

Bei uns gibt es keine Pläne, die die Kinder ausfüllen, sondern sie können jederzeit frei ihren Tätigkeiten nachgehen, legen aber durch das Vorstellen im Kreis – und zeitweise auch das Nachfragen der anderen Kinder – darüber Rechenschaft ab, was sie tun bzw. getan haben. Mit den Viertklässlern trifft man sich wöchentlich einmal eine Stunde, mit den anderen Jahrgängen nur alle paar Wochen einmal nach Bedarf. Die Regelmäßigkeit der Viertklässlertreffen beruht dabei u. a. darauf, dass dort kurz die Inhalte eingeführt werden, die nicht selber frei entdeckbar sind, wie die Konventionen zum schriftlichen Rechnen oder bestimmte grammatikalische Aufgabenformate. Da die Kinder aber schon mehrere Jahre frei (halbschriftlich) rechnen und in den Kreistreffen Grammatik implizit immer wieder Thema ist, geht das Thematisieren der Konventionen bzw. das Üben diverser Formate, die an der nächsten Schule wichtig werden, in der Regel sehr schnell.

Eigenproduktionen und normierte Tests – eine „Lernkultur" individueller Leistungsmessung

Aber wie kann man die Leistung in einem Unterricht messen, in dem alle Kinder auf völlig unterschiedlichem Stand völlig unterschiedliche Sachen machen?

Gerade die in einem offenen Unterricht so schonungslos zutage tretende Unterschiedlichkeit der Kinder, die nicht mit einem gleichschrittigen Lehrgang verdeckt bzw. verschüttet wird, bietet die Chance zu einer sehr einfachen und belastbaren Leistungsbewertung.

Wenn ich als Lehrkraft die Leistungen eines Kindes bzw. einer Klasse sinnvoll einschätzen möchte, so muss ich sie so umfassend messen, dass eben nicht nur ein kleiner – evtl. sogar vorher auswendig gelernter bzw. eingeübter – Teilbereich erfasst wird, sondern so, dass mir meine Messung Aufschluss über das wirkliche Können des Kindes bietet. Am einfachsten geht dies über die Eigenproduktionen des Kindes. Da, wo nichts auswendig gelernt werden kann, weil es sich um ein vom Kind vollkommen selbst erstelltes Produkt handelt, da kann die Lehrkraft auch nicht über die Leistung des Kindes getäuscht werden. Jede freie Geschichte, jeder eigene Vortrag, jede Mathematikaufgabe bzw. -erfindung, die das Kind verschriftet, informiert die Lehrkraft über den momentanen Leistungsstand – und zwar gerade dann, wenn „Fehler" Hinweise auf den Entwicklungsstand bzw. die ablaufenden Denkprozesse geben.

Eine geeignete Form einer ergänzenden standardisierten Erhebung kann der „Überforderungstest" darstellen, mit dessen Hilfe man nicht nur die individuelle, sondern auch gut die gemeinschaftliche Entwicklung der Kinder einer Klasse festhalten kann. Dazu müssen die Aufgaben so gestellt sein, dass wirklich die ganze Bandbreite der Leistungen jedes einzelnen Kindes der Klasse gemessen werden kann. Die Messkriterien sollten dabei diagnostischer Art sein, es geht um eine umfassende Einordnung der individuellen Entwicklung eines Kindes in einem Fach, die man nur dann in den Bezug zur Norm setzt, wenn dies sinnvoll erscheint.

Für die Mathematik haben wir gute Erfahrungen mit einem eigenen „Überforderungstest“ (s. Abb. unten) gemacht, der ähnlich über die gesamte Grundschulzeit mit Aufgaben aus dem 1. bis 4. Schuljahr geschrieben wird. Die Abbildung des Tests von Christoph im ersten Schuljahr zeigt anschaulich, dass ihm das Rechnen im Zwanzigerraum kein Problem bereitet – das hätte jeder andere Erstklässlertest auch gezeigt. Aber dass Christoph zu diesem Zeitpunkt auch schon 9555 + 5596 richtig ausrechnen kann sowie 924 durch 3 teilen kann, das hätten die anderen Tests eben nicht gezeigt. Nur durch eine solche „Überforderung“ kann man sicher sein zu erfassen, was ein Kind wirklich kann – nämlich oft schon viel mehr als seinem Schuljahr entsprechend.

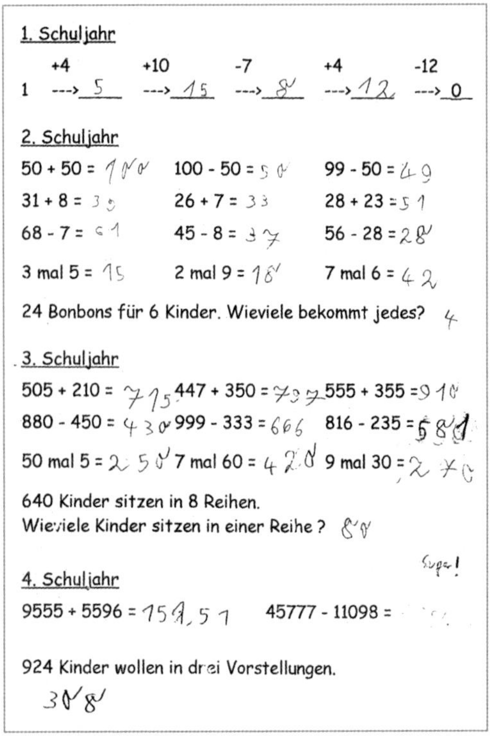
1. Schuljahr

1 ---(+4)---> 5 ---(+10)---> 15 ---(-7)---> 8 ---(+4)---> 12 ---(-12)---> 0

2. Schuljahr

50 + 50 = 100 100 - 50 = 50 99 - 50 = 49

31 + 8 = 39 26 + 7 = 33 28 + 23 = 51

68 - 7 = 61 45 - 8 = 37 56 - 28 = 28

3 mal 5 = 15 2 mal 9 = 18 7 mal 6 = 42

24 Bonbons für 6 Kinder. Wieviele bekommt jedes? 4

3. Schuljahr

505 + 210 = 715 447 + 350 = 797 555 + 355 = 910

880 - 450 = 430 999 - 333 = 666 816 - 235 = 581

50 mal 5 = 250 7 mal 60 = 420 9 mal 30 = 270

640 Kinder sitzen in 8 Reihen.
Wieviele Kinder sitzen in einer Reihe? 80

Super!

4. Schuljahr

9555 + 5596 = 15151 45777 - 11098 =

924 Kinder wollen in drei Vorstellungen.
308

Für den sprachlichen Bereich bieten sich neben freien Aufsätzen zur Bewertung der sprachlich/grammatikalischen Kompetenz z. B. Lesetests zum sinnentnehmenden Lesen (Lehmann 1997) sowie für den Bereich der Rechtschreibung (Bild-)Diktate mit bekannten, aber „schwierigen“ Wörtern („Fahrrad“, „Schiedsrichter“ usw.), wie es die Hamburger Schreib-Probe (May 19973) macht. Das gleichzeitige Schreiben der Wörter in entsprechenden Abständen (z. B. halbjährlich vor den Gutachten oder Zeugnissen) gibt dabei durch die normierte Auswertung nicht nur Aufschluss über den individuellen Entwicklungsverlauf des Kindes, sondern ermöglicht auf Wunsch auch ein Inbeziehungsetzen der Leistung eines Kindes mit der anderer Kinder bzw. der ganzen Klasse. Darüber hinaus kann man die Schreibweise bestimmter Wörter bzw. Wortstellen genau analysieren und qualitativ und quantitativ auswerten. Der standardisierte Test ermöglicht, die Leistungen des einzelnen Kindes bzw. der Klasse über „Prozentrangplätze“ mit dem Durchschnittswert einer bundesweiten Vergleichsstichprobe zu vergleichen (Peschel 2003). Und genau dieses kann die Absicherung bzw. Beruhigung darstellen, die eine Lehrkraft im Offenen Unterricht oft so nötig braucht, um ihre Offenheit auch durchzuhalten …

Kompetenzorientierte Arbeitspläne statt Stoffpläne – „Lernkultur" und Vorgaben

Mit den oben gemachten Ausführungen ergibt sich auch die Vorgabe für die Gestaltung der schuleigenen Arbeitspläne, die unter den Gesichtspunkten „Individuelle Förderung“ und „Schulprogrammarbeit“ (natürlich) keine Stoffpläne sein können, in denen Lehrkräfte oder Kollegien bestimmte Lerninhalte zu bestimmten Zeitpunkten festschreiben: „Alle 2. Klassen machen in der dritten Maiwoche die Marienkäferwerkstatt“ oder „Stationenlernen zum Einmaleins im 3. Schuljahr“. Nicht nur jede Lerngruppe ist anders und verlangt eine vollkommen individuelle Behandlung, sondern eben jeder Einzelne. Die schuleigenen Arbeitspläne basieren vielmehr auf der Reflexionsarbeit der Lehrkräfte, die die Lernmöglichkeiten in ihrer Lerngruppe in Bezug auf die Anforderungen überprüfen, die die „Individuelle Förderung“ bzw. die Kompetenzorientierung der Vorgaben mit sich bringt:

- Jede Lehrkraft überlegt, welche individualisierenden Elemente, Bausteine, Rituale, Institutionen sie in ihrer Klasse (sowieso) verwendet bzw. was ihren (offenen) Unterricht auszeichnet.
- Sie betrachtet die Vorgaben der Richtlinien und Lehrpläne durch diese Brille und kann so die Kompetenzvorgaben abhaken, die sie durch ihre (offene bzw. individualisierende) Arbeit sowieso schon umsetzt.
- Zusätzlich nutzt sie die Vorgaben (und das Kollegium) als Ideengeber, um Elemente, Materialien, Impulse etc. zu finden, die ihren Unterricht weiter in Richtung der mit den Kindern angestrebten Lernkultur vorantreiben. Beispiel: Die Kreistreffen, das freie Schreiben und die Arbeit an eigenen Themen erfüllen schon einen Hauptteil der Deutscharbeit – wenn dann z. B. für das explizite Reflektieren von Rechtschreibung konkretere Elemente als notwendig erachtet werden, kann ein freiwillig nutzbares Material wie ein Sprachforscherbuch oder ein Rechtschreibkorrekturbüro der Kinder ergänzend in der Klasse implementiert werden.

Festgehalten als Arbeitsplan werden dann Institutionen, Impulse, Darstellungsformen, Materialien usw., die zeigen, dass der Unterricht „gut“ bzw. „sinnvoll“ und „richtlinien-/lehrplanadäquat“ ist – eine wichtige Basis, um den eigenen Unterricht vor Eltern und Kollegen rechtfertigen zu können. Unter Umständen werden bei bestimmten Fächern (Religion, Sport, Englisch, Kunst, Musik) aber auch Lücken offensichtlich, die es (z. B. durch Epochenunterricht, Einladen von Experten, Bereitstellen weiterer Materialien/Lernarrangements) alleine oder im Kollegium zu füllen gilt. Ein Fragenkatalog kann hilfreich sein (siehe Arbeitsplan auf der nächsten Seite).

Eine solche Lernkultur zeichnet sich dadurch aus, den Kindern demokratisch ein Höchstmaß an Selbstständigkeit abzuverlangen. Man lässt sie nicht kleinschrittig vorgegebene Verhaltensweisen einüben, um das daraus unter

Individueller Arbeitsplan am Beispiel Deutsch	
Auflistung der verbindlichen Anforderungen	Unterrichtsstrukturen zur Gewährleistung der verbindlichen Anforderungen
Bereich: Mündliches Sprachhandeln	
Die Kinder können • anderen zuhören • einen mündlich gestellten Arbeitsauftrag verstehen und ausführen • auf altersgemäße Entscheidungs- oder Ergänzungsfragen antworten • um Hilfe bitten • Fragen stellen, um Sachverhalte und Beziehungen zu klären • eine Begebenheit oder einen Sachverhalt aus ihrem Lebensbereich verständlich darstellen • sich weitgehend sprachrichtig äußern	• Morgenkreise – wichtige Ereignisse erzählen – individuelle Arbeitsvorhaben klären: „Ich arbeite heute …?" • Partner-/Gruppenarbeitssituationen ermöglichen → hoher Sprechanteil jedes einzelnen Kindes • Reflexionskreise/Ergebnispräsentation am Tagesende – das Erarbeitete anderen mitteilen und erklären und gleichzeitig Rechenschaft über die eigene Arbeit ablegen: „Was hast du gelernt, gearbeitet?" „Bist du mit deiner Arbeit zufrieden?" – Sachvorträge halten – Vorträgen zuhören, dazu inhaltliche Fragen stellen und methodische Rückmeldungen geben: „Was war gut?"; „Was kannst du beim nächsten Vortrag besser machen?"

Umständen resultierende selbstorganisierte Abarbeiten von Vorgaben als Selbstständigkeit beim Lernen zu bezeichnen, sondern lässt sie wirklich Selbstständigkeit und Verantwortung ausüben.

Es ist eine Erziehung in einem demokratischen System: Selbstständigkeit wird nicht durch Vorgabe oder Vorleben eingeübt, sondern durch eigenes Erleben ausgebildet – mit allem Auf und Ab, das dazugehört …

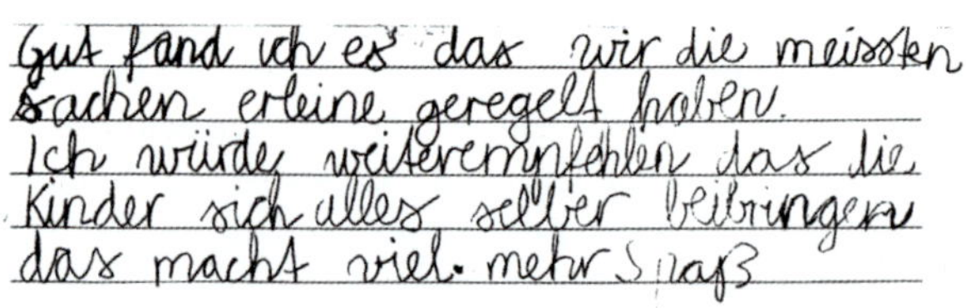

Literatur

Arndt, A. (1961): Demokratie als Bauherr. Berlin: Mann.

Brügelmann, H. & Brinkmann, E. (1998): Die Schrift erfinden. Lengwil: Libelle.

Deci, E. L. & Ryan, R. M. (1993): Die Selbstbestimmungstheorie der Motivation und ihre Bedeutung für die Pädagogik. In: Zeitschrift für Pädagogik. Heft 2/93. Weinheim: Beltz, 223–238.

Füller, C. (2006): Neues Lernen? Noch nie gehört! In: taz 8129, 18.11.2006, Berlin: taz Verlagsgenossenschaft, 6.

Gallin, P. & Ruf, U. (1990): Sprache und Mathematik. Zürich: Verlag Lehrerinnen und Lehrer Schweiz.

Gallin, P. & Ruf, U. (1995): Ich – du – wir. Sprache und Mathematik 1.–3. Schuljahr. Zürich: Interkantonale Lehrmittelzentrale.

Gallin, P. & Ruf, U. (1999): Ich – du – wir. Sprache und Mathematik 4.–5. und 5.–6. Schuljahr. Zürich: Interkantonale Lehrmittelzentrale.

Largo, R. H. & Beglinger, M. (2009): Schülerjahre. Wie Kinder besser lernen. München: Piper.

Lehmann, R. H. (Hrsg.) (1997): Hamburger Lesetest für 3. und 4. Klassen (HAMLET 3–4). Weinheim: Beltz.

May, P. (19973): Hamburger Schreib-Probe (HSP). Hamburg: Verlag für pädagogische Medien.

MSJK – Ministerium für Schule, Jugend und Kinder des Landes Nordrhein-Westfalen (2003): Richtlinien und Lehrpläne zur Erprobung. Grundschule. Frechen: Ritterbach.

MSW – Ministerium für Schule und Weiterbildung des Nordrhein-Westfalen (2008): Kompetenzorientierung – Eine veränderte Sichtweise auf das Lehren und Lernen in der Grundschule. Heft 9043. Frechen: Ritterbach.

Peschel, F. (2002): Offener Unterricht – Idee, Realität, Perspektive und ein praxiserprobtes Konzept zur Diskussion. Teil I und II. Baltmannsweiler: Schneider Verlag Hohengehren.

Peschel, F. (2003): Offener Unterricht – Idee, Realität, Perspektive und ein praxiserprobtes Konzept in der Evaluation. Baltmannsweiler: Schneider Verlag Hohengehren.

Peschel, M. (2016): Lernkulturen in der Grundschule und im Sachunterricht. In: Grundschule aktuell. Heft 136. Frankfurt: Grundschulverband, 3–6.

Rasch, R. (2007a): Offene Aufgaben für individuelles Lernen im Mathematikunterricht der Grundschule 1 und 2. Donauwörth: Auer.

Rasch, R. (2007b): Offene Aufgaben für individuelles Lernen im Mathematikunterricht der Grundschule 3 und 4. Donauwörth: Auer.

Zehnpfennig, H. & Zehnpfennig, H. (1992): Was ist „Offener Unterricht". In: Landesinstitut für Schule und Weiterbildung (Hrsg.): Schulanfang. Ganzheitliche Förderung im Anfangsunterricht und im Schulkindergarten. Kapitel 5.2: Basis „Offener Unterricht". Soest: Landesinstitut für Schule und Weiterbildung, 46–60.

Hartmut Giest

Welche Lernkultur ist zukunftsfähig?

Begriffliche Präzisierung

Der Begriff *Lernkultur* verbindet die Begriffe *Lernen* und *Kultur*. Kultur ist wesentliche Voraussetzung und Ergebnis des Daseins gesellschaftlicher Menschen. Von einer Lernkultur kann m. E. nur im Zusammenhang mit dem gesellschaftlichen Charakter menschlichen Lernens gesprochen werden. Im Zentrum meiner Überlegungen steht daher der *gesellschaftliche* Mensch bzw. sein gesellschaftliches Wesen.

Kultur umfasst die Gesamtheit der materiellen, geistigen, künstlerischen gestaltenden Leistungen der menschlichen Gesellschaft. Kultur ist damit Voraussetzung und Ergebnis menschlicher Tätigkeit, die seinem Wesen entsprechend nur im gesellschaftlichen Rahmen erfolgen kann: Menschliche Tätigkeit ist dem Wesen und Ursprung nach Kooperation, zuerst mit anderen Menschen, dann auch mit sich selbst ([Selbst-]Tätigkeit als verinnerlichte Kooperation – Zuckerman 2004).

Tätigkeit ist aus psychologischer Sicht die bewusste, intentionale Aktivität des Menschen. Die Kultur schaffende und ursprüngliche Tätigkeit des Menschen ist die Arbeit. In Phylo- und Ontogenese kommen weitere Tätigkeiten (z. B. Spiel- und Lerntätigkeit) hinzu, die notwendige Entwicklungsetappen hin zur menschlichen (Kultur und Gesellschaft gestaltenden) Arbeitstätigkeit bilden. Die Aneignung und Entwicklung der menschlichen Tätigkeit erfolgt im Rahmen menschlichen Lernens, welches durch die kultur-historisch determinierte Lernkultur maßgeblich bestimmt ist.

Lernen kann sowohl einen natürlichen als auch kulturellen Ursprung haben. Das angeborene Lernen als Vorgang natürlichen Ursprungs basiert auf nervaler Aktivität. Sein Organ ist das Gehirn. Es dient der habitualisierten Verhaltensänderung und sichert die aktive Anpassung lernfähiger Lebewesen an ihre Umwelt. Als natürlicher Vorgang begleitet Lernen jede Aktivität höher entwickelter Lebewesen (leistungsfähiges Gehirn). Davon ist Lernen als Tätigkeit zu unterscheiden: Lern*tätigkeit* baut auf dem natürlichen Lernen als Vorgang auf, geht aber insofern darüber hinaus, als es bewusst und intentional erfolgt. Lerntätigkeit entsteht erst im Verlauf der Entwicklung der menschlichen Kultur und mithin Gesellschaft und stellt eine Voraussetzung und Bedingung der Kulturaneignung dar. Für die Kennzeichnung einer Lernkultur sind Merkmale der Lerntätigkeit besonders relevant.

Lernkultur bezeichnet die Gesamtheit der auf die Aneignung von gesellschaftlichem Wissen und Können gerichteten Kultur innerhalb der Gesellschaft. Dieses Wissen und Können ist historisch-konkrete Voraussetzung für die Teilnahme des Lernenden am gesellschaftlichen Leben, dient also vor allem als Voraussetzung zur Arbeit im Sinne Kultur schaffender Tätigkeit. Die für eine Gesellschaft charakteristische Lernkultur hängt von der Kulturentwicklung und insbesondere von ihren ökonomischen, sozialen und politischen Bedingungen ab. Lernkulturen können daher mehr oder weniger progressiv oder regressiv sein. Gesellschaftliche Entwicklungsprozesse erfordern jeweils dazu adäquate Lernkulturen.

Von Lernkulturen kann man sinnvoll nur sprechen, wenn ein gewisser Entwicklungsstand der Gesellschaft vorausgesetzt wird. Zumindest muss Lernen als eigenständige Tätigkeit (bewusst, intentional und kokonstruktiv, d. h. in gesellschaftlichen Zusammenhängen vollzogen) vorliegen, wodurch dem Lernenden ein gesellschaftlich anerkannter Status „Lernender“ (Schüler*in, Student*in, Auszubildende*r) zukommt. Damit ist Lernkultur eng mit der Schule und dem gesellschaftlichen Status des Schülers verbunden.

Geschichte der Lernkulturen

Kulturentwicklung ist vor allem ein kumulativer Prozess, der auf der Weitergabe und dem Aufbauen auf bereits von früheren Generationen geschaffener Kultur beruht. Daher haben sich Schulen als kulturelle Instanzen der Weitergabe gesellschaftlichen Wissens und Könnens und die in ihnen jeweils praktizierte historisch-konkrete Lernkultur etabliert. Ein bedeutsames Mittel hierzu ist die Schriftkultur, die, anders als die Lautsprache, nicht durch natürliches Lernen über die Partizipation am Leben der Gemeinschaft erworben werden kann. Daher beginnt in der Regel in allen Schulen schulisches Lernen und Lehren mit dem Erwerb der Schriftsprache.

Die Geschichte von Lernkultur und auch Schule ist durch den Trend zur Inklusion und Bildung im Sinne des Schaffens von Voraussetzungen für eine aktive Partizipation aller Menschen am gesellschaftlichen Leben gekennzeichnet, wobei es im Einzelnen zu gegenläufigen Tendenzen kam.

In der Antike war die (mit Blick auf die Mehrheit der Menschen nicht unbedingt vorherrschende) progressive Lernkultur auf die Polis und die Teilhabe am sozialen und politischen Leben gerichtet (Mündigkeit). Im Mittelalter kann man vor allem mit Blick auf die Klöster und den Klerus von einer Lernkultur sprechen, die auf das Bewahren der Erkenntnisse der Menschheit und die Theologie gerichtet war. Die Renaissance griff die progressive Lernkultur der Antike auf und entwickelte sie (vor allem theoretisch) mit Blick auf die gesamte Gesellschaft mündiger Bürger weiter (klassischer Bildungsbegriff).

Lernkulturen können sich mehr oder weniger am Modell der Bevorratung mit Bildung bzw. am Modell eines lebenslangen bzw. das gesamte Leben begleitenden Bildungserwerbs orientieren. Ferner können Modelle unterschieden werden, die mit Blick auf Schule den Einfluss der Gesellschaft bewusst fördern oder aber hemmen wollen (Schutzraum Kindheit und Schule). Die (klassische) Reformpädagogik (z. B. Rousseau, Montessori, Key), deren gemeinsamer Nenner die Kritik an Schule ist (Oelkers 2004), möchte z. B. den „schädigenden, negativen" Einfluss der traditionellen Schule und Lernkultur bzw. der Gesellschaft reduzieren oder verhindern. Sie orientiert sich daher weniger (bzw. nur diese ablehnend) an der Gesellschaft, sondern versucht, der Natur (des Menschen) zum Durchbruch zu verhelfen und betont daher auch die Natürlichkeit des Lernens (Gartenmetapher). Eine auf (moderne) Bildung orientierte Lernkultur ist dazu im Gegensatz fester Bestandteil der Kultur und Gesellschaft. Sie will bewusst Lernen und gesellschaftliches Leben verbinden und orientiert sich auf das Lernen mit Blick auf die Befähigung zur gesellschaftlichen Tätigkeit, Partizipation, Gestaltung der Gesellschaft. Damit kommt der Entwicklung der Lernkultur ein politisches Moment zu, gerichtet auf die Veränderung/Entwicklung der Gesellschaft (vgl. etwa Weinert 1997; Giest & Lompscher 2006; Martz-Irngartinger 2011; Terhart 2004).

Der Prozess der Kulturaneignung über die Lerntätigkeit ist zwar ein individueller, von den Lernenden vollzogener, folgt aber bestimmten Gesetzmäßigkeiten und ist nicht beliebig. Er kann als zunehmendes Hineinwachsen in die Kultur beschrieben werden und vollzieht sich von Zonen der aktuellen Leistung (Selbsttätigkeit auf einem bestimmten Niveau der Individualentwicklung) zu Zonen der nächsten Entwicklung (ein Niveau der Individualentwicklung, welches nur mit pädagogischer Hilfe einer/eines kulturkompetente*n Partner*in erreicht werden kann, vgl. Vygotskij 2002; Margolis 2020; Engeness 2021). Damit ist Kulturaneignung grundsätzlich auf pädagogische Vermittlung angewiesen, das damit verbundene Lernen – die Lerntätigkeit – ohne Lehren – die Lehrtätigkeit – unmöglich. Aus diesem Grund ist eine bestimmte Lernkultur stets mit einer entsprechenden Lehrkultur verknüpft bzw. umgekehrt.

Lernen und Lehren sind Ausdruck der interagierenden Tätigkeit zweier unterschiedlicher Subjekte (Schüler*in/Lehrer*in), aber sie bilden einen logischen Widerspruch: Lernen ist nur durch das lernende Subjekt (aktiv) möglich und Lehren kann daher nicht auf unmittelbarem und direktem Weg Lernen bewirken. Lernen lehren ist logisch ausgeschlossen, dennoch scheint es trotz dieses formalen logischen Widerspruchs zu funktionieren (Pädagogisches Paradox).

Wie immer man auch das Verhältnis von Lernen und Lehren interpretiert, Lernen ist die Zielgröße ihrer Wechselwirkung, ihres Zusammenspiels. Daher schlage ich vor, den Begriff der Lernkultur durch den der Lern-Lehr-Kultur zu präzisieren.

Lern-Lehr-Kulturen

Lern-Lehr-Kulturen können aus inhaltlichen und Platzgründen nicht umfassend in der Gesamtheit ihrer Merkmale diskutiert werden. Daher wird an dieser Stelle auf ihre zentralen Bestimmungsstücke eingegangen, die vor allem zur Unterscheidung einzelner Klassen von Lern-Lehr-Kulturen genutzt werden können. Solche zentralen Merkmale beziehen sich auf die Ziele der Kulturaneignung (Bildung vs. Ausbildung), die Rolle von Lernen und Lehren (Selbsttätigkeit vs. Führung) sowie den Stellenwert der Leitmedien (bestimmen die Ordnungsstruktur der existierenden Kommunikationsmedien sowie die faktischen Spielräume für die Kommunikations- und mithin Lern- und Lehrmöglichkeiten).

Alle Schulen verbinden die Funktionen Lernen und Lehren, sie bilden wesentliche Momente einer jeden Lernkultur, egal in welcher Form auch Lehren auftaucht (mit der Bandbreite zwischen persönlicher Belehrung durch eine anwesende Lehrkraft und dem Open Distance Learning). Die Dominanz und der Einfluss des Lehrens auf das Lernen können aber sehr unterschiedlich sein. Daher gibt es eine Spannbreite von pädagogischen Auffassungen und eben Lern-Lehr-Kulturen, die zwischen dem direkten Einfluss der/des Lehrenden auf das Lernen bis zum Lernen ohne Lehren reichen (hier gestaltet die/der Lehrende nur die Lernumgebung, nimmt aber keinen Einfluss auf das Lernen selbst – Lernen wird als nicht didaktisierbar angesehen).

Man kann drei Klassen von Lern-Lehr-Kulturen unterscheiden, solche:

1. die durch die Dominanz des Lehrens, der Instruktion und pädagogischen Führung („Kultur des Lehrens ohne [selbstreguliertes] Lernen") charakterisiert sind = **Lehr-Lern-Kulturen**,
2. die sich durch die dominierende Rolle der Lernenden, des Lernens und der Selbsttätigkeit auszeichnen („Kultur des Lernens ohne Lehren") = **Lern-Kulturen**,
3. in denen eine Lern-Lehr-Interaktion („Kultur der Einheit von Lernen und Lehren, Konstruktion und Instruktion") vorherrscht = **Lern-Lehr-Kulturen (i. e. S.)**.

1. Im ersten Fall sind Lernen und Lehren auf die Bevorratung mit Wissen und darauf bezogene Fertigkeiten gerichtet, welche möglichst das gesamte Leben lang genutzt werden sollen (traditionelle Lehr-Lern-Kultur). Hier werden der Unterrichtsstoff und seine Logik als das einzig Bestimmende für den Unterricht betrachtet, die Handlungen der/des Lehrenden direkt aus dem Stoff abgeleitet und auf dessen Übermittlung an die Schüler*innen gerichtet (Lernen auf Vorrat mit dem Ziel, vor allem Wissen anzueignen, welches vorrangig übernommen [eingelernt] werden muss, da seine

Exkurs: Lehr-Lern-Kulturen in der DDR

Die Schule in der DDR folgte dominant einer Lehr-Lern-Kultur. Kennzeichen dafür war u.a. der (bis 1989) ausgetragene Streit zwischen einer sog. Ziel- und einer Prozesspädagogik: Charakteristikum der Zielpädagogik war das Ableiten von Bildungszielen und -inhalten aus (politisch determinierten) gesellschaftlichen Anforderungen und mehr oder weniger ungebrochene Umsetzen in Lehrpläne und Unterrichtsmaterialien, die einem Unterricht verpflichtet waren, welcher einer mehr oder weniger linear verstandenen Ziel-Inhalts-Methode-Relation folgt. Die Prozesspädagogik entwickelte dazu alternativ Konzeptionen und Varianten der Unterrichtsgestaltung unabhängig von der gesellschaftlichen Ordnung und ihren Anforderungen und wurde entsprechend kritisiert, wie auch spätere Ansätze einer am Lernprozess und seinen Gesetzmäßigkeiten (Lernpsychologie) orientierten Stoffstrukturierung und Unterrichtsgestaltung (vgl. Neuner 1989: 313 ff.). Trotz eines postulierten Ausgleichs zwischen diesen beiden Positionen (vgl. ebd.) erfolgte eine ständig gesteigerte Ideologisierung des Unterrichts und der Lehrpläne, verbunden mit einer Erziehungskonzeption, die man als funktional-technokratisch bezeichnen muss: Eine emanzipatorische Erziehung kritischer, mündiger Staatsbürger kam im Rahmen dieser Lehr-Lern-Kultur weitgehend nicht vor. Stattdessen ging es um eine Erziehung gut an das herrschende Gesellschaftssystem angepasster junger Menschen.

Innerhalb dieser Lehr-Lern-Kultur wurde von der Planbarkeit des Unterrichts, des Lernens und sogar der Persönlichkeitsentwicklung der Kinder ausgegangen, wofür Lehrkraft und Erzieher*in verantwortlich gemacht werden konnten und wurden. Daher wurde die „führende(n) Rolle des Lehrers“ betont, welcher „die Tätigkeit seiner Schüler so (führt), dass die geplante erzieherische Wirkung erreicht wird“ (APW 1979: 276). Es ging also um einen „möglichst hohen Einfluss auf die Persönlichkeitsentwicklung aller seiner Schüler“ (ebd.).

Die zehnklassige Polytechnische Oberschule (POS) sollte den Anforderungen an die gesellschaftlichen und politischen Entwicklungen entsprechen und war daher durch die Dominanz der polytechnischen Bildung und Erziehung (gerichtet auf Voraussetzungen für die Herausbildung des sozialistischen Facharbeiters) sowie eine weltanschauliche und politisch-moralische Bildung und Erziehung (Erziehung sozialistischer Staatsbürger) gekennzeichnet. Zentral entwickelte Lehrpläne, Unterrichtshilfen und für die gesamte DDR einheitliche Schulbücher und Unterrichtsmaterialien spielten bei der Weiterentwicklung der Schule und ihrer Lehr-Lern-Kultur eine zentrale Rolle.

Bedeutung wegen des fehlenden Bezuges zu Anwendungsmöglichkeiten nicht erfasst werden kann). Ungeachtet aller gegenteiligen Bemühungen ist diese Lehr-Lern-Kultur im aktuellen Unterricht noch dominant (Helmke 2011) bzw. es werden lediglich die Oberflächenstrukturen des Unterrichts in Richtung mehr Orientierung auf Lerneraktivität verändert, ohne dass sich seine Tiefenstruktur (inklusive Lernzuwachs und Zuwachs an fachlichem Interesse) ändert (Reusser 2011). Zum Beispiel wird im Unterricht – explizit (Dominanz der Führung über die Selbsttätigkeit) oder implizit (dominante Orientierung auf die Lehraktivitäten z. B. aus Gründen geringer Lehrerfahrung) – davon ausgegangen, dass Lernende vorrangig den vom Lehrenden präsentierten Stoff zu rezipieren haben und dieser Prozess sauber plan- und steuerbar ist. Auch die, zumeist vorgefertigten, auf den als programmierbar angesehenen Lernprozess hin designten, überwiegend analogen Medien (z. B. Arbeitsblätter, Lehrbücher und andere Lehrmaterialien) spielen eine fest vorgeplante Rolle im Unterricht. Auch digitale Lernprogramme, die der Philosophie des programmierten Lernens (Skinner) folgen, reihen sich hier ein.

2. Das entgegengesetzte Extrem ist eine Lern-Kultur, die sich am Modell der frühkindlichen Entwicklung (Weinert 1997) orientiert. Sie geht davon aus, dass sich die Lernenden am besten entwickeln, wenn sie sich eigenreguliert mit der Umwelt auseinandersetzen und die/der Lehrende diesen Prozess lediglich beobachtend begleitet. Es handelt sich hierbei um eine Lern-Kultur, die vor allem reformpädagogisch (Kritik an Schule) geprägt ist, der Gartenmetapher folgt (natürliche Lernprozesse pflegen) und/oder sich am radikalen Konstruktivismus orientiert. Die in diesem Modell genutzten Medien sind in der Regel sehr heterogener Bestandteil der Lernumwelt und sollen durch ihre inhaltliche und funktionale Vielfalt ein breites Spektrum an Lern*möglichkeiten* bieten, neigen aber dadurch zur inhaltlichen Beliebigkeit und geringen Vorstrukturiertheit (vgl. zu beiden Modellen auch Giest & Lompscher 2017).

Diese beiden Extreme sind zwar selten in reiner Form anzutreffen, markieren jedoch ein breites Kontinuum, das sich im Rahmen pädagogischer Interaktion zwischen Fremd- und Eigenregulation (Selbstgesteuertes Lernen), Führung und Selbsttätigkeit, der Dominanz der Lehr- und Lerntätigkeit aufspannt.

Da in den beiden bisher diskutierten Modellen das o. g. Pädagogische Paradox nicht gelöst wird, ist mit Blick auf eine zukunftsfähige Lern-Lehr-Kultur zunächst nach einem Lösungsansatz zu suchen.

Weiter oben ist auf das gesellschaftliche Wesen der Tätigkeit eingegangen worden: Tätigkeit ist dem Wesen nach gemeinsame Tätigkeit (Shared/Cooperative Activity). Um gemeinsam tätig werden zu können, bedarf es geteilter Intentionen, eines gemeinsamen Zieles, Gegenstandes, geteilter Mittel oder wenigstens einer gewissen Schnittmenge davon. Und es bedarf der Kommunikation, um die Kooperation untereinander regeln zu können. Auf diese Weise können unterschiedliche Individuen als Subjekte gemeinsamer Tätigkeit handeln. Es entsteht so ein Gesamtsubjekt aus gemeinsam handelnden Individuen (vgl. Rubsov 2020).

Im Unterricht geht es daher um das Schaffen eines Gesamtsubjekts kooperierender und kommunizierender Lernender und Lehrender. Daher muss eine Korrespondenz zwischen Lern- und Lehrzielen, Lern- und Lehrinhalten sowie Lern- und Lehrmethoden gestaltet werden. Im Kern geht es um die auf einen Gegenstand bezogene gemeinsame Tätigkeit von Lehrenden und Lernenden.

3. Das dritte und m. E. zukunftsfähige Modell, die Lern-Lehr-Kultur, greift die Dialektik von Lernen, Selbsttätigkeit und Lehren, Führung auf, was vor allem bedeutet, Bedingungen zu schaffen, unter denen Lernende gegenstandsbezogene Lernmotive entwickeln, sich zu Lehrzielen korrespondierende Lernziele stellen, den Lehrgegenstand für sich als Lerngegenstand entdecken und auf diesen bezogene Lernhandlungen wirksam unterstützt durch Lehrmethoden zunehmend selbst vollziehen. Die im Unterricht genutzten Medien müssen sich hier einpassen können und vor allem adaptiv und interaktiv sein, um eigenreguliertes Handeln der Lernenden zu ermöglichen.

   Die Aufgabe des Lehrenden ist es dann, die Tätigkeit der Lernenden zu fördern, zu stützen und individuell zu begleiten, d. h. Schüler*innen zu helfen, es selbst zu tun (Montessori)! Das aber geht nur im Rahmen einer auf gemeinsame Ziele und Gegenstände gerichteten und von gemeinsamen Bedürfnissen getragenen Zusammenarbeit der (daraufhin) interagierenden Subjekte, die auf diese Weise – philosophisch betrachtet – eine dialektische Einheit von Gegensätzen darstellen.

Lern-Lehr-Kultur der Zukunft

Eine zukunftsfähige Lern-Lehr-Kultur muss es ermöglichen, die widerspruchsvolle Einheit von Lern- und Lehrtätigkeit herzustellen. Dabei ist die Interdependenz von Zielen, Inhalten und Methoden des Unterrichts sowie auf einer Ebene der (psychischen) Handlungsregulation die Wechselwirkung von Lern- und Lehrhandeln mit Blick auf die Komponenten *Antriebsregulation* (Lernmotive, Lernziele), *Orientierungs-*, *Ausführungs-* und *Kontrollregulation* (Lernhandeln und Handlungskontrolle) zu beachten (vgl. Tab. 1).

Auf der Ebene der Unterrichtsziele kommt es darauf an, die Wechselwirkung von Lehrzielen und Lernzielen derart zu gestalten, dass Lernsituationen entstehen, die dazu geeignet sind, eine lehrzieladäquate Lernzielbildung bei

	Schüler (Lerntätigkeit)		Lehrer (Lehrtätigkeit)
Zielebene:	Lernziele	⟷	Lehrziele
Inhaltsebene:	Lerngegenstand	⟷	Lehrgegenstand
Methodenebene:	Lernmethoden (-mittel)	⟷	Lehrmethoden (-mittel)
Wechselwirkung von Lerntätigkeit und Lehrtätigkeit auf der Handlungsebene:			
	Lernmotiv	⟷	Motivierung
	Lernziele	⟷	Lernzielorientierung
	Lernhandeln	⟷	Handlungsunterstützung,
	• Planung		-befähigung
	• Ausführung		
	• Kontrolle		Kontrolle
	• Bewertung		Bewertung

Tab. 1: Dialektische Einheit von Lernen und Lehren

den Lernenden anzuregen bzw. bewusst zu initiieren oder auch Lehrziele lernzieladäquat zu modifizieren. Auf der Ebene der Unterrichtsinhalte muss darauf hingearbeitet werden, dass ein intendierter Lehrgegenstand zum Lerngegenstand der Lernenden werden kann (im seltenen idealen Fall, in dem beide identisch sind, erübrigt sich das). Schließlich ist auf der Methodenebene die Wechselwirkung zwischen Lehrmethoden und Lernmethoden und hier insbesondere die wechselseitige Bezogenheit von Lern- und Lehrhandlungen zu gestalten. Lehrmethoden sind dann effizient, wenn sie eine stimulierende Wirkung auf das Lernhandeln, auf die Entwicklung von Lernmethoden bzw. das Lernen insgesamt ausüben. Auf diesen Aspekt bezieht sich besonders die Analyse des differenzierten Wechselwirkens von Lern- und Lehrtätigkeit auf der Handlungsebene. Hier ist vor allem nach Wegen zu suchen, wie Lehr-Handeln dazu beiträgt, Lern-Handeln und seine Entwicklung zu ermöglichen bzw. zu unterstützen (lehr- und lernzieladäquate Befähigung der Lernenden zum Handeln – Ausbildung von Lernhandlungen). Dabei ist eine Reihe von Fragen zu beantworten, die sich auf Momente der Handlungsregulation beziehen:

- *Motivierung*: Wie kann erreicht werden, dass adäquate Handlungsmotive bei den Lernenden entstehen?
- *Lernzielbildung*: Wie kann gesichert werden, dass Lernende eigene Handlungsziele bilden?
- *Handlungsplanung*: Wie kann gesichert werden, dass die Lernenden Lernhandlungen antizipieren und sorgfältig planen?
- *Handlungsausführung*: Wie kann erreicht werden, dass die Lernenden die Handlung zunehmend eigenreguliert ausführen können?

- *Handlungskontrolle und -bewertung*: Wie kann gesichert werden, dass die Lernenden einen vollständigen Handlungsakt vollziehen und aus der Lernzielkontrolle und -bewertung neue Lernziele entstehen, die dann wieder mit Lehrzielen in Beziehung gebracht werden können? (vgl. ausführlich dazu Giest 2016; 2020; Giest & Lompscher 2006; 2017.)

Neben der Orientierung auf die Gestaltung der Einheit von Lern- und Lehrtätigkeit orientiert das Modell (vgl. Tab. 1) auch auf einen *entwicklungsfördernden Unterricht*. Instruktionale Stützungsmaßnahmen müssen genau auf die *Zone der nächsten Entwicklung jedes Kindes* ausgerichtet sein (Scaffolding). Bei der Entwicklungsförderung handelt es sich um einen *Dreischritt*, der vom entdeckenden, selbstregulierten Lernen über das gestützte Lernen wieder zum entdeckenden, selbstregulierten Lernen auf höherem Niveau führt.

1. *Eigenreguliertes, entdeckendes und kooperatives Lernen in der Zone der aktuellen Leistung* bildet den Ausgangspunkt im Unterricht (z. B. lebensweltlich verankerte, damit für Lernende sinnvolle Problemstellungen und Fragen, die Bildungswert besitzen – exemplarisch, elementar, fundamental – im Sinne Klafkis 1993). Im spontanen, selbstgesteuerten, in Kooperation mit Lernpartner*innen vollzogenen Lernen wird die Grenze der Zone der aktuellen Leistung beim Versuch der Lösung von Lernproblemen und -aufgaben erreicht. Ein Widerspruch zwischen Lernziel und Lernvoraussetzung wird hierbei den Lernenden von den Lehrenden bewusst (gemacht). Dies ist die Basis für das Zustandekommen eines gemeinsamen Ziels von Lernenden und Lehrenden und in der Folge davon der konkreten gemeinsamen Tätigkeit im Unterricht, in der Lehren als Lernhilfe und nicht als Lernbehinderung (Holzkamp 1991) auftritt.
2. *Fremdregulierende Hilfe durch den Lehrenden – Befähigung der Lernenden zum Erreichen ihrer Lernziele:* Der Widerspruch zwischen Lernmotiv, Lernziel und den verfügbaren Lernvoraussetzungen wird produktiv gemacht, um bereits in der Gesellschaft vorhandenes Wissen reproduzierend, aber sinnstiftend anzueignen. Die pädagogische Aktivität (Ausbildung der gegenstandsbezogenen Lerntätigkeit) wird auf die Stützung des Lernens mit Blick auf die Zone der nächsten Entwicklung ausgerichtet. Dies geschieht u. a. durch eine gemeinsam mit den Lernenden vollzogene Erarbeitung und Nutzung von Orientierungsgrundlagen. Diese beziehen sich auf Lernanforderungen, die für die Aneignung des Lerngegenstands relevant sind. Im Lernprozess dienen diese Orientierungsgrundlagen als Stützen für den zunehmend eigenregulierten Handlungsvollzug.
3. *Eigenreguliertes Lernen auf höherem Niveau der Anforderungsbewältigung*: Nach Erreichen der Zone der nächsten Entwicklung verläuft das Lernen auf neuem, höherem Niveau eigenreguliert und konstituiert eine neue Zone der aktuellen Leistung.

Eine *dritte* wesentliche Orientierung einer zukunftsfähigen Lern-Lehr-Kultur betrifft das Schaffen von Grundlagen für das Anstoßen eines Prozesses *selbstständigen Lernens*. Dazu bedarf es u. a. einer besonderen Stoffstrukturierung. Davydov (1977; 1996) und Lompscher (2007; vgl. auch Giest & Lompscher 2006) schlagen für den Unterricht vor, sehr schnell Basiskonzepte einer gegebenen Domäne, eines Wissensgebietes (= Ausgangsabstraktionen) auszugliedern und zum Ausgangspunkt der Wissensaneignung werden zu lassen. Diese sollen als genetische Zellen für die Entwicklung und den Aufbau von systematischen und strukturierten Wissenssystemen fungieren. Ausgangsabstraktionen umfassen paradigmatische Grundideen (vgl. auch Kuhn 1962; Vosniadou, Vamvakoussi & Skopetetti 2008), durch deren Entfaltung es möglich werden soll, einen Gegenstandsbereich (z. B. im Rahmen einer Domäne) gedanklich zu (re)konstruieren. Das entsprechende unterrichtliche Vorgehen ist durch *drei* Schritte gekennzeichnet, die in bestimmten Momenten an Klafkis Konzeption der Kategorialen Bildung erinnern.

In einem *ersten Schritt* werden Ausgangsabstraktionen dadurch gewonnen, dass stoffliche Inhalte gesucht werden, an denen das Wesen des zu behandelnden Gegenstands (seine Tiefenmerkmale) besonders prägnant zum Ausdruck kommt. Diese müssen zugleich exemplarisch sein, d. h. eine hohe Erschließungskraft für den potenziellen Lerngegenstand besitzen. Die Erarbeitung erfolgt in erfahrungsgesättigten Situationen, indem diese analysiert oder mit alternativen Erscheinungen kontrastiert werden (Erzeugen kognitiver Konflikte).

In einem *zweiten Schritt* werden die Ausgangsabstraktionen ausgearbeitet und modelliert (Lernmodelle). Da die Ausgangsabstraktionen in der Regel verbal ausgedrückte abstrakte Merkmale darstellen, wird versucht, diese anschaulich in Form von Lernmodellen analog zu präsentieren. Hierbei entfalten digitale Medien durch Interaktivität, Adaptivität, Simulation und Anschaulichkeit sowie Unabhängigkeit von individuellen Lernzeiten ihre besonderen, das Lernen unterstützenden Funktionen. Lernmodelle bilden für die Lernenden eine unverzichtbare sinnliche Stütze, die ihnen den Weg der gedanklichen Konkretisierung der abstrakten Merkmale erleichtert.

Schließlich werden in einem *dritten Schritt* die *Ausgangsabstraktionen zum Zwecke der geistigen Erschließung des Lerngegenstands zunehmend durch die Lernenden selbst konkretisiert (selbstständiges Weiterlernen)*. Diese Phase ist hinsichtlich der Wissensaneignung sowohl quantitativ als auch qualitativ die bedeutendste. Mit Hilfe der Ausgangsabstraktionen (Basiskonzepte, die „Stammzellen" des Wissensgebietes) wird der Lerngegenstand gedanklich erschlossen, das Wissensgebiet mental entwickelt, indem die Basiskonzepte oder Ausgangsabstraktionen einerseits laufend auf konkrete Sachverhalte angewendet und dadurch andererseits ausdifferenziert und konkretisiert werden. Auf diese Weise ist der Transfer / die Anwendung bereits Gegenstand der Aneignung des begrifflichen bzw. theoretischen Wissens und nicht erst Gegenstand einer davon unabhängigen, besonderen Anwendungsphase im Unterricht. Mit Wolfgang Klafkis Worten ausgedrückt, wird ausgehend von kategorialen Anschauungen im Elementaren Allgemeines erfasst und soll im weiteren Vorgehen als Kategorie künftiger Erfahrung und Erkenntnis wirken (vgl. Klafki 1985: 83).

Am Beispiel des Themas elementarer Maschinen (z. B. Hebel) würde das Vorgehen folgendermaßen aussehen:

1. Schritt
Ausgehen von einem exemplarisch ausgewählten konkreten Fall: z. B. der geneigten Ebene, die besonders anschaulich nachvollziehbar beim Pyramidenbau in prototypischer Weise Verwendung gefunden hat, um mit geringen Kräften große Lasten in die Höhe zu bewegen. Diese wurden dann nicht hochgehoben, sondern auf einer schrägen Anschüttung (langer Weg) hochgezogen.

2. Schritt
Ableiten der Ausgangsabstraktion: Goldene Regel der Mechanik (große Kraft – kurzer Weg; kleine Kraft – langer Weg).

3. Schritt
Anwendung der Goldenen Regel der Mechanik auf Hebel, Rad (360°-Hebel), Flaschenzug usf., wobei die entsprechenden Zusammenhänge als Konkretisierungen/Anwendungen der Ausgangsabstraktion (der Goldenen Regel) erkannt werden (Giest 2011).

Zu diesem Vorgehen gibt es eine Reihe von Parallelen zu Ansätzen, die im Rahmen des moderaten Konstruktivismus entwickelt wurden.[1]

Fazit

Jede Lern-Lehr-Kultur ist fester Bestandteil der Kultur einer Gesellschaft, verändert sich allerdings oft nur sehr langsam. Ansatzpunkte für Veränderungen der bestehenden Lern-Lehr-Kultur mit Blick auf das Gewährleisten von Zukunftsfähigkeit sind a) das Überwinden der Antinomie von Lernen und Lehren, b) die Entwicklung eines für alle Kinder wirksamen entwicklungsfördernden Unterrichts (Inklusion) sowie c) die gezielte Förderung selbstständigen Lernens u. a. durch lernförderliche Stoffstrukturierung sowie die Nutzung digitaler Medien.

1) Vgl. für einen Literaturüberblick Giest 2011a; zu den Ansätzen Kollar & Fischer 2008.

Literatur

Akademie der Pädagogischen Wissenschaften der UdSSR sowie der DDR (APW) (1979): Pädagogik. Berlin.

Davydov, V. V. (1977): Arten der Verallgemeinerung im Unterricht. Berlin: Volk und Wissen.

Davydov, V. V. (1996): Teorij razvivajuscego obucénija. (Theorie des entwickelnden Unterrichts.) Moskau: Intor.

Engeness, I (2021): P. Y. Galperin's Development of Human Mental Activity. Cham. https://doi.org/10.1007/978-3-030-64022-4 [14.04.2021].

Giest, H. & Lompscher, J. (2006): Lerntätigkeit – Lernen aus kulturhistorischer Perspektive. Ein Beitrag zur Entwicklung einer neuen Lernkultur im Unterricht. Berlin: Lehmann.

Giest, H. & Lompscher, J. (2017): Lehrstrategien. In Rost, D. H.; Sparfeldt, J. R. & Buch, S. R. (Hrsg.): Handwörterbuch Pädagogische Psychologie. 5. Auflage. Weinheim: Beltz, 408–416.

Giest, H. (2011): Die goldene Regel der Mechanik. Erforschen wie die Arbeit leichter wird – einfache Experimente zu schiefer Ebene, Hebel und Flaschenzug. In: Grundschulunterricht, 4, 38–45.

Giest, H. (2011a): Wissensaneignung, Conceptual Change und die Lehrstrategie AK. In: Tätigkeitstheorie, 4, 65–100. www.ich-sciences.de/media/journal/Ausgabe_4/4_4.pdf [14.04.2021].

Giest, H. (2016): Zur Didaktik des Sachunterrichts. 2. erw. Auflage. Berlin: Lehmann.

Giest, H. (2020): Vorlesungen über Didaktik des Sachunterrichts. Ein Beitrag zur Konkretisierung kultur-historischer Didaktik. Berlin: Lehmann.

Helmke, A. (2011): Forschungen zur Lernwirksamkeit des Lehrerhandelns. In: Terhart, E.; Bennewitz, H. & Rothland, M. (Hrsg.): Handbuch der Forschung zum Lehrerberuf. Münster: Waxmann, 630–342.

Holzkamp, K. (1991): Lehren als Lernbehinderung? In: Forum Kritische Psychologie, 27, 5–22.

Klafki, W. (1985, 1993, 2007): Neue Studien zur Bildungstheorie und Didaktik. Weinheim; Basel: Beltz.

Kollar, I. & Fischer, F. (2008): Was ist eigentlich aus der neuen Lernkultur geworden? In: Zeitschrift für Pädagogik, 52, 1, 49–62.

Kuhn, T. (19622012): The structure of scientific evolution. Chicago: University of Chicago Press.

Lompscher, J. (2007): Tätigkeit – Lerntätigkeit – Lehrstrategie. Die Theorie der Lerntätigkeit und ihre empirische Erforschung. Redaktionell bearbeitet und herausgegeben von Hartmut Giest und Georg Rückriem. Berlin: Lehmann.

Margolis, A. A. (2020): Zone of Proximal Development, Scaffolding and Teaching Practice. In: Cultural-Historical Psychology, 16, 3, 15–26.

Martz-Irngartinger, A. (2011): Lernkulturen verstehen – erfassen – vergleichen: Theoretische Entwicklung eines Konzepts zur Operationalisierung von Lernkultur und dessen praktische Umsetzung anhand der Gegenüberstellung studentischer Lernkulturen in Deutschland, Finnland und Rumänien. Dissertation, LMU München: Fakultät für Psychologie und Pädagogik. https://doi.org/10.5282/edoc.13873.

Neuner, G. (1989): Allgemeinbildung – Konzeption, Inhalt, Prozess. Berlin.

Oelkers, J. (2004): Reformpädagogik. In: Benner, D. & Oelkers, J. (Hrsg.): Historisches Wörterbuch der Pädagogik. Weinheim: Beltz, 783–806.

Reusser, K. (2011): Von der Unterrichtsforschung zur Unterrichtsentwicklung – Probleme, Strategien, Werkzeuge. In: Einsiedler, W. (Hrsg.): Unterrichtsentwicklung und Didaktische Entwicklungsforschung. Bad Heilbrunn: Klinkhardt, 11–40.

Rubtsov, V. V. (2020): Two Approaches to the Problem of Development in the Context of Social Interactions: L. S. Vygotsky vs J. Piaget. In: Cultural-Historical Psychology, 16, 3, 5–14.
Terhart, E. (2004): Stichwort „Lehrer". In: Krüger, H.H. & Grunert, C. (Hrsg.): Wörterbuch Erziehungswissenschaft. Wiesbaden: VS Verlag für Sozialwissenschaften, 285–291. (2. Auflage 2006 im Verlag B. Budrich, Opladen.).
Vosniadou, S.; Vamvakoussi, X. & Skopeliti, I. (20082015): The framework theory approach to the problem of conceptual change. In: Vosniadou, S. (Ed.): International Handbook of Research on Conceptual Change. New York, London: Routledge, 3–34.
Vygotskij, L. S. (2002): Denken und Sprechen. Weinheim: Beltz.
Weinert, F. E. (1997): Lernkultur im Wandel. In: Beck, E.; Guldimann, T. & Zutavern, M. (Hrsg.): Lernkultur im Wandel. Tagungsband der Schweizerischen Gesellschaft für Lehrerinnen und Lehrerbildung und der Schweizerischen Gesellschaft für Bildungsforschung. St. Gallen: UVK Fachverlag für Wissenschaft und Studium, 11–29.
Zuckerman, G. A. (2004): Development of reflection through learning activity. In: European Journal of Psychology of Education, 19, 9–18.

Pascal Kihm & Markus Peschel

Aufgaben und Kulturen des Lernens

„Gute Aufgaben" als (Ver-)Mittler in einer Lehr-Lern-Kultur

1 Einleitung

Zwischen der Auseinandersetzung einer Grundschülerin oder eines Grundschülers mit der Sache[1] und dem von pädagogisch-didaktischer Seite intendierten Ziel des Lern- bzw. Aneignungsprozesses gibt es u. E. verschiedene beteiligte und (ver-)mittelnde Instanzen: Zum Beispiel „ist dies die Lehrperson, die aus einem definierten Ziel eine didaktische Intervention generiert, die den Schüler dazu befähigen bzw. beauftragen soll, in eine bestimmte Richtung weiterzudenken oder weiterzuarbeiten" (Peschel 2016: 125). Dies ist meist in instruktions- oder lehrorientierten Ansätzen der Fall (siehe auch Norbert Kruse und Falko Peschel in diesem Band) und beinhaltet als „didaktische Intervention" etwa den Einsatz von Aufgaben, die auf spezifischen Wegen zu diesem spezifischen Ziel (hin-)lenken. Dagegen existieren subjekt- oder lernorientierte Ansätze, in denen die Grundschülerin oder der Grundschüler selbst initiativ die Zielformulierung übernimmt, die aber kommunikativ mit der Lehrintention ausgehandelt werden muss (vgl. auch Falko Peschel in diesem Band). In diesem Fall werden als „didaktische Intervention" vermutlich eher offenere Aufgaben zum Einsatz kommen, die z. B. mehrere Lernziele und Lösungswege zulassen und ggf. auch einfordern (vgl. Kihm & Peschel 2017 in GSV-Band 143 „Forschung für die Praxis"). Denkt man sich diese beiden lehr-/lerntheoretischen Ansätze als Extrema eines Spektrums, sind Aufgaben u. E. querliegend dazu zu verorten, da sie auch in allen erdenklichen Zwischenstufen des Spektrums eine bedeutsame Rolle spielen (vgl. Bohl & Kucharz 2010): Aufgaben sind zunächst ohne Typisierung unbestimmt, sie sind Vehikel einer Vermittlung zwischen Schüler*innen- und Sachorientierung (Labudde 1993) und gleichzeitig „Verbindungsglied zwischen Lehren und Lernen" (Kaiser 2014: 166). Durch Ausrichtung, Offenheitsgrad und Zielsetzung der Aufgabe transportieren sie unterschiedliche Lernziele, Lernwege und Zugangsweisen. Sie repräsentieren damit wesentliche Aspekte des jeweiligen Lehr-Lern-Verständnisses der Lehrkraft und implementieren dadurch – ebenso wie die Lehrperson und die

1) Hier ist „Sache" zunächst noch fachunspezifisch gemeint und kann z. B. für Regenbogen, Bandornamente, Würfelnetze oder Rechtschreibphänomene stehen. Zu einem späteren Zeitpunkt fokussiert der Artikel exemplarisch den naturwissenschaftlich-orientierten Sachunterricht und seine „Sachen" (u. a. das Phänomen ‚erwärmte Luft').

Schüler*innen selbst sowie ihre jeweiligen Zielintentionen – unterschiedliche Kulturen[2], im Nachfolgenden als „Aufgabenkulturen" bezeichnet.

Dieser Beitrag beschreibt Aufgaben als (ver-)mittelnde Instanz von Lern- resp. Aneignungsprozessen (vgl. Adamina & Hild 2019) und verortet sie dabei grundsätzlich als Mittler (1) zwischen Grundschüler*innen und Sachen sowie (2) zwischen der Lehrkraft und Sachen (Sach-Interaktionen).[3] Zugleich aber auch (3) als Mittler zwischen Grundschüler*innen und Lehrpersonen sowie (4) als Mittler zwischen Grundschüler*innen untereinander (Soziale Interaktionen) (vgl. auch Kihm & Peschel 2020b).

Die Überlegungen dazu sind in diesem Artikel grundsätzlich fach- bzw. fächerunspezifisch und argumentieren generell mit dem Fokus auf das Lernen von Grundschüler*innen bzw. auf Aneignungsprozesse im Unterricht. Dabei wird die These aufgestellt, dass Aufgabenkulturen aufgrund ihrer vielfältigen Mittler-Rolle (s. o.) das Potenzial haben, Kulturen des Unterrichtens und des Lernens in Richtung einer deutlicheren Lernenden- bzw. Subjektorientierung zu verändern. An konkreten Beispielen wird dabei aufgezeigt, wie sich Änderungen in Aufgaben sowohl auf die Sach- als auch auf die sozialen Interaktionen in der Klasse/Schule und damit auf die Lern- und Unterrichtskultur insgesamt auswirken.

2 Aufgaben – Aufgabenkulturen – Aufgabenentwicklungen

Die Zeitschrift für Grundschulforschung (ZfG) hat 2019 dem Thema „Aufgabenkultur und Aufgabenqualität" eine eigene Ausgabe gewidmet. Über verschiedene Beiträge hinweg werden Aufgaben darin als Anforderung, „Aufforderung oder Angebot zum Denken und Handeln" (Kleinknecht 2019: 3; Kiel 2019: 119) verstanden. Wer eine Aufgabe zugewiesen bekommt oder sich selbst eine aufgibt, wird also zu einer Tätigkeit, d. h. zu einer denkenden wie handelnden Auseinandersetzung mit einer Sache, mit Phänomenen, Ereignissen, Prozessen oder auch mit anderen Menschen auf- und herausgefordert (vgl. Rieck 2005; Adamina & Hild 2019). Im Sinne dieser tätigen, lernenden Auseinandersetzung werden Aufgaben auch als „Aufforderung zur Lerntätigkeit" (Kiel 2019: 119) verstanden: „Durch Aufgaben sollen Lernprozesse von Schüler*innen ausgelöst werden; Aufgaben sollen dazu anregen,

2) In diesem Sinne meint „Kultur" immer wiederkehrende, etablierte Gepflogenheiten (z. B. von Unterricht, dann: Unterrichtskulturen), ritualisierte symbolische Formen und habituelle Praktiken (z. B. Modi der Bearbeitung von Aufgaben durch Schüler*innen, wie schnelles Abarbeiten oder Pflichterfüllung) (vgl. Nießeler 2020).

3) Die zuletzt genannte Mittler-Relation (Lehrperson–Sache) wird in der fachdidaktischen Literatur meist als „Didaktische Rekonstruktion" thematisiert (vgl. Kattmann et al. 1997).

fachliche Inhalte zu erarbeiten, in individuelle Verstehensprozesse einzubetten, Zusammenhänge zu wiederholen, zu vertiefen sowie zu üben und zu überprüfen" (Schomaker & Tänzer 2020: 242). Aufgaben adressieren folglich das Lernen von (hier v. a. Grund-)Schüler*innen.

Der Begriff **Aufgabenkulturen** ist vor allem in den letzten Jahrzehnten in den verschiedenen (Grundschul-)Fachdidaktiken zu einer zentralen Idee der Unterrichtsentwicklung geworden (vgl. Rieck 2005; Giest 2014; Fischer et al. 2014; Wittmann & Müller 2017). Mit dem Bezug auf AufgabenKULTUREN werden in erster Linie zwei Aspekte adressiert:

1. Lernen kann unterschiedlich kultiviert bzw. praktiziert sein. Damit umfasst eine Aufgabenkultur „nicht nur den Kulturgegenstand selbst (Inhalt, Art und Beschaffenheit von Aufgaben), sondern auch deren Einbettung (die eigentliche Kultur)" bzw. Implementierung oder Einsatz (Aufschnaiter & Aufschnaiter 2001: 410). Aufgabenkulturen betreffen die „Art und Weise, wie Lehrkräfte Aufgaben konzipieren und wie mit den Aufgaben im Unterricht umgegangen wird" (Bohl 2010: 120) – und zwar durch die Schüler*innen und die Lehrpersonen (vgl. Kleinknecht 2019). Aufgaben*kulturen* erweitern damit den Blick von der Planung der Aufgaben hin zu dem Umgang mit Aufgaben in Lehr-Lern-Situationen (vgl. Schomaker & Tänzer 2020).
2. Zugleich wurden und werden – z. B. in Projekten wie Mathe2000 oder „SINUS-Transfer" (Kap. 2) – bestimmte Anforderungen an Aufgaben gestellt. Diese sollen u. a. „auf unterschiedlichen Niveaus lösbar [sein], variable Denkwege erlauben und zu Exploration, Problemlösen und kooperativem Lernen einladen" (Reusser 2009b: 305 f.). Werden Aufgaben, die diese Anforderungen erfüllen, in Unterricht eingebettet, verspricht man sich davon, dass die Lernprozesse der Schüler*innen „über den bloßen Abruf von Wissen und die Automatisierung von Fertigkeiten hinausgehen" (Reusser 2009a: 885). Aufgaben*kulturen* betonen insofern einen Wandel im Anforderungsprofil an Unterrichts- bzw. Lehr-Lern-Prozesse: Anstatt Routinetätigkeiten mittels Aufgaben abzuarbeiten, werden Problemlöseprozesse gefördert.

Grundsätzlich ist Kultur nicht starr, sondern dynamisch und in stetiger Entwicklung. Die kulturellen Entwicklungen sind dabei jedoch als langfristige und überdauernde Veränderungsprozesse zu begreifen (vgl. Nünning & Nünning 2003).[4] Der vorliegende Beitrag diskutiert an einigen Beispielen

4) Entsprechend der Definition im Leitartikel dieses Bandes: Kultur ist ein – auch für die Grundschule – wichtiger, zentraler Begriff, der sich ableitet aus (1) zunächst nicht dauerhaft erscheinenden schulischen Aspekten oder Gepflogenheiten, die dann aber (2) evtl. immer wiederkehrende Muster ausbilden, die (3) sich etablieren und so (4) eine (gesellschaftlich entwickelte, einige Zeit überdauernde bis dauerhafte) Kultur hervorbringen.

Die Spinnennetzmethode zur Analyse „Guter Aufgaben"

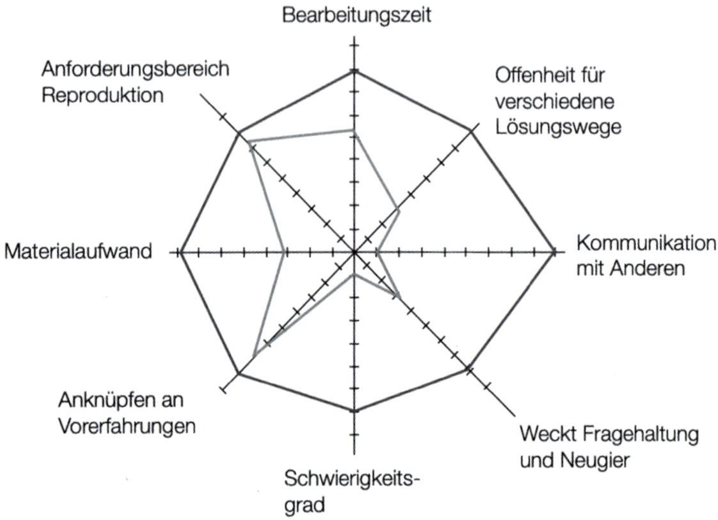

(Abb. aus Schomaker & Tänzer 2020)

Mit Publikation diverser Qualitätsmerkmale „Guter Aufgaben" (z. B. Krauthausen & Scherer 2014; Adamina & Hild 2019) finden sich auch sog. „Analyse-Spinnen" als Instrumente, um Aufgaben in Bezug auf verschiedene Aufgabenmerkmale zu skalieren (vgl. Stäudel 2007; Leisen 2006; Schomaker & Tänzer 2020). Dazu stellt Rieck folgende Anforderungen an „Gute Aufgaben" (im Sachunterricht):

„Die Aufgabe muss leicht zugänglich sein, d. h. sie baut auf Vorerfahrungen auf oder ist in eine anschauliche Situation eingebettet. Die Aufgabe wirft herausfordernde Fragen auf (z. B. durch Widersprüche oder Paradoxien). Die Aufgabe besteht meist aus einer offenen Ausgangssituation, in der (Forschungs-)Fragen noch formu-

aus dem naturwissenschaftlich-orientierten Sachunterricht, wie sich kleinere Änderungen in (Experimentier-)Aufgaben deutlich auf Bearbeitungsprozesse sowie auf die Kultur von Unterricht auswirken und damit schließlich auch das Lernen der Schüler*innen verändern. Dabei zielen die zunächst ungerichteten Lern-Prozesse auf die Entwicklung der o. g. Aufgabenkulturen und betonen die Etablierung über das Prozesshafte in schulischen Lehr-Lern-Situationen *liert werden müssen. Die Aufgabe lässt sowohl verschiedene Bearbeitungs- und Lösungswege als auch verschiedene Ergebnisse zu. Die Aufgabe erfordert es, dass zunächst geeignete Lösungsstrategien entwickelt […] werden, die zu einem Ergebnis führen. Die Aufgabe lässt Variation und gegebenenfalls Vereinfachung der Aufgabenstellung zu"* (Rieck 2005: 5 f.; Herv. d. V.).

Es gibt aber noch weitere, andere Darstellungen mit Merkmalen der neuen, erweiterten Aufgabenkultur – zum Beispiel als Fünfeck von Adamina und Hild (2019: 121):

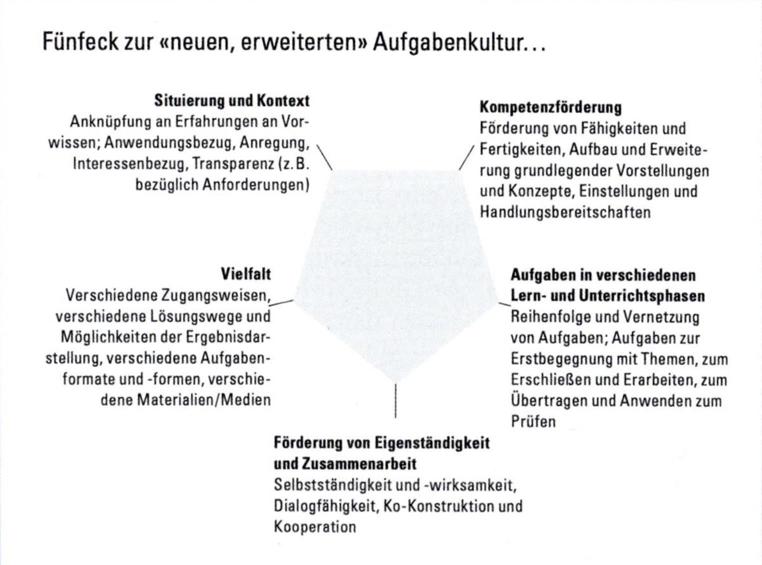

(Abb. aus Adamina & Hild 2019)

hinaus. Eine damit einhergehende stetige AufgabenENTWICKLUNG verändert damit schlussendlich auch die Kultur des Unterrichts und des Lernens (Kap. 3). Ein Wandel in der Unterrichts- und Lernkultur kann, so die hier vertretene These, über entsprechende Aufgaben und deren prozesshafte (Weiter-)Entwicklung mit der Betonung auf die Tätigkeit und Reduzierung der Zielperspektive initiiert und begleitet werden (Kap. 4).

2.1 „Gute Aufgaben" – Entwicklungen in der Grundschule durch Projekte wie Mathe2000 oder „SINUS-Transfer"

Die Debatte über Aufgaben und Aufgabenkulturen wird in den Grundschulfachdidaktiken meist unter der Überschrift „Gute Aufgaben" (Walther 2004; Grygier & Hartinger 2013) geführt, wobei die Entwicklung von „Guten Aufgaben" ursprünglich aus der Mathematikdidaktik resultiert. Dort werden seit Beginn der 1990er-Jahre verstärkt „open ended problems" (nicht einseitige Ziele) mit „multiple correct answers" (nicht vorgegebene Lösungen) eingesetzt (vgl. z. B. Shimada 1997). Etabliert wird die Bezeichnung im deutschsprachigen Raum in den frühen 2000er-Jahren – vor allem durch die Programme Mathe2000 (Wittmann 1996; Wittmann & Müller 2017) und SINUS-Transfer.[5] Diese Programme entwickeln das Konzept „Gute Aufgaben" aus der mathematikbezogenen Ausrichtung in andere Fachdidaktiken weiter (z. B. in der Didaktik des Sachunterrichts; siehe Rieck 2005; Hartinger et al. 2013; Fischer et al. 2014) und verwenden die Bezeichnung „Gute Aufgaben" schließlich für Aufgaben, „welche bei Schülern in Verbindung mit grundlegenden mathematischen [oder naturwissenschaftlichen usw.] Begriffen und Verfahren die Entwicklung **prozessbe**zogener Kompetenzen unterstützen" (Walther 2004: 10; Herv. d. V.). Es ging dabei vorrangig um eine „Abkehr vom Türmchenrechnen" und um eine Überwindung der dominanten Übungs- und Repetieraufgaben sowie Routinetätigkeiten in der Mathematik. Andere Fächer (z. B. Physikdidaktik) haben in Ergänzung zu diesen mathematikbezogenen Entwicklungen Problemlösen zum Merkmal „Guter Aufgaben" (vgl. ausführlich in Priemer 2011; Peschel 2012) erklärt: „Gute Aufgaben" ermöglichen verschiedene Lern- und Bearbeitungswege sowie Aufgabenlösungen auf verschiedenen Niveaus. Sie regen dabei sowohl zu selbstständig-individuellen als auch zu kooperativ-kommunikativen Arbeits- und Lern**prozessen** an (vgl. auch Adamina & Hild 2019).

2.2 „Gute Aufgaben" ist eine doppelt verkürzende Formulierung

1. Normativität und Empirie: „GUTE Aufgaben" führt unmittelbar zur Frage, was denn das „Gute" an den Aufgaben ist. Dies ist in erster Linie eine normative Frage: „gut" im Sinne von wünschenswert; wünschenswert im Sinne von wirksam, erfolgreich, effektiv oder effizient? mit Blick auf Lernergebnisse oder Lernprozesse? oder im Sinne von „bildungswirksam"? Und: Was sind dann schlechte Aufgaben? Dies lässt sich letztlich wieder über den kulturellen Aspekt des Lernens betrachten (vgl. Markus Peschel oder Nießeler in diesem Band).

Es existieren einige normative Abhandlungen über „Gute Aufgaben", die z. B. Aspekte wie Verständlichkeit, Text-Bild-Passung und fachliche Richtig-

5) „Programm zur Steigerung der Effizienz mathematisch-naturwissenschaftlichen Unterrichts" (SINUS).

keit hervorheben (Walther 2004; Rieck 2005; Peschel 2016; Adamina & Hild 2019; s. auch Infokasten 1).

Auf empirischer Ebene ist dagegen bislang keine breite Auseinandersetzung mit Prozessen der Erkenntnisvermittlung mittels Aufgaben vorhanden (vgl. Oelkers 2010; Unglaube 2015; Peschel & Kihm 2019). Insbesondere eine empirische Untersuchung von Aufgabenqualitäten sowie den daraus folgenden Lernprozessen von Grundschüler*innen fehlt bislang weitgehend. Wenige qualitative Studien zeigen, dass (und vor allem wie!) die Konzeption von Aufgabenformaten das Lernen stark beeinflusst (vgl. Kihm & Peschel 2017; s. Kap. 3).

Schaut man sich überdies zugängliche oder erwerbbare Aufgaben an, so entsprechen nur wenige allein den bislang (eher normativ) formulierten Thesen – geschweige denn den oben formulierten Aspekten von Prozesshaftigkeit etc. Selbst bei grundlegenden und sehr objektiven Aspekten wie „fachliche Richtigkeit" scheinen viele Handreichungen, „Werkstätten", Unterrichtsmaterialien usw. problematisch, wie die Beispiele in Peschel & Kihm (2019) oder Heseker et al. (2019) belegen.

2. Implementation und Bearbeitungsprozesse: Der Umgang mit bzw. die Entwicklung von „Guten Aufgaben" fokussiert zumeist Aspekte des *Formulierens* von Aufgaben. Dies reduziert die Auseinandersetzung mit „Guten Aufgaben" häufig auf die Konzeption der Aufgabe im Rahmen von Unterrichtsvorbereitung und -planung (im Sinne der Auswahl und Kontextualisierung der Aufgaben). Vernachlässigt werden die damit einhergehenden Lehr-Lern-Prozesse, denn die Formulierung von Aufgabenelementen macht nur einen Teil der Aufgaben- und v. a. Lernkultur aus. „Gute Lernaufgaben sind noch kein Garant für guten Unterricht" (Schomaker & Tänzer 2020: 248). DIE „Gute Aufgabe" gibt es eben gar nicht (Carle & Košinàr 2012). Jede Aufgabe wechselwirkt sowohl mit den Aufgabenbearbeitungs- bzw. Lernprozessen als auch mit den Lehr- und Lernbegleitungsprozessen. Diese Relationalität von Aufgabenqualitäten[6] zeigt sich insbesondere bei Fragen der Implementierung in konkrete Lehr-Lern-Prozesse (vgl. Bohl & Kucharz 2010; Kleinknecht 2019; Schomaker & Tänzer 2020):

a. Wie führen Lehrkräfte Aufgaben ein und erklären sie?
b. Wie bearbeiten Schüler*innen Aufgaben?
c. Wie unterstützen Lehrkräfte die Schüler*innen bei der Bearbeitung?
d. Wie werden Ergebnisse und Lernwege besprochen und reflektiert?

Mit diesen Fragestellungen und der durch sie deutlich werdenden Komplexität der Aufgabenbearbeitungsprozesse befasst sich Kap. 4.

6) Der Begriff Aufgabenqualitäten fragt nach dem Einfluss von bestimmten Aufgabenelementen und Aufgabenformulierungen auf die Lernwege, Lernprozesse, aber auch Lernergebnisse/Erkenntnisse der Schüler*innen.

3 Kriterien „Guter Aufgaben"

In einer Teilstudie des Projektes *doing* AGENCY[7] wurde der Frage nachgegangen, wie die Konzeption verschiedener Aufgabenelemente das Experimentieren von Grundschüler*innen beeinflusst. Zur Beantwortung dieser Frage wurden Interaktions- und Kommunikationsprozesse beim Experimentieren[8] videographiert, „von außen" nicht-teilnehmend beobachtet und mittels Grounded Theory Kodierverfahren analysiert (vgl. Strauss & Corbin 1996).
Die eingesetzten Aufgaben unterschieden sich dabei primär in zwei Aspekten:
- zum einen im Aufgaben*öffnungsgrad* – im Sinne differenter Entscheidungsmöglichkeiten im organisatorischen, methodischen oder inhaltlichen Bereich (vgl. dazu Peschel 2014; Kihm & Peschel 2017; 2020b),
- zum anderen in bestimmten Aufgaben*elementen* – im Sinne differenter, *normativer* Merkmale von Aufgabenqualität/„Guten Aufgaben" (vgl. dazu Peschel 2012; 2016).

Im Folgenden wird ausschließlich dieser Aspekt thematisiert.

Die „Kriterien Guter Aufgaben" (Peschel 2012; 2016), auf die sich die Teilstudie des Projektes *doing* AGENCY bezieht, wurden so entwickelt, dass sie einfach umsetzbar sind und kleine Änderungen an bestehenden (kommerziell erhältlichen) Werkstätten, Unterrichtsmaterialien und Aufgaben ermöglichen. Diese kleinen Änderungen in den Aufgabenformaten/-elementen sollen, so die Annahme, sich in folgender Weise auf die Experimentier- und Lernprozesse von Grundschüler*innen auswirken: 1. Sie ermöglichen ein eigenständiges Bearbeiten und Lernen. 2. Sie ermöglichen die Entwicklung fachlicher Kompetenzen. (Siehe auch Infokasten 2.)

In der o. g. Teilstudie wurden den Grundschüler*innen Aufgaben zum Experimentieren vorgelegt, die sich in diesen „Kriterien Guter Aufgaben" unterschieden. Ausgewertet wurde anschließend, wie sich die verschiedenen Aufgabenmerkmale auf das Experimentieren und Kommunizieren der Schüler*innen

---

7) Weitere Informationen zum Projekt doing AGENCY finden sich unter www.markus-peschel.de/doingAGENCY. Das Projekt befindet sich in der Abschluss-/Disseminationsphase (vgl. Kihm & Peschel 2019; 2020 sowie in diesem Band). In diesem Aufsatz werden Ergebnisse aus einer Teilstudie (Kihm & Peschel 2017) und der Hauptstudie berichtet.

8) Im Rahmen der Teilstudie wurden zwei Einheiten durchgeführt, wobei jeweils zwei Kinder einer vierten Klasse teilnahmen und dabei videographiert wurden, wie sie gemeinsam experimentieren und verschieden konzipierte Experimentieraufgaben bearbeiten. Zu Beginn wird den Kindern mitgeteilt, dass sie bei einer Aufgabe so lange verweilen können, wie sie wollen, und dann der Instrukteurin Bescheid geben können, um von ihr eine neue Aufgabe zu erhalten. Auf pädagogisch-didaktische Interventionen oder sonstige gezielte Impulse durch die Instrukteurin oder anderes pädagogisches Personal (z. B. Hilfestellungen, Scaffoldings) wurde während der Experimentiereinheiten verzichtet. Die Kinder experimentierten somit weitestgehend alleine.

„Kriterien Guter Aufgaben" (Peschel 2012; 2016)	Infokasten 2
„Gute Aufgaben" ermöglichen ein eigenständiges Bearbeiten und Lernen.	„Gute Aufgaben" ermöglichen die Entwicklung fachlicher Kompetenzen.
• Verständlichkeit und Gestaltung des Aufgabenblattes: klare Priorisierung und Strukturierung • Text: in Quantität und Qualität an Schüler*innen angepasst • Sprach- und Wortschatzarbeit, abgestimmte Nutzung von Fachvokabular • Visualisierungen zur Entlastung von Textumfang/Informationsentnahme (anstatt zur Irritation beim Lesen, daher: unnötigen Ballast vermeiden)	• Titel: Lerninhalt des Experiments (Ergebnisse oder Beobachtungsprozesse) nicht durch Titel vorwegnehmen (ebenso wenig durch einleitende Textelemente oder Visualisierungen) • Fachliche Richtigkeit: Spannungsfeld zwischen „richtiger" Fachlichkeit und didaktischer Vermittlung • Aufgaben müssen fachlich korrekt, sprachlich exakt und in einem passenden Kontext formuliert sein

(selbst erstellt)

auswirken. Die nachfolgend präsentierten Vignetten fokussieren dabei den Aspekt „den Lerninhalt vorwegnehmende Aufgabenelemente vermeiden". Für die rekonstruierten Muster gibt es in den Daten jeweils noch weitere Beispiele.

3.1 Beispiel für eine Aufgabenkultur: „Der Flaschengeist"

Die beiden Kinder S#1 und S#2 haben sich die Aufgabe „Der Flaschengeist" (Titel des vorgelegten Arbeitsblattes) durchgelesen und den Versuchsaufbau vorbereitet. Im einleitenden Text heißt es: „Weshalb ‚klappert' eine Münze, die man auf die Öffnung einer leeren, kalten Glasflasche gelegt hat, wenn man die Flasche mit den Händen umfasst? Ist da etwa ein Geist in der Flasche?"

> *Vignette 1.1:*
> S#1 und S#2 legen ihre Hände direkt um die kalte Glasflasche und umfassen sie für durchschnittlich fünf Sekunden. Diese Zeit reicht jedoch nicht aus, damit die (kalte) Luft im Inneren der Glasflasche sich ausreichend erwärmen kann. Daher tritt der erwartete Effekt (die „klappernde Münze", von der im einleitenden Text der Aufgabe die Rede ist) nicht auf.
> S#1 *nach 5 Sek., enttäuscht:* Hä? Die klirrt aber nicht! Hä? Experiment missglückt!
> S#2 hat derweil die Hände weiterhin um die Glasflasche gelegt, S#1 lässt schließlich los.

Im Wesentlichen schränken S#1 und S#2 ihre Handlungen im kurzen Ausschnitt der Vignette (und auch anschließend) auf die vorgegebenen sequenzierten Schritte des Aufgabenblattes ein, zu denen der einleitende Text auffordert. Obgleich sie den Versuch danach noch einige Male wiederholen, stellt sich der erwartete Effekt dabei jedoch nicht ein. Das von ihnen vermeintlich fokussierte Aufgabenelement (der einleitende Text) nimmt durch Nennung/Vorgabe des Ergebnisses mögliche Beobachtungsprozesse[9] vorweg und verkürzt so die Wege zur gemeinsamen Erkenntnis (vgl. Kihm et al. 2018).[10] Explorationen oder Möglichkeiten, den Ablauf des Versuchs zu verändern (z. B. eine andere Glasflasche nutzen, längere Zeit erwärmen o. a.), werden nicht genutzt. Andere Wahrnehmungsaspekte und Randerscheinungen (Kondensationen an der Glasflasche) oder alternative Lösungsansätze (Zuhilfenahme eines Föhnes oder einer noch kälteren Flasche) blenden S#1 und S#2 aus. Die Aufmerksamkeit der beiden wird nahezu ausschließlich darauf fokussiert, den im einleitenden Text vorgegebenen Effekt nicht zu verpassen. Sie warten darauf, dass der beschriebene Effekt eintritt und setzen sich dabei gar nicht mit dem intendierten physikalischen Sachverhalt auseinander. Den Schüler*innen wird durch die Engführung die Möglichkeit genommen, selbst zu beobachten oder weitergehend zu experimentieren – das Lernen wird auf Wiederholung verkürzt.

Der Flaschengeist

Luft

Versuch 9

Weshalb „klappert" eine Münze, die man auf die Öffnung einer leeren, kalten Glasflasche gelegt hat, wenn man die Flasche mit den Händen umfasst?
Ist da etwa ein Geist in der Flasche?

Dazu brauchst du:

- 1 Glasflasche (0,7 Liter)
- 1 5-Cent-Münze
- Zugang zu einem Kühlschrank

Abb. 1: Aufgabe „Der Flaschengeist" (aus Demuth & Kleinert 2010: 39)

9) Diese originären, individuellen und diskursiv zu validierenden Beobachtungen sind u. E. aber ein wesentliches Kernelement beim Experimentieren.

10) Weitere Aufgabenelemente, die u. E. häufig Beobachtungsprozesse und Ergebnisse vorwegnehmen, sind Überschriften/Titel („Die wippende Münze"), Visualisierungen, direkte Hilfen oder die Wortwahl in den Experimentieranleitungen (auch über einleitende Textelemente hinaus).

Nach kurzer Zeit macht sich bei S#1 die Enttäuschung über den (misslungenen) Versuch bemerkbar: Frustrationserlebnisse treten auf, weil sich der angekündigte und in der Aufgabenstellung vorweggenommene Effekt nicht einstellen bzw. die Versuche nicht wie in den Anleitungen beschrieben „funktionieren".[11] Später probieren die beiden unterschiedliche „Umfassungsstellen" am Flaschenhals aus und tauschen die genutzte Fünf-Cent-Münze gegen eine andere Fünf-Cent-Münze aus. Jede dieser Variationen wird nur wenige Sekunden ausprobiert, insgesamt beschäftigen S#1 und S#2 sich etwa fünf Minuten mit „dem Flaschengeist". Die Variationen sind u. E. jedoch nicht dadurch motiviert, das grundgelegte Phänomen mit seinen Haupt- und Randerscheinungen wahrzunehmen oder Beobachtungen zu machen, gemeinsam zu deuten und diese zu reflektieren. Stattdessen wird durch ungeplante Variationen versucht, das vorgegebene Ziel – den vorweggenommenen Effekt – (nach) zu erzielen, es also doch noch irgendwie „hinzukriegen"; dies wirkt fast „gezwungen", da das Aufgabenblatt ja eine Lösung signalisiert/suggeriert. Die Enttäuschung infolge der eigenen Machtlosigkeit (das „Klappern" der Münze tritt über die gesamten fünf Minuten nicht einmal auf) führt schließlich zum Abbruch des Experiments:

> *Vignette 1.2:*
> S#1: Willst du noch weiter probieren bei dem Experiment? Also sollen wir noch probieren, es hinzukriegen? Das wird jetzt glaub ich nix mehr!
> S#2: Ja. Erstes fehlgeschlagenes Experiment!

Infolge der impliziten Engführung durch das vorweggenommene/vorhergesagte Ergebnis zeigt sich, wie der Experimentier- bzw. Problemlöseprozess begrenzt wird: Die Schüler*innen stellen keine eigenen Fragen an das Phänomen – sie konnten es ja auch noch nicht beobachten – und verlassen das vorgesehene Setting nicht, um die Versuche selbstständig zu variieren oder zu erweitern (vgl. auch Högström et al. 2010). Stattdessen „arbeiten sie den Versuch ab", was u. E. den Anschein einer „schnellen Pflichterfüllung" hat (vgl. Breidenstein 2006).

Diese erste Vignette wird nun mit einer weiteren kontrastiert. Bei der Konzeption der Aufgabe, anhand derer die beobachteten Grundschüler*innen dabei experimentieren, wurde bewusst vermieden, den Lerninhalt durch Aufgabenelemente wie Titel, Visualisierungen oder Texte vorwegzunehmen. Es wird nun exemplarisch gezeigt, wie sich Merkmale „Guter Aufgaben" auf den Experimentierprozess auswirken können.

---

11) Bis hin zur im Sinne der „Nature of Science" bedenklichen Einschätzung, der Versuch sei reine Glückssache.

3.2 Beispiel für eine andere Aufgabekultur: „Der Handgenerator"

Ein Kriterium „Guter Aufgaben", den Lerninhalt vorwegnehmende Aufgabenelemente zu vermeiden, besteht u. E. in folgenden Punkten:

a) auf einen vorformulierten **Titel** verzichten und stattdessen im Anschluss an die Bearbeitung mit der Lerngruppe gemeinsam einen passenden Titel besprechen (umgesetzt z. B. in Form einer Leerzeile anstelle einer Überschrift).[12]

b) **Visualisierungen** so gestalten, dass sie die Experimentier*schritte* darstellen, ohne allerdings bereits *Ergebnisse* vorwegzunehmen (im Folgenden ist z. B. nicht visualisiert, wie sich das Kurbeln am Generator auf die Glühlampe auswirkt; Abb. 2).

c) einleitende Textelemente streichen bzw. Text auf die eigentlichen Experimentierschritte begrenzen und darin weder Ergebnisse, Beobachtungen noch deren Deutungen oder Erklärungen vorwegnehmen.

Beispielhaft umgesetzt finden sich diese Aspekte in der abgebildeten Aufgabe, an der zwei (andere) Schüler S#3 und S#4 in der folgenden Vignette 2 arbeiten:

Vignette 2:
Nachdem sie die Glühlampe mit zwei Kabeln an den Handgenerator angeschlossen und gekurbelt haben (die Glühlampe hat geleuchtet), setzen sich S#3 und S#4 mit der zweiten Teilaufgabe des Aufgabenblattes auseinander: „Drehe schneller oder langsamer! Was stellst du fest?"
S#3 dreht die Kurbel zunächst langsam, wird dann jedoch immer schneller, bis sie schließlich ganz schnell kurbelt. Sie variiert zusätzlich die Richtung des Kurbelns.
S#3 (die kurbelt) und S#4 beobachten aufmerksam und vollkommen konzentriert für längere Zeit die Glühlampe, die unterschiedlich hell leuchtet. Nach einigen Sekunden hält S#4 schließlich ihre

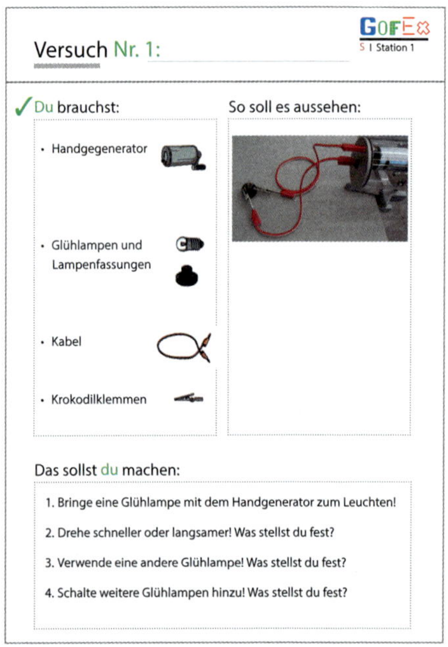
GOFEX
S I Station 1

Versuch Nr. 1:

Du brauchst:
- Handgegenerator
- Glühlampen und Lampenfassungen
- Kabel
- Krokodilklemmen

So soll es aussehen:

Das sollst du machen:
1. Bringe eine Glühlampe mit dem Handgenerator zum Leuchten!
2. Drehe schneller oder langsamer! Was stellst du fest?
3. Verwende eine andere Glühlampe! Was stellst du fest?
4. Schalte weitere Glühlampen hinzu! Was stellst du fest?

Abb. 2: Aufgabe zum „Handgenerator"

12) Dies hat u. a. den Vorteil, dass sich mehrere Schüler*innen über eine gute Beschreibung / einen gut zusammenfassenden Titel austauschen müssen und somit die Inhalte und Beobachtungen des Versuchs (erneut) diskutieren bzw. sich vertieft damit auseinandersetzen müssen.

Hand für einige Zeit über die leuchtende Glühlampe. S#4 reißt die Augen weit auf und schaut S#3 an.
S#3: Was ist los?
S#4: Das wird warm!
S#3: Ja, *der Strom* macht die Birne warm.

Anstatt – wie dies bei der vorherigen Aufgabe bei S#1 und S#2 zu beobachten war (s. Kap. 3.1) – auf ein vorgegebenes bzw. vorweggenommenes Ergebnis hinzuarbeiten und das Experimentieren nach erfolgreichem Auftreten dieses Ergebnisses zu beenden, variiert S#3 das Drehen der Kurbel, nachdem eine erste Beobachtung/ein erstes Ergebnis zwischen S#3 und S#4 abgestimmt wurde (*wenn man kurbelt, leuchtet die Glühlampe*). S#3 lässt sich damit auch nach dem ersten Beobachtungsprozess, der gewissermaßen durch Teilaufgabe 1 angeleitet wurde, auf das Phänomen ein und setzt sich vertieft damit auseinander: sowohl durch die Geschwindigkeit des Kurbelns, später auch durch Wechsel der Glühlampen, aber vor allem durch eigene Variationen (Richtung des Kurbelns). Die Beobachtung fokussiert sich nicht auf den vermeintlichen Hauptaspekt (das Leuchten der Glühlampe), sondern beinhaltet auch weitere Aspekte (hier z. B. Wärme), über die sich die beiden schließlich ebenfalls austauschen.

Dass der Titel oder einleitende Textelemente nicht mehr eine bestimmte Beobachtung vorgeben (deren Herstellung der einzige Zweck des Experimentierens ist; vgl. auch Murmann 2007), führt dazu, dass eigene Beobachtungen tatsächlich verbalisiert, verglichen und diskutiert werden. Die Beobachtungsprozesse werden weniger gelenkt; die Lernenden bringen eigene Ideen ein. Sie setzen sich insgesamt fast zwanzig Minuten mit der Aufgabe auseinander.[13] S#4 macht zunächst eine taktile Beobachtung, verbalisiert diese und teilt sie S#3 schließlich mit. S#3 greift diese Beobachtung auf und verbalisiert eine Deutung dieser Beobachtung. Dabei stimmt S#3 der Beobachtungsverbalisierung zu, was darauf schließen lässt, dass S#3 selbst eine ähnliche Beobachtung gemacht hat. Die beiden haben sich intensiv variierend mit dem Phänomen beschäftigt, konzentriert und aufmerksam beobachtet und wahrgenommen. Auf diese Weise gelangen sie zu einem Austausch über das Beobachtete und über ihre ersten (vorläufigen) Deutungen.

3.3 Zwischenfazit: Erklärungen unermöglichen Beobachtungen!

Die Gegenüberstellung der beiden Vignetten 1 und 2 exemplifiziert u. E., wie sich kleine Änderungen in der Konzeption von Aufgaben (hier: Weglassen eines Titels und einleitender Textelemente) auf die Kultur des Experimen-

13) Ähnlich wie dies bei S#1 und S#2 zu beobachten war, haben sich auch S#3 und S#4 mit der Aufgabe „Flaschen-geist" (s. o.) deutlich kürzer beschäftigt (rund acht Minuten). Der oben beschriebene „Modus der schnellen Pflichterfüllung" lässt sich bei S#3 und S#4 in ähnlicher Weise rekonstruieren (vgl. dazu Kihm & Peschel 2017).

tierens bzw. allgemeiner: auf die Kultur des Lernens auswirken können. Das Experimentieren ist nicht mehr von der Intention geleitet, eine Anleitung abzuarbeiten, eine Pflicht erfüllen zu müssen und einen bestimmten Effekt zu erwirken (vgl. auch Breidenstein 2006). Die erste Vignette (Kap. 3.1) zeigt eine Gepflogenheit, eine Praktik, eine Experimentier„kultur", die wir als „Modus des schnellen Abarbeitens" (Kihm & Peschel 2017) bezeichnet haben. In diesem Modus geht es vorrangig darum, einen Effekt einmal zu erzeugen („schnell hinter sich zu bringen"), um sich dann rasch der nächsten Aufgabe zu widmen. Dieser „Modus des schnellen Abarbeitens" verhindert eine intensive, konzentrierte Sachauseinandersetzung mit eigenen Beobachtungen und Deutungen – auf dem Weg zur eigenen (gemeinsamen) Erkenntnis.

Mit anderen Worten: „Erklärungen und vorweggenommene Ergebnisse unermöglichen (eigene) Beobachtungen!" „Beobachtungen dagegen ermöglichen Erklärungen" – lässt man Schüler*innen also Raum für eigene Beobachtungen sowie für die Kommunikation über diese Beobachtungen, können sie über Deutungsprozesse zur eigenen Erkenntnis gelangen. Aufgabenelemente/Aufgabenmerkmale können dies unterstützen (ermöglichen) oder verhindern (unermöglichen).

4 Aufgaben im Zentrum von Interaktionsprozessen

Die bisherigen Ausführungen hatten zum Ziel, deutlich zu machen, wie die unterschiedliche Konzeption von Aufgaben sich auf Experimentier- bzw. Bearbeitungsprozesse von Aufgaben auswirkt. Wurde bislang ausschließlich die Bearbeitung der Aufgaben *durch die Schüler*innen* analysiert (und das Handeln der Lehrperson dabei gewissermaßen „ausgeklammert"), wird der Blick im letzten Kapitel nun auf die Implementation der Aufgaben und die Begleitung der o.g. Experimentier- resp. Bearbeitungsprozesse durch die Lehrperson erweitert. Dabei werden Daten und Ergebnisse der Hauptstudie[14] (siehe Infokasten 3) im Projekt *doing* AGENCY rekurriert, die den methodologischen Grundannahmen der Grounded Theory (GT) folgt und dementsprechend auf eine Theorieentwicklung (Strauss & Corbin 1996) abzielt. In deren Mittelpunkt steht zwar die Forschungsfrage, wie Selbstbestimmung beim Experimentieren jeweils neu zwischen Schüler*innen, Lehrpersonen und dem Phä-

---

14) Zur Beantwortung dieser Frage wurden Grundschüler*innen und Lehrkräfte auf verschiedenen Niveaustufen des Offenen Experimentierens (Peschel 2009) teilnehmend beobachtet (in Anlehnung an Breidenstein et al. 2015). Die Teilnehmende Beobachtung fand im Grundschullabor für Offenes Experimentieren (GOFEX; www.GOFEX.info) statt. Insgesamt wurden zwischen April 2018 und November 2019 vierzehn verschiedene sog. GOFEX-Tage (Schulklassenbesuche im Grundschullabor für Offenes Experimentieren) mit insgesamt zehn verschiedenen Schulklassen erhoben. Dabei wurden unterschiedliche Themen (u.a. Luft, Sinne, Feuer, Brücken), alle Klassen-

nomen/der Sache *ausgehandelt* wird (vgl. dazu Kihm & Peschel 2020a/2021). Im Folgenden geht es hingegen vor allem um den Einfluss von Aufgaben auf unterrichtsnahe Experimentier- und Interaktionsprozesse. Dabei gilt für Lehr-Lern-Situationen ganz grundsätzlich:

> *Aufgaben sind „als ‚Mittler' zwischen Schülerinnen und Schülern und Phänomen (Sach-Interaktion), zwischen Schülerinnen und Schülern untereinander sowie zwischen der […] Lehrperson und Schülerinnen und Schülern (soziale Interaktionen) Element der Steuerung und Strukturierung des Experimentierprozesses […]. Durch verschiedene Aufgabenformate werden unterschiedliche Sachauseinandersetzungen (selbstständig-angeleitet, offen-geschlossen; vgl. Peschel & Kihm 2019) ermöglicht."*
>
> (Kihm & Peschel 2020a: 90 f.)

Im Projekt doing AGENCY wurde dieser Zusammenhang im sog. „Experimentierdreieck" gegenstandsadäquat theoretisch abgebildet (vgl. Kihm & Peschel 2019; 2020a; 2020b):

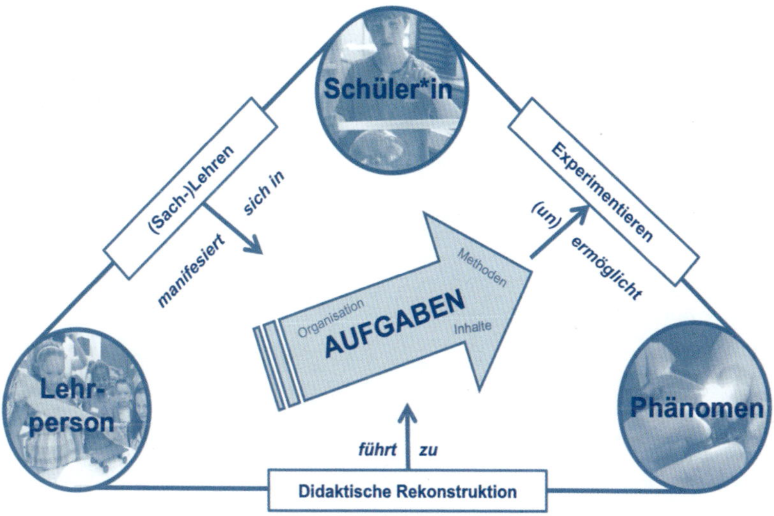

Abb. 3: Experimentierdreieck mit Aufgaben als Mittler (eigene Entwicklung)

---

stufen der vierjährigen Grundschule und verschiedene Öffnungsstufen berücksichtigt. Die Öffnungsstufen unter-scheiden sich im Ausmaß der Beteiligung der Schüler*innen in organisatorischen, methodischen und inhaltlichen Entscheidungsbereichen. Die Kommunikations- und Interaktionsprozesse wurden in Form von Feldnotizen verschriftet und anschließend in Beobachtungsprotokolle überführt. Von jedem der GOFEX-Tage liegen jeweils etwa 10–14 Seiten Beobachtungsprotokolle vor. Mittels Grounded Theory Kodierparadigma wurden die Daten kodiert, analytisch verdichtet und systematisiert.

Diese zentrale Rolle von Aufgaben als Mittler in Lehr-Lern-Prozessen und die – im Vergleich zur *Konzeption/Planung* von Aufgaben – weitergehenden Einflüsse der Aufgaben*bearbeitung* auf Lern- und Unterrichtskulturen exemplifiziert die folgende Vignette aus der Hauptstudie des Projektes *doing* AGENCY. In dieser Vignette geht es erneut um den Versuch „Der Flaschengeist", der zuvor schon thematisiert wurde (Kap. 3.1). Die dabei eingesetzte Aufgabe vermeidet die o.g. Problematik von Elementen (z.B. Überschrift, einleitende Textelemente oder Visualisierungen), die Beobachtungen oder andere Erkenntnisse vorwegnehmen.

4.1 Beispiel für eine neue Aufgabenkultur

Vignette 3.1: Auf dem Tisch liegen Materialien, die S#5, S#6, S#7 und S#8 – nach Vorgabe durch die Aufgabe – selbstständig zusammengetragen hatten. Sie diskutieren, was sie tun sollen (ohne erneut auf das Aufgabenblatt zu schauen).

S#5: „Ich glaub, die Flasche muss da *(zeigt auf die Wasserschüssel)* rein!"
S#6: „Aber vorher muss die Münze auf die Flasche, ich kenn das."
S#7: „Vielleicht hätten wir die Eiswürfel auch in die Flasche machen müssen."

LP#1, die am Tisch steht und den Dialog verfolgt, schnauft hörbar und stöhnt leise. Sie rollt mit den Augen, dreht den Kopf leicht zur Seite. Mehrmals tippt sie mit dem Zeigefinger auf das Aufgabenblatt.
LP#1: „Hier steht, was ihr tun sollt!"

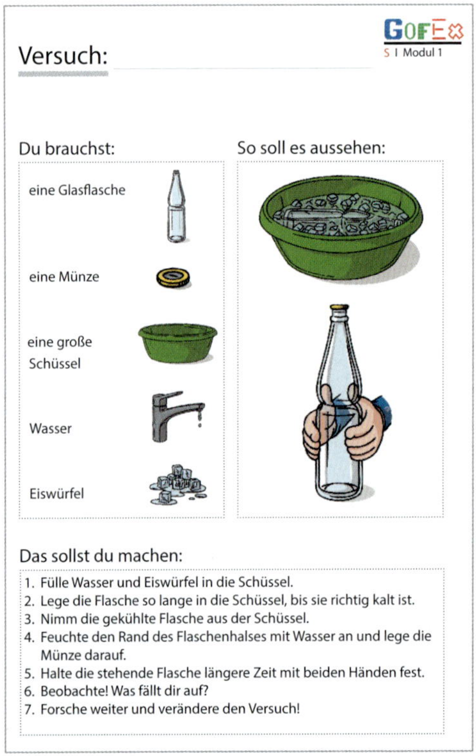
GOFEX
S I Modul 1

Versuch:

Du brauchst:
- eine Glasflasche
- eine Münze
- eine große Schüssel
- Wasser
- Eiswürfel

So soll es aussehen:

Das sollst du machen:
1. Fülle Wasser und Eiswürfel in die Schüssel.
2. Lege die Flasche so lange in die Schüssel, bis sie richtig kalt ist.
3. Nimm die gekühlte Flasche aus der Schüssel.
4. Feuchte den Rand des Flaschenhalses mit Wasser an und lege die Münze darauf.
5. Halte die stehende Flasche längere Zeit mit beiden Händen fest.
6. Beobachte! Was fällt dir auf?
7. Forsche weiter und verändere den Versuch!

Abb. 4: Aufgabe zu „Münze auf Glasflasche"

Alle vier lesen das Aufgabenblatt zunächst leise durch; dann beginnt S#6 die Schritte nacheinander laut vorzulesen. S#6 hält nach jedem Satz kurz inne und blickt in die Runde. „Das haben wir gemacht", bestätigt dann jeweils eine/r der anderen.

LP#1 bleibt die ganze Zeit über am Tisch stehen, stützt sich mit beiden Händen ab und beobachtet das Handeln der Gruppe. Als S#7 weitere Eiswürfel aus dem Gefrierfach holt (die Gruppe hat gemeinsam besprochen, die Glasflasche – vor Schritt 4 – noch weiter zu kühlen), spricht LP#1 zu S#8: „Wenn du auch holst, seid ihr schneller!" […]

Die „Didaktische Rekonstruktion" (Kattmann et al. 1997) als Austarierung von Schüler*innenvorstellung, didaktischer Vereinfachung und fachlicher Richtigkeit führt zu Aufgaben (s. „Experimentierdreieck", Abb. 3). Im Experimentierprozess werden Aufgaben aber üblicherweise nicht nur von der Lehrperson konzipiert und geplant (ggf. auch nicht selbst entwickelt, sondern nur aus einer Vorlage ausgewählt), sondern auch von der Lehrperson gestellt und begleitet.

Die Entwicklung und Darbietung unterschiedlicher Aufgabenformate adressiert einerseits verschiedene Merkmale „Guter Aufgaben" (s. Kap. 3), andererseits vornehmlich drei Öffnungsdimensionen[15], mit denen die Lehrperson den Schüler*innen in einigen Bereichen (z. B. inhaltliche, methodische, organisatorische) Vorgaben zum Experimentierprozess macht.[16]

Durch die verschiedenen Aufgabenformate werden die Interaktions- und Kommunikationsprozesse beim Experimentieren grundgelegt. Durch die Aufgabenbearbeitung und die Begleitung bei verschiedenen Aufgabenformaten in sozialen Interaktionen (Lehrperson–Schüler*innen, Schüler*innen–Schüler*innen) werden die Interaktions- und Kommunikationsprozesse schließlich fortgeführt bzw. ausgeweitet. Das Sach-Lehren der Lehrperson, d. h. ihre pädagogisch-didaktischen Intentionen, Interventionen und Maßnahmen während der Aufgabenbearbeitung durch die Schüler*innen, beeinflusst die Interaktions- bzw. Kommunikationsprozesse beim Experimentieren. In Bezug auf die Vignette bedeutet dies Folgendes:

S#5, S#6, S#7 und S#8 haben zwar die Materialien – wie in der Aufgabe angegeben – zusammengetragen, beachten nun aber bzgl. der Aufgaben*durchführung* die Anleitung/das Arbeitsblatt nicht mehr, sondern diskutieren eigene Wege der Durchführung. Diese Wege stimmen teilweise mit der vorgeplanten Durchführung überein (S#6 scheint den Versuch zu kennen), teilweise weichen die Vorschläge aber von der Aufgabe ab (S#7: Eiswürfel

15) „Öffnungsdimensionen" sind einzelne, aufeinander bezogene Bereiche in Aufgaben, die sich „öffnen" lassen: organisatorisch (Zeit, Sozialform), methodisch (Lernweg, Lernziel), inhaltlich (Lerninhalt).

16) Falko Peschel (in diesem Band) führt aus, wie Aufgaben stellvertretend für die Lehrendenzentrierung stehen können, insofern sie die o. g. Vorgaben an die Schüler*innen „transportieren".

in die Flasche machen). LP#1 beobachtet die prozessorientierte Diskussion und „positioniert" sich zu dieser und interveniert – zunächst nonverbal (Schnaufen, Stöhnen, Augenrollen), dann auch verbal („Hier steht, was ihr tun sollt!"), wobei LP#1 dabei mit dem Zeigefinger wiederholt auf das Aufgabenblatt tippt. Durch diese Intervention wird die Gruppe auf das Arbeitsblatt mit der Aufgabe verwiesen, weitere Zugänge und Wege werden dadurch unterbunden. Der Vorschlag, Eiswürfel in die Flasche zu füllen, wird – u. E. infolge der Intervention – nicht weiterverfolgt, auch nicht weiterdiskutiert; es bleibt unklar, wie S#6 und S#7 auf den Vorschlag reagiert hätten ohne die Intervention der Lehrkraft. Die Intervention von LP#1 unterbindet die weitere Aushandlung bzgl. der Durchführung und lenkt die Gruppe vorzeitig wieder auf die Durchführungsschritte in der Aufgabe zurück – und damit auf eine Ergebnisorientierung, wobei hier nicht das Ziel orientiert wird, aber der Experimentierprozess streng beachtet werden soll.

Als die Gruppe dann die Durchführungsschritte gemeinsam liest, bleibt LP#1 am Tisch stehen. Das proxemische Verhalten von LP#1 (Abstützen mit den Händen, am Tisch stehen bleiben) lässt der Gruppe keine Chance, sich selbstständig oder variierend mit dem Versuch auseinanderzusetzen. Die Lehrkraft überwacht die weitere Vorbereitung bzw. die Durchführung des Versuchs. Dabei richtet LP#1 sogar ungefragt Tipps an die Gruppe, die wieder nur adressieren, dass der Versuch „möglichst schnell" vorbereitet, begonnen, durchgeführt wird. Den eigentlichen Versuch oder die erzeugten Phänomene beobachtet LP#1 nicht – zumindest nicht längere Zeit. Immer wieder fällt der Blick von LP#1 auf das Aufgabenblatt, dessen Inhalt die Lehrperson wie eine „Checkliste" mit dem Experimentierhandeln von S#5, S#6, S#7 und S#8 abgleicht.

Die beschriebene Situation geht schließlich wie folgt weiter:

> *Vignette 3.2:*
> Nachdem die Münze einige Zeit später tatsächlich „klappert", beschließen S#5, S#6, S#7 und S#8 den Versuch zu variieren (darauf wurden die Schüler*innen zu Beginn des GOFEX-Tages hingewiesen, da die GOFEX-Konzeption großen Wert auf Variationen legt). So probieren sie etwa aus, die Glasflasche „noch kälter zu machen". Dabei greift S#8 nach der Glasflasche, die gerade im Wasserbad steht, dreht diese um, sodass die Flaschenöffnung am Beckenboden ist. Mit einer Hand hält S#8 die Glasflasche fest, mit der anderen Hand legt er die Münze *auf den Flaschenboden*. Nachdem die Münze liegt, umfasst S#8 mit beiden Händen die Glasflasche. S#5, S#6 und S#7 haben S#8 dabei beobachtet, nun umfassen auch sie die Glasflasche mit beiden Händen.
> LP#1 lacht laut: „Das ist ja jetzt wohl mal…"
> Während LP#1 lacht, blickt die Gruppe trotzdem konzentriert auf die Glasflasche, nicht davon ablassend und weiterhin fest umfassend. Augenblinzeln auf ein Minimum reduziert; Augen weit geöffnet.

> Nach einiger Zeit lassen die vier von ihrer Variation ab. Sie schauen sich gegenseitig an und schweigen.
> LP#1: „War das jetzt eine gute Idee?"

S#5, S#6, S#7 und S#8 bringen nach der einmaligen Durchführung des Versuchs selbstständig Variationen ein und setzen auch einige davon um. Als S#8 ausprobiert, was passiert, wenn die Münze nicht auf der Flaschenöffnung, sondern auf dem Flaschenboden liegt, reagiert LP#1 darauf, indem sie laut lacht. Zusammen mit der verbalen Äußerung interpretieren wir dies als durchaus diskreditierenden Umgang mit dem Schüler*innenbeitrag – trotz fachlicher Bestätigungschance der Ursache des „Klapperns" der Münze![17]

Aus der Perspektive der Lehrperson, die den (Ursprungs-)Versuch (mit dem spezifischen Ergebnis „die Münze klappert") möglicherweise schon kennt, erscheint diese Variation möglicherweise unsinnig oder trivial. Für S#8, der die Variation umsetzt, aber ggf. nicht (vgl. auch Peschel in diesem Band). Auffällig ist dabei u. E. allerdings, wie wenig die Gruppe sich von der o. g. Intervention der LP#1 „ablenken" lässt. Sie fokussieren weiterhin die Glasflasche, ihren Versuch, auch wenn sich vielleicht nicht das erwartete Ergebnis einstellt. Die anschließende (rhetorische?) Frage, die LP#1 stellt, diskreditiert den Experimentierprozess von S#6 dagegen weiter.

4.2 Zwischenfazit: (Sach-)Lehren manifestiert sich in Aufgaben!

Während Kap. 3 exemplifiziert hat, wie sich kleine Änderungen in der Konzeption und Planung von Aufgaben (z. B. Weglassen einer Überschrift) auf die Kultur des Experimentierens bzw. allgemeiner: auf die Kultur des Lernens auswirken können, verdeutlicht in diesem Kapitel, wie die Aufgabe im Zentrum jeglicher Lehr-Lern-Interaktionen steht und sich dabei sowohl bestimmte Aufgabenelemente als auch die Interventionen der Lehrperson auf die Experimentier- und Lernprozesse auswirken.

Dabei manifestiert sich das (Sach-)Lehren überhaupt erst in den Aufgaben. D. h., dass die Interventionen der Lehrperson sich in bestimmter Weise auf die Aufgabe beziehen und dabei bestimmte Aufgaben*kulturen* perpetuieren oder konterkarieren:

- Drängt die Lehrperson auf eine schnelle Erledigung bestimmter Teilaspekte (wie in den Vignetten 3.1 und 3.2), unterbindet sie mehrfache Wiederholungen („das habt ihr jetzt ja oft genug gemacht") oder modelliert das rasche Wechseln von Stationen (anstelle des Verweilens und genauen Beobachtens, Wiederholens und Variierens), unterstützt dies möglicherweise den „Modus des schnellen Abarbeitens".

---

17) Hier wäre die Chance gewesen, dass die Schüler*innen Luftblasen aus der Flasche (die ja mit der Öffnung im Wasser ist) entweichen sehen können.

- Erinnert die Lehrperson immer daran, was als Nächstes zu tun ist (wie in der Vignette 3.1) oder gibt sie fortwährend Tipps (u.a. zur Beschleunigung des Prozesses), noch bevor die Schüler*innen selbst Gelegenheit hatten, zu diskutieren, auszuprobieren, abzuwägen usw., stellen die Schüler*innen sich möglicherweise auf diese Unterstützung ein. In der Psychologie ist dieser Effekt auch als „erlernte Hilflosigkeit" bekannt (siehe zur Bedeutsamkeit dieses Effektes im Naturwissenschaftsunterricht auch Högström et al., 2010).
- Diskreditiert die Lehrperson Schüler*innenäußerungen vorschnell (verbal, nonverbal), ohne diesen Gelegenheiten zu geben, Vorschläge auszuprobieren oder in der Gruppe zu diskutieren, wirkt sich dies möglicherweise demotivierend auf das Experimentier- und Lernverhalten der Schüler*innen aus.

Ein (Sach-)Lehren dagegen, das von Zurückhaltung geprägt ist und zunächst einmal beobachtet, was die Schüler*innen machen, lässt Raum für eigene Entdeckungen. Selbstständiges Experimentieren setzt voraus, dass die Schüler*innen auch Gelegenheit haben, tatsächlich selbstständig – also ohne Anleitung – zu experimentieren. Dies umfasst nicht nur verbale Äußerungen, sondern auch nonverbale Interventionen (Nicken, Kopfschütteln, Augenrollen, Nähe/Präsenz u.a.m.) wie in der diskutierten Vignette (Kap. 4.1). Dazu gehört u.E., dass Unterstützungsbedarfe zunächst von den Schüler*innen artikuliert, also *angefragt* werden sollten, und die Lehrkraft sich in dem Beobachtungsprozess zurückhält. Um auf diese Anfragen der Schüler*innen Impulse zum Lernen sachgerecht geben zu können, ist sowohl methodisches Repertoire als auch eine grundlegende fachliche Ausbildung vonnöten (vgl. Peschel & Kihm 2019).[18]

5 Schlussworte und Ausblick

Aus unserer Sicht sind folgende Punkte entscheidende Aspekte einer Aufgabenkultur:

- die Konzeption von Aufgaben bzw. die Entwicklung „guter" Aufgaben im Sinne der Ermöglichung von Beobachtungen, Variationen, selbstständigen Prozessen der Schüler*innen,
- das selbstständige, individuelle und gemeinschaftliche Bearbeiten von Aufgaben und das Lernen der Schüler*innen durch Diskussion, Irritation und Variation durch entsprechende Aufgaben (anstelle von Gepflogenheiten wie „Modus des schnellen Abarbeitens" oder „Modus der Pflichterfüllung" wären dies „Wege zur (gemeinsamen) Erkenntnis" im von Kihm et al. (2018) beschriebenen Sinne),

18) Dies zeigt u.E. insbesondere Vignette 3.2 im Hinblick auf die Intervention mit der umgedrehten Flasche.

- die beim Einsatz von Aufgaben stattfindenden pädagogisch-didaktischen Interventions- und Lernbegleitungsmaßnahmen der Lehrperson und deren Auswirkungen.

Es benötigt in einem ersten Schritt der niedrigschwelligen Öffnung von Aufgaben dabei zweierlei: Aufgaben, die die Erkenntnisse nicht vorwegnehmen, und Lehrkräfte, die den Schüler*innen diese eigenen Erkenntnisse in einem wichtigen Experimentierprozess ermöglichen.

Literatur

Adamina, M. & Hild, P. (2019): Mit Lernaufgaben Kompetenzen fördern. In P. Labudde & S. Metzger (Hrsg.), Fachdidaktik Naturwissenschaft. Bern: Haupt Verlag, 119–134.

Aufschnaiter, S. von & Aufschnaiter, C. von (2001): Eine neue Aufgabenkultur für den Physikunterricht. Was fachdidaktische Lernprozess-Forschung zur Entwicklung von Aufgaben beitragen kann. Der mathematische und naturwissenschaftliche Unterricht, 54(7), 409–416.

Bohl, T. (2010): Forschung für den Unterricht. Zwischen selbstbestimmtem Lernen und Classroom-Management. In T. Bohl, K. Kansteiner-Schänzlin, M. Kleinknecht, B. Kohler & A. Nold (Hrsg.), Selbstbestimmung und Classroom-Management. Empirische Befunde und Entwicklungsstrategien zum guten Unterricht. Bad Heilbrunn: Klinkhardt, 15–30.

Bohl, T. & Kucharz, D. (2010): Offener Unterricht heute: Konzeptionelle und didaktische Weiterentwicklung. Weinheim: Beltz.

Breidenstein, G. (2006): Teilnahme am Unterricht: Ethnographische Studien zum Schülerjob. Wiesbaden: VS Verlag für Sozialwissenschaften.

Breidenstein, G., Hirschauer, S., Kalthoff, H. & Nieswand, B. (2015): Ethnografie: Die Praxis der Feldforschung. Konstanz: UTB GmbH.

Carle, U. & Košinàr, J. (2012): Die gute Aufgabe gibt es nicht. Zur Relationalität von Aufgabenqualität. In U. Carle & J. Košinàr (Hrsg.), Aufgabenqualität in der Grundschule. Baltmannsweiler: Schneider Verlag Hohengehren, 239–245.

Giest, H. (2014): Gute Aufgaben. Wie Aufgaben zu „guten" Lernaufgaben werden. Grundschulunterricht. Sachunterricht, 61(4), 4–8.

Gruschka, A. (2011): Didaktik. Das Kreuz mit der Vermittlung; Elf Einsprüche gegen den didaktischen Betrieb. Wetzlar: Büchse der Pandora Verlag.

Grygier, P. & Hartinger, A. (2013): Gute Aufgaben Sachunterricht. Berlin: Cornelsen.

Hartinger, A., Grygier, P., Bretter, T. & Ziegler, F. (2013): Lernumgebungen zum naturwissenschaftlichen Experimentieren. Handreichungen des Programms SINUS an Grundschulen. Leibniz-Institut für die Pädagogik der Naturwissenschaften und Mathematik (IPN).

Heseker, H., Dankers, R. & Hirsch, J. (2019): Ernährungsbezogene Bildungsarbeit in Kitas und Schulen (ErnBildung). Schlussbericht für das Bundesministerium für Ernährung und Landwirtschaft (BMEL) (Förderkennzeichen 2816HS006). Institut für Ernährung, Konsum und Gesundheit.

Högström, P., Ottander, C. & Benckert, S. (2010): Lab Work and Learning in Secondary School Chemistry: The Importance of Teacher and Student Interaction. Research in Science Education, 40(4), 505–523.

Kaiser, A. (2014): Neue Einführung in die Didaktik des Sachunterrichts. Baltmannsweiler: Schneider Verlag Hohengehren.

Kattmann, U., Duit, R., Gropengießer, H. & Komorek, M. (1997): Das Modell der Didaktischen Rekonstruktion – Ein Rahmen für naturwissenschaftsdidaktische Forschung und Entwicklung. Zeitschrift für Didaktik der Naturwissenschaften, 3(3), 3–18.

Kiel, E. (2019): Aufgabenkultur in der (Grund-)Schule. Zeitschrift für Grundschulforschung, 12(1), 117–133.

Kihm, P., Diener, J. & Peschel, M. (2018): Kinder forschen – Wege zur (gemeinsamen) Erkenntnis. In M. Peschel & M. Kelkel (Hrsg.), Fachlichkeit in Lernwerkstätten – Kind und Sache in Lernwerkstätten. Bad Heilbrunn: Klinkhardt, 66–84.

Kihm, P. & Peschel, M. (2017): Interaktion und Kommunikation beim Experimentieren von Kindern – Eine Untersuchung über interaktions- und kommunikationsförderliche Aufgabenformate. In M. Peschel & U. Carle (Hrsg.), Forschung für die Praxis. Reihe: Beiträge zur Reform der Grundschule. Bd. 143. Frankfurt: Grundschulverband e. V., 66–80.

Kihm, P. & Peschel, M. (2019): Doing AGENCY – der Transfer von AGENCY-Elementen in Lernwerkstätten am Beispiel des Grundschullabors für Offenes Experimentieren. In S. Tänzer, M. Godau, M. Bergau & G. Mannhaupt (Hrsg.), Perspektiven auf Hochschullernwerkstätten. Wechselspiele zwischen Individuum, Gemeinschaft, Ding und Raum. Bad Heilbrunn: Klinkhardt, 184–188.

Kihm, P. & Peschel, M. (2020a): Einflüsse von Aushandlungs- und Interaktionsprozessen auf Lernwerkstattarbeit. In U. Stadler-Altmann, S. Schumacher, E. A. Emili & E. Dalla Torre (Hrsg.), Spielen, Lernen, Arbeiten in Lernwerkstätten. Facetten der Kooperation und Kollaboration. Bad Heilbrunn: Klinkhardt, 87–99.

Kihm, P. & Peschel, M. (2020b): Lehr-Lern-Handeln an außerschulischen Lernorten (AL) – am Beispiel des Grundschullabors für Offenes Experimentieren (GOFEX). In L. Beyer, C. Gorr, C. Kather, M. Komorek, P. Röben & S. Selle (Hrsg.), Orte und Prozesse außerschulischen Lernens erforschen und weiterentwickeln. Tagungsband zur 6. Tagung Außerschulische Lernorte an der Carl von Ossietzky Universität Oldenburg vom 29.–31. August 2018. Berlin: LIT Verlag, 111–119.

Kihm, P. & Peschel, M. (2021): Demokratielernen durch Experimentieren?! – Aushandlung eines selbstbestimmten Vorgehens beim Offenen Experimentieren im Sachunterricht. In T. Simon (Hrsg.), Demokratie im Sachunterricht – Sachunterricht in der Demokratie. Wiesbaden: Springer VS.

Kleinknecht, M. (2019): Aufgabenkultur. In E. Kiel, B. Herzig, U. Maier & U. Sandfuchs (Hrsg.), Handbuch Unterrichten an allgemeinbildenden Schulen. Bad Heilbrunn: Klinkhardt, 220–228.

Krauthausen, G. & Scherer, P. (2014): Einführung in die Mathematikdidaktik. Wiesbaden: Springer Spektrum.

Labudde, P. (1993): Erlebniswelt Physik. Frankfurt: Dümmler.

Leisen, J. (2006): Aufgabenkultur im mathematisch-naturwissenschaftlichen Unterricht. Der mathematische und naturwissenschaftliche Unterricht, 59(5), 260–266.

Nießeler, A. (2020): Kulturen des Sachunterrichts: Bildungstheoretische Grundlagen und Perspektiven der Didaktik. Baltmannsweiler: Schneider Verlag Hohengehren.

Nünning, A. (2003): Kulturwissenschaften: Eine multiperspektivische Einführung in einen interdisziplinären Diskussionszusammenhang. In A. Nünning & V. Nünning (Hrsg.), Konzepte der Kulturwissenschaften: Theoretische Grundlagen—Ansätze—Perspektiven. Stuttgart: J.B. Metzler, 1–18.

Oelkers, J. (2010): Lehrmittel. Rückgrat des Unterrichts. Folio (Berufsbildung Schweiz), 135(1), 18–21.

Peschel, M. (2009): Grundschullabor für Offenes Experimentieren – Grundlegende Konzeption. In R. Lauterbach, H. Giest & B. Marquardt-Mau (Hrsg.), Lernen und kindliche Entwicklung. Elementarbildung und Sachunterricht. Bad Heilbrunn: Klinkhardt, 229–236.

Peschel, M. (2012): Gute Aufgaben im Sachunterricht - Offene Werkstätten = Gute Aufgaben? In U. Carle & J. Košinàr (Hrsg.), Aufgabenqualität in der Grundschule. Baltmannsweiler: Schneider Verlag Hohengehren, 161–172.

Peschel, M. (2014): Vom instruierten zum Freien Forschen - Selbstbestimmungskonzepte im GOFEX. In E. Hildebrandt, M. Peschel & M. Weißhaupt (Hrsg.), Lernen zwischen freiem und instruiertem Tätigsein. Bad Heilbrunn: Klinkhardt, 67–79.

Peschel, M. (2016): Offenes Experimentieren—Individuelles Lernen. Aufgaben in Lernwerkstätten. In H. Hahn, I. Esslinger-Hinz & A. Panagiotopoulou (Hrsg.), Paradigmen und Paradigmenwechsel in der Grundschulpädagogik. Baltmannsweiler: Schneider Verlag Hohengehren, 120–129.

Peschel, M. & Kihm, P. (2019): Fachliche Kompetenz der Lernbegleitung in Lernwerkstätten. In R. Baar, A. Feindt & S. Trostmann (Hrsg.), Struktur und Handlung in Lernwerkstätten: Hochschuldidaktische Räume zwischen Einschränkung und Ermöglichung. Bad Heilbrunn: Klinkhardt, 84–95.

Priemer, B. (2011): Was ist das Offene beim offenen Experimentieren? Zeitschrift für Didaktik der Naturwissenschaften, 17, 315–337.

Reusser, K. (2009a): Unterricht. In S. Andresen, R. Casale, T. Gabriel, R. Horlacher, S. Larcher Klee & J. Oelkers (Hrsg.), Handwörterbuch Erziehungswissenschaft . Weinheim: Beltz, 881–896.

Reusser, K. (2009b): Von der Bildungs- und Unterrichtsforschung zur Unterrichtsentwicklung.- Probleme, Strategien, Werkzeuge und Bedingungen. Beiträge zur Lehrerinnen- und Lehrerbildung, 27(3), 295–312.

Rieck, K. (2005): Gute Aufgaben. Leibniz-Institut für die Pädagogik der Naturwissenschaften und Mathematik (IPN).

Schomaker, C. & Tänzer, S. (2020): Lernaufgaben konstruieren. In S. Tänzer, R. Lauterbach, E. Blumberg, P. D. F. Grittner, J. Lange & C. Schomaker (Hrsg.), Sachunterricht begründet planen. Das Prozessmodell Generativer Unterrichtsplanung Sachunterricht (GUS) und seine Grundlagen. Bad Heilbrunn: Klinkhardt, 241–263.

Shimada, S. (1997): The Open-Ended Approach: A New Proposal for Teaching Mathematics. National Council of Teachers of Mathematics.

Stäudel, L. (2007): Die Spinnennetz-Methode. Analyse naturwissenschaftlicher Arbeitsformen im Unterricht. In R. Duit, H. Gropengießer & L. Stäudel (Hrsg.), Naturwissenschaftliches Arbeiten. Unterricht und Material 5–10. Seelze: Friedrich Verlag, 9–10.

Strauss, A. L. & Corbin, J. M. (1996): Grounded theory: Grundlagen qualitativer Sozialforschung. Weinheim: Beltz.

Unglaube, H. (2015): Arbeitsmittel. In J. Kahlert, M. Fölling-Albers, M. Götz, A. Hartinger, S. Miller & S. Wittkowske (Hrsg.), Handbuch Didaktik des Sachunterrichts. Bad Heilbrunn: Klinkhardt, 491–495.

Walther, G. (2004): Gute Aufgaben. Modulbeschreibungen des des Programms SINUS-Transfer Grundschule. Leibniz-Institut für die Pädagogik der Naturwissenschaften und Mathematik (IPN).

Wittmann, E. (1996): Offener Mathematikunterricht in der Grundschule—Vom FACH aus. Grundschulunterricht, 43, 3–7.

Wittmann, E. & Müller, G. (2017): Handbuch produktiver Rechenübungen I: Vom Einspluseins zum Einmaleins. Seelze: Kallmeyer.

2 Elemente von Lernkulturenentwicklung

Hartmut Wedekind, Pascal Kihm & Markus Peschel

Lernwerkstattarbeit und Lernkulturen

Herausforderungen und Chancen einer Veränderung der Lernkultur durch Hochschullernwerkstätten

> *„Wo immer von Praxis die Rede ist, kann ihr Pendant, die Theorie, nicht fern sein. ‚Theorie & Praxis' erscheinen im Zweierpack so unverbrüchlich wie ‚C&A', wie ‚Romeo & Julia' oder wie ‚Sodom & Gomorrha'.*
> *Dennoch schafft es ausgerechnet die hierzulande übliche Lehrerausbildung, Theorie und Praxis brutal voneinander zu trennen, und zwar programmatisch in zwei aufeinander folgende Phasen …"*
> (Prof. Dr. Egbert Daum, Festvortrag zum 10-jährigen Bestehen der Grundschulwerkstatt der Humboldt-Universität zu Berlin 2003, zitiert in Wedekind 2007: 136)

Daum verweist auf das zu wenig austarierte Verhältnis zwischen Theorie und Praxis in der (Aus-)Bildung zukünftiger Pädagog*innen. Zur Lösung des Problems unterbreitete er den Vorschlag, diese beiden Paare mithilfe der Empirie zu verbinden und – ausgehend von einer erlebten, selbst gestalteten, reflektierten und empirisch erschlossenen Praxis – Theorie zu verifizieren oder zu falsifizieren und damit Handeln zu determinieren und Handlungswissen zu generieren (vgl. Wedekind 2007: 137). Nach wie vor ist der Aussage Daums u. E. zuzustimmen, wenn unter Praxis allein die Tätigkeit im Feld Schule gemeint ist – also die direkte Begegnung mit der schulischen Praxis (im Feld Schule).

Wird Praxis allerdings in Anlehnung an den griechischen Ursprung (griechisch prattein – handeln) im Sinne einer Realisierung von Tätigkeiten verstanden, gibt es Praxis in Bezug auf den ursprünglichen Kern der Tätigkeit zukünftiger Pädagog*innen – nämlich Lehren und Lernen und damit Bildungsprozesse zu gestalten – in deren Ausbildung in vielfältiger, u. E. ausreichender Weise. In diesem Verständnis von Praxis bietet das Studieren und Lehren in Hochschulen und Universitäten nämlich ein sehr differenziertes Praxisfeld – wenn die an diesen Prozessen beteiligten Interaktionspartner*innen sich ihrer Rollen – Lehrende oder Lernende oder beides zu sein – bewusst sind und dies zum Gegenstand der universitären pädagogischen, erziehungswissenschaftlichen, lerntheoretischen, didaktischen oder auch mathetischen sowie psychologischen Ausbildung und Reflexion machen (vgl. Kihm & Peschel in diesem Band).

Seit nunmehr 40 Jahren gibt es Lernwerkstätten in Deutschland. Anfänglich an Hochschulen und Fortbildungsinstituten aufgebaut, haben sie sich in Deutschland und anderen Ländern Europas in Kitas und Schulen, an Fortbildungsinstituten, Hochschulen und Universitäten in sehr differenter Weise mehr oder weniger etabliert (vgl. zur Entwicklung auch Rumpf & Schmude 2021; Wedekind & Hagstedt 2011; Hagstedt & Krauth 2014 in GSV-Band 137 „Lernwerkstätten. Potenziale für Schulen von morgen").

Besondere Bedeutung als Feld „schulnaher Parallelpraxis" (Kihm et al. 2020: 325) kommt dabei u. E. Lernwerkstätten an Hochschulen und Universitäten zu, die große Potenziale für die Anbahnung von professionellem Handlungswissen zukünftiger Pädagog*innen haben.

Sehr erfreulich ist zu vermerken, dass in den letzten 15 bis 20 Jahren speziell in pädagogischen Studiengängen an Hochschulen und Universitäten der Zuspruch und die Bemühungen, Lernwerkstätten zu institutionalisieren und sie zunehmend als feste Bestandteile von Forschung und Lehre zu etablieren, gewachsen sind. Mit der Gründung des Vereins „Internationales Netzwerk der Hochschullernwerkstätten NeHle e.V." am 21. Februar 2017 in Bremen im Rahmen der 10. Internationalen Fachtagung der Hochschullernwerkstätten hat dieser Prozess inzwischen auch eine bildungs-, hochschulpolitische sowie fachdidaktische Rahmung erfahren.[1] Diese Entwicklung stimmt optimistisch und lässt hoffen, dass die vielfältigen und zahlreichen Potenziale von Lernwerkstätten (vgl. Wedekind 2006; 2013) dazu beitragen, Lernkulturen zu entwickeln bzw. weiter zu entwickeln, die den bildungspolitischen und gesellschaftspolitischen Anforderungen des 21. Jahrhunderts entsprechen.

Bei allem Optimismus ist es aber immer wieder notwendig zu hinterfragen, wie sich die Lernwerkstätten an Hochschulen und in Universitäten in den immer noch oft zu findenden Ideen der „Vorlesbarkeit von Welt" (Wedekind & Hagstedt 2011: 12 f.), der Effizienzorientierung eines Wissenschaftsbetriebes und eingedenk der ständig wachsenden Studierendenzahlen einbringen können, ohne ihre Alleinstellungsmerkmale – Rückzugsort, Besinnungsort, Erprobungsort und Refugium (ebd.) – gegenüber dem traditionellen Lehrbetrieb an Hochschulen zu verlieren bzw. wie Lernwerkstätten an Hochschulen und in Universitäten diese Alleinstellungsmerkmale weiter ausbauen können.

---

1) Veröffentlichungen in der Reihe „Lernen und Studieren in Lernwerkstätten" des Klinkhardt Verlages zeugen von dieser Entwicklung. Inzwischen sind acht Bände in dieser Reihe entstanden, in denen sich intensiv mit der Bedeutung von Hochschullernwerkstätten für die Anbahnung pädagogischen Handlungswissens und für die Verbindung von Theorie und Praxis in pädagogischen Studiengängen auseinandergesetzt wird.

Diese Herausforderung erinnert u. E. an eine Aussage aus den Empfehlungen der Bundesassistentenkonferenz – vor nunmehr 50 Jahren – zum Konzept des „forschenden Lernens“ von Huber:

> *„Vielleicht am wichtigsten ist Forschendes Lernen unter dem Aspekt im Studium des zukünftigen Lehrers: Er soll ja seinerseits solche Fragen in den Schülern wecken, auf die verschiedensten, von Fachkenntnis und -grenzen noch nicht domestizierten Fragen eingehen und die Haltung des seine Fragen systematisch Prüfenden vermitteln. Wie sollte er diese Fähigkeiten erwerben, wenn ihm ein an Wissensvermittlung orientiertes und immer noch stark auf Vorlesung und Referat beruhendes Studium keine Gelegenheit gibt, sie auszuprobieren und ihre Konsequenzen zu erfahren?“*
> (Huber 1970: 242)

Hochschullernwerkstätten[2] bieten hier u. E. Möglichkeiten für Studierende und damit für die zukünftigen Pädagog*innen, didaktische und pädagogische Theorien praxisorientiert und forschungsbasiert sowie auf Grundlage reflektierter eigener Lernerfahrungen zu erproben und als Handlungswissen anzueignen. Wir gehen davon aus, dass dies befähigt, im Anschluss an das Studium pädagogisch und didaktisch versiert und auch immer auf der Basis reflektierter Theorie in oft unübersichtlichen und ungewissen schulischen Situationen zu wirken. Inzwischen wurde mehrfach beforscht und dargelegt, wie Hochschullernwerkstätten eine enge Verbindung zwischen theoretischen Positionen und praktischer Erfahrung ermöglichen (vgl. z. B. Schöps & Rumpf 2017; Kelkel & Peschel 2020). Die (empirischen, rekonstruktiven) Forschungsarbeiten (auch, aber nicht nur Qualifikationsarbeiten; vgl. Kihm et al. 2020; Kihm & Peschel in diesem Band; Gruhn 2021) gehen dabei über die Beschreibung der Praxis hinaus und verfolgen zunehmend Forschungsfragen, die die wissenschaftliche Analyse dieser Praxis thematisieren und die begriffliche Auseinandersetzung und Einordnung weiterführen (vgl. auch Rumpf 2016). Hochschullernwerkstätten bieten zentrale Freiräume für die Auseinandersetzung von Studierenden mit ihrer Rolle einerseits als zukünftige Lehrer*innen, andererseits als angehende Forscher*innen, was Potenziale in der Professionalisierung von Lehrkräften im Sinne des „reflective practitioners“ beinhaltet (vgl. Schön 1984). Studierende erfahren Forschung, indem sie die vielfältigen Lehr-Lern-Interaktionen in Hochschullernwerkstätten erleben, erfahren, reflektieren und untersuchen. Mittels eigener

2) Lernwerkstätten gibt es inzwischen – wie einleitend ausgeführt – in Kitas, an Grund- und weiterführenden Schulen und an Fortbildungsinstituten. Wir benutzen für Lernwerkstätten in der Lehrer*innenbildung hier den Ausdruck „Hochschullernwerkstätten“ und rekurrieren damit auf einen Diskurs um die Definition von Hochschullernwerkstätten, der hier nicht vertieft geführt werden kann (vgl. AG Begriffsbestimmung 2020; Peschel 2020; Peschel et al. 2021).

Forschung in Hochschullernwerkstätten wird die „innovative Didaktik“ der Hochschullernwerkstatt für sie direkt erfahrbar und damit nachvollziehbarer und „glaubwürdiger“ (vgl. Kihm et al. 2020).[3]

Qualitätsmerkmale von Lernwerkstätten und Lernwerkstattarbeit – und die Doppeldeckerfunktion von Hochschullernwerkstätten

In vielen Veröffentlichungen wurden seit der Eröffnung der ersten Lernwerkstatt in der TU Berlin 1981 Lernwerkstätten und deren Philosophie beschrieben (vgl. z. B. Ernst & Wedekind 1993; Hagstedt & Krauth 2014). Diese hier in aller Differenziertheit aufzuzählen würde den Rahmen des Artikels weit überschreiten. Aus diesem Grund zitieren wir an dieser Stelle aus dem Positionspapier des Verbundes europäischer Lernwerkstätten VeLW e. V., in dem 2009 der Versuch unternommen wurde, (1) Qualitätsmerkmale von Lernwerkstätten (Kurzinfo 1) und (2) Qualitätsmerkmale von Lernwerkstatt*arbeit* (Kurzinfo 2) zusammenzufassen.[4]

Das Positionspapier sollte als Diskussionsgrundlage dienen und zur Klärung der Begriffe Lernwerkstatt und Lernwerkstattarbeit beitragen. In einer Modifizierung des Positionspapiers wurde 2017 im Rahmen des Projektes „Lernen begleiten“ von der Deutschen Kinder- und Jugendstiftung „Eine Orientierungshilfe für die pädagogische Arbeit in Lernwerkstätten“ herausgegeben, in der u. a. die Lernwerkstatt als gestalteter Raum beschrieben wurde, der in Anlehnung an das Positionspapier von VeLW die in Kurzinfo 1 ausgewiesenen Eigenschaften besitzen sollte.

Seit 2017 befasst sich eine Arbeitsgruppe des o. g. Vereins NeHle e. V. damit, den Begriff Hochschullernwerkstatt klar zu fassen und auszudifferen-

---

3) Dies nehmen auch die Studierenden wahr: In einem im Wintersemester 21/22 von einem der Autoren angebotenen Seminar an einer Berliner Universität, welches außerhalb der Hochschule in einer großen Lernwerkstatt durchgeführt wurde, bestand ein Teil des Seminars darin, dass die Studierenden in dieser Lernwerkstatt selbst geforscht, entdeckend gelernt, exploriert, experimentiert und anschließend ihre Lernprozesse lerntheoretisch und (fach-)didaktisch reflektiert und theoretisch rück- sowie eingebunden haben. In der Auswertung des Seminars hoben die Studierenden hervor, dass sie die Kombination praktischen Tuns und Erlebens und theoretischer Reflexion als ausgesprochen bereichernd für ihre Persönlichkeitsentwicklung als zukünftige Pädagog*innen empfunden haben. „Endlich konnten wir auf Grund eigener Erfahrungen und der Beobachtungen von Kommilitonen die Bedeutung der sonst oft nur trocken angebotenen Theorie verstehen“, äußerte z. B. eine Seminarteilnehmerin.

4) Dies erschien damals als notwendig, da der Begriff Lernwerkstatt in sehr unterschiedlichen Kontexten von Fortbildungsveranstaltungen bis hin zu Sammlungen von Arbeitsblättern und E-Learning-Angeboten verwendet wurde und damit keine klare Verortung des pädagogischen Anspruchs und der damit verbundenen Lehr- und Lernkultur dieses innovativen Konzeptes mehr möglich war.

zieren, um eine klare Verortung in hochschulischen und universitären Kontexten zu ermöglichen und sich des pädagogisch-didaktischen Anspruchs des innovativen Konzeptes in der Bildung zukünftiger Pädagog*innen zu vergewissern (vgl. AG Begriffsbestimmung 2020; Rumpf & Schmude 2021) – dies auch in Abgrenzung und bewusster Ausdifferenzierung zu anderen Studienangeboten (Lehr-Lern-Labore, MakerSpaces u. v. m.; vgl. Peschel & Kelkel 2018; Roth & Priemer 2020).

Was ist eine Lernwerkstatt und wodurch wird sie charakterisiert? **Kurzinfo 1**

- „Die Lernwerkstatt als gestaltete Lernumgebung ist ein Raum, der zum Handeln einlädt.
- Der Raum enthält Material, das zum Staunen anregt, Fragen provoziert, zum Werkeln, Explorieren und Experimentieren verleitet.
- Das Material regt alle Sinne an, lädt zum Anfassen und Bearbeiten ein und macht Lust, sich mit ihm auseinanderzusetzen.
- Das Material besteht vorwiegend aus Alltagsgegenständen, Verbrauchs- und Naturmaterialien sowie Werkzeugen und Messgeräten.
- Der Raum hat eine klare Struktur und ist barrierefrei.
- Der Raum ist übersichtlich gestaltet und in verschiedene Bereiche gegliedert.
- Der Raum verfügt über eine altersgemäße Möblierung.
- Der Raum bietet verschiedene Präsentationsmöglichkeiten.
- Das Material ist für alle leicht zugänglich.
- Die Einrichtung des Raumes erlaubt eine flexible Nutzung.
- Der Raum kann sowohl themenoffen als auch themengebunden eingerichtet sein. Die Einrichtung ist leicht zu bewegen und kann nach Bedarf neu arrangiert werden. Die Einrichtung ermöglicht Einzel-, Paar- und Gruppenarbeit.
- Für die Nutzung des Raumes existieren ausgehandelte und sichtbare Regeln …"

(Gabriel et al. 2017; vgl. auch VeLW-Positionspapier 2009)

Welche Qualitätsmerkmale zeichnen Lernwerkstattarbeit aus? — Kurzinfo 2

1. Fragen lernen

- Die Lernenden werden ermutigt, sich selbst Fragen zum Gegenstand/Thema zu stellen und ihre eigenen Fragen ernst zu nehmen.
- Sie nehmen Lernimpulse auf und entwickeln sie entsprechend ihrer Interessen weiter.
- Die Lernenden sind in ihren Fragen nicht an die Grenzen von Unterrichtsfächern oder wissenschaftlichen Disziplinen gebunden.
- Den Lernenden wird kein verpflichtender Fragenkatalog vorgegebenen.

2. Selbstständiges und selbstverantwortliches Arbeiten

- Die Lernenden suchen selbst nach Antworten/Lösungen auf ihre Fragen.
- Es gibt keinen vorgegebenen Lernweg (entdeckendes Lernen).
- Es gibt nicht immer nur ein „richtiges" Ergebnis.
- Unterschiedliche Lernwege und verschiedenartige Ergebnisse werden gewertschätzt.
- Die Lernenden übernehmen (die) Verantwortung für ihr Lernen und Handeln.

3. Individuelles und gemeinsames Arbeiten

- Die Lernenden gestalten selbst das jeweilige Maß an individuellem und gemeinsamem Arbeiten.
- Sie beraten sich gegenseitig.
- Jede*r einzelne Lernende wird als Subjekt wahrgenommen und respektiert.

4. Reflexion und Dokumentation des eigenen Lernprozesses

- Die Lernenden nehmen den eigenen Lernweg bewusst wahr.
- Die Lernenden rekonstruieren und reflektieren gemeinsam die eigenen Lernprozesse.
- Die Ergebnisse der Lernarbeit und der Reflexion des Lernprozesses werden dokumentiert.

(VeLW 2009: 7)

Nach der Gründung des „Internationalen Netzwerkes der Hochschullernwerkstätten NeHle e. V." wurde – wie weiter oben beschrieben – der Versuch unternommen, auch für Hochschullernwerkstätten eine Definition mit Qualitätsmerkmalen zu erstellen. Dieser Prozess ist noch im Gange und wird von einer Arbeitsgruppe im Rahmen der Arbeit von NeHle e.V. geleistet. Die bisherige und noch weiter zu modifizierende Arbeitsdefinition (Kurzinfo 3) zeigt sowohl Gemeinsamkeiten mit der Bestimmung von Lernwerkstätten als auch spezifische Besonderheiten, die anschließend die Rahmung für die folgenden Ausführungen sein sollen.

Viele der oben aus dem Positionspapier von VeLW und der „Orientierungshilfe für die pädagogische Arbeit in Lernwerkstätten" beschriebenen Merkmale

Definition von Hochschullernwerkstätten **Kurzinfo 3**

„Lernwerkstätten an Hochschulen sind strukturell in der Institution Hochschule verortete Räume mit kontinuierlicher Materialität (multifunktionelle/analoge, digitale, didaktische u.a. Materialien und Fachliteratur), die Akteurinnen und Akteure in pädagogischen und erziehungswissenschaftlichen Studiengängen sowie aus dem pädagogischen Berufsfeld als Möglichkeits-, Erprobungs- und Erfahrungsräume, auch gemeinsam mit Kindern und Jugendlichen, nutzen. Lernbegleiterinnen und Lernbegleiter unterstützen Lernprozesse nach den Prinzipien des demokratischen, inklusiven und partizipativen Lernens. Die Analyse und Reflexion dieser Prozesse steht im Mittelpunkt von Lernwerkstattarbeit, die zu bearbeitenden Themen können curricular in das Studienprogramm eingebunden oder aus individuell persönlichem Interesse gewählt werden. Hochschullernwerkstätten bieten inhaltlich und organisatorisch offen gestaltete Lehrformate, die die Eigeninitiative der Studierenden für selbstbestimmtes, selbstorganisiertes und selbstverantwortetes Lernen einfordern. In handelnder Auseinandersetzung mit den vielfältigen Materialien werden Lernprozesse expliziert und deren Beobachtung, Dokumentation und theoriegeleitete Reflexion dadurch ermöglicht. Dozierende fungieren in Hochschullernwerkstätten als Lernbegleiterinnen und Lernbegleiter und als Fachexpertinnen und Fachexperten in offenen Lernsettings, die Einbindung in die Institution Hochschule definiert den akademischen Forschungs- und Bildungsauftrag, für den die Standards der hochschulischen Qualifikationsrahmen maßgeblich sind. In dieser übergreifenden Zielsetzung ist die Hochschulwerkstatt auf eine statusgruppen-, studiengangs- und lernort-, campus-/communityübergreifende Kommunikation, Kooperation und Vernetzung gerichtet und somit eine bedeutsame Schnittstelle in der Hochschulorganisation."

(AG Begriffsbestimmung 2019: 249 ff.)

finden sich implizit in diesem Definitionsversuch von Hochschullernwerkstätten wieder. Es geht auch in Hochschullernwerkstätten um selbstbestimmtes, eigeninitiatives Lernen in offenen Kontexten und auf eigenen Lernwegen in der Regel in speziell dafür eingerichteten Lernräumen (vgl. Schmude & Wedekind 2019: 42). Die Hochschullernwerkstatt ist jedoch qua ihrer Verortung in der (Aus-)Bildung zukünftiger Pädagog*innen ein Didaktischer Doppeldecker im Sinne Wahls (1991): „Aspekte von Lernwerkstattpädagogik und Fachdidaktik [werden] in einer doppelten Funktionalität kombiniert bzw. verknüpft [...]. Dabei werden die verschiedenen Rollen, die Akteur*innen in Hochschullernwerkstätten einnehmen (können), adressiert und konstruktiv-kritisch reflektiert" (Peschel et al. 2021: 49). Hochschullernwerkstätten entwickeln und reflektieren die o. g. Qualitätsmerkmale (von Lernwerkstätten und Lernwerkstattarbeit; Kurzinfo 1 und 2) als theoretische und praktische Ausbildungsinhalte mit Studierenden gemeinsam weiter. Sie sind „hierbei nicht nur der Ort für die Implementation einer solchen Didaktik/Mathetik, sondern dienen auch einer innovativen Forschung in einem besonderen Feld" (ebd.).

Der wesentliche Unterschied und zugleich auch ein zentrales Ziel von Hochschullernwerkstätten in Bezug zu Lernwerkstätten in Kitas und Schulen besteht daher darin, dass sie langfristig dazu beitragen, Lernwerkstattkonzepte und Kompetenzen der Lernbegleitung durch die Qualifizierung und Professionalisierung zukünftiger Pädagog*innen in Kitas und Schulen zu tragen. Sie wirken dadurch als „Brücken zu den Schulen und Kitas" und als „Kooperationsschnittstellen zur Praxis" (vgl. Peschel et al. 2021: 47). Sie dienen in der (Aus-)Bildung zukünftiger Pädagog*innen als mathetische und didaktische Lernräume, die einerseits den Studierenden ermöglichen, Lernen zu lernen und ihr eigenes Lernen – lerntheoretisch, aber auch fachdidaktisch basiert und basierend – zu reflektieren. Dies setzen Hochschullernwerkstätten um, indem sie als Orte der Selbstbildung, Selbstverantwortung und Selbstreflexion ein „uneingegrenztes Aushandeln der eigenen Verstehensprozesse im sozialen Raum der Lerngruppe ermöglichen und auch erfordern" (vgl. Hagstedt 2014: 135). Andererseits sind sie Orte, die es zukünftigen Pädagog*innen ermöglichen, ähnlich wie Kinder zu lernen (vgl. Ernst & Wedekind 1993), um daraus didaktische Kompetenzen für die Begleitung von kindlichen Lernprozessen anzubahnen und zu entwickeln. Bereits 2001 haben Oser und Oelkers in ihren Standards für die (Aus-)Bildung zukünftiger Pädagog*innen auf diesen Sachverhalt hingewiesen. So formulierten sie beispielweise als folgende zwei Standards des erziehungswissenschaftlichen Studiums::

> *Ich habe in der Lehrerinnen- und Lehrerbildung gelernt,*
> *– mich in konkreten Situationen in die Sicht- und Erlebensweise der Schüler oder Schülerinnen zu versetzen; [...]*
> *– wie Schülerinnen und Schüler Lernstrategien erarbeiten, ihr Lernen überwachen und über ihre Lerngewohnheiten nachdenken können;* (vgl. Oser & Oelkers 2001)

In Hochschullernwerkstätten geht es u. E. genau darum: Sich – gleichzeitig und rollenbewusst – als Lernende und als Lehrende zu verstehen und das eigene Lernverhalten und zukünftiges Lehrverhalten zum Gegenstand der Reflexion zu machen, um daraus sich einem verstehenden, (fach-)didaktisch kompetenten Lern(werkstatt)begleiten zu nähern, das individuelle Lernprozesse ermöglicht und fördert. Hochschullernwerkstätten transponieren damit die oben erwähnte Doppeldeckerfunktion (Franz et al. 2016: 56; vgl. auch Wedekind & Schmude 2017), die darin besteht, sich selbst als Lernende zu verstehen und das Lernen (anderer) didaktisch kompetent zu begleiten.

Hochschullernwerkstätten haben darüber hinaus noch weitere Aufgaben im Feld der (Aus-)Bildung zukünftiger Pädagog*innen: Eine aus unserer Sicht sehr bedeutsame Aufgabe von Hochschullernwerkstätten besteht darin, schulische Sozialisationsmuster zu durchbrechen und damit ein eigenes Rollenverständnis bzgl. des eigenen Lehrens und Lernens sowie einen Rollentransfer von einer*m ehemaligen Schüler*in hin zu einem*r zukünftigen Lehrenden zu initiieren (vgl. Peschel & Kihm 2020).

Über die Auswertung der in Hochschullernwerkstätten gesammelten Lernerfahrungen und die damit verbundenen kritischen Auseinandersetzungen mit mathetischen, (fach-)didaktischen, lerntheoretischen und pädagogischen Theorien kann es gelingen, den Transferprozess vom ehemaligen Lernenden hin zum zukünftigen Lehrenden intensiver zu verankern als in theoretischen Veranstaltungen, die nur Beschreibungen von Situationen zum Gegenstand der Reflexion machen. Brée weist in diesem Zusammenhang darauf hin, dass die Irritation gewohnter Deutungs- und Handlungsmuster, gespiegelt an der eigenen Lernbiografie und forschungsmethodisch begleitet, wissenschaftliches Wissen, episodisch-biografisches Wissen und berufsfeldbezogenes Wissen verknüpft und somit die Differenz zwischen Alltagswissen, Fachwissen und Selbstwahrnehmung bearbeitbar wird (vgl. Brée 2017: 78).

Kompetenzentwicklung in Hochschullernwerkstätten

Wenden wir uns nun der Frage zu, wie Hochschullernwerkstätten zur pädagogischen Kompetenzentwicklung und damit zur Professionalisierung zukünftiger Pädagog*innen beitragen können: Da pädagogische Alltagssituationen und Handlungsanforderungen dadurch gekennzeichnet sind, dass sie aufgrund ihrer Komplexität, Mehrdeutigkeit und Ungewissheit nicht standardisierbar sind (vgl. Fröhlich-Gildhoff et al. 2011: 9; Kihm & Peschel in diesem Band), bedarf es für die professionelle Bewältigung von komplexen Handlungssituationen einer „fall- und situationssensiblen Passung zwischen theoretischem und didaktischem Wissen und Können einerseits und Handlungs- und Erfahrungswissen anderseits" (vgl. Nentwig-Gesemann 2008: 255). Aus diesem Grund sollten das bewusste Reflektieren von implizitem Erfahrungswissen in komplexen pädagogischen Situationen und die Aneignung von theoretischem Wissen als Handlungswissen in einer kompetenzorientierten (Aus-)Bildung von zukünftigen Pädagog*innen von zentraler Bedeutung sein. Die Angebote von Hochschullernwerkstätten bieten dafür in besonderer Weise Lern- und Erfahrungsräume, in denen Handeln zum Ausgangspunkt der Wissensaneignung und Kompetenzentwicklung wird (vgl. Wedekind 2013: 23 f.).

Die Bedeutung des selbstständigen Handelns und der (forschungs-)methodisch fundierten Selbstreflexion mit dem Ziel, Dispositionen auszubilden, die wiederum das Handeln (Performanz) qualifizieren, sind charakteristisch für das Lernen und Studieren in Hochschullernwerkstätten (vgl. Kihm et al. 2021). Während in vielen eher theoretisch angelegten Seminaren zuerst an der Disposition der Studierenden gearbeitet wird in der Hoffnung, dass diese auch später im Bereich der Performanz wirksam werden können, beginnen die Bildungsprozesse der Studierenden in Hochschullernwerkstätten in der Regel im Bereich der Performanz, um über die (forschungs-)methodisch und theoretisch fundierte Reflexion des Erlebten und Erfahrenen Wissen zu erlangen, das dann wiederum – als habituelles und reflektiertes Erfahrungswissen – das Handeln beeinflusst.

Sehr anschaulich ist dies dem Kompetenzmodell von Fröhlich-Gildhoff, Nentwig-Gesemann & Pietsch (2014) zu entnehmen (s. Abb. 1).

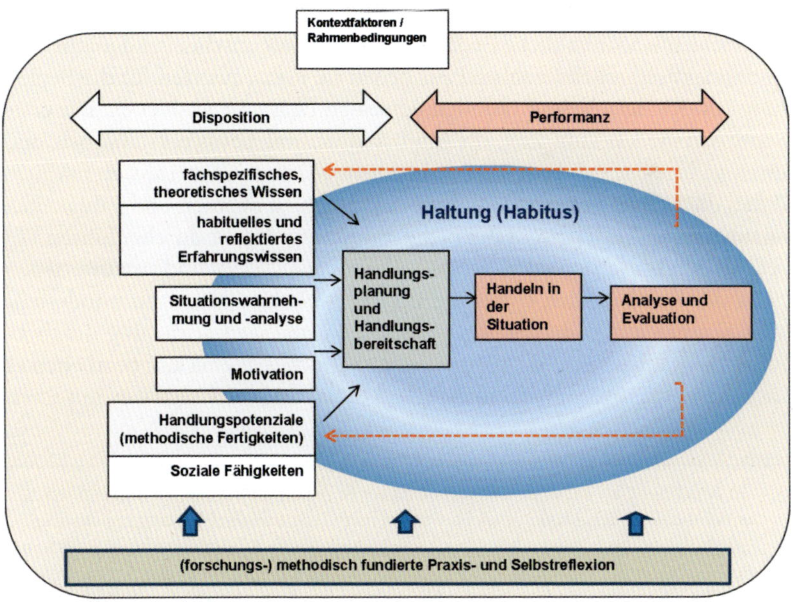

Abb. 1: Kompetenzmodell von Fröhlich-Gildhoff, Nentwig-Gesemann & Pietsch 2011; überarbeitete Fassung von 2013

In diesem Modell wird der Zusammenhang zwischen Disposition und Performanz und die Bedeutung der Reflexion für deren jeweilige Qualifizierung dargestellt. Zugleich geht es auch um die Ausbildung von Haltungen, die wesentlich das Handeln und letztlich auch die Reflexion desselben beeinflussen.

Didaktische Miniaturen als methodische Rahmung für pädagogische Kompetenzentwicklung in Hochschullernwerkstätten

Am Beispiel des Studienformates „Didaktische Miniaturen“[5], das in der Grundschulwerkstatt der Humboldt-Universität zu Berlin im Studiengang Grundschulpädagogik elaboriert und später an die Alice Salomon Hochschule in den Studiengang „Erziehung und Bildung in der Kindheit“ transferiert wurde, soll die Bedeutung von Hochschullernwerkstätten, die den sowohl räumlichen als auch mathetischen und didaktischen Kontext für die Kompetenzentwicklung zukünftiger Pädagog*innen bieten, exemplifiziert werden.

In zwei aufeinander aufbauenden Seminaren von jeweils 4 bzw. 3 SWS, die jeweils in 14 bis 16 Seminarsitzungen pro Semester realisiert wurden, beschäftigen sich die Studierenden mit Fragen der frühen naturwissenschaftlichen Bildung. Sie sollen dabei selbst Fachwissen generieren und auf der Grundlage eigener Auseinandersetzungen mit ausgewählten Phänomenen unterschiedliche inhaltliche Zugänge finden, die sie anschließend mathetisch und didaktisch reflektieren und aus denen sie Konsequenzen für die Begleitung von Kindern beim Erkunden derselben Phänomene ableiten. Die erste Seminarreihe hat zum Ziel, die Studierenden mit Lernwerkstattarbeit und ihren pädagogisch-didaktischen Prinzipien (Kurzinfo 2) vertraut zu machen, ihnen die Skepsis vor den Naturwissenschaften zu nehmen und Fähigkeiten anzubahnen, naturwissenschaftliche Bildungsprozesse durchzuführen, zu reflektieren sowie zu planen, zu begleiten, zu analysieren und auszuwerten.

In der Regel werden dabei von den 14 geplanten Sitzungen mindestens acht Sitzungen von den Studierenden in eigener Verantwortung durchgeführt. Sie wählen selbst ein naturwissenschaftliches Thema aus, bearbeiten es sachanalytisch, methodisch sowie (fach-)didaktisch und setzen es mit ihren

5) In Anlehnung an Labudde (2002) und Zeyer & Welzel (2006) „sollen im Rahmen einer didaktischen Miniatur nicht, wie in einem traditionellen Vortrag üblich, ‚nur‘ der fachwissenschaftliche Inhalt und dessen korrekte Bewältigung referiert, sondern insbesondere der fachdidaktische Blickwinkel, also die Frage nach der Art und Weise der Darbietung des fachwissenschaftlichen Inhalts sowohl bei der Erarbeitung der Miniatur als auch bei deren Präsentation besondere Aufmerksamkeit geschenkt werden (vgl Zeyer & Welzel 2006: 54–61)“ (Wedekind & Schmude 2020: 75).

Kommiliton*innen in Form einer „didaktischen Miniatur" um (vgl. Wedekind 2013: 193 ff., Wedekind & Schmude 2017: 193 f., Wedekind & Schmude 2020: 74 f.). Anschließend wird eine gemeinsame Reflexion durchgeführt, die in fünf Arbeitsschritten und in einer wertschätzenden und kritisch-konstruktiven Rückmeldekultur erfolgt:

1. Die Durchführenden begründen ihre Themenauswahl.
2. Die Durchführenden stellen ihre angestrebten Ziele vor.
3. Die Durchführenden begründen die ausgewählten Methoden und den Aufbau der Lernumgebung und geben damit Einblick in ihr didaktisches Planen und Denken.
4. Die Kommiliton*innen reflektieren, wie sie das Lernarrangement und die Art der Lernbegleitung als Lernende erlebt und erfahren haben und was ihnen dabei widerfahren ist.
5. Der/Die Dozierende gibt eine Rückmeldung, fasst die Rückmeldungen der Studierenden zusammen, abstrahiert diese, indem sie in ausgewählte Theorien eingebunden werden.

In der ersten Seminarreihe erleben sich die Studierenden mindestens sieben Mal als Lernende, die in einer vorbereiteten Lernumgebung von ihren Kommiliton*innen begleitet werden, und einmal erleben sie sich in der Rolle als Lernbegleiter*in ihrer Kommiliton*innen. Dieser Rollentransfer zwischen Lernenden und Lernbegleitenden führt dazu, dass die Studierenden sich aus beiden Perspektiven als Interaktionspartner*innen des pädagogisch-didaktischen Prozesses erleben. Dies erfolgt in einer jeweils etwa 45-minütigen Reflexion über die beobachteten und erlebten pädagogisch-didaktischen Handlungen, wobei über die Wirkungen der jeweiligen pädagogisch-didaktischen Handlungen intensiv diskutiert und deren Wirksamkeit kritisch (und theoriegeleitet) hinterfragt wird.

Nach den Erfahrungen aus der ersten Seminarreihe (14 Sitzungen) erhalten die Studierenden im zweiten Seminarangebot (16 Sitzungen) die Möglichkeit, kleine Workshopangebote für Kita- und Grundschulkinder zu entwickeln und diese mit Kindern in Realsituationen durchzuführen. Die reflektierten Erfahrungen und ihre theoretische Einbettung bzw. Neuordnung in der ersten Seminarreihe stellen dafür die Grundlage dar. Auch diese Workshops werden intensiv begleitet, erforscht, ausgewertet und theoretisch hinterfragt. Aufgrund der Durchführung von Lernwerkstattarbeit in drei unterschiedlichen Settings (Angebot für Kommiliton*innen, Angebot für Kitakinder, Angebot für Grundschulkinder) wächst das Selbstvertrauen der Studierenden und sie entwickeln ihre Fähigkeiten weiter, Lernprozesse zu planen, zu gestalten, zu begleiten, zu analysieren und auszuwerten. Im Prozess der Auswertung der Workshopangebote eignen sich die Studierenden reflektiertes Handlungswissen an. Zugleich trägt diese Art von praxisorientierter Lehre dazu bei,

Selbstwirksamkeit zu erleben und diese in den Reflexionen gemeinsam mit den Kommiliton*innen auszutauschen und zu teilen.

Die Entwicklung pädagogischer Handlungskompetenz setzt damit an den performativen Kompetenzaspekten an, die im Zuge der durch die Dozierenden begleiteten, fundierten Praxis- und Selbstreflexionsprozesse zu einer Ausdifferenzierung der dispositionellen Handlungsgrundlagen führen (vgl. ausführlich dazu Wedekind 2013: 25ff.).

Forschung und Didaktische Reflexion von Studierenden in der Hochschullernwerkstatt GOFEX

Am Beispiel der Hochschullernwerkstatt GOFEX an der Universität des Saarlandes wird ein zweites Beispiel vorgestellt, in dem die Bedeutung von Hochschullernwerkstätten für die Professionalisierung zukünftiger Pädagog*innen herausgearbeitet wird: Als Hochschullernwerkstatt für die Ausbildung zukünftiger Grundschuldidaktiker*innen folgt das GOFEX den oben beschriebenen Funktionen, Qualitätsmerkmalen und -aspekten (Kurzinfo 1–3) und arbeitet in einem (selbst-)reflexiven und aktiv forschenden Prozess bisherige Muster und Rollenverständnisse in Bezug auf das Lernen und Lehren auf – hier mit dem Fokus auf naturwissenschaftliche Bildung. Die im GOFEX verankerten und curricular eingebundenen Seminare vermitteln in einem iterativen Aufbau von Öffnung – mittels handelnder und reflektierender Aspekte des eigenen Experimentierens bzw. Experimentierverhaltens – auch fachliche Inhalte, die sich die Studierenden selbst wählen. Der Fokus liegt dabei auf Beobachtungen (zum Experimentieren, dem Prozess und der Aushandlung der Bedingungen) sowie auf dem Austausch über die Prozesse. Nicht selten geraten Studierende in den Seminaren in Konflikte, wenn die eigenen Beobachtungen (schulisch erworbenem) Wissen widersprechen. Die Studierenden erfahren durch das Offene Experimentieren, dass ihr bisheriges Fachwissen nicht immer korrekt ist und teilweise nicht durch intensive eigene Lernprozesse erfolgte (sondern „angelesen" oder „angelehrt" ist), was wiederum in Bezug auf die Vermittlung von Fachlichkeit reflektiert wird. Durch diese Einsicht können mittels der Reflexion eigener Schulerfahrungen die Haltungen und Einstellungen von Studierenden bzw. zukünftigen Grundschuldidaktiker*innen und -pägagog*innen weiterentwickelt werden (Vali Zadeh & Peschel 2018; vgl. auch Hagstedt 2014: 134).

> *„Bei ihren vielfältigen Auseinandersetzungen in HLWS werden die Studierenden zum*zur Gestalter*in ihrer eigenen Lernprozesse, erfahren sich in einem Konstruktionsprozess als Schüler*in und setzen sich mit ihrem eigenen Lernen auseinander (vgl. Stadler-Altmann 2019). Sie erleben also einerseits ‚den entdeckend-forschenden Lernprozess und dessen Reflexion an sich selbst'" (Rumpf 2016: 78). Dabei werden*

Personengruppe	Rolle	Ziel / Funktion / Lerninhalt
Studierende	Schüler*in	Erfahrungen sammeln als sachorientiert Lernende
	Lernbegleitung (lernend)	Erfahrungen sammeln in der Lernwerkstattarbeit als Lernende
	Lernbegleitung (lehrend)	Lernwerkstattarbeit in HSLW als Lehrende betreiben
	Student*in	Rolle(n) und Rollenwechsel (Lernbegleitung) auf Metaebene reflektieren Funktion und Wirkung von HSLW erlernen und reflektieren
	Forscher*in	handlungsnahe pädagogische Realsituationen, Rollen oder Rollenwechselproblematiken in HSLW erforschen

Tab. 1: Rollen von Studierenden in Hochschullernwerkstätten (vgl. Peschel & Kihm 2020: 300 f.)

> *sie – paradoxerweise – durch Lehre in Seminaren instruiert, Konstruktionsprozesse zu erfahren (vgl. Baar et al. 2019). Diese Erfahrung nutzen die Studierenden später, um den Prozess des eigenen Erfahrens und Erlebens von Konstruktionsprozessen bei Schüler*innen zu erforschen."* (Peschel & Kihm 2020: 324)

Die Auseinandersetzung mit einem Sachgegenstand und der Initiation und Begleitung des Lernens in der Hochschullernwerkstatt ermöglicht es den Studierenden, wichtige Aspekte bzw. Elemente sowie die Potenziale von (Hochschul-)Lernwerkstätten zu verstehen (vgl. Kelkel & Peschel 2019). Ein Zugang zu den Reflexionsebenen ist die Übernahme verschiedener Rollen, mit denen Konfliktsituationen (mit sich selbst und mit anderen) initiiert und beforscht werden können (s. Tab. 1).

Durch die Übernahme von verschiedenen Rollen und durch die Auseinandersetzung mit anderen Studierenden, die diese Rolleneinnahmen begleitet, dokumentiert und analysiert haben, wird mittels Fremd- und Eigensicht das Lernverständnis thematisiert und elaboriert. Die Studierenden erleben sich in den verschiedenen und wechselnden Rollen als Forschende, als Lernende, als Handelnde – und sie orientieren sich in dem Kontext Lernwerkstatt.

Das Gofex *„versteht sich [...] als Ort der Öffnung von Lernwegen, wo die Kinder Erkenntnisse auf verschiedenen Wegen, in einem kommunikativen Prozess mit reduzierter Unterstützung seitens der Lehrenden generieren und nicht nur Wissen erwerben, sondern vor allem methodische Kompetenzen entwickeln."*

(Peschel 2016)

Dieses gilt insbesondere für Studierende im Hinblick auf ihre Rolle als zukünftige Lehrkräfte: Studierende erfahren durch eigenes, zunehmend offeneres Experimentieren im Gofex, durch Beobachten, Ausprobieren und durch den Austausch in Reflexionsrunden, welchen Einfluss die Lehrperson, das Material und der Fachinhalt haben. Sie lernen, die methodische Näherung und das Beobachten als zentrale Erkenntnismethoden in ihrer Rolle als Lernbegleiter*in zunehmend einzuschätzen, um das eigene Handeln in pädagogisch-didaktischen Situationen dauerhaft und bewusst zu reflektieren.

Fazit

Lernwerkstätten an Schulen und Kitas haben eine lange Tradition, die dazu geführt hat, dass ihre/die in ihnen gelebte reformatorische Pädagogik und Didaktik zu einem Ziel im Curriculum der (Aus-)Bildung von zukünftigen Pädagog*innen geworden ist. Hochschullernwerkstätten sind die Orte, an denen zukünftige Pädagog*innen für die Arbeit in Lernwerkstätten und für die Arbeit nach lernwerkstattpädagogischen und -didaktischen Qualitätsmaßstäben (Lernwerkstattarbeit) qualifiziert und professionalisiert werden. Diese Hochschullernwerkstätten werden an Hochschulen zunehmend als innovativer Motor von Lernkulturen und als Motor für deren Weiterentwicklung verstanden (siehe „Qualitätsoffensive Lehrerbildung", BMBF) und sind gleichzeitig wichtige Forschungsfelder für Praxisforschung (vgl. u.a. Reihe Lernen und Studieren in Lernwerkstätten, Band 143 „Forschung für die Praxis" [Peschel & Carle 2017]). Ebenso bieten die individuellen Lernbiographien und Weiterentwicklungen von Studierenden eben genau diese Theorie-Praxis-Verschränkung, die in vielen Feldern bei der Professionalisierung und Qualifizierung reflektierter Praktiker vermisst wird.

Die Mathetik, die in vielen Lernwerkstätten im pädagogischen Feld das zentrale Merkmal der pädagogischen Arbeit darstellt, wird in fachdidaktischen Studiengängen an Universitäten und Hochschulen durch eine entsprechende kindorientierte (Fach-)Didaktik ergänzt.

Lernwerkstätten und Hochschullernwerkstätten bilden gleichsam ein innovatives Forschungsfeld, das über Forschungsprozesse iterative Professionalisierungsprozesse erzeugt, die wiederum in die Qualifikationen für zukünftige Pädagog*innen und Didaktiker*innen eingehen – eben ganz im Sinne eines „Didaktischen (Forschungs-)Doppeldeckers".

Literatur

AG Begriffsbestimmung – NeHle (2020): Internationales Netzwerk der Hochschullernwerkstätten e. V. – NeHle – ein Arbeitspapier der AG „Begriffsbestimmung Hochschullernwerkstatt" zum aktuellen Stand des Arbeitsprozesses. In: Stadler-Altmann, U.; Schumacher, S.; Emili, E. A. & Dalla Torre, E. (Hrsg.): Spielen, Lernen, Arbeiten in Lernwerkstätten. Facetten der Kooperation und Kollaboration. Bad Heilbrunn: Klinkhardt, 249–261.

Baar, R.; Feindt, A. & Trostmann, S. (Hrsg.) (2018): Struktur und Handlung in Lernwerkstätten – Hochschuldidaktische Räume zwischen Einschränkung und Ermöglichung. In Reihe: Lernen und Studieren in Lernwerkstätten. Impulse für die Theorie und Praxis, Hrsg.: Wedekind, H.; Peschel, M.; Franz, E.-K.; Gunzenreiner, J. & Müller-Naendrup, B., Bad Heilbrunn: Klinkhardt.

Brée, S. (2017): Das Lernwerkstattmodell als hochschuldidaktische Herausforderung für die Ausbildung von Kindheitspädagoginnen und -pädagogen. In: Kekeritz, M.; Graf, U.; Brenne; A.; Fiegert, M.; Gläser, E. & Kunze, I. (Hrsg.): Lernwerkstattarbeit als Prinzip. Bad Heilbrunn: Klinkhardt, 67–82.

Ernst, K. & Wedekind, H. (Hrsg.) (1993): Lernwerkstätten in der Bundesrepublik Deutschland und Österreich, Reihe: Beiträge zur Reform der Grundschule. Bd. 91. Frankfurt a. M.: Grundschulverband e. V.

Franz, E.-K. (2012): Lernwerkstätten an Hochschulen. Orte der gemeinsamen Qualifikation von Studierenden, pädagogischen Fachkräften des Elementarbereichs und Lehrkräften der Primarstufe. Frankfurt: Peter Lang.

Fröhlich-Gildhoff, K.; Nentwig-Gesemann, I. & Pietsch, S. (2011): Kompetenzorientierung in der Qualifizierung frühpädagogischer Fachkräfte: Eine Expertise der Weiterbildungsinitiative Frühpädagogische Fachkräfte (WiFF). (Deutsches Jugendinstitut e. V., Hrsg.). Frankfurt am Main: Heinrich Druck + Medien.

Gabriel, E.; Schreibeis, K.; Temp, A.; Todt, R.; Enzinger, M. & Wedekind, H. (2017): Lernen begleiten. Eine Orientierungshilfe für die pädagogische Arbeit in Lernwerkstätten. Berlin: Deutsche Kinder- und Jugendstiftung.

Gruhn, A. (2021 i. V.): doing Lernbegleitung. Hochschullernwerkstätten als Orte der Generationenvermittlung. Bad Heilbrunn: Klinkhardt.

Hagstedt, H. (2012): Refugium? Hartmut Wedekind im Gespräch mit Herbert Hagstedt. In: Grundschule, H. 6/2011, 12 f.

Hagstedt, H. & Krauth, I. M. (Hrsg.) (2014): Lernwerkstätten. Potenziale für Schulen von morgen. Reihe: Beiträge zur Reform der Grundschule. Bd. 137. Frankfurt a. M.: Grundschulverband e. V.

Huber, L. (1970): Forschendes Lernen. Bericht und Diskussion über ein hochschuldidaktisches Prinzip. In: Neue Sammlung, H. 3/1970, 227–244.

Kelkel, Mareike & Peschel, Markus (2019): Lernwerkstätten und Schülerlabore – Unterschiedliche Konzepte, ein Verbund. Kooperation zwischen GOFEX und NanoBioLab im Rahmen des GOFEX-Projektspraktikums als Beispiel für kooperatives Lernen. In: Baar, R.; Feindt A. & Trostmann, S. (Hrsg.): Struktur und Handlung in Lernwerkstätten. Hochschuldidaktische Räume zwischen Einschränkung und Ermöglichung. Bad Heilbrunn: Klinkhardt, 201–214.

Kelkel, M. & Peschel, M. (2020): Professionalisierung von Lehramtsstudierenden im GOFEX_Projektpraktikum durch Studierenden-Co-Reflexion. In: Stadler-Altmann, U.; Schumacher, S.; Emili, Enrico A. & Dalla Torre, E. (Hrsg.): Spielen, Lernen, Arbeiten in Lernwerkstätten. Facetten der Kooperation und Kollaboration. Bad Heilbrunn: Klinkhardt, 64–77.

Kihm, P. & Peschel, M. (2020): Einflüsse von Aushandlungs- und Interaktionsprozessen auf Lernwerkstattarbeit. In: Stadler-Altmann, U.; Schumacher, S.; Emili, E. A. & Dalla Torre, E. (Hrsg.): Spielen, Lernen, Arbeiten in Lernwerkstätten. Facetten der Kooperation und Kollaboration. Bad Heilbrunn: Klinkhardt, 87–99.

Kihm, P.; Peschel, M. & Diener, J. (2019): Kinderfragen in der Lernwerkstatt. In: Baar, R.; Feindt, A. & Trostmann, S. (Hrsg.): Struktur und Handlung in Lernwerkstätten: Hochschuldidaktische Räume zwischen Einschränkung und Ermöglichung. In Reihe: Lernen und Studieren in Lernwerkstätten. Impulse für die Theorie und Praxis, Hrsg.: Wedekind, H.; Peschel, M.; Franz, E.-K.; Gunzenreiner, J. & Müller-Naendrup, B., Bad Heilbrunn: Klinkhardt, 109–120.

Kihm, P.; Diener, J. & Peschel, M. (2020): Qualifizierungsprozesse und Qualifikationsarbeiten in Hochschullernwerkstätten. Forschende Entwicklung einer innovativen Didaktik. In: Kramer, K.; Rumpf, D.; Schöps, M. & Winter, S. (Hrsg.): Hochschullernwerkstätten – Elemente von Hochschulentwicklung? Ein Rückblick auf 15 Jahre Hochschullernwerkstatt in Halle und andernorts. Bad Heilbrunn: Klinkhardt, 321–331.

Labudde, P. (2002): Situiertes Lernen in fachdidaktischen Lern-Lehr-Veranstaltungen. In: CD zur Frühjahrstagung des Fachverbandes Didaktik der Physik in der Deutschen Physikalischen Gesellschaft Bremen 2001. Berlin: Lehmanns Fachbuchhandlung.

NentwigGesemann, I. (2008): Rekonstruktive Forschung in der Frühpädagogik. In: Balluseck, H. v. (Hrsg.): Professionalisierung der Frühpädagogik. Opladen: Barbara Budrich, 251–263.

Oser, F. & Oelkers, J. (Hrsg.) (2001): Die Wirksamkeit der Lehrerbildungssysteme. Von der Allrounderbildung zur Ausbildung professioneller Standards. Zürich: Rüegger.

Peschel, M. (2020): Lernwerkstätten und Hochschullernwerkstätten. Begrifflichkeiten und Entwicklungen. Journal für LehrerInnenbildung, 3, 96–105.

Peschel, M. & Carle, U. (Hrsg.) (2017): Forschung für die Praxis. Reihe: Beiträge zur Reform der Grundschule. Bd. 143. Frankfurt: Grundschulverband e. V.

Peschel, M. & Kelkel, M. (2018): Potenziale von Lernwerkstätten zur Vermittlung von Handlungskompetenzen angehender Lehrkräfte. In: GDSU Journal, H. 8/2018, 31-46.

Peschel, M. & Kihm, P. (2019): Fachliche Kompetenz der Lernbegleitung in Lernwerkstätten. In: Baar, R.; Feindt A. & Trostmann, S. (Hrsg.): Struktur und Handlung in Lernwerkstätten. Hochschuldidaktische Räume zwischen Einschränkung und Ermöglichung. Bad Heilbrunn: Klinkhardt, 84–95.

Peschel, M. & Kihm, P. (2020): Hochschullernwerkstätten – Rollen, Rollenverständnisse und Rollenaushandlungen. In: Kramer, K.; Rumpf, D.; Schöps, M. & Winter, S. (Hrsg.): Hochschullernwerkstätten – Elemente von Hochschulentwicklung? Ein Rückblick auf 15 Jahre Hochschullernwerkstatt in Halle und andernorts. In Reihe: Lernen und Studieren in Lernwerkstätten. Impulse für die Theorie und Praxis, Hrsg.: Wedekind, H.; Peschel, M.; Franz, E.-K.; Gunzenreiner, J. & Müller-Naendrup, B., Bad Heilbrunn: Klinkhardt, 296–310.

Peschel, M.; Wedekind, H.; Kihm, P. & Kelkel, M. (2021): Hochschullernwerkstätten und Lernwerkstätten – Verortung in didaktischen Diskursen. In: Holub, B.; Himpsl-Gutermann, K.; Mittlböck, K.; Musilek-Hofer, M.; Varelija-Gerber, A. & Grünberger, N. (Hrsg.): lern.medien.werk.statt. Hochschullernwerkstätten in der Digitalität. Bad Heilbrunn: Klinkhardt, 40-53.

Roth, J. & Priemer, B. (2020): Der Beitrag von Lehr-Lern-Laboren zur MINT-Lehrerbildung. In: Siller, H.-S.; Weigel, W. & Wörler, J. F. (Hrsg.): Beiträge zum Mathematikunterricht 2020. 54. Jahrestagung der Gesellschaft für Didaktik der Mathematik. Münster: WTM-Verlag.

Rumpf, D. (2016): Forschendes Lernen und Forschen lernen in Hochschullernwerkstätten. In: Schude, S.; Bosse, D. & Klusmeyer, J. (Hrsg.): Studienwerkstätten in der Lehrerbildung. Theoriebasierte Praxislernorte an der Hochschule. Wiesbaden: Springer VS, 73–85.
Rumpf, D. & Schmude, C. (2021): Von der Herausforderung, die Vielfalt von Hochschullernwerkstätten in einer Definition abzubilden. In: Holub, B.; Himpsl-Gutermann, K.; Mittlböck, K.; Musilek-Hofer, M.; Varelija-Gerber, A. & Grünberger, N. (Hrsg.): lern.medien.werk.statt. Hochschullernwerkstätten in der Digitalität. Bad Heilbrunn: Klinkhardt, 53–69.
Rumpf, D. & Schöps, M. (2017): Reflexion als Gegenstand qualitativer Forschung in der Arbeit der Lernwerkstatt Erziehungswissenschaften/Halle. In Reihe: Lernen und Studieren in Lernwerkstätten. Impulse für die Theorie und Praxis, Hrsg.: Wedekind, H.; Peschel, M.; Franz, E.-K.; Gunzenreiner, J. & Müller-Naendrup, B., Bad Heilbrunn: Klinkhardt.
Schmude, C. & Wedekind, H. (2014): Lernwerkstätten an Hochschulen – Orte einer inklusiven Pädagogik. In: Hildebrandt, E.; Peschel, M. & Weißhaupt, M. (Hrsg.): Lernen zwischen freiem und instruiertem Tätigsein. Bad Heilbrunn: Klinkhardt, 103–122.
Schmude, C. & Wedekind, H. (2019): Lernwerkstatt(arbeit) zwischen pädagogischem Anspruch und strukturellen Rahmenbedingungen. In: Baar, R.; Feindt, A. & Trostmann, S. (Hrsg.): Struktur und Handlung in Lernwerkstätten. Hochschuldidaktische Räume zwischen Einschränkung und Ermöglichung. Bad Heilbrunn: Klinkhardt, 51–62.
Schön, D. A. (1984): The Reflective Practitioner. How Professionals Think in Action. New York: Basic Books.
VeLW (Hrsg.) (2009): Positionspapier des Verbundes europäischer Lernwerkstätten (VeLW) e. V. zu Qualitätsmerkmalen von Lernwerkstätten und Lernwerkstattarbeit, Berlin.
Wedekind, H. (2006): „Didaktische Räume – Lernwerkstätten – Orte einer basisorientierten Bildungsinnovation." In: Gruppe & Spiel, H. 4/2006.
Wedekind, H. (2007): Lernwerkstätten in der universitären Lehrerbildung – Orte für ein neues Praxisverständnis. In: Schomaker, C. & Stockmann, R. (Hrsg.): Der (Sach-)Unterricht und das eigene Leben. Bad Heilbrunn: Klinkhardt, 136–144.
Wedekind, H. (2013): Lernwerkstätten in Hochschulen – Orte für forschendes Lernen, die Theorie fragwürdig und Praxis erleb- und theoretische hinterfragbar machen. In: Coelen, H. & Müller-Naendrup, B. (Hrsg.): Studieren in Lernwerkstätten. Potentiale und Herausforderungen für die Lehrerbildung. Wiesbaden: Springer VS, 21–29.
Wedekind, H. & Hagstedt, H. (2011): Refugien? Über die Bedeutung von Lernwerkstätten in Schule und Hochschule. In: Grundschule, H. 6/2011, 12–13.
Wedekind, H. & Schmude, C. (2017): Werkstätten an Hochschulen – Orte des entdeckenden und/oder forschenden Lernens. In: Kekeritz, M.; Graf, U.; Brenne, A.; Fiegert, M.; Gläser, E. & Kunze, I. (Hrsg.): Lernwerkstattarbeit als Prinzip. Bad Heilbrunn: Klinkhardt, 185–201.
Wedekind, H. & Schmude, C. (2019): Lernwerkstatt(arbeit) zwischen pädagogischem Anspruch und strukturellen Rahmenbedingungen. In: Baar, R.; Feindt, A. & Trostmann, S. (Hrsg.): Struktur und Handlung in Lernwerkstätten. Hochschuldidaktische Räume zwischen Einschränkung und Ermöglichung. Bad Heilbrunn: Klinkhardt, 40–50.
Zeyer, A. & Welzel, M. (2006): Didaktische Miniaturen (Educational Miniatures). Eine methodische Alternative für den naturwissenschaftlichen Unterricht. In: Girwidz, R.; Gläser-Zikuda, M.; Laukenmann, M. & Rubitzko, T. (Hrsg.): Lernen im Physikunterricht. Festschrift für Prof. Dr. Christoph von Rhöneck. Hamburg: Verlag Dr. Kovač.

Thomas Irion & Verena Knoblauch

Lernkulturen in der Digitalität

Von der Buchschule zum zeitgemäßen Lebens- und Lernraum im 21. Jahrhundert

In diesem Artikel wollen wir auf der Grundlage grundschul- und medienpädagogischer Erkenntnisse aus wissenschaftlicher und praktischer Perspektive Impulse für die Weiterentwicklung der schulischen Lernkulturen vor dem Hintergrund des digitalen und medialen Wandels unserer Gesellschaft entwickeln.

Digitalpakt und Corona-Pandemie haben in den letzten Monaten und Jahren in den Grundschulen zu intensiven Ausstattungen mit digitalen Technologien und vermehrter Nutzung der Digitalisierung im Grundschulalltag geführt. Die Besonderheit in der Pandemie war dabei, dass digitale Technologien in deutschen Grundschulen vielfach nicht mehr nur zur Differenzierung oder für spezielle Medienprojekte eingesetzt wurden, sondern dass digitale Technologien im Grundschulunterricht alltäglich Einsatz gefunden haben. Durch diese Digitalisierung von Unterrichtsprozessen zeichnet sich ab, dass sich das Spektrum der Lehr-Lernaktivitäten in der Grundschule auch in den Folgejahren verändern wird und die seit Langem geforderte Nutzung digitaler Technologien in der Grundschule und die Förderung entsprechender Kompetenzen (vgl. KMK 2012; 2016; aber auch für den Grundschulverband Mitzlaff & Speck-Hamdan 1998) in den nächsten Jahren ein zentrales Thema der Unterrichtsinnovation in Grundschulen sein wird.

Dabei wird auch die Frage sein, inwiefern sich die Nutzung digitaler Technologien eher auf kognitive Übungen und Instruktionen konzentriert, oder ob vor allem auch Potenziale im Sinne einer allseitigen Bildung ergeben, die den Ausgangspunkt für neue Lernkulturen darstellen können. In diesen Fokus rücken u. E. nach insbesondere aktive schulische, aber auch außerschulische Lernprozesse (Peschel 2016) der Kinder und der Lehrkräfte (siehe Kurzinfo 1).

Sofern die Digitalisierung nicht zu einem Hemmschuh zeitgemäßer Lernkulturen im Sinne einer allseitigen Bildung werden soll, steht die Nutzung digitaler Medien und Werkzeuge im Grundschulunterricht vor drei zentralen Herausforderungen.

1. Wie kann erreicht werden, dass die Verwendung digitaler Technologien nicht zu einem Comeback des herkömmlichen, kognitiv ausgerichteten Drillunterrichts führt?

Die Möglichkeiten für die Gestaltung von effizienten Instruktionseinheiten (z. B. Erklärvideos, Online-Tutorials) und zur Durchführung und Auswertung von Leistungskontrollen bieten zwar besondere Potenziale für instruktional

Allseitige Bildung **Kurzinfo 1**

In der Grundschularbeit konkretisiert sich allseitige Bildung in fünf Aspekten:

- Ich-Stärkung eines jeden Kindes im Zusammenhang des sozialen Miteinanders;
- Werte-Erziehung über die Stärke von Verlässlichkeit und Gemeinschaftlichkeit und die Erfahrung eines demokratischen Zusammenlebens;
- Erarbeitung tragfähiger Grundlagen für weiteres Lernen, bezogen auf alle Lernbereiche, dabei Stärkung des selbstständigen und des kooperativen Lernens;
- Erschließung vielfältiger kultureller und ästhetischer Erfahrungen in Bereichen wie Literatur, Kunst, Musik und Bewegung;
- Schule als Erfahrungsraum und Modell einer gesunden und nachhaltigen Lebensgestaltung, die sorgsam mit Ressourcen umgeht.

Hecker, Lassek & Ramseger (2020: 16), Hervorhebungen: Irion/Knoblauch

ausgerichtete Lehr-Lern-Settings, doch kann sich eine allseitige Bildung nicht auf Optimierung von Vermittlungspraktiken beschränken, sondern muss insbesondere auch auf aktive, selbstgesteuerte, partizipative Lehr-Lern-Szenarien abzielen.

Lernkulturen in einer Kultur der Digitalität setzen hier bewusste Gegenpole. Digitalität ist geprägt durch neue Kulturen des Austausches, die weit über Vermittlungsdidaktik hinausgehen.

Der Grundschulunterricht steht aktuell vor der Herausforderung, Digitalisierung insbesondere für die Innovation der Lernkulturen im Dienste aktiver Erschließungs- und Teilhabeprozesse zu nutzen.

Daraus ergeben sich für Lernkulturen in der Digitalität zentrale Fragestellungen: Wird der digitale Wandel Bremse oder Motor der Transformation von Bildungsprozessen im Sinne einer Bildung im 21. Jahrhundert? Wie kann ermöglicht werden, dass Kinder nicht nur als Kompetenzdefizitbündel betrachtet werden, sondern als selbstbewusste Akteurinnen ihrer eigenen Bildungsprozesse und dass ihre Anliegen, Fragen, Zugangsweisen und Perspektiven ernst genommen werden? Und: Wie gestalten sich Übergänge zwischen Instruktionsangeboten und aktiver Aneignung?

2. Wie kann erreicht werden, dass Lernen mit digitalen Technologien sich nicht nur auf die Nutzung von Digitaltechnologien in Schulen beschränkt, sondern auch die Veränderungen unserer Gesellschaft hin zu einer Kultur der Digitalität auch zu einem kulturellen Wandel an den Schulen führt?

Die Digitalisierung hat zu vielfältigen Veränderungen unserer Gesellschaft geführt. Kinder sind mit einer Umwelt konfrontiert, deren Kommunikations-

und Arbeitsprozesse sich durch die nahezu Allverfügbarkeit digitaler Medien und Technologien fundamental verändert haben. Kinder nutzen außerhalb der Schule digitale Technologien nicht nur zum Lernen, sondern auch zur Unterhaltung, zur Pflege von Kontakten, zur Orientierung in der Persönlichkeitsentwicklung und Identitätsbildung und für die Erprobung ihrer eigenen Gestaltungs- und Interaktionsmöglichkeiten. *Grundschulunterricht steht somit auch vor der Herausforderung, an diesen neuen Formen der Weltzugänge teilzuhaben, Kinder bei der Entwicklung ihrer individuellen Zugänge zu einer Kultur der Digitalität zu unterstützen und zu begleiten. Dies ist nur möglich, wenn Grundschulen selbst Teil einer Kultur der Digitalität werden und sich nicht als Schonraum vom realen Leben abkoppeln.*

3. Wie kann eine Digitale Grundbildung für eine Kultur der Digitalität für alle Kinder ermöglicht werden?

Kinder müssen heute in der Primarstufe nicht nur die Möglichkeit haben, digitale Technologien und Medien für Lernprozesse zu nutzen, sondern im Rahmen einer Digitalen Grundbildung (Irion 2020) die für eine Teilhabe an der Digitalität erforderlichen Voraussetzungen erwerben. Dabei ist auch zu beachten, dass die in der Grundschule eingesetzten Technologien nicht nur leistungsfähig sind, sondern von Kindern auch altersgerecht bedient werden können, sodass alle Kinder unabhängig von der Unterstützung ihrer Eltern

Begriffsklärung: Digitalisierung oder Digitalität? **Kurzinfo 2**

Digitalisierung:
Umwandlung und Verarbeitung analoger Signale in digitale Signale und Abspeicherung in digitalen Systemen

Digitalität:
Gesellschaftliche Veränderungen, die sich im Anschluss durch die Digitalisierung ergeben

Kultur der Digitalität:
Von Felix Stalder entwickelter Begriff zur Beschreibung von kulturellen Veränderungen, die sich durch allgemeine Transformationsprozesse ergeben, die mit der Digitalisierung in Zusammenhang gesehen werden können (Stalder 2016: 22).
Stalder nennt hier:

- Veränderungen im Zugriff und in der Weitergabe von Informationen
- Veränderungen der Gemeinschaft
- die Algorithmisierung von Abläufen, die auch zu neuen Ordnungen führen

die grundlegenden Kompetenzen für Bildungsprozesse in einer Kultur der Digitalität erwerben können. *Alle Kinder müssen bei der Entwicklung von Kompetenzen für die Teilhabe an einer Kultur der Digitalität gefördert werden. Gleichzeitig ist darauf zu achten, dass digitale Systeme an den Schulen benutzendenfreundlich und barrierefrei sind, damit nicht einzelne Kinder von vorneherein exkludiert werden.*

Die große Herausforderung für die Grundschulbildung ist somit nicht – wie von Bildungspolitiker*innen auf kommunaler Ebene, aber auch oft von Eltern u. a. vermutet – die Digitalisierung der Grundschulen und die Anreicherung des Unterrichts mit Übungsprogrammen, sondern die (grundlegende) Transformation der Bildungs- und Lernkulturen in zukunftsfähige Bildungsansätze, in denen Bildung nicht auf die Weitergabe von Technik und Wissen reduziert wird.

Die Digitalisierung und die damit verbundenen tiefgreifenden gesellschaftlichen Veränderungen, die als Kultur der Digitalität (Stalder 2016, s. Kurzinfo 2) bezeichnet werden können, führen dazu, dass Bildungsprozesse in der Schule inzwischen immer weniger die Tradierung bestehenden Wissens fokussieren müssen. Ziel einer grundlegenden Bildung in einer Kultur der Digitalität ist es vielmehr, eine Basis für die lebenslange Teilhabe an gesellschaftlichen (und sich verändernden) Prozessen in einer Kultur der Digitalität zu schaffen. Wenngleich hierfür auch gesicherte traditionelle Arbeitstechniken und Kompetenzen benötigt werden, greift eine vorwiegende Nutzung der digitalen Technologien zum kognitiven Einüben traditioneller Lehrinhalte zu kurz. Ziel muss vielmehr eine souveräne Integration der Technologien in innovative Lernkulturen sein, die Kinder nicht nur kognitiv fördern. Für Stalder vollziehen sich kulturelle Prozesse durch die inzwischen allgegenwärtige und vielfach unsichtbare Digitalisierung grundlegend anders als noch vor der Digitalisierung der Welt durch mobile Internettechnologien. Grundschulen stehen vor erheblichen Transformationsprozessen, wollen sie diese Kultur der Digitalität aufgreifen, und müssen hierzu veraltete Belehrungsmechanismen überwinden (vgl. Hauck-Thum 2021).

Wenngleich auch heute noch das Erlernen von Kulturtechniken ein zentraler Bestandteil von Bildungsprozessen gerade in der Grundschule ist, muss sich die Primarstufenbildung in der hochdynamischen Entwicklung der Gesellschaft im 21. Jahrhundert der Aufgabe stellen, Kinder in die Lage zu versetzen, ihre Lebenswelt zu hinterfragen und mitzugestalten. Digitale Technologien bieten hierzu besondere Potenziale, verlangen aber auch neue Kompetenzen, die über Hantierungsfähigkeiten hinausgehen und beispielsweise auch Kritikfähigkeit und Gestaltungskompetenzen beinhalten (vgl. auch KMK 2012; 2016), um diese Veränderungsprozesse verantwortungsvoll mitzugestalten. Die Dynamik und Offenheit der digital geprägten Welt ist somit Herausforderung und Chance zugleich.

Angesichts der Digitalisierung muss somit auch die grundlegende Bildung neu bestimmt werden (Gerve 2019), damit Kinder den Herausforderungen einer digital geprägten Welt gewachsen sind und lernen, diese mitzugestalten. Grundschulen stehen somit vor der Aufgabe, die traditionellen Kulturtechniken um eine „Digitale Grundbildung“ (Irion 2020) zu erweitern, um zu vermeiden, dass Kinder davon ausgeschlossen werden, zu lernen, wie digitale Technologien und Medien für Bildungszwecke genutzt werden können. Dies würde zu einer Verstärkung der sozialen Ungleichheit (Irion & Sahin 2018) und zu weiteren Bildungsexklusionen führen (Schaumburg 2021; Merz-Atalik & Schluchter 2019).

Für einen zeitgemäßen Unterricht sind Grundschulen gefordert, digitale Medien und Werkzeuge nicht nur für traditionelle Unterrichtsmethoden und -inhalte zu nutzen, etwa durch die Nutzung von Übungsprogrammen, die Verbreitung enger Übungsaufgaben oder Learning Analytics. Eine zentrale Herausforderung für die Grundschulbildung ist vielmehr die Weiterentwicklung von Lernkulturen für selbstgesteuerte Erkundungs- und Aneignungsprozesse unter Nutzung der technologischen Möglichkeiten und unter Berücksichtigung der kulturellen Veränderungen, die sich durch die Digitalisierung ergeben. Ziel von neuen Lernkulturen in der Digitalität ist dabei nicht nur die Anbindung an andere Entwicklungen der Schulinnovation, sondern auch das Eintreten in Prozesse der Schul- und Unterrichtsentwicklung, in denen Vernetzungs- und Austauschkulturen – auch unterstützt durch die digitalen Technologien – weiterentwickelt werden.

Keinesfalls sollten in zeitgemäßen Lernkulturen digitale Technologien das Lernen, Denken und Handeln der Kinder dominieren und sich zwischen Kind und Welterkundung schieben. Digitale Medien und Werkzeuge eröffnen neue Perspektiven auf die Welt sowie vielzählige Möglichkeiten, mit anderen in Kontakt zu treten, Ideen zu entwickeln, festzuhalten und zu strukturieren. Nur wenn sich die Nutzung der digitalen Medien nicht auf Übungsszenarien und Informationsvermittlung beschränkt, sondern in unterschiedlichen Formen für vielfältige Lernkulturen verwendet wird, kann sie ihr Potenzial für die Weiterentwicklung von Lernkulturen entfalten. Dabei sind diese Entwicklungsprozesse an andere Bildungstransformationen und -formen anzubinden.

Zur Entwicklung solcher Szenarien werden im Folgenden **vier Grundfragen** (A-D) zu Lernkulturen im Umfeld des digitalen Wandels bearbeitet, bevor **acht Dimensionen** für Lernkulturen im digitalen Wandel vorgestellt werden.

Grundfragen zu Lernkulturen in der Digitalität

A: Ist Digitalisierung ein Qualitätsmerkmal modernen Unterrichts?

Die Kultusministerkonferenz und das Bundesministerium für Bildung und Forschung haben mit der KMK-Strategie „Bildung in der digitalen Welt" und dem Digitalpakt Schule zu einer Digitalisierungsoffensive in deutschen Grundschulen geführt. Noch sind zwar nicht alle Grundschulklassenzimmer technisch so ausgestattet, dass die Zielsetzung der Kultusministerkonferenz umgesetzt und schon in der Primarstufe eine Grundbildung *mit* und *über* digitale Medien (vgl. auch GDSU 2021) möglich ist, dennoch hat durch den Digitalpakt und die Ausstattungsinitiativen in der Corona-Pandemie 2020/21 ein Prozess eingesetzt, in dem immer mehr Grundschulen die Möglichkeiten haben, digitale Medien für die grundlegende Bildung zu verwenden. Von der Bildungspolitik wird die Ausstattung der Grundschulen mit Technik häufig als Maßstab für den Erfolg der Bildungsmaßnahmen genommen. Dabei schafft die Digitalisierung der Grundschulen lediglich die technischen Voraussetzungen für sinnvolle Bildungsmaßnahmen in der Primarstufe zum Lernen mit und über digitale Medien (Peschel 2016).

Gerade in der Notsituation der Schulschließungen während der Pandemie wurde deutlich, dass der Einsatz digitaler Medien und Werkzeuge lediglich dazu führen kann, kognitive Unterrichtsformen, die auf Vermittlung und Abfragen basieren, nun im Digitalen zu manifestieren. Auch die Lehr-Lern-Forschung und Kultusbehörden erliegen gerne dem Missverständnis, dass Unterrichtsprozesse vor allem dann lohnenswert sind, wenn die Ergebnisse des Lernens möglichst einfach sicht- und damit messbar sind. Dabei werden häufig tradierte Lernziele und Kompetenzerwartungen in den Mittelpunkt der Unterrichtshandlungen gerückt. Digitalisierung führt dann lediglich zu einem oberflächlichen Facelifting verstaubter Traditionen.

*Die Entwicklung von Lernkulturen im Umfeld des digitalen Wandels muss nach unserer Auffassung über die Fortführung alter Unterrichtsmuster und -inhalte hinausgehen. Für eine Weiterentwicklung von Lernkulturen im Umfeld des digitalen Wandels darf das Ziel nicht sein, herkömmliche Prozesse 1:1 ins Digitale zu übertragen. Damit würde die eigentliche Chance vergeben, den Digitalisierungsschub zu nutzen, um neue Lernkulturen in einer Kultur der Digitalität zu etablieren. Lernkulturen im Umfeld des digitalen Wandels sind Teil einer Lernumgebung, die Kinder zu Entdecker*innen werden lässt, sie zu kreativen Lösungen und Gestaltungen inspiriert und Zuversicht in die eigene Lern- und Handlungsfähigkeit gewinnen lässt.*

Wenn Lernen mit digitalen Medien so aussieht, dann hat sich eigentlich nicht wirklich etwas geändert. Wir rechnen in der App statt auf der Schiefertafel oder dem Arbeitsblatt. Ist dies wirklich eine zeitgemäße Lernkultur in einer Kultur der Digitalität?

B: Ist Digitalisierung lediglich eins von vielen Werkzeugen im Unterricht?

In der Grundschuldidaktik werden Medien und Materialien häufig als Mittel zur Erreichung von (traditionellen) Unterrichtszielen betrachtet und somit als Werkzeuge im Anschluss an Zielbestimmungen verwendet. Diese traditionelle Sichtweise aus der klassischen Didaktik im deutschsprachigen Raum greift in Bezug auf die Digitalisierung zu kurz und so wird die Werkzeugmetapher im Hinblick auf Digitalisierung und Digitalität durchaus kritisch diskutiert (vgl. Voigt & Wampfler 2017). Insofern lassen sich drei fundamentale Unterschiede von digitalen Technologien zu herkömmlichen Technologien ausmachen:

1. Funktionale Vielseitigkeit digitaler Technologien

Der erste Unterschied liegt in den vielfältigeren und flexibleren Einsatzmöglichkeiten digitaler Technologien. Traditionelle Technologien weisen zumeist klar definierte Einsatzzwecke auf. So dient der Tageslichtprojektor eben der Projektion von Folien und kann nur begrenzt zweckentfremdet werden (z. B. als Lichtquelle für Schattenexperimente). Im Gegensatz hierzu sind digitale Unterrichtstechnologien im Allgemeinen durch höhere Offenheit und Flexibilität geprägt. So wird für das Tablet nicht selten die Metapher vom Schweizer Taschenmesser verwendet, das sich vielfältig in den unterschiedlichsten Lehr-Lern-Settings einsetzen lässt und dadurch eine große Zahl anderer Unterrichtsmedien und -technologien ersetzen kann.

2. Funktionale Offenheit digitaler Technologien

Die im vorigen Abschnitt vorgeschlagene Metapher des Taschenmessers für die vielfältigen Nutzungsmöglichkeiten digitaler Technologien hinkt jedoch. So ist ein zweiter Unterschied in der dynamischen Weiterentwicklung der

Technologien und in der dadurch entstehenden Flexibilität sowie in der Komplexität der Systeme zu sehen. Während ein Tageslichtprojektor lediglich ab und zu Ersatzteile benötigt, die die Funktionalität aber nicht verändern, sind digitale Technologien keine festgelegten Instrumente mit zuvor konstruierten Funktionen, die sich zwar zweckentfremden lassen, sich aber prinzipiell nicht mehr ändern. Durch die Installation neuer Apps, die Integration ins Internet usw. sind die Funktionalitäten prinzipiell veränderbar. Diese Offenheit der Systeme und die prinzipielle Komplexität digitaler Technologien und dahinterstehender Infrastrukturen stellen besondere Potenziale für eine flexible und mit gesellschaftlichen Entwicklungen mithaltende Unterrichtskultur dar.

3. Kulturelle Relevanz digitaler Technologien

Zum Dritten gehen digitale Technologien über den Werkzeugcharakter hinaus, da sie Teil einer Kulturveränderung darstellen und somit auch ein zentrales und flexibles Kommunikationsmittel für zwischenmenschliche und sogar Mensch-Maschine-Kommunikationshandlungen geworden sind. Anders als der Tageslichtprojektor sind digitale Technologien durch intelligente Softwaresysteme auch in der Lage, Nutzungsverhalten auszuwerten und Weiterentwicklungen sowie Funktionalitätsadaptionen auf der Grundlage dieser Analyseprozesse zu realisieren. Auch dieser Veränderungsprozess darf nicht unterschätzt werden, da sich in kulturwissenschaftlichen und sozialwissenschaftlichen Analysen (vgl. Baecker 2017; Stalder 2016; Krotz 2018) zeigt, dass sich durch die Digitalisierung Kommunikationsmuster verändern. So führt die Einführung eines Lern-Managementsystems wie Moodle nicht nur zu Veränderungen bei der Verteilung und beim Einsammeln von Aufgaben, sondern führt auch zu veränderten Kommunikations- und Lernroutinen und kann eben auch bedingen, dass im Zuge der Digitalisierung abprüfbares Wissen stärker den Fokus des Lehr-Lern-Prozesses bildet.

Es zeichnet sich ab, dass sich derzeit ein Kulturwandel gesellschaftlicher und schulischer Kulturen vollzieht, der hinsichtlich der Entwicklung von Lernkulturen nicht unterschätzt werden darf. Die Digitalisierung hat in der Gesellschaft eine Dynamik, Bedeutung und Komplexität erreicht, sodass nicht nur nahezu alle gesellschaftlichen Bereiche von dieser Dynamik erfasst werden, sondern dass sich die Digitalisierung und die daraus entstehenden kulturellen Folgen zu einem zentralen Forschungsgegenstand in nahezu allen gesellschaftsbezogenen und naturwissenschaftlichen Forschungsdisziplinen etabliert haben. So wird etwa in der Forschung zur Mediatisierung (Krotz 2018) und zur Tiefenmediatisierung (Hepp 2020) deutlich, dass unsere Alltagsprozesse auch dann von Digitalisierung durchdrungen sind, wenn wir nicht an einem Computer sitzen und das Handy in der Hosentasche steckt. Wir begegnen außerhalb der Schule kaum noch einem Text, der ohne Digitalstrategien erstellt wird, kaum einem Urlaub, der ohne Internet-Recherche gebucht wird, kaum einem wichtigen oder unwichtigen Lebensereignis, das nicht digital festgehalten und geteilt wird, kaum einer längeren Autofahrt ohne digitale Babysitter, kaum noch Informationsangeboten, die nicht durch Algorithmen auf uns ausgerichtet wurden usw.

Ziel bei der Nutzung digitaler Technologien muss es daher sein, Heranwachsende in die Lage zu versetzen, selbstbestimmt und moralisch verantwortungsvoll an einer Kultur der Digitalität teilzuhaben und diese mitzugestalten (vgl. Irion 2016; Knoblauch 2021).

Lernkulturen im digitalen Wandel beschränken sich somit nicht auf die Einführung neuer digitaler Werkzeuge, sondern bedingen eine Veränderung der Arbeitsweisen, die auch andere Lernkompetenzen von Kindern erfordert. Die Veränderung der Lernkultur führt damit auch zur Erweiterung des Kanons der Kulturtechniken um eine Digitale Grundbildung (vgl. Irion 2020).

Mehr als nur ein Werkzeug: Tablets und Internet eröffnen neue Kommunikations-, Erfahrungs- und Arbeitsräume. (Bild: Daniel Roth/IW Medien)

C: Welche Voraussetzungen benötigen Kinder und Lehrkräfte, um Lernkulturen in der Kultur der Digitalität zu gestalten?

Die genannten Veränderungen in einer Kultur der Digitalität machen deutlich, dass es für Lehrkräfte und Kinder bei der Schaffung von Lernkulturen in der Digitalität nicht nur darum gehen kann, zu lernen, wie ein spezifisches Werkzeug zu bedienen ist. Komplexität und Dynamik der kulturellen und technologischen Veränderungen führen dazu, dass für Lehrende und Lernende in einer Kultur der Digitalität neue Kompetenzanforderungen entstehen. Diese beinhalten neben eher technologisch ausgerichteten Kompetenzen bei der Bedienung von Digital- und Medientechnologien sowie grundlegenden informatischen Kompetenzen auch Grundlagenwissen über die Mediengesellschaft und neue Kommunikationskompetenzen und Kompetenzen für die Orientierung in und Gestaltung von Kommunikationsräumen. Die zentralen Bereiche von Kompetenzen für eine Kultur der Digitalität werden im von Medienpädagogik und Informatik erstellten Dagstuhl-Dreieck benannt.[1]

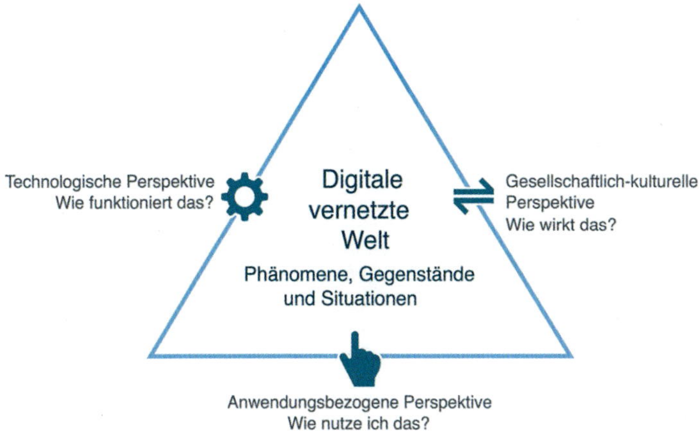

Das Dagstuhl-Dreieck visualisiert grundlegende Kompetenzanforderungen in einer Kultur der Digitalität (s. www.gi.de)

Dabei ist zu berücksichtigen, dass die hohe Dynamik von Technologien und die damit einhergehenden kulturellen Veränderungen eine hohe Flexibilität aller Beteiligten erfordert.

Die hohe Komplexität, Dynamik und Bedeutsamkeit der Digitalisierung für die Teilhabe an gesellschaftlichen Kulturprozessen führt zur Forderung, die Förderung der Kompetenzen von Kindern zur Teilhabe an einer Kultur der Digitalität zu einer der zentralen Herausforderungen an Grundschulbildung im 21. Jahrhundert zu erheben (vgl. Irion 2020). Auch aus Gründen der Bildungsgerechtigkeit ist allen Kindern eine digitale Grundbildung in der Grundschule zu ermöglichen (vgl. Schaumburg 2021 und Irion & Sahin 2018).

Gleichzeitig ist natürlich zu beachten, dass Kinder auch vor entwicklungsbeeinträchtigenden Gefährdungen durch Digitalisierung und Digitalität geschützt werden müssen. Die Begleitung in die Kultur der Digitalität bewegt sich somit immer auch zwischen den Polen Schutz, Aufklärung, Kompensation und Kompetenzförderung (Kammerl et al. 2020; Irion 2016). Gerade die motivierende

1) Das Dagstuhl-Dreieck wurde unter Beteiligung der Medienwissenschaft im Juni 2019 zum Frankfurt-Dreieck weiterentwickelt, das allerdings durch seine höhere Komplexität u. E. in der Schulpraxis weniger Verbreitung finden wird. https://dagstuhl.gi.de/fileadmin/GI/Allgemein/PDF/Frankfurt-Dreieck-zur-Bildung-in-der-digitalen-Welt.pdf (Zugriff: 5.5.2021).

Gestaltung vorgefertigter multimedialer Angebote mit kurz aufeinanderfolgenden Belohnungsreizen verlangt Gegenpole, wie die Vertiefung in längerfristige Aufgaben mit und ohne digitale Technologien, die Portionierung in gut verarbeitbare Lernhappen sowie die Wahrnehmung langfristiger Entstehungsprozesse.

Kinder und Lehrkräfte benötigen Kompetenzen für die Teilhabe an einer Kultur der Digitalität. Insbesondere Kinder müssen heute neben den traditionellen Kulturtechniken Kompetenzen für das Leben und Lernen in einer zunehmend digital geprägten Welt erwerben. Lehrkräfte müssen Kompetenzen entwickeln, um nicht nur vorgefertigte digitale Lösungen im Unterricht einzusetzen, sondern um den Potenzialen und Herausforderungen des digitalen Wandels flexibel zu begegnen und dabei auch selbst den digitalen Wandel in Bildungsprozessen mit den Kindern zu reflektieren und zu gestalten.

D: Lernkulturen in der Digitalität: Brauchen Kinder nicht eigentlich weniger Digitalisierung und mehr soziales Miteinander?

Gerade in der Pandemie wurde bei der Verwendung von digitalen Technologien deutlich: Den normalen Unterricht und am besten noch den Stundenplan 1:1 ins Elternhaus zu übertragen kann nicht funktionieren. Die wochenlange Bearbeitung von Arbeitsblättern ohne Mitschüler*innen war nur begrenzt hilfreich. Es fehlte vielerorts durch die Schulschließungen der soziale Aspekt von Schule, also der Kontakt zu Lehrkraft und Mitschüler*innen, der direkte Austausch und die Zusammenarbeit. In vielen Betreuungsszenarien wurde klar: Es kann nicht nur darum gehen, Übungsaufgaben möglichst effektiv auszuliefern und einzusammeln. Vielmehr stellte sich die Frage, wie man pädagogische Beziehungsarbeit digital und analog aufrechterhalten kann.

Gerade während der Schulschließungen in der Pandemie wurde deutlich, wie wichtig schulische Strategien zur Nutzung digitaler Technologien sind, die über das Abarbeiten von Übungen hinausgehen. An vielzähligen Standorten sind Konzepte für das Lernen in einer Kultur der Digitalität entstanden, in denen digitale Technologien eben auch für Beziehungsarbeit, für Kreativitätsförderung und für das Entstehen neuer Formen der Lernberatung genutzt wurden und die nun als Basis für die Weiterentwicklung von Lernkulturen dienen können.

In einer Kultur der Digitalität stellen soziale Beziehungen und Digitalisierung keine Gegenpole mehr dar. Kinder erleben soziale Begegnungen sowohl in räumlicher Nähe als auch über digitale Medien räumlich und zeitlich versetzt. Terminvereinbarungen und Kontaktpflege erfolgen heute eben nicht nur in persönlichen Begegnungen, sondern zunehmend auch mittels sozialer Dienste/Plattformen. Auch werden digitale Technologien genutzt, um gemeinsam an Aufgaben zu arbeiten, Videos zu schauen, Spiele zu spielen oder mit anderen Kindern in Kontakt zu treten. Die durch die Digitalisierung veranlassten Veränderungsprozesse des Zusammenlebens lassen sich somit immer weniger in digital und analog unterscheiden. Auch die Qualität von sozialen Beziehungen kann nicht einseitig danach bemessen werden, ob Begegnungen ohne oder mit digitalen Medien realisiert werden.

Soziale Kommunikation will natürlich sowohl in realen als auch in virtuellen und teil-virtuellen Kommunikationshandlungen gelernt werden, und nicht nur die Grundschule, sondern auch die Grundschulkinder stehen aktuell vor der Aufgabe, soziale Begegnungen zu gestalten und geeignete Kommunikationsroutinen zu etablieren. Lernkulturen in einer Digitalität richten die Aufmerksamkeit damit auch auf das soziale Miteinander und nutzen die Potenziale der vielfältig entstandenen Kommunikationsräume zur Entwicklung und Diskussion kommunikativer Regelungen und zur Förderung geeigneter Kompetenzen.

Acht Dimensionen digitaler Lernkulturen

Im Folgenden stellen wir acht Dimensionen einer Entwicklung von Lernkulturen im digitalen Wandel vor, die wir als besonders bedeutsam für das Lernen in einer Kultur der Digitalität betrachten. Ziel ist hierbei weniger eine Aufstellung aller relevanten Dimensionen als vielmehr die exemplarische Konkretisierung verschiedener Handlungsfelder im Hinblick auf Lernkulturen in der Digitalität. Als Anregung für die Planung geeigneter Unterrichtskonzepte werden diese Dimensionen mit Umsetzungsbeispielen illustriert.

1. Medienrezeption und Medienproduktion in der Digitalität

War der Multimedia-Boom Mitte der 1990er-Jahre noch vom Gedanken geprägt, dass Kinder sich durch multimediale Welten klicken, können die Kinder im aktuellen digitalen Transformationszeitalter selbst zu Produzierenden von multimedialen Welten werden und diese für andere veranschaulichen. Lernkulturen in der Digitalität ermöglichen allen Akteuren (Schüler*innen und Lehrer*innen), im Unterricht anschauliche, lebensnahe Darstellungen zu gestalten, zu nutzen und sich über diese auszutauschen (vgl. auch Band 141 des Grundschulverbandes „Neue Medien in der Grundschule 2.0“).

Eine Herausforderung für die Transformation von Lernkulturen im digitalen Wandel besteht hier insbesondere darin, das traditionelle Vermittlungsdenken aufzugeben und digitale Angebote nicht dazu zu verwenden, noch mehr Stoff in möglichst kurzer Zeit in die Köpfe der Kinder zu pauken. Stattdessen können digitale Technologien die aktive Welterschließung der Kinder unterstützen, indem sie ihnen Möglichkeiten an die Hand geben, kreativ, forschend und produktiv die Welt zu entdecken. Dabei können multimediale Darstellungen selbstverständlich helfen, Phänomene anschaulich und verständlich zu vermitteln und auch die Anbindung an die Lebenswelt zu unterstützen.

Kurzinfo: Digitale Technologien erlauben Kindern, ihre Erfahrungen und Sichtweisen selbst multimedial aufzubereiten.

> *Umsetzungsbeispiele*:
> Erstellung von multimedialen Büchern (MuxBooks, vgl. Irion & Hägele 2020) oder Filmen zu Grundschulthemen durch Schüler*innen und Lehrer*innen
> Tutorial für Lehrkräfte zur Erstellung von MuxBooks in der Grundschule: www.youtube.com/watch?v=pyB-yEnPRzQ&t=13s
> Tutorial für Grundschulkinder zur Erstellung von MuxBooks: www.youtube.com/watch?v=vTiaSkVCXRM&t=7s
> Erstellung eines Kino-Trailers mit Kindern zu ihrem Lieblingsmärchen: https://youtu.be/LDkL2mXlmcw

2. Kooperatives Lernen in der Digitalität

Kooperation und Kollaboration sind nicht nur wichtige Elemente eines zeitgemäßen und partizipativen Grundschulunterrichts, sondern auch zentrale Voraussetzungen für die lebenslange Weiterentwicklung des eigenen Denkens.

Die Bearbeitbarkeit von digitalen Medien eröffnet Kindern die Möglichkeit, das eigene Lernen und die eigene Wissenskonstruktion als dynamisch und veränderbar zu erleben, und unterstützt den kooperativen Austausch über die eigenen Erklärungsmuster und Vorstellungen. So können Kinder an digitalen Geräten ihre eigenen Sichtweisen individuell strukturieren, aber auch gemeinsam digitale Texte und Medien erstellen und bearbeiten, um dabei ihre eigene Wahrnehmung und ihre eigenen Konstruktionen ständig zu hinterfragen und weiterzuentwickeln.

Kurzinfo: Digitale Technologien erlauben neue Kooperationsformate, indem gemeinsam an Texten und multimedialen Darstellungen gearbeitet werden kann und diese ständig weiterbearbeitbar sind.

Umsetzungsbeispiele:

- Kinder entwickeln gemeinsam am Tablet eine bebilderte Anleitung zur Zubereitung einer leckeren Nachspeise (z.B. als MuxBook). Die Kinder erproben die Anleitung mit einer anderen Gruppe. Die Anleitung wird so lange erprobt, diskutiert und weiterentwickelt, bis die Kinder zufrieden sind.
- Kinder sammeln Ideen für ein Unterrichtsprojekt auf Padlet, TaskCards oder ZUMpad. Die Ideen werden immer wieder neu geordnet, mit Herzchen bewertet und kommentiert, bis alle Ideen eingeflossen sind und diskutiert wurden. Dann werden die Projektideen in Arbeitspakete gepackt und verschiedene Zuständigkeiten vergeben. Die Arbeitsgruppen verwenden zur Planung ihrer Aktivität ebenfalls ein Padlet oder ein ZUMpad.

https://zumpad.zum.de
www.taskcards.de/
https://padlet.com/dashboard

3. Lernorte und -zeiten in der Digitalität

Digitale Medien erweitern das Spektrum der Zusammenarbeit über herkömmliche räumliche und zeitliche Beschränkungen hinaus. Es entstehen dabei neue Formen der zeit- und ortsunabhängigen Zusammenarbeit. Besonders in den Fokus rückten diese Möglichkeiten mit den Corona-bedingten Schulschließungen und der Teilhabe am Unterricht von Grundschulkindern in Quarantäne. Auch ohne gemeinsam im Klassenzimmer anwesend zu sein, konnte Feedback und Zusammenarbeit durch den Einsatz digitaler Medien ermöglicht werden. Die hier entwickelten Verfahren können nun über pandemische Kommunikationseinschränkungen hinaus genutzt werden, um Kommunikationsprozesse über zeitliche und räumliche Grenzen zu ermöglichen. Es ergeben sich nicht nur neue Formen der Kooperation bei Hausaufgaben, es ist auch möglich, nach Unterrichtsschluss in Kontakt zu bleiben, sich gegenseitig auszutauschen oder sich zu helfen.

Auch die Grenzen des Klassenzimmers können überwunden werden: Kinder können nun mittels des Internets nicht nur weitere Lernangebote nutzen, sondern auch Erfahrungen an Lernorten sammeln, die zu Fuß oder mit öffentlichen Verkehrsmitteln nicht erreichbar wären, oder auch Kontakte zu Personen außerhalb des eigenen Klassenzimmers aufbauen. Auch Lehrkräfte können mit digitalen Technologien ihren eigenen Erfahrungshorizont erweitern und in Kontakt zu Lehrkräften außerhalb des eigenen Kollegiums treten, um bspw. Erfahrungsgruppen zu spezifischen didaktischen Interessensbereichen (z. B. Schultheater, Coding mit Kindern, Experimentieren, Schulgarten, Phantasiereisen) zu nutzen. Auch ist es mittels zeitversetzter Kommunikation mit Messengerdiensten (z. B. iChat, Signal, Threema) oder interaktiven Plattformen (Padlets, TaskCards, ZUMpad) – je nach DSGVO-Auslegung in den Ländern – möglich, mit den Kolleg*innen der eigenen Schule intensivere Kontakte zu pflegen.

Kurzinfo: Digitale Technologien erlauben zeit- und ortsunabhängiges Arbeiten und überwinden damit traditionelle Grenzen des Austausches und der Zusammenarbeit.

Umsetzungsbeispiele:[2]

- Schulklassen tauschen sich in Klassenkorrespondenzen (Laun 1982) über die jeweils eigene Lebenswelt und die eigenen Unterrichtserfahrungen aus. Sie produzieren hierfür multimediale Dokumentationen über ihre Unterrichtsprojekte, treffen sich in individuellen oder Gruppenvideokonferenzen oder nutzen Chats und Foren. Dabei können Kinder auch über räumliche Grenzen hinweg mit anderen Kindern zusammenarbeiten. So können bspw. Kinder in städtischer oder ländlicher Umgebung lernen, die eigene Lebenswelt mit neuen Augen zu sehen, oder Kinder mit Migrationshintergrund auch Kontakte zum Herkunftsland für den Unterricht nutzbar machen.
- Lehrer*innen nutzen Padlets, um Anregungen für kreative Freizeitbeschäftigungen zu entwickeln.
- Kinder und Lehrer:innen organisieren eine Hausaufgabenhilfe via Messengerdienst (z. B. Signal oder Threema).

https://signal.org/de/
https://threema.ch/de

2) Bei all diesen Kommunikationsformen sind selbstverständlich Regelungen zum Datenschutz zu berücksichtigen.

- Schulen nutzen Lernmanagementsysteme wie LearningView, um lokale Grenzen zu überwinden und häusliches und schulisches Lernen miteinander zu verbinden.
https://learningview.org
- Kinder sammeln außerschulische Lernerfahrungen mit der App DigiClass und senden kurze Videos in die Klassengruppe
https://digiclass-lab.de/dc_start/
- Kinder nutzen die die Kindersuchmaschine FragFinn und Bilder von Pixabay, um gemeinsam ein Padlet zum Thema Pilze zu erstellen.
- Kinder entwickeln und überarbeiten in einer Kleingruppe auf einem ZumPad eine Vorgangsbeschreibung.
- Jedes Kind gestaltet ein MuxBook (z. B. mit BookCreator) mit seinem Lieblingsrezept (Zubereitung und Foto), die Lehrkraft fasst alle Rezepte zu einem Klassenkochbuch zusammen.

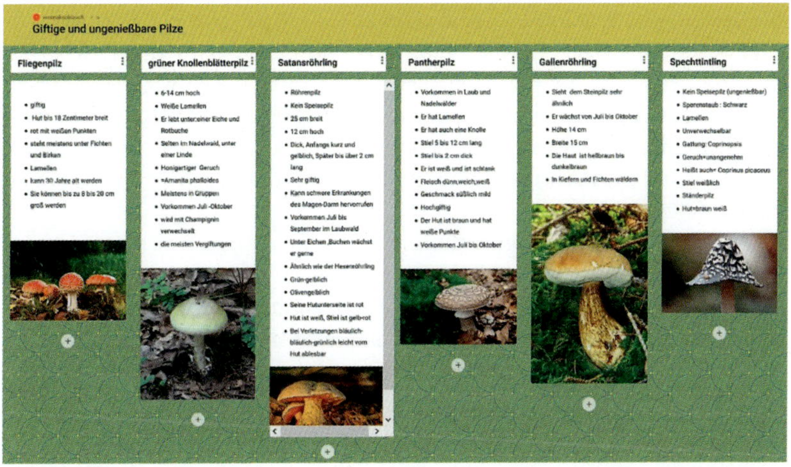

4. Teilhabe in der Digitalität

Die Offenheit digitaler Systeme und die Möglichkeiten zur Gestaltung und Verbreitung von Medien eröffnen Kindern die Möglichkeit, sich für ihre Anliegen Gehör zu verschaffen und sich an gesellschaftlichen Prozessen aktiv gestaltend zu beteiligen. Kinder können dabei die digitalen Technologien nicht nur nutzen, um ihre eigenen Anliegen und Perspektive in die gesellschaftlichen Diskussionen einzubringen, sondern auch um neue Ausdrucksformen für ihre Anliegen zu entwickeln.

Bislang werden die Präsentationen von Schüler*innen häufig in Form von Plakatvorträgen realisiert; eine sicherlich wichtige und ertragreiche Präsentationsform. Durch die Verwendung von digitalen Medien kann eine Präsentation nun auch multimedial unterstützt oder sogar komplett multimedial gestaltet werden. Dabei müssen sich diese Präsentationen nicht an den üblichen Business-Präsentationen orientieren. Der Phantasie sind hier keine Grenzen gesetzt. So können Präsentationen auch als Green-Screen-Reportage oder als Stop-Motion-Film realisiert werden.

Kurzinfo: Digitale Technologien erlauben es Kindern, an gesellschaftlichen Entwicklungen teilzuhaben und Wissensdarstellungen selbst zu gestalten. Sie lernen dabei, ihre eigene Position überzeugend darzustellen.

Umsetzungsbeispiel:

- Erstellung eines Stop-Motion-Videos zur Entwicklung der Dinosaurier: www.youtube.com/watch?v=-goAOk5TUPc

5. Leistungskultur in der Digitalität

Die Leistungsbewertung erfolgt in einer an Ziffernnoten orientierten Grundschule häufig bezogen auf die Bewertung von Produkten (Klassenarbeiten, Projektergebnissen etc.). Wissen kann aber immer weniger als stabil zu bewertendes Eigentumsobjekt von Lernenden gesehen werden, sondern wird zu einem immer wieder neu zu reflektierenden Konstrukt, das durch beständige zusätzliche Erfahrungen, Kommunikationshandlungen und Reflexionen immer weiter entwickelt wird.

Lernkulturen in der Digitalität sehen Ergebnisse oder Leistung nicht als (End-)Produkt, sondern als Prozess, und geben Rückmeldungen, die Lernende motivieren und in die Lage versetzen, an ihrer persönlichen Entwicklung weiterzuarbeiten. Wenn neue Lernkulturen angestrebt werden, müssen auch die Prüfungsformate und -modalitäten überdacht werden, denn Prüfungen prägen die Lernkulturen.

Kollaborativ und fächerübergreifend lernen, um dann in einem Prüfungsformat unter Zeitdruck auswendig gelerntes Fachwissen hektisch aufs Papier zu kritzeln, passt nicht zusammen. Neben der Betonung neuer Bewertungsformen können auch neue Adressat*innenkreise für Lernrückmeldungen oder Bewertungen erschlossen werden. So kann die Perspektive der Kinder nicht nur durch Rückmeldungen der eigenen Eltern, der Lehrkraft oder anderer Kinder der Klasse erweitert werden. Auch andere Eltern können den Kindern helfen, über die eigenen Lernprozesse nachzudenken.

Kurzinfo: Digitale Technologien unterstützen die Entstehung neuer Prüfungskulturen, indem sie die Möglichkeit eröffnen, nicht nur Arbeitsergebnisse, sondern auch Prozesse darzustellen und sich über diese auch über zeitliche und räumliche Grenzen hinweg auszutauschen.

Umsetzungsbeispiel:

- In Portfolio-Märkten präsentieren Kinder ihre Lernergebnisse mittels digitaler Lernportfolios (z. B. Foto-Lern-Tagebuch zur Bearbeitung eines Unterrichtsthemas) fremden Eltern, stellen den Prozess ihrer Entwicklung dar und diskutieren dabei auch, was gut und weniger gut geklappt hat.
- Weitere Beispiele finden sich auch unter https://prüfungskultur.de.

6. Grundlegende Bildung in der Digitalität

Die rasanten gesellschaftlichen Veränderungen machen deutlich, dass die traditionellen Kulturtechniken nicht ausreichen, damit sich Kinder in der aktuellen Welt zurechtfinden. Kinder benötigen heute Kompetenzen für die digital geprägte und gestaltbare, mediatisierte Welt, die unter dem Begriff „Digitale Grundbildung“ zusammengefasst werden können (Irion 2020; vgl. auch C). Dabei müssen Kinder auch lernen, sich kritisch mit den eigenen Medienerfahrungen auseinanderzusetzen.

Ziel muss es somit sein, im Unterricht Möglichkeiten zu schaffen, damit Schüler*innen durch ihr eigenes Handeln erleben, die mediale und digitale Welt kritisch zu hinterfragen. Sonst bleiben theoretische Hinweise, Ratschläge und Warnungen abstrakt. Die Vermittlung eines reinen Reflexionswissens ist ohne Handlungsmöglichkeiten wenig grundschulgerecht. Es ist ein Unterschied, ob jemand den Kindern sagt, dass im Internet Bilder bearbeitet sind und dass oft Falschmeldungen verbreitet werden, oder ob Schüler*innen im Unterricht selbst erfahren haben, dass sie dies sogar als Grundschulkinder selbst tun können.

Kurzinfo: Lernprozesse mit digitalen Medien erfordern neue Kompetenzen. Die Grundschulen stehen vor der Aufgabe, eine Digitale Grundbildung in der Grundschule zu ermöglichen.

Umsetzungsbeispiele:

- Die Kinder veröffentlichen zum 1. April Fake News. Dazu erstellen sie mithilfe der Green-Screen-Technik ein Foto, formulieren eine Schlagzeile und schreiben und überarbeiten einen Meldungstext. Anschließend erfolgt die Veröffentlichung auf der Seite paulnewsman.com.
- Kinder erstellen eine Präsentation ihrer eigenen Schule als schönste und als hässlichste Schule Deutschlands, um mittels Bildwinkeln, Musik, geeigneten Texten etc. bewusst ein verzerrtes Bild ihrer Schule herzustellen.

7. Verändertes Rollenverständnis

Nicht nur durch die Digitalität verändert sich das Rollenverständnis von Unterricht und Lernen. Das Bild von der einseitigen Kultureinführung durch die Lehrkraft hat sich (schon lange) gewandelt. Kinder und Lehrkräfte in der Grundschule lernen und arbeiten heute gemeinsam, um sich im gegenseitigen Austausch die Welt und ihre Zusammenhänge zu erschließen. Gerade die sehr unterschiedlichen Medienzugänge von Erwachsenen und Kindern erfordern gemeinsame Erschließungsprozesse statt vorschneller Verurteilung der Medienhandlungen von Kindern durch Erwachsene.

Damit verbunden hat sich ganz zwangsläufig auch das Verständnis über die Rolle der Lehrkräfte von Wissensvermittelnden weg hin zu Lernbegleitenden geändert. Dieses veränderte Rollenverständnis wird durch eine Kultur der Digitalität noch wichtiger. Gerade im Umgang mit Digitalität sind die heterogenen Voraussetzungen und individuellen Zugänge von besonderer Bedeutsamkeit. Dabei spielt der Austausch über Erfahrungen und die Reflexion des eigenen Handelns in der Kultur der Digitalität eine besondere Rolle. Kinder und Lehrkräfte machen unterschiedliche Erfahrungen und entwickeln verschiedene Kompetenzen. Ein auf Begleitung und gemeinsames Lernen und Reflexion ausgerichtetes Lehrer*innen-Schüler*innen-Verhältnis ist hierfür ebenso wichtig wie die Pflege der Schüler*innen-Schüler*innen-Kommunikation und -Kooperation.

Als Lernbegleiter*innen brauchen Lehrkräfte insbesondere auch die Bereitschaft, den Mut und die Lust, selbst ein Leben lang dazuzulernen und den Kindern nicht nur als Wissensvermittler*innen, sondern als Lernbegleiter*innen zu begegnen.

Kurzinfo: Digitale Technologien erlauben neue Formen der Zusammenarbeit zwischen den in der Grundschule Beteiligten, indem sie z. B. erlauben, Instruktionsprozesse auszulagern und kooperativ an der Lösung von Aufgaben zu arbeiten.

Umsetzungsbeispiel:

- Kinder können Erklärvideos oder kurze Tutorials nutzen, um sich neues Wissen anzueignen oder Arbeitstechniken zu erlernen. Die Wissensvermittlung und die Lerninstruktion wird damit auf Medien übertragen, sodass das Spannungsverhältnis aufgelöst wird, dass die Instruktion von der Lehrkraft nicht verstanden wurde. Stattdessen kann die Lehrkraft sich ganz auf die Rolle der Lernbegleitung konzentrieren und z. B. versuchen, die Denkmuster der Kinder nachzuvollziehen, um ausgehend von diesem Verständnis gezielte, individualisierte Impulse zum Weiterdenken zu geben. Die Lehrkraft hat durch die Auslagerung der Instruktion mehr Zeit, sich um die Betreuung der einzelnen Kinder zu kümmern, sich den

Wissenszusammenhang erklären zu lassen oder konstruktive Lernimpulse zu geben.

- Als Folge der Digitalisierung müssen Lehrkräfte ihre Wissenshoheit aufgeben. Es ist unmöglich geworden, alles zu wissen. Viel wichtiger wird also die Fähigkeit, sich Informationen selbst zu beschaffen und zu erschließen. Die Lehrkraft bekommt dann die Aufgabe, z. B. durch Vorauswahl geeigneter Quellen (Erklärvideos o. Ä.), aber auch durch geeignete Verarbeitungsaufgaben Kinder beim Erschließungsprozess zu unterstützen, statt selbst Erklärungen zu geben.

8. Inklusives Lernen in der Digitalität

Digitale Technologien bieten beim Einsatz geeigneter Tools besondere Möglichkeiten zur Inklusion von Menschen mit Behinderung (vgl. Böttinger & Schulz 2021; Krstoski 2016). Gleichzeitig werden bei der Nutzung von Geräten mit schlechter Usability (Nutzungsfreundlichkeit) und Accessibility (Barrierefreiheit) auch Gräben vertieft oder es entstehen sogar neue Benachteiligungen. Der bislang praktizierte Transfer von Technologien und Konzepten aus weiterführenden Schulen in Grundschulen führt teilweise dazu, dass Personengruppen, die über keine ausreichende Anzahl von Computern verfügen, ausgeschlossen werden. Ebenso werden Familien oder ganze Klassenstufen benachteiligt oder gar ausgeschlossen, die bspw. Probleme bei der Nutzung stark textlastiger Lernmanagementsysteme mit ständig wechselnden Benutzeroberflächen haben.

Lernkulturen in der Digitalität müssen die neuen Möglichkeiten nutzen, um bestehende Barrieren zu überwinden, anstatt neue Barrieren aufzubauen[3].

Kurzinfo: Digitale Technologien erlauben einerseits neue Formen der Inklusion (z.B durch Assistenzfunktionen von Tablets), erfordern aber auch eine sorgfältige Vermeidung des Aufbaus von Barrieren z. B. durch ungeeignete Technologien oder schlecht ausgebildete Lehrkräfte.

Umsetzungsbeispiele:

- Digitale Inklusion und inklusive Medienarbeit: www.aktion-mensch.de/inklusion/bildung/hintergrund/der-wegweiser-ins-netz/digitale-inklusion-und-inklusive-medienarbeit-
- Digitale Medien im inklusiven Einsatz: www.inklusive-medienarbeit.de/wp-content/uploads/2018/12/Digitale-Medien-im-inklusiven-Einsatz.pdf

---

3) Vgl. auch www.institut-fuer-menschenrechte.de/aktuelles/detail/35-verbaende-konsultation-zur-umsetzung-des-european-accessibility-act. (Zugriff: 9.5.2021).

Ausblick

Lernen in einer Kultur der Digitalität bedeutet gerade in der Grundschule mehr als den Einsatz von digitalen Technologien zum Einüben von Techniken und Fertigkeiten. Lernkulturen in der Digitalität eröffnen den Kindern neue Möglichkeiten, um ihr Wissen, ihre Ideen und ihre Gedanken auszudrücken und ihre Erfahrungen zu reflektieren. Digitale und analoge Methoden und Medien schließen sich dabei nicht aus, sondern ergänzen sich.

Für einen zeitgemäßen Unterricht, der die Kinder dazu befähigen soll, sich in einer durch Digitalität geprägten Gesellschaft zurechtzufinden und aktiv und selbstbestimmt daran teilzuhaben, gehört der Einsatz von digitalen Medien dazu. Der Digitalpakt und die Pandemie haben dazu geführt, dass immer mehr Grundschulklassen technologisch in der Lage sind, eine digitale Grundbildung zu realisieren und das Lernen mit und über Medien im Grundschulunterricht umzusetzen. Die sehr eingeschränkte Nutzung digitaler Medien als Drill- und Practice-Instrument hat aber auch Gefahren der Digitalisierung in der Grundschule zutage treten lassen. So kann die Digitalisierung auch genutzt werden, komplexe Bildungsprozesse auf das Training kognitiver Teilleistungen und das Messen von Lernoutputs zu reduzieren. Eine zukunftsorientierte Entwicklung von Lernkulturen im digitalen Wandel bedeutet allerdings mehr als die Verwendung von Übungsprogrammen zur (vermeintlich) effizienteren Vermittlung traditioneller Inhalte.

Die in den letzten Jahren entstandenen vielzähligen Konzepte (vgl. Knoblauch 2020a/b, Hauck-Thum 2018; Irion & Scheiter 2018; Peschel & Irion 2016; Ladel 2016; Schmeinck 2016) geben einen Eindruck davon, welche Weiterentwicklungen unter Einsatz digitaler Technologien zukünftig wohl noch möglich sind, wenn sich Grundschulbildung von der Frage, ob digitales Lernen und digitale Bildung wichtig sind, zu der Frage verlagert, wie Lernkulturen im digitalen Wandel gestaltet werden können bzw. müssen.

Bei der Entwicklung von Lernkulturen in der Digitalität ist dabei auch zu beachten, dass eine Kulturänderung nicht durch „Festtagsmedienprojekte" erreicht werden kann, indem beispielsweise einmal ein Stop-Motion-Film gedreht oder einmal ein Escape-Room-Abenteuer gelöst wurde. Solche einmaligen Highlights sind sicherlich sinnvolle und wichtige Vertiefungen. Eine Lernkultur in der Digitalität ist allerdings geprägt durch beständige fließende Übergänge von analog zu digital und zurück, die nur möglich sind, wenn im Unterricht ein kultureller Wandel stattgefunden hat, in dem digitale und analoge Kommunikation vielfältig miteinander verwoben und Gegenstand beständiger Reflexion sind.

Dabei müssen bei der Entwicklung von Lernkulturen in der Digitalität auch negative Aspekte von Digitalisierung und Digitalität thematisiert werden: So erzeugt beispielsweise die Verwendung digitaler Technologien Daten, die Gefährdungen für die freie Entfaltung der Persönlichkeit darstellen können. Die Verbreitungsgeschwindigkeit von medialen Darstellungen sorgt für die Verbreitung einer schwer zu verarbeitenden Informationsfülle und zur Verbreitung auch moralisch fragwürdiger Angebote, die nicht alle von Grundschulkindern gleichermaßen bewältigbar sind. Die leichte Überprüfbarkeit von Lernergebnissen kann zu einer Reduzierung der Bildungsprozesse im Grundschulalter auf leicht messbare Kompetenzen führen.

Die Veränderungen von Kindheit und Gesellschaft durch Digitalisierung und Digitalität, aber auch die Veränderungen von Bildung und Lernen führen zum dringenden Erfordernis, nicht nur das Lernen in einer Kultur der Digitalität zu gestalten, sondern auch immer wieder neu darüber nachzudenken, welche Konsequenzen diese hochdynamischen und hochkomplexen Veränderungsprozesse für das Aufwachsen von Kindern haben.

Lernkulturen in der Digitalität sind somit nicht voraussetzungslos, sondern erfordern von allen Beteiligten Begeisterung, Willen, Neugier, Kritikfähigkeit und Durchhaltevermögen zur Gestaltung einer Schule, in der die Digitalität kein sperriger Fremdkörper ist, sondern in den Dienst einer allseitigen Bildung gestellt wird, die Grundschule nicht als Institut der Wissensvermittlung sieht, sondern als Ort der vielfältigen Entwicklung von Persönlichkeit, Identität, Kompetenzen und Wissen.

Literatur

Baecker, D. (2017): Wie verändert die Digitalisierung unser Denken und unseren Umgang mit der Welt? In R. Gläß & B. Leukert (Hrsg.), Handel 4.0: Die Digitalisierung des Handels – Strategien, Technologien, Transformation (Online-Version bei Researchgate)). Berlin, Heidelberg: Springer, 1–25.

Böttinger, T. & Schulz, L. (2021): Diklusive Lernhilfen. Digital-inklusiver Unterricht im Rahmen des Universal Design for Learning. Zeitschrift für Heilpädagogik (9), 436–450.

Gervé, F. (2019): Digitalisierung und Bildung im Primarbereich. In J. Heider-Lang & A. Merkert (Hrsg.), Digitale Transformation in der Bildungslandschaft – den analogen Stecker ziehen? (1 Aufl.). Augsburg: Rainer Hampp Verlag, 97–114.

Hauck-Thum, U. & Noller, J. (2021): Grundschule und die Kultur der Digitalität. In U. Hauck-Thum & J. Noller (Hrsg.), Was ist Digitalität? Philosophische und pädagogische Perspektiven. Stuttgart: Metzler. Online verfügbar: www.academia.edu/41976374/Was_ist_Digitalität_Philosophische_und_pädagogische_Perspektiven [23.11.2021].

Hauck-Thum, U. (2018): Fachspezifische Möglichkeiten und Potentiale von Adaptable Books im Lese- und Literaturunterricht der Grundschule. Mitteilungen des Deutschen Gemanistenverbandes, 65, 294–305.

Hecker, U., Lassek, M. & Ramseger, J. (2020): Kinder Lernen Zukunft. Anforderungen und tragfähige Grundlagen. Zur Einführung in diesen Band. In U. Hecker, M. Lassek & J. Ramseger (Hrsg.), Kinder Lernen Zukunft. Anforderungen und tragfähige Grundlagen. Reihe: Beiträge zur Reform der Grundschule. Bd. 150. Frankfurt a. M.: Grundschulverband, 9–14.

Hepp, A. (2020): Deep Mediatization. London: Routledge.

Irion, T. (2020): Digitale Grundbildung in der Grundschule. Grundlegende Bildung in der digital geprägten und gestaltbaren, mediatisierten Welt. In M. Thumel, R. Kammerl & T. Irion (Hrsg.), Digitale Bildung im Grundschulalter. Grundsatzfragen zum Primat des Pädagogischen. München: Kopaed, 49–81.

Irion, T. (2016): Digitale Medienbildung in der Grundschule. Primarstufenspezifische und medienpädagogische Anforderungen. In M. Peschel & T. Irion (Hrsg.), Neue Medien in der Grundschule 2.0. Grundlagen – Konzepte – Perspektiven. Reihe: Beiträge zur Reform der Grundschule. Bd. 141. Frankfurt a. M.: Grundschulverband, 16–32.

Irion, T. & Hägele, N. (2020): MuxBooks. Das Arbeitsheftkonzept der Gegenwart. Grundschule Deutsch, 65, 16-17.

Irion, T. & Sahin, H. (2018): Digitale Bildung und soziale Ungleichheit. Grundschule, 2, 33–35.

Kammerl, R., Dertinger, A., Stephan, M. & Thumel, M. (2020): Digitale Kompetenzen und Digitale Bildung als Referenzpunkte für Kindheitskonstruktion im Mediatisierungsprozess In M. Thumel, R. Kammerl & T. Irion (Hrsg.), Digitale Bildung im Grundschulalter. Grundsatzfragen zum Primat des Pädagogischen. München: Kopaed, 21–48.

KMK – Ständige Konferenz der Kultusminister der Länder in der Bundesrepublik Deutschland. (2012): Medienbildung in der Schule. Beschluss der Kultusministerkonferenz vom 8. März 2012 Verfügbar unter: www.kmk.org/fileadmin/Dateien/veroeffentlichungen_beschluesse/2012/2012_03_08_Medienbildung.pdf (Zugriff: 8.11.2021).

KMK – Ständige Konferenz der Kultusminister der Länder in der Bundesrepublik Deutschland. (2016): Bildung in der digitalen Welt. Strategie der Kultusministerkonferenz Verfügbar unter: www.kmk.org/fileadmin/Dateien/pdf/PresseUndAktuelles/2018/Digitalstrategie_2017_mit_Weiterbildung.pdf (Zugriff: 8.11.2021).

Knoblauch, V. (2020A): Tablets in der Grundschule. Konzepte und Beispiele für digitales Lernen. Hamburg: AOL Verlag.

Knoblauch, V. (2020B): Tablets in der Grundschule. Grundschule aktuell, 149, 16–19.

Knoblauch V. (2021): Veränderung auf Knopfdruck. In Chancen denken. Vodafone Stiftung, 38–47.

Krstoski, I. (2016): Chancen und Grenzen von Tablets für Schüler mit Körperbehinderung. In M. Peschel & T. Irion (Hrsg.), Neue Medien in der Grundschule 2.0. Grundlagen – Konzepte – Perspektiven. Reihe: Beiträge zur Reform der Grundschule. Bd. 141. Frankfurt a. M.: Grundschulverband, 111–120.

Krotz, F. (2018): Mediatisierung. In Mediensoziologie Handbuch für Wissenschaft und Studium. Baden-Baden: Nomos, 86–99.

Ladel, S. (2016): Digitale Medien im Mathematikunterricht der Grundschule. In M. Peschel & T. Irion (Hrsg.), Neue Medien in der Grundschule 2.0. Grundlagen – Konzepte – Perspektiven. Reihe: Beiträge zur Reform der Grundschule. Bd. 141. Frankfurt a. M.: Grundschulverband, 154–165.

Laun, R. (1982): Freinet – 50 Jahre danach. Heidelberg: bvb – edition meichsner & schmidt.

Merz-Atalik, K. & Schluchter, J.R. (2019): Inklusionsbewusste Digitalisierung in Schule und Unterricht – Optionen, Chancen und Herausforderungen. In S. G. Huber (Hrsg.), Jahrbuch Schulleitung. Impulse aus Wissenschaft und Praxis. Köln: Carl Link, 71–98.

Mitzlaff, H. & Speck-Hamdan, A. (1998): Grundschule und neue Medien. In H. Mitzlaff & A. Speck-Hamdan (Hrsg.), Grundschule und neue Medien. Reihe: Beiträge zur Reform der Grundschule. Bd. 103. Frankfurt/M.: Grundschulverband/Arbeitskreis Grundschule e. V., 10–34.

Peschel, M. (2016A): Lernkulturen in der Grundschule und im Sachunterricht. Grundschule aktuell(136), 3–6.

Peschel, M. (2016B): Medienlernen im Sachunterricht – Lernen mit Medien und Lernen über Medien. In M. Peschel & T. Irion (Hrsg.), Neue Medien in der Grundschule 2.0. Grundlagen – Konzepte – Perspektiven. Reihe: Beiträge zur Reform der Grundschule. Bd. 141. Frankfurt a. M.: Grundschulverband, 33–49.

Peschel, M. & Irion, T. (Hrsg.) (2016): Neue Medien in der Grundschule 2.0. Grundlagen – Konzepte – Perspektiven. Reihe: Beiträge zur Reform der Grundschule. Bd. 141. Frankfurt a. M.: Grundschulverband e. V.

Schaumburg, H. (2021): Schulentwicklung – inklusiv und digital? aus: PlanBD #3, Fast Forward, 5/2021.

Schmeinck, D. (2016): Grenzen und Möglichkeiten digitaler (Geo)Medien beim geographischen Lernen in der Grundschule. In M. Peschel & T. Irion (Hrsg.), Neue Medien in der Grundschule 2.0. Grundlagen – Konzepte – Perspektiven. Reihe: Beiträge zur Reform der Grundschule. Bd. 141.Frankfurt a. M.: Grundschulverband, 135–144.

Stalder, F. (2016): Kultur der Digitalität. Berlin: Suhrkamp.

Voigt, M.& Wampfler, P. (2017): Wie mit digitalen Tools zeitgemäßer Unterricht gelingt. Das SAMR-Modell und zeitgemäße Bildung – Phillipe Wampfler im Gespräch – 17. November 2017. https://edulabs.de/blog/das-SMAR-Modell-und-zeitgemaesse-Bildung-Philippe-Wampfler-im-Gespraech. (Zugriff 16.5.2021).

Katja N. Andersen

Aufgaben des Grundschulunterrichts im Fokus einer Spiel- und Lernkultur

1 Einführung

Für die Reflexion einer Spiel- und Lernkultur in der Grundschule wird an die Ergebnisse einer empirischen Erhebung zu Prozessen des Spielens und Erkennens im Sachunterricht (SEiSU; Andersen 2016) angeknüpft. Während Debatten in der Spielpädagogik häufig um die Frage kreisen, wie das Spiel die als pädagogisch wertvoll erkannten Ziele beim Kind fördern kann (u. a. Flitner 2011; Fritz 2004; Schäfer 2013; Stampfl & Junge 2015), und damit das Spiel gleichsam als Vermittler von sozialen oder inhaltlichen Lernzielen betrachten, geht der hier gewählte Ansatz von einer Lernkultur des (Sach-)Unterrichts aus, der Spiel und Erkenntnis im interdependenten Wechselspiel beider Elemente versteht. Dieser Beitrag beleuchtet Aufgabenstellungen, die im Internet als Spiele für den Grundschulunterricht ausgewiesen werden, und hinterfragt deren Potentiale für ein Lernen im Sinne einer Didaktik der Spiel- und Lernkultur.

Bei der Suche nach Aufgabenstellungen zum Spiel im Grundschulunterricht stößt man im digitalen Bereich auf Beiträge zu Serious Games, Gamification oder didaktischen Spielen, die als „Lernspiele" (DIPF 2020) für die einzelnen Fächer konzipiert wurden. Das Angebot ist vielfältig, aufgrund der Vielzahl an unterschiedlichen Download-Links aber auch unübersichtlich. Von den Kultusministerien werden die auf den Bildungsservern eingestellten Lernspiele (u. a. DIPF 2020; HKM 2020; mebis 2020) als „Werkzeug zur Ergänzung der traditionellen Methoden" (HKM 2019) den Grundschullehrkräften für ihre Unterrichtsgestaltung empfohlen. Vor allem im Kontext des Fernunterrichts infolge der COVID-19-Pandemie rückten die Bildungsserver aufgrund ihrer Möglichkeiten für ein „orts- und zeitunabhängige[s] Lehren und Lernen" (HKM 2019) in den Fokus; Ausdruck fand dies in einer stark angestiegenen Nachfrage nach Bildungsservern seit März 2020 (vgl. Google Trends) sowie einer grundlegenden Erneuerung der Download-Seiten seit ca. Juli 2020 (vgl. bbb 2020; DIPF 2020; HKM 2020; mebis 2020). Dieser Beitrag geht der Frage nach, was Merkmale einer Spiel- und Lernkultur ausmachen und inwieweit die auf den Bildungsservern bereitgestellten Lernspiele diesen Merkmalen entsprechen können.

2 Lernspiele – didaktische Spiele – Spiel als Lernkultur

Die Begriffe des „Lernspiels" (bbb 2020), des „Sprachspiels" (DIPF 2020) oder des „spielerischen Lernen[s]" (ebd.) sind auf den Bildungsservern häufig verwendete Terminologien, wobei darunter sehr unterschiedliche Dinge gefasst werden. Während der Bildungsserver Berlin-Brandenburg (bbb 2020) unter den Lernspielen für den Englischunterricht vor allem Lückentexte subsumiert, bietet der Deutsche Bildungsserver unter der Rubrik „Spiele mit didaktischem Hintergrund" (DIPF 2020) „einfache Sprachspiele und kleine Knobelaufgaben für die Grundschule bis hin zu Vokabeltrainern [und] Mathematikrätseln" (ebd.). Der Hessische Bildungsserver stellt „Lernspiele zu den Themen Mathematik, Natur, Naturwissenschaft und Technik" (HKM 2020) zur Verfügung. Auf der Lernplattform des Landesmedienzentrums Bayern finden sich „interaktive und dynamische Spiele" vom „Galgenmännchen" über „Sudoku" bis hin zu „Kreuzworträtseln" (mebis 2020). Die Bandbreite an Aufgaben (vgl. auch Kihm & Peschel in diesem Band) ist groß, die als „didaktisches Spiel" oder „Lernspiel" gekennzeichnet sind und versprechen, dass die Schüler*innen „spielerisch […] Lernen können" (DIPF 2020). Was unter den Begriffen „Lernspiel" oder „spielerisches Lernen" zu fassen ist, wird allerdings auf den Bildungsservern nicht geklärt, jedoch legen die Erläuterungen zu den Aufgabenstellungen nahe, dass es sich vor allem um „Übungsaufgaben" (ebd.) und Formen des Trainings handelt, zum Beispiel in Gestalt von „einprägsame[n] Spiele[n] zum Vokabeltraining" oder „spielerische[m] Rechtschreibtraining" (ebd.). Dem entgegen stehen die Ansätze der Spielpädagogik, die kindliches Spiel als frei von Regeln (Fritz 2004) und als eine nicht auf ein Ziel hin gerichtete Bewegung (Schäfer 2013; Stampfl & Junge 2015) verstehen.

Die diesem Beitrag zugrunde liegende Studie *Spielen und Erkennen im Sachunterricht* (SEiSU; Andersen 2016) widmet sich der Suche nach einer Theorie und Empirie des kindlichen Spiels im Fokus einer **Didaktik der Lernkulturen**. In diesem Beitrag werden ausgewählte Aufgabenbeispiele, die in der SEiSU-Studie analysiert wurden (siehe u. a. Infokasten 1), als Ausgangspunkt genommen, um das Verständnis von einer Kultur des Spielens und Lernens besser fassbar zu machen. Zunächst werden in theoretischer Aufarbeitung Spielen und Lernen im Diskurs eines konstruktivistischen Kulturverständnisses verankert und Kriterien einer systemisch-konstruktivistischen Lernkultur entwickelt (Kap. 2.1). Darauf basierend werden didaktische Grundsätze der Aufgaben- und Unterrichtsgestaltung abgeleitet (Kap. 2.2). Die Fragestellung und das Forschungsdesign der Untersuchung legt Kapitel 3 dar, bevor die Forschungsergebnisse in drei Schritten präsentiert werden: erstens im Rahmen eines Überblicks über Aufgaben zur Kategorie „didaktisches Spiel" (Kap. 4.1), zweitens in der Analyse des im Infokasten 1 gezeigten Aufgabenbeispiels (Kap. 4.2) und drittens in der Weiterentwicklung jenes Beispiels im Fokus einer Didaktik der Lernkulturen

Annäherung an eine Spiel- und Lernkultur – Aufgabe zum Thema Energieformen

Die Aufgabe „Unterschiedliche Energieformen" (kiknet 2020) besteht aus sechs Arbeitsblättern. Auf Arbeitsblatt (AB) 1 und 2 (vgl. Infokasten 2) wird ein Informationstext über die verschiedenen Energieformen bereitgestellt. Sieben Formen von Energie werden anhand kurzer Beschreibungen vorgestellt. Dies sind die Energieformen „Bewegungsenergie", „Lageenergie", „chemische Energie", „Strahlungsenergie", „Wärmeenergie", „elektrische Energie" und „Kernenergie". Jede Energieform wird unter Verwendung von Beispielen erläutert. AB 3 (vgl. Infokasten 2) enthält sechs Bilder, auf denen die erwähnten Energieformen (mit Ausnahme der Kernenergie) wiedergegeben sind (z.B. Stausee mit Damm, Solarzellen auf einem Dach). Unter den Bildern sind Linien aufgeführt, auf die die entsprechende Energieform zu schreiben ist.

AB 4

Arbeitsblatt 4, 5 und 6 aus kiknet 2020: 8–10

Auf den hier abgedruckten Arbeitsblättern 4 bis 6 sind die Karten eines Memoryspiels abgebildet. Die AB 4 und 5 enthalten 12 Bildkarten, die Alltagsanwendungen der Energieformen exemplifizieren (u.a. Windrad, Batterien, Rennradfahrer beim Fahren auf der Straße, ein Skispringer auf der Startposition einer Sprungschanze, ein Teller mit gekochten Spaghetti, mehrere Strommasten). Auf AB 6 sind Wortkarten mit den Begriffen „Lageenergie", „chemische Energie", „Bewegungsenergie", „Kernenergie",

(Kap. 4.3). Die abschließende Diskussion schließt an die Ausführungen von Kihm und Peschel (in diesem Band) an und zeigt Perspektiven für die künftige Aufgabenentwicklung auf (Kap. 5).

2.1 Theoretische Fundierung: Spielen und Lernen im Diskurs eines konstruktivistischen Kulturverständnisses

Die SEiSU-Studie schließt an ein Kulturverständnis an, das Kultur gemäß dem konstruktivistischen Wissenschaftsparadigma als dynamischen und durch menschliche Interaktion geschaffenen Prozess versteht (vgl. auch Nießeler in diesem Band). Die Ansätze des Konstruktivismus gehen von der These aus, dass jede Form von Erkenntnis auf der Konstruktion von Wirklichkeit beruht.

Infokasten 1

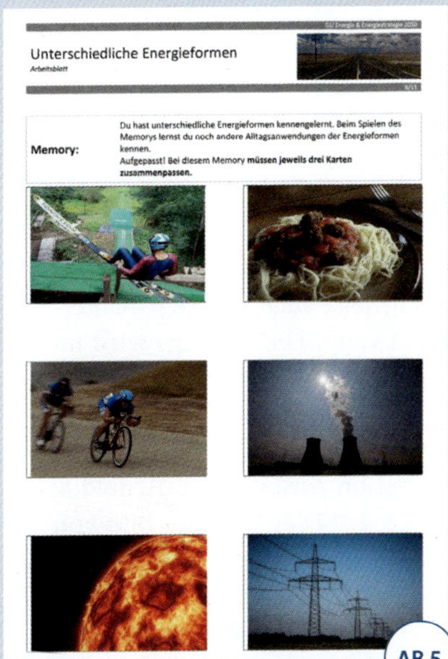

AB 5

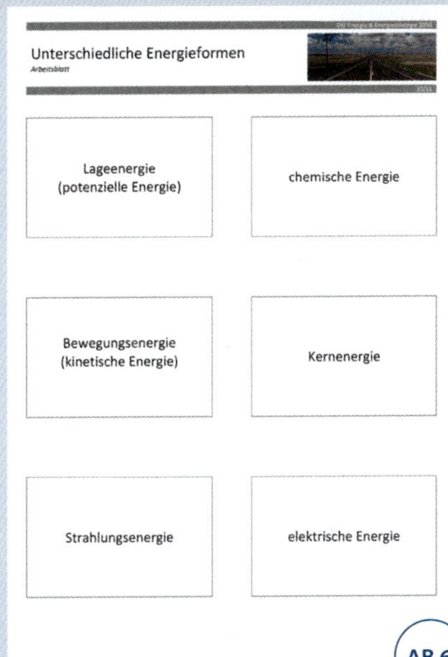

AB 6

„Strahlungsenergie" und „elektrische Energie" abgebildet. Die auf AB 2 (vgl. Infokasten 2) eingeführte Wärmeenergie findet sich nicht auf den Wortkarten. In der Aufgabenstellung wird formuliert, dass jeweils drei passende Karten zu finden sind (z.B. Bild eines Windrades plus Bild von zwei Fahrradfahrern plus Wortkarte mit der Aufschrift Bewegungsenergie). Welche Verknüpfungen diese Aufgabe mit einer Spiel- und Lernkultur aufweist, wird in Kapitel 4 kritisch diskutiert.

Demnach entsteht jede Darstellung der äußeren Welt aus dem Erlebnisraum des Individuums, und jede Erkenntnis über die Realität ist als Konstruktion des Individuums zu fassen (v. Glasersfeld 2002). Während von Glasersfeld in seinem Radikalen Konstruktivismus das Individuum in den Fokus seiner Betrachtungen rückt, verstehen die Ansätze einer systemisch-konstruktivistischen Perspektive (u.a. Reich 2012; 2014) Erkenntnistätigkeit als einen Vorgang, der mit lebensweltlichen Interaktionen einhergeht. Dies umfasst die **Konstruktion, Rekonstruktion und Dekonstruktion von Wirklichkeiten** (Andersen 2016; Reich 2012; 2014). In Prozessen der Konstruktion sind die Schüler*innen selbst „Erfinder […] von Wirklichkeit" (Reich 2010: 42) und entwickeln durch eigene Konstruktionsarbeit sowie über den Austausch mit anderen ein Verständnis für unterschiedliche Konstruktionen von Wirklichkeit. Die Rekonstruktion spiegelt sich im Kind als „Entdecker […] von Wirklichkeit“ (ebd.) wider, das die Konstruktionen der anderen nachzuvollziehen versucht und die eigenen Beweggründe hinterfragt. Schließlich gehört laut Neubert et al. (2001) und Reich (2014) die Dekonstruktion zum systemisch-konstruktivistischen Ansatz. Hierbei geht es um das Kind als „Enttarner von Wirklichkeit“ (Reich 2010: 42), das die eigenen Beurteilungen und die der anderen kritisch hinterfragt.

Von einem solchen Kulturbegriff geht die SEiSU-Studie aus. Lernen wird dabei als ein situativer Prozess verstanden, der *vom Kind ausgeht*, das weitestgehend selbstständig sein Wissen konstruiert. Es stellt sich die Frage, inwiefern diese in der Spieltheorie zentrale Sichtweise auch im (Sach-)Unterricht der Grundschule umsetzbar ist bzw. sein kann. Dieser Frage wird im vorliegenden Beitrag nachgegangen, entlang der drei zentralen Kategorien der Konstruktion, Dekonstruktion und Rekonstruktion von Wissen, womit das Bild eines Lerners ins Zentrum rückt, der zum Konstrukteur seines Lernens wird. Der SEiSU-Kriterienkatalog zeichnet im Anschluss an Arnold & Pachner (2011), Giest (2016) und Reich (2012; 2014) ein solches Bild von Lernen und erweitert damit die von Kihm und Peschel zu AufgabenKULTUREN dargelegten Überlegungen (in diesem Band) um die Merkmale einer systemisch-konstruktivistischen LernKULTUR (vgl. Abb. 1).

Um die Merkmale des SEiSU-Kriterienkatalogs besser identifizierbar zu machen, wird die hier zugrunde gelegte systemisch-konstruktivistische Lerntheorie von anderen Theorien des Lernens abgegrenzt:

Erstens erfolgt eine Abgrenzung vom **„Lernen als Abbildung“** (Neubert et al. 2001: 253). Gemäß dem Grundmuster des Abbildungslernens wird in diesem Theorieverständnis Wissen als Vorgabe betrachtet, als etwas, das in die Lernenden eingeprägt oder abgebildet wird. Die Lehrkraft entscheidet bei dieser Form des Lernens über die Festlegung des richtigen und sinnvollen Wissens und versucht, Irrwege im Lernprozess der Schüler*innen zu vermeiden.

Zweitens erfolgt eine Abgrenzung zum **„Lernen als Aneignung“** (ebd.). Diese Form des Lernens ist offener als das Abbildungslernen, da sie Möglichkeiten der Aneignung von unterschiedlichen Inhalten mit unterschiedlichen Methoden beinhaltet. Die Aneignungstheorien gehen davon aus, dass die kognitive Entwicklung des Lerners durch handelnde Auseinandersetzung mit dem Lerngegenstand erfolgt (Giest 2016). Unter Aneignung ist hierbei jene Tätigkeit zu fassen, durch die der Lerner Wissen über den Lerngegenstand erwirbt und darüber „zu mehr Logik und höherer Rationalität, zu verbesserter Aufklärung über die Welt“ (Neubert et al. 2001: 254) gelangt. Dies impliziert die Vorstellung, dass die Aneignung von falschem oder unnötigem Wissen für das Lernen nicht förderlich und deshalb zu vermeiden sei.

Drittens: **„Lernen als Konstruktion“** unterscheidet sich vom Aneignungs- und Abbildungslernen vor allem darin, dass der Lerner durch eigenständi-

Konstruktion

Der Lerner …
… erstellt individuelle Konstruktionen (K1)
… konstruiert eigenständig sein Wissen (K2)
… strukturiert sein Lernen selbst (K3)
… bringt seine Erfahrungen in die individuellen Konstruktionen ein (K4)

Rekonstruktion

Der Lerner …
… vollzieht das Wissen in bereits vorhandenen Konstruktionen nach (R1)
… knüpft an bereits vorhandenes Wissen an (R2)
… strukturiert bereits vorhandenes Wissen um (R3)
… setzt sich aktiv mit den Lerngegenständen und mit den individuellen Konstruktionen anderer Lerner auseinander (R4)
… bezieht die Lebenswelt in sein Lernen ein (R5)

Dekonstruktion

Der Lerner …
… stellt bisherige Konstruktionen in Frage (D1)
… hinterfragt sein Wissen (D2)
… passt neue Eindrücke an alte Schemata des Denkens an (D3)
… erstellt neue „viable Theorien", mit deren Hilfe Probleme und konkrete Anforderungen bewältigt werden können (D4)
… evaluiert den eigenen Lernprozess (D5)

Abb. 1: SEiSU-Kriterienkatalog – Merkmale einer systemisch-konstruktivistischen Lernkultur

ges Konstruieren ein sogenanntes „Experience" (ebd.) erwirbt. Unter diesem Begriff fassen Neubert, Reich und Voß (2001), dass der Lerner sein Wissen und die dabei erzeugten Wirklichkeiten in seinem „Experience" konstruiert. Wissen muss gemäß dem Ansatz der konstruktivistischen Lerntheorien hinterfragt und kritisch beleuchtet werden, um die eigene Konstruktionsarbeit vor dem Hintergrund anderer Konstruktionen zu reflektieren. Es entsteht das Bild einer Lernlandschaft, in der die Lernenden mit ihren je individuellen Konstruktionen wechselseitig in einen Austausch gelangen und durch Zerlegen sowie neues Zusammenfügen von Wissenselementen die eigenen Konstrukte immer weiter ausdifferenzieren (vgl. Dekonstruktion und Rekonstruktion; Abb. 1). Lernen in diesem Sinne erfolgt kontextabhängig, setzt sich mit alternativen Lernerfahrungen auseinander und erzeugt selbstorganisiertes reflexives Lernhandeln. Mit Arnold (2005), Kirchhöfer (2004), Neubert et al. (2001), Sonntag et al. (2004) und Zimmer (2001) lässt sich die These formulieren, dass eine konstruktivistische Lernkultur besser als andere Lernansätze zum mehrperspektivischen Denken anregt, da Lernen in dreierlei Perspektive erfolgt: als Konstruktion, wenn Lerner etwas selbst erfinden; als Rekonstruktion, wenn sie bereits Bekanntes entdecken; und als Dekonstruktion, wenn sie etwas auseinandernehmen oder verfremden.

2.2 Spiel als Lernkultur: Didaktische Kriterien und Perspektiven

Das Spiel nimmt im Kontext einer Lernkultur im Grundschulunterricht eine besondere Stellung ein. Nach Holtappels (2008) zeigt sich die Bedeutung vor allem im Rahmen des Freispiels (siehe auch Kihm & Peschel in diesem Band zum Offenen Experimentieren). Offen bleibt in der Studie von Holtappels jedoch, wie Lernangebote didaktisch ausgestaltet sein sollten, um das fachbezogene Spielen der Schüler*innen im Sinne einer Lernkultur zu ermöglichen. In Anlehnung an unsere Überlegungen zu einer systemisch-konstruktivistischen Lernkultur (vgl. Kap. 2.1) gehen wir davon aus, dass sich Prozesse der Konstruktion, Dekonstruktion und Rekonstruktion in der Verknüpfung von Spiel und Erkenntnis äußern, z. B. indem der Lerner beim Bau einer Papierbrücke durch variierendes Falten von Papier und anschließender Überfahrten mit unterschiedlich schweren Spielzeugautos erkennt, dass das Dreieck ein tragfähiges Bauelement darstellt (Andersen 2016). Zur Aktivierung solcher Prozesse sind gemäß Andersen sieben didaktische Grundsätze der Aufgaben- und Unterrichtsgestaltung zentral. Konkret sind dies die Faktoren Anreiz, Spielraum, Sachzentrierung, Kreativität, Kooperation, Flexibilität und Zurückhaltung, die Aufgaben einer Spiel- und LernKULTUR demaskieren:

1. Der Faktor **Anreiz** führt dazu, dass die Schüler*innen durch die Aufgabenstellung zum Nachdenken über den Sachzusammenhang und zum Formulieren eigener Hypothesen angeregt werden. Gerade aus dem Fehlen eines wichtigen Details im Sachzusammenhang – einer sogenannten „Leerstelle" (Andersen 2016: 179; vgl. Infokasten 2) – geht das Denken der Kinder hervor. Dieses fehlende Detail muss von den Schüler*innen gefunden und erkannt werden, um das Thema in seinen Zusammenhängen zu durchdringen. Wenn ein Zusammenhang als irritierend erlebt und seine Selbstverständlichkeit infrage gestellt wird, wird das Denken der Kinder angeregt. Hierfür sind Momente des Fehlens und Mangels in der Aufgabenstellung von Bedeutung.
2. Für eine Verknüpfung von Spiel und Erkenntnis im Rahmen einer Lernkultur der Konstruktion, Dekonstruktion und Rekonstruktion ist das Zulassen eines **Spielraumes** zentral. Dabei geht es nicht um ein Lernen im Sinne der Wissensvermittlung, bei der die Schüler*innen vorgegebene Wissensstrukturen übernehmen. Lernen als Spiel- und Lernkultur impli-

Aufgabe mit Potential für eine Spiel- und Lernkultur – Merkmal Anreiz

Infokasten 2

Unterschiedliche Energieformen

Arbeitsblatt

Aufgabe: Lies den Informationstext aufmerksam durch. Welches Bild passt zu welchem Text? Schreibe die entsprechende Energieform unter das Bild.

Unterschiedliche Energieformen

Menschen, Pflanzen und Tiere brauchen tagtäglich Energie in Form von Nahrung, Licht oder Wärme. Energie ist an sich unsichtbar, wir erkennen sie aber an ihrer Wirkung.
Energie lässt sich nicht aus dem Nichts erzeugen und auch nicht vernichten. Wir können Energie aber von einer Form in eine andere umwandeln. Hier lernst du einige Formen von Energie kennen:

Bewegungsenergie (kinetische Energie)
In einem Gegenstand oder einem Körper, der in Bewegung ist, steckt Bewegungsenergie, auch kinetische Energie genannt. Im Wind steckt Bewegungsenergie, genauso im fahrenden Fahrrad oder im Fussball, der auf das Tor zufliegt.

Lageenergie (potenzielle Energie)
Wird ein Gegenstand oder Körper in die Höhe gehoben, speichert er Lageenergie. Durch den freien Fall des angehobenen Körpers bekommt dieser eine Geschwindigkeit respektive kinetische Energie, welche genutzt werden kann. Du kennst das zum Beispiel vom Hammer, mit dessen Hilfe du den Nagel einschlagen kannst.

Chemische Energie
In Holz, Erdöl oder in der Nahrung ist chemische Energie gespeichert. Durch das Verbrennen der Stoffe, was ein chemischer Vorgang ist, entsteht Wärme (thermische Energie), aber auch Strahlungsenergie. Die Nahrung zum Beispiel wird im Körper „verbrannt" und gibt dir Energie zum Leben. Dass ein Feuer Wärme und Licht spendet und dass dein Körper Wärme produziert, hast du sicher auch bereits gespürt.

Strahlungsenergie
In den Strahlen der Sonne ist Strahlungsenergie gespeichert. Diese Energie können wir zum Beispiel nutzen, um uns aufzuwärmen, weil die Strahlungsenergie in unserem Körper in Wärmeenergie umgewandelt wird. Oder wir nutzen die Strahlungsenergie, um Strom zu erzeugen.

AB 1

Unterschiedliche Energieformen

Arbeitsblatt

Wärmeenergie (thermische Energie)
Je wärmer ein Stoff ist, desto mehr bewegen sich seine Moleküle. Luft, Böden und Gewässer speichern Sonnenenergie respektive Energie aus dem Erdinnern in Form von Wärme. Diese Wärme kann übertragen werden und zum Beispiel zum Heizen und zum Erwärmen von Wasser verwendet werden.

Elektrische Energie
Elektrische Energie wird im Allgemeinen als „Strom" oder auch „Elektrizität" bezeichnet. Sie wird meist durch einen Stromgenerator erzeugt und lässt sich in verschiedene Energieformen umwandeln. Elektrische Energie kann gespeichert werden (zum Beispiel in einem Akku), kann transportiert werden (zum Beispiel Stromkabel) und kommt in der Natur in Form eines Blitzes vor.

Kernenergie
Bei der Spaltung der Uran-Atomkerne wird Strahlungsenergie freigesetzt, welche Wasser erhitzt. Der dabei entstehende Wasserdampf treibt Turbinen an, die über einen Generator elektrischen Strom produzieren.

AB 2

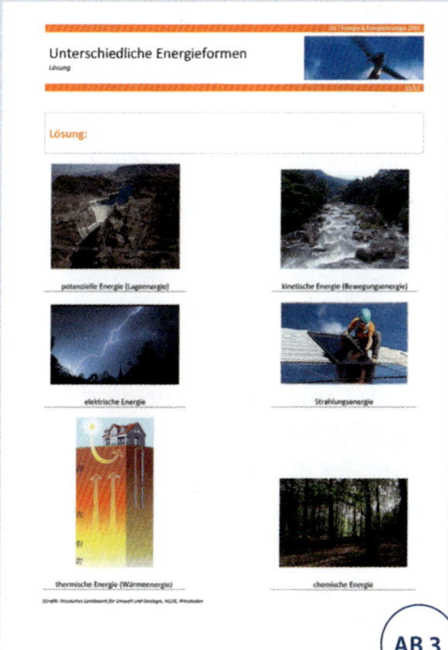

AB 3

Die Aufgabenstellung enthält eine sogenannte „Leerstelle", indem sieben Informationstexte zu sieben unterschiedlichen Energieformen aufgeführt werden (Arbeitsblatt 1 und 2), allerdings nur sechs Bilder mit unterschiedlichen Beispielen zur Nutzung in der Energieversorgung gezeigt werden (Arbeitsblatt 3). Das fehlende Bild zur Energieform Kernenergie kann als Leerstelle in der Aufgabe beschrieben werden, welche die Lerner zum Nachdenken und zur eigenständigen Konstruktion, Rekonstruktion und Dekonstruktion anregt.

Arbeitsblatt 1, 2 und 3 aus kiknet 2020: 5–7

ziert vielmehr, Räume zu schaffen (z. B. im Schulgarten, in der Aula, auf dem Pausenhof oder den Gängen), in denen das Kind durch das Sammeln von Erfahrungen zu Erkenntnisprozessen gelangen kann. Solche Prozesse des Lernens im Schnittfeld aus Spiel und Erkenntnis finden im Kontext von Aufgabenstellungen statt, die unterschiedliche Lösungen und individuelle Interessen zulassen (siehe auch Kihm & Peschel in diesem Band).

3. Auf der Grundlage der **Sachzentrierung** gelingt die Entwicklung der Problemstellung zu einem durchschaubaren Sinnzusammenhang. Beim Brückenbau aus Papier gilt es beispielsweise, jede Konstruktionsidee vor dem Hintergrund ihrer Tragfähigkeit zu testen. Es gibt keinen Grund, die Idee einer Schüler*in nicht in die Sachbearbeitung aufzunehmen. Jede Meinung zur Sache gilt es am Sachverhalt selbst zu prüfen und erst dann darüber zu entscheiden, ob sie weiterverfolgt, modifiziert oder verworfen werden soll (Andersen 2016: 180). Jede Überlegung zur Sache trägt zur Lösung des Problems bei, auch wenn der gewählte Konstruktionsweg nicht unmittelbar zur Problemlösung führt. Erst durch die Erkenntnis, dass der eingeschlagene Weg evtl. für die vorgegebene Problemstellung nicht zielführend ist, kann dieser für das weitere Vorgehen ausgeschlossen bzw. modifiziert werden und hilft damit allen Lernern bei der Eingrenzung zur Verfügung stehender Lösungswege. Das didaktische Kriterium der Sachzentrierung zielt nicht auf eine Bewertung im Sinne von richtig oder falsch, sondern auf die sachbezogene Beurteilung, welche Konsequenzen sich aus der Ablehnung eines Vorschlags für das weitere Vorgehen ergeben. Entsprechend erscheinen Aufgabenformate geeignet, die unterschiedliche Lösungswege zulassen.
4. Als weiteres didaktisches Kriterium einer Spiel- und Lernkultur zeigt sich das Merkmal der **Kreativität**. Kreative Beiträge gehen häufig mit dem Ausprobieren von Neuem einher, was Ungewissheiten einschließt. Fehler sind entsprechend als produktiv und als Versuch-Irrtum-Experiment zu bewerten. Von ihnen gehen Anstöße aus, die möglichen Lösungen zunehmend konkreter zu fassen. Die Anerkennung des Fehlers ist nicht Ausdruck eines unmotivierten Wohlwollens, sondern Lob für ein Bemühen, das alle der Problemlösung näherbringt. Aufgaben, die ungewöhnliche und abweichende Unterrichtsbeiträge anregen, sind dabei von besonderer Bedeutung.
5. **Kooperation** ist ein weiteres Element für die didaktische Ausgestaltung einer Spiel- und Lernkultur. Für das Entstehen von Lernprozessen in einer Schnittmenge von Spiel und Erkenntnis ist eine Atmosphäre des Zuhörens und Verstehens und die konstruktive Auseinandersetzung mit unterschiedlichen Meinungen bedeutsam. Deshalb erscheinen Aufgaben als besonders geeignet, die den Austausch innerhalb der Lerngruppe anregen. Die Kommunikation über einen Sachzusammenhang und das gemeinsame Nachdenken über mögliche und ggf. kreative Lösungswege entfalten sich unter Bedingungen gegenseitiger Achtung (Andersen 2016: 180).

6. Lernen im Rahmen einer Spiel- und Lernkultur erfordert **Flexibilität** hinsichtlich nicht vorhersehbarer Weiterentwicklungen. Für eine Form des Lernens, das Umwege im Lernweg als produktiv anerkennt und nicht geradlinig auf den Erwerb einer spezifischen Fähigkeit zielt, ist die Offenheit der Aufgabenstellung zwingende Voraussetzung. Dies impliziert Flexibilität im Hinblick auf die Verwendung von Materialien, Bauweisen und Lösungswegen, eventuell sogar hinsichtlich der Lösung. Dieses Merkmal einer Spiel- und Lernkultur entspricht in seinen Grundzügen dem Konzept des „Offenen Experimentierens" (vgl. Baur et al. 2020; Peschel 2015; s. auch Kihm & Peschel in diesem Band).
7. **Zurückhaltung** ist von der Lehrkraft gefordert, die die Bedingungen des Lernens so gestalten sollte, dass die Schüler*innen zu eigenen Erfahrungen gelangen können und befähigt werden, die jeweiligen Sinnzusammenhänge an den Sachverhalten selbst auszuarbeiten (Andersen 2016). Entsprechend sollte eine Aufgabe, die auf ein Lernen im Sinne einer Spiel- und Lernkultur zielt, an den Erfahrungen des Kindes anknüpfen.

3 Methodologie und Fragestellung der Untersuchung

Auf der Grundlage eines solchen Verständnisses von einer Spiel- und Lernkultur und ihrer Didaktik geht die SEiSU-Studie der Frage nach, welche Potentiale sich in Aufgaben für die Grundschule zur Aktivierung eines Lernens im Sinne einer systemisch-konstruktivistischen Lernkultur zeigen. Die Untersuchung unterteilt sich in vier Forschungsschritte (Abb. 2). In Teil 1 der Studie wurden sechs Aufgaben zu Themen der natürlichen und technischen Umwelt des Sachunterrichts in Schülergruppen der Jahrgangsstufen 1 bis 4 umgesetzt und videographisch aufgezeichnet (T1). Mittels qualitativer Inhaltsanalyse nach Mayring (2014) wurden die Schülerinteraktionen analysiert (T2). Auf der Basis der Ergebnisse erfolgte die Ausdifferenzierung des

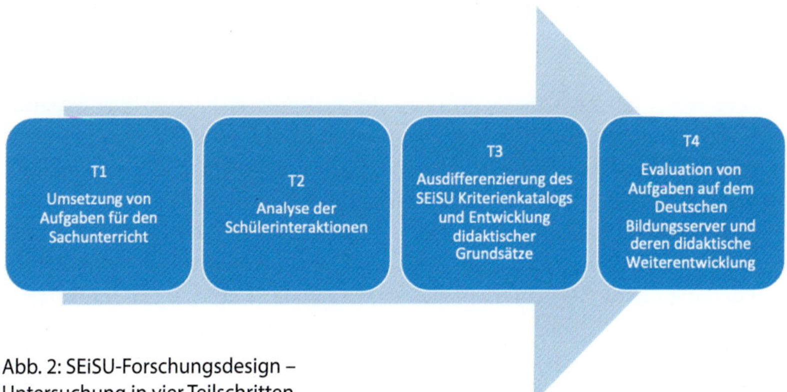

Abb. 2: SEiSU-Forschungsdesign – Untersuchung in vier Teilschritten

SEiSU-Kriterienkatalogs sowie die Entwicklung didaktischer Grundsätze zur Aufgaben- und Unterrichtsgestaltung (T3). Diese neu entwickelten Analyseinstrumente (vgl. Kap. 2.1; 2.2) fanden Anwendung in der Evaluation von Aufgaben vom Deutschen Bildungsserver (DIPF 2020) im Hinblick auf Potentiale für eine Didaktik der Lernkulturen (T4).

Für die Plattform des Deutschen Bildungsservers haben wir uns entschieden, da dieser als „der zentrale Internet-Wegweiser zum Bildungssystem" (DIPF 2020) ausgewiesen wird und den „Zugang zu hochwertigen thematischen Informationssammlungen und Internetquellen" (DIPF 2020) verspricht. T1 bis T3 zielen auf die Entwicklung eines Analyseinstruments für die Evaluation von Aufgabenstellungen des Deutschen Bildungsservers hinsichtlich ihrer Potentiale für ein Lernen im Sinne einer Lernkultur. Die Ergebnisse der Untersuchungsschritte T1–T3 sind ausführlich in Andersen (2016) dokumentiert und werden hier lediglich in den für diesen Beitrag relevanten Quintessenzen zusammengefasst. Dies umfasst den Kriterienkatalog (Kap. 2.1) und die didaktischen Grundsätze zur Aufgaben- und Unterrichtsgestaltung (Kap 2.2), die als Ausgangspunkt für die Evaluation der Aufgaben (vgl. Infokästen) dienen. Im nachstehenden Ergebnisteil (Kap. 4) stehen die Ergebnisse aus T4.

In T4 erfolgte die Analyse der Aufgaben vom Deutschen Bildungsserver durch pädagogisch-didaktische Experten. Im Gruppengespräch sichteten sie auf der Grundlage des SEiSU-Kriterienkatalogs alle auf dem Bildungsserver eingestellten Aufgaben zur Kategorie didaktisches Spiel (n = 31). Diese Analyse zielte auf die Selektion von drei Aufgaben, die aus Sicht der Experten den in Kap. 2.1 dargelegten Merkmalen einer systemisch-konstruktivistischen Lernkultur (Abb. 1) am ehesten entsprechen. Die Aufgabe mit den meisten durch die Experten identifizierten Potentialen wird nachfolgend vorgestellt und es werden konkrete Potentiale ebenso wie mögliche Erweiterungen im Hinblick auf eine Didaktik der Lernkulturen enttarnt.

4 Aufgabenformate einer Didaktik der Lernkulturen in der Grundschule

Dieser Abschnitt fasst die Ergebnisse der Gruppendiskussion der Experten über die Aufgaben aus dem Aufgabenpool des DIPF (2020) zusammen. Dies beinhaltet eine Übersicht über die insgesamt im Rahmen des Evaluationsprozesses geäußerten Bewertungen hinsichtlich von Potentialen der auf dem Deutschen Bildungsserver eingestellten Aufgaben für ein Lernen im Sinne einer Lernkultur (Kap. 4.1). Zweitens wird die Aufgabe mit den meisten Potentialen entlang des SEiSU-Kriterienkatalogs vorgestellt (Kap. 4.2; vgl. Infokästen 1 und 2). Schließlich wird die in Kap. 4.2 vorgestellte Aufgabe vor dem Hintergrund der didaktischen Grundsätze einer systemisch-konstruktivistischen Aufgaben- und Unterrichtsgestaltung reflektiert und weiterentwickelt (Kap. 4.3).

4.1 Gesamteindruck zu den Aufgaben aus der Kategorie didaktisches Spiel

Die auf dem Deutschen Bildungsserver befindlichen Aufgaben zur Kategorie „didaktisches Spiel“ (DIPF 2020) sind gemäß der in der Grundschule vertretenen Fächer kategorisiert. Aus Sicht der Experten beinhalten die auf dem Server eingestellten Aufgaben insgesamt nur wenige Potentiale zur Aktivierung eines Lernens im Sinne einer systemisch-konstruktivistischen Lernkultur. Aus den insgesamt 31 untersuchten Aufgaben wurden vier Aufgaben aufgrund der von den Experten vorgenommenen positiven Bewertung ausgewählt und hinsichtlich ihrer Potentiale für ein Lernen im Rahmen einer Lernkultur ausführlicher diskutiert. Alle vier Aufgaben entstammen dem Fach Sachunterricht und berühren Themen wie „Energieeffizienz und erneuerbare Energien“, „Papier – von Natur bis Kultur“ und „Mach's grün!“ (DIPF 2020). Die Aufgaben „Papierschöpfen“, „Papier – wohin du siehst! Papiervielfalt im Alltag“ (vgl. Infokasten 3) und „Unterschiedliche Energieformen“ (vgl. Infokästen 1 und 2 sowie Analyse in Kap. 4.2; 4.3) enthalten aus Sicht der Experten besondere Potentiale.

Für die auf dem Bildungsserver eingestellten Aufgaben zum Fach Deutsch konnten keine oder kaum Potentiale zur Aktivierung einer Lernkultur iden-

Aufgabe mit Potential für eine Spiel- und Lernkultur: Papier – von Natur bis Kultur **Infokasten 3**

„Im Dominospiel machen sich die Lerner mit den vier bekanntesten Schriftträgern der Menschen – Stein-/Tontafeln, Papyrus, Pergament und Papier – vertraut. Die auf Pappkärtchen […] ausgedruckten Bild-Text-Karten des Dominos werden gemischt und verdeckt an die Lerner ausgegeben. Dann werden die Spielregeln erläutert und ein paar Minuten Zeit zum Lesen und Betrachten gegeben. Achtung: Die Bild- und die Textseite einer Dominokarte gehören nicht zusammen, sondern jeweils zu einem anderen Bild bzw. Text!“ (Maué, Schönheit & Trauth 2019: 31)

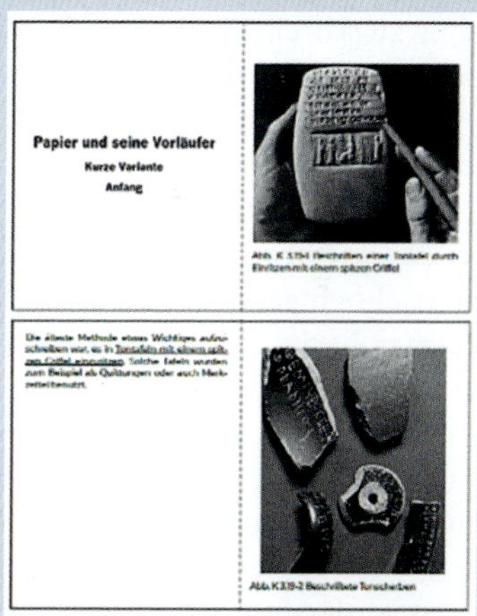

Dominokarten (Maué, Schönheit & Trauth 2019: 53)

Potential für eine Spiel- und Lernkultur identifizierten die Experten zwar auch in dem Dominospiel, insbesondere aber in der Ergänzung, dass die Lerner das Erstellen von Nachrichten mittels eines Griffels und unterschiedlicher Materialien selbst erproben können.

tifiziert werden. Die Rubrik „spielerisches Rechtschreibtraining“ subsumiert u. a. die Aufgaben „Buchstabensalat“ und „Wortschlange“ (DIPF 2020), bei denen Wörter in einem Durcheinander von Buchstaben zu suchen sind. Aus Sicht der Experten bleibt die Tätigkeit der Schüler*innen bei solchen Aufgaben auf das reproduzierende Tun beschränkt, wohingegen Aktivitäten der Konstruktion, Dekonstruktion und Rekonstruktion (z. B. das Vergleichen, Ordnen oder Systematisieren der Wörter im Hinblick auf Gemeinsamkeiten und Unterschiede der im Wort enthaltenen Selbstlaute, Mitlaute, Umlaute oder Silben) nicht angeregt werden. Somit könnten solche Aufgabenformate aus Sicht der Experten dem in diesem Beitrag zugrunde gelegten Verständnis einer Spiel- und Lernkultur (vgl. Abb. 1) nicht standhalten oder zumindest nur dann, wenn die Lehrkraft die Schüler*innen durch zusätzliche Impulse gezielt zum Untersuchen, Hinterfragen, Strukturieren und damit zum Erkennen von Zusammenhängen aktiviere.

Unter dem Stichwort „Spiele für den Englischunterricht“ (DIPF 2020) sind auf dem Deutschen Bildungsserver u. a. Lückentexte und Kreuzworträtsel zu finden, in die vorgegebene Vokabeln in einer bestimmten Zeitform eingesetzt werden sollen. Aus der Gruppendiskussion ging hervor, dass die Experten die erwartete Tätigkeit der Schüler*innen bei diesen Aufgaben im Konjugieren und standardisierten Umwandeln vorgegebener Verben in festgelegte Zeitformen sehen. Damit fokussieren solche Aufgabenformate aus Sicht der Experten die fachliche Kompetenz, Wörter nach Vorlage in einer bestimmten Zeitform richtig zu schreiben. Anstöße zum Lernen im Sinne einer Lernkultur und des Verschmelzens von Spiel und Erkenntnis seien gemäß den Erfahrungen der Experten in solchen Aufgabenformaten nicht zu identifizieren bzw. nur, wenn diese durch kreative Ergänzungen seitens der Lehrkraft erweitert würden.

„Mathe-Mandalas“, „Zahlenpyramiden, Sudokus und Labyrinthe“ zeichnen das Spektrum der im Deutschen Bildungsserver für den Mathematikunterricht eingestellten didaktischen Spiele aus (DIPF 2020). Aus Sicht der Experten bezieht sich die von den Schüler*innen im Rahmen dieser Aufgaben geforderte Kompetenz auf den Umgang mit Zahlen und Operationen und damit auf eine inhaltsbezogene Kompetenzentwicklung, die wenig oder keinen Raum für eigene Konstruktionen, Dekonstruktionen und Rekonstruktionen lässt. Die Experten betonten, dass sich der Unterschied von den auf dem Server bereitgestellten Mathematikaufgaben zum sogenannten Päckchenrechnen zuvorderst in der Art der Darstellungsform (z. B. Labyrinth, Pyramide) zeige. Damit bieten die Aufgabenformate für das Fach Mathematik gemäß der Experten zwar eine Abwechslung in der Darstellung der Aufgaben, jedoch nur wenig Potential für ein Lernen im Sinne des hier dargelegten Verständnisses einer Spiel- und Lernkultur.

4.2 Aufgabenbeispiel aus der Kategorie didaktisches Spiel

Die Auswahl der drei Aufgaben mit möglichen Potentialen erfolgte durch die Experten auf der Grundlage des SEiSU-Kriterienkatalogs (Abb. 1). Jedes der im Katalog aufgeführten Kriterien wurde innerhalb der Expertengruppe ausführlich diskutiert. Die Aufgabe „Unterschiedliche Energieformen" (vgl. Infokästen 1 und 2; kiknet 2020), die im Hinblick auf die meisten Kriterien von den Experten als potenziell geeignet für die Aktivierung eines Lernens im Sinne einer Lernkultur der Konstruktion, Dekonstruktion und Rekonstruktion wahrgenommen wurde, wird hier vorgestellt. Entlang der Beurteilungen durch die Experten werden konkrete Potentiale der ausgewählten Aufgabenstellung beleuchtet.

Die Gruppendiskussion zur Bewertung dieser Aufgabe entlang des SEiSU-Kriterienkatalogs zeigte, dass die Experten hinsichtlich verschiedener Kriterien Potentiale für ein Lernen im Sinne einer Spiel- und Lernkultur identifizieren konnten. Andere Kriterien sahen sie nur bedingt oder nicht erfüllt. Letzteres traf auf das Kriterium „Lerner erstellt individuelle Konstruktionen" (K1) sowie auf alle Kriterien der Kategorie **Dekonstruktion** zu. Die Experten gelangten zu dem Ergebnis, dass die Aufgabe nur sehr begrenzt Anregungen enthalte, bisherige Konstruktionen infrage zu stellen (D1) oder das eigene Wissen zu hinterfragen (D2). Ebenso identifizierten sie keine Potentiale im Hinblick auf das Erstellen neuer Theorien, mit deren Hilfe Probleme und konkrete Anforderungen bewältigt werden könnten (D4). Anregungen, den eigenen Lernprozess zu evaluieren (D5), konnten die Experten ebenfalls nicht erkennen. Aus der Kategorie Dekonstruktion sahen die Experten lediglich im Hinblick auf das Kriterium D3 (Lerner passt neue Eindrücke an alte Schemata des Denkens an) mögliche Potentiale in der Aufgabe enthalten. Die Experten diskutierten ausführlich, inwiefern aus dem Zusammenführen von einem bekannten Kontext (z. B. Foto von einem Kind mit Scooter am Startpunkt einer Halfpipe; vgl. Infokasten 1) und einem neuen Begriff (Wortkarte mit dem Begriff Lageenergie; vgl. ebd.) Anstöße zur Dekonstruktion im Sinne der Umgestaltung alter Schemata des Denkens hervorgehe. Kritisch wurde seitens der Experten angemerkt, dass die Herstellung der Verbindung „Bild von Kind mit Scooter – Wortkarte Lageenergie" nicht zwingend mit dem Erstellen neuer Schemata des Denkens einhergehe. Entsprechend schlussfolgerten die Experten, dass das Kriterium D3 in der Aufgabe nicht im vollen Sinne des im Kriterienkatalog dargelegten Verständnisses (Abb. 1) zu identifizieren sei.

In Bezug auf die Kategorie **Konstruktion** konnten die Experten im Hinblick auf drei Kriterien versteckte Potentiale in der Aufgabe identifizieren. Erstens sahen sie mögliche Potentiale zur Aktivierung des Kriteriums K2 (Lerner konstruiert eigenständig sein Wissen), jedoch lediglich durch zusätzliche Unterstützung seitens der Lehrkraft. Um mit den Informationstexten

(z. B. zur Strahlungsenergie) und den darin enthaltenen fachlichen Erklärungen (z. B. „In den Strahlen der Sonne ist Strahlungsenergie gespeichert"; vgl. AB 1, Infokasten 2) sowie den ergänzenden Bildern (z. B. dem Bild eines Kaminofens; vgl. Infokasten 1) Anreize zur eigenständigen Wissenskonstruktion zu setzen, sahen es die Experten als notwendig an, dass Lehrkräfte den Lernern additive Informationen (u. a. Fachinhalte, Alltagsbeispiele) zur Verfügung stellen. Einschränkend merkten die Experten an, dass die im Rahmen dieser Aufgabe zu erwerbenden Wissensinhalte vorgegeben seien, weshalb sie dieses Kriterium in der von ihnen umformulierten Variante „Lerner rekonstruiert eigenständig Wissensinhalte" als zutreffender erachteten. Zweitens sahen die Experten Potentiale für das Kriterium K3 (Lerner strukturiert sein Lernen selbst), wenngleich sie auch hier einschränkten, dass durch die eindeutige Zuordnung von Text und Bildkarten die Lernstrukturen weitestgehend vorgegeben seien. Dennoch identifizierten sie Potentiale zur Nutzung von Freiräumen, zumal die Schüler*innen die Sozialform selbst wählen und zusätzlich Informationen im Internet oder in Lexika suchen könnten. Wichtig zu erwähnen ist, dass diese Potentiale zur Nutzung von Freiräumen nicht durch die Aufgabe selbst angestoßen werden, sondern das Resultat einer durch die Experten vorgeschlagenen Weiterentwicklung ist (vgl. Kap. 4.3). Aus der Kategorie Konstruktion waren sich die Experten lediglich im Hinblick auf das Kriterium K4 (Lerner bringt seine Erfahrungen in die individuellen Konstruktionen ein) einig, dass dieses explizit im Rahmen der Aufgabe zum Tragen komme. Die Erfahrungen der Kinder sahen die Experten sowohl in der textlichen Fassung (u. a. „Du kennst das zum Beispiel vom Hammer, mit dessen Hilfe du den Nagel einschlagen kannst"; vgl. AB 1, Infokasten 2) als auch in der bildlichen Darstellung (u. a. Foto von einem Teller mit gekochten Spaghetti; vgl. Infokasten 1) berührt. Besondere Potentiale sahen sie in solchen Äußerungen wie: „Dass […] dein Körper Wärme produziert, hast du sicher auch bereits gespürt" (vgl. AB 1, Infokasten 2). Hierdurch sei die Erfahrungswelt der Kinder mit ihren taktilen Wahrnehmungen adressiert, was aus Sicht der Experten für ein Lernen im Sinne einer Lernkultur besondere Bedeutung habe.

Aus der Kategorie **Rekonstruktion** sahen die Experten die meisten Kriterien erfüllt. Das Kriterium R2 (Lerner knüpft an bereits vorhandenes Wissen an) identifizierten sie in Bezug auf verschiedene Kontexte. Beispielsweise sahen sie in dem Bild des Windrades (vgl. Infokasten 1) einen geeigneten Impuls, um in Anknüpfung an das bereits vorhandene Wissen, dass Windräder sich vielfach in Bewegung befinden, die Energieform der Bewegungsenergie einzuführen. Ebenso identifizierten sie verschiedene Textstellen als geeignet, um an bereits vorhandenes Wissen der Schüler*innen anzuknüpfen, wie zum Beispiel mit dem Satz: „Im Wind steckt Bewegungsenergie, genauso im fahrenden Fahrrad oder im Fußball, der auf das Tor zufliegt" (vgl. AB 1,

Infokasten 2). Potentiale identifizierten die Experten auch hinsichtlich des Kriteriums R3 (Lerner strukturiert bereits vorhandenes Wissen um), wie beispielsweise durch die in der Beschreibung zur Lageenergie gegebenen Informationen, die ein Umstrukturieren bereits vorhandener Wissensinhalte anstoßen:

> *Wird ein Gegenstand oder Körper in die Höhe gehoben, speichert er Lageenergie. Durch den freien Fall des angehobenen Körpers bekommt dieser eine Geschwindigkeit, respektive Bewegungsenergie, welche genutzt werden kann. Du kennst das zum Beispiel vom Hammer, mit dessen Hilfe du den Nagel einschlagen kannst* (vgl. AB 2, Infokasten 2).

Das Kriterium R4 (Lerner setzt sich aktiv mit den individuellen Konstruktionen anderer Lerner auseinander) wird aus Sicht der Experten durch die Wahl des Memoryspiels angestoßen. Durch das Suchen von drei passenden Memorykarten und dem hierdurch initiierten Austausch innerhalb der Spielgruppe erlangen die Schüler*innen ein Bild von den Denkweisen der anderen. Da es bei diesem Spiel jedoch nur eine mögliche Lösung gibt, gehe es nicht – wie im Kriterienkatalog aufgeführt – um das Kennenlernen der individuellen Konstruktionen der anderen Lerner, sondern um das Auffinden der richtigen Lösung. Am stärksten in der Aufgabe adressiert sahen die Experten das Kriterium R5 (Lerner bezieht die Lebenswelt in sein Lernen ein). Durch die Präsentation unterschiedlicher Alltagsanwendungen der Energieformen in Bild (z. B. strömender Bach; vgl. Infokasten 2; gekochte Spaghetti; vgl. Infokasten 1) und Text (z. B. Erwähnen von „Stromkabel" und „Akku"; vgl. Infokasten 1) würden die Schüler*innen zum Anknüpfen an ihre Lebenswelt angeregt. Eng mit dem Lebensweltbezug verbunden sei das Kriterium R1 (Lerner vollzieht das Wissen in bereits vorhandenen Konstruktionen nach). Indem die Schüler*innen an ihre Lebenswelt anknüpfen, werden aus Sicht der Experten auch bereits vorhandene Konstruktionen aktiviert, anhand derer der Schüler bzw. die Schülerin Wissen nachvollziehen kann (z. B. über die Lageenergie, die entsteht, wenn ein Gegenstand oder Körper in die Höhe gehoben wird).

Zusammenfassend wird deutlich, dass in der **Kategorie Rekonstruktion** die meisten Kriterien zu finden sind, zu denen die Experten Potentiale in der Aufgabenstellung identifizierten. Am zweithäufigsten erkannten die Experten Potentiale in der **Kategorie Konstruktion**, wenngleich die hier identifizierten Impulse in der Diskussion der Experten meist mit Einschränkungen versehen waren, zum Beispiel, dass ein Kriterium nicht durch die Aufgabenstellung direkt angeregt werde, sondern hierfür zusätzliche Impulse notwendig seien. In der **Kategorie Dekonstruktion** sahen die Experten keine oder nur äußerst versteckte Anregungen zur Aktivierung eines Lernens, das in Richtung einer systemisch-konstruktivistischen Lernkultur weist.

4.3 Weiterentwicklung der Aufgabe im Fokus einer Didaktik der Lernkulturen

Die in der SEiSU-Studie entwickelten didaktischen Grundsätze einer systemisch-konstruktivistischen Aufgaben- und Unterrichtsgestaltung (Kap. 2.2) dienten als Grundlage, um in der Aufgabe „Unterschiedliche Energieformen" zusätzliche Potentiale zur Annäherung an eine Didaktik der Lernkulturen auszuloten. In diesem Schritt der Evaluation diskutierte die Expertengruppe die didaktische Weiterentwicklung der Aufgabe auf der Basis der sieben didaktischen Grundsätze und gelangte zu folgenden Ergebnissen:

1. Das Merkmal **Anreiz** sahen die Experten in der Aufgabe enthalten, jedoch nur in impliziter Form. Die Experten stellten fest, dass es zwei sogenannte „Leerstellen" in der Aufgabe gebe, diese aber nicht zur Aktivierung des Denkens der Kinder genutzt würden. Dies sei erstens die Leerstelle, dass in der Aufgabe sieben Informationstexte zu sieben unterschiedlichen Energieformen enthalten sind (vgl. Infokasten 2), allerdings nur sechs Bilder mit unterschiedlichen Beispielen zur Nutzung in der Energieversorgung gezeigt werden (vgl. ebd.). Das fehlende Bild zur Energieform Kernenergie identifizierten die Experten als Leerstelle. Als zweite Leerstelle deuteten sie das Fehlen der Energieform Wärmeenergie im Memory. In beiden Leerstellen sahen sie Potentiale enthalten, um die Schüler*innen zum Nachdenken über eigene Beispiele zu der nicht aufgeführten Energieform anzuregen (vgl. R2). Dieses in der Aufgabe enthaltene Potential müsse jedoch durch zusätzliche Frageimpulse für die Schüler*innen explizit gemacht werden, um sicherzustellen, dass solche Denkprozesse auch tatsächlich aktiviert werden.
2. Das Zulassen eines **Spielraumes** sahen die Experten nur sehr begrenzt in der Aufgabe enthalten, da aus ihrer Sicht durch die genaue Zuordnung von einem Informationstext und einem Bild bzw. von exakt drei Memorykarten kaum Spielräume zur Variation bestünden. Spielräume könnten sich ergeben, wenn man die Spielregeln zum Memory variiere, beispielsweise hinsichtlich der Anzahl der Spieler oder des Spielablaufes. Spielräume im Hinblick auf ein inhaltliches Weiterdenken sahen die Experten jedoch nicht enthalten. Durch das Bereitstellen zusätzlicher „leerer" Bildkarten, die von den Schüler*innen durch eigene Zeichnungen von neuen Beispielen ergänzt werden könnten, ließe sich das Kriterium K2 (Lerner konstruiert eigenständig sein Wissen) stärker in der Aufgabe implementieren.
3. Eine **sachzentrierte Arbeitshaltung**, mit der die Schüler*innen am Sachverhalt selbst ihre Überlegungen prüfen, wird im Rahmen der Aufgabe laut Aussage der Experten zugelassen. Im Rahmen der Zuordnung von Informationstext und dazugehörigem Bild (vgl. Infokasten 2) ebenso wie bei der Zuordnung der drei passenden Memorykarten (vgl. Infokasten 1) ist eine Prüfung am Sachverhalt möglich, ohne hierbei den Beitrag einer Schülerin

bzw. eines Schülers abzuwerten. Die Experten gelangten zu dem Ergebnis, dass eine solche sachzentrierte Arbeitshaltung im Rahmen der Aufgabe grundsätzlich möglich sei, durch die Formulierungen in der Aufgabe aber nicht angeregt werde. Zusätzliche Anregungen, zum Beispiel, dass die eigene Entscheidung für die Auswahl von drei Memorykarten mit einer sachbezogenen Begründung unterlegt werden müsse, sahen die Experten als Impuls zur Verstärkung der Kriterien R1, R2 und D2.

4. Das Merkmal der **Kreativität** wird aus Sicht der Experten in der Aufgabe nicht explizit aktiviert. Sie stellten fest, dass die Aufgabe wenig Raum lasse, um eigene Versuch-Irrtum-Experimente durchzuführen, da durch die Zuordnung von genau drei Memorykarten Fehler in diesem Sinne nicht vorgesehen seien. Das Einfügen einer Bildkarte, die keiner der Energieformen zugeordnet werden kann, könne aus Sicht der Experten ein solches „Spielen mit Fehlern“ bzw. ein Versuch-Irrtum-Experiment anregen und damit Anstöße geben zur Aktivierung eines Lernens mit Fokus auf die Kriterien K4, R4 und D1.
5. Das Merkmal der **Kooperation** sahen die Experten insofern aktiviert, als dass die Schüler*innen durch das Memoryspiel zum Austausch in der Gruppe angeregt werden. Allerdings war die in der Aufgabe formulierte Aufforderung „Aufgepasst! Bei diesem Memory müssen jeweils drei Karten zusammenpassen“ (S. 8) aus Sicht der Experten nur bedingt förderlich, um eine Atmosphäre des Zuhörens und Verstehens zu aktivieren. Eine Ergänzung in der Aufforderung, erstens zum Begründen der eigenen Kartenwahl (vgl. sachzentrierte Arbeitshaltung in Nr. 3) und zweitens zur Formulierung einer sachbezogenen Begründung, warum die Kartenwahl des anderen richtig, teilweise richtig oder falsch sein könne, betrachteten die Experten zur Aktivierung eines Lernens unter Bedingungen gegenseitiger Achtung als relevant. In den Fokus geraten damit die Kriterien D1 und D4.
6. Das Merkmal der **Flexibilität** sahen die Experten nur bedingt gegeben. Zwar können die Schüler*innen die Sozialform in der Bearbeitung der Aufgabe selbst wählen, allerdings bestehe keine inhaltliche Flexibilität, da weder eigene Erfahrungen ergänzt noch neue Beispiele hinzugefügt werden können. In der expliziten Aktivierung der Erfahrungswelt der Kinder sahen die Experten Möglichkeiten, ein Lernen entlang der Kriterien K4, R2 und R5 zu verstärken.
7. Einzig im Hinblick auf das Merkmal **Zurückhaltung** sahen die Experten keine Möglichkeiten zur Weiterentwicklung der Aufgabe. Die Zurückhaltung der Lehrkraft, so die Aussage der Experten, lasse sich nicht durch die Art und Weise der Aufgabe beeinflussen.

5 Diskussion und Ausblick

Die Ergebnisse zeigen, dass die Aufgaben auf dem Deutschen Bildungsserver insgesamt nur wenige Potentiale zur Aktivierung eines Lernens im Sinne einer Spiel- und Lernkultur enthalten. Die für das Fach Sachunterricht eingestellten Aufgaben scheinen hier eine Ausnahme zu bilden. Einzig in Bezug auf dieses Fach wurden von den evaluierenden Experten mögliche Potentiale identifiziert. Unbeantwortet muss bleiben, inwiefern dieses Ergebnis mit fachbezogenen Zusammenhängen zu begründen ist oder ob schlichtweg die Intention, erlernte Inhalte im „Rechtschreibtraining" und „Vokabeltraining" (DIPF 2020) zu festigen bzw. „eine eindeutige Lösung" (ebd.) zu berechnen, für die Aufgabengestaltung in den Fächern Englisch, Deutsch und Mathematik ausschlaggebend und somit ein Lernen im Sinne einer Lernkultur hier nicht beabsichtigt ist. Doch auch in der für den Sachunterricht selektierten Aufgabe mit den meisten Potentialen für eine Aktivierung des Lernens im Sinne einer systemisch-konstruktivistischen Lernkultur finden sich die für eine Lernkultur relevanten Kriterien nur in begrenztem Maße. Auffallend ist, dass Kriterien der Kategorie Dekonstruktion nicht identifiziert werden konnten. Dies verweist darauf, dass über die Bedeutung des Hinterfragens von Wissen und des Evaluierens des eigenen Lernprozesses noch wenig Kenntnis im Rahmen der Entwicklung von Aufgaben zu bestehen scheint und dass hierauf in der künftigen Aufgabengestaltung ein stärkerer Fokus gelegt werden sollte. Während die Rekonstruktion bereits stärker in einzelnen Aufgaben repräsentiert zu sein scheint, sind die Anregungen zum Lernen im Sinne der Konstruktion und Dekonstruktion eher rar bzw. nicht vorhanden. In weiteren Studien lohnt es zu klären, inwiefern sich dieses Ergebnis auch in Aufgaben der Schulbücher bzw. auf anderen Online-Plattformen widerspiegelt. Doch aufgrund der bedeutsamen Stellung des Deutschen Bildungsservers als „der zentrale Internet-Wegweiser zum Bildungssystem" (DIPF 2020) lässt sich auch bereits auf der Grundlage des hier vorliegenden Ergebnisses ein dringender Handlungsbedarf zur Weiterentwicklung der Aufgaben hin zu einer Didaktik der Lernkulturen erkennen.

Literatur

Andersen, K. (2016): Spiel und Erkenntnis in der Grundschule. Theorie – Empirie – Konzepte. Stuttgart: Kohlhammer.

Arnold, R. (2005): Veränderung der Bedingungen des Lehrens und Lernens: Lernkulturwandel. In: Grundlagen der Weiterbildung – Praxishilfen. 59, 1–17.

Arnold, R. & Pachner, A. (2011): Konstruktivistische Lernkulturen für eine kompetenzorientierte Ausbildung künftiger Generationen. In: Eckert, T., von Hippel, A., Pietraß, M. & Schmidt-Hertha, B. (Hrsg.): Bildung der Generationen. Wiesbaden: VS Verlag für Sozialwissenschaften.

Baur, A., Hummel, E., Emden, M. & Schröter, E. (2020): Wie offen sollte offenes Experimentieren sein? Ein Plädoyer für das geöffnete Experimentieren. In MNU Journal, 2, 125–128.

Bildungsserver Berlin-Brandenburg (bbb) (2020): Online-Lernangebote. https://bildungsserver.berlin-brandenburg.de/unterricht/faecher/sprachen/englisch/besten.

DIPF (2020): Kostenlose Lernspiele für die Grundschule und die Sekundarstufe I und II. Eingestellt in Deutscher Bildungsserver am 27.07.2020. www.bildungsserver.de/Spiel-Spass-und-Spannung-12511-de.html#Spiele_fuer_einzelne_Faecher_Grundschule_.

Fritz, J. (2004): Das Spiel verstehen. Eine Einführung in Theorie und Bedeutung. Weinheim; München: Juventa.

Giest, H. (2016): Zum Verhältnis von Konstruktivismus und Tätigkeitsansatz in der Pädagogik. Tätigkeitstheorie. In: E-Journal for Activity Theoretical Research in Germany, 14 (1), 49–79.

Hessisches Kultusministerium (HKM) (2020): Lernspiele zu den Themen Mathematik, Natur, Naturwissenschaft und Technik. https://lernarchiv.bildung.hessen.de/grundschule/spiel_logik/lernspiele/index.html.

Hessisches Kultusministerium (HKM) (2019): Lernplattform Moodle: Lernen im Web 2.0. https://medien.bildung.hessen.de/lernplattform/moodle/index.html.

Holtappels, H. G. (2008): Organisation und Lernkultur an Ganztagsschulen. Erste Ergebnisse aus der bundesweiten StEG-Studie. In: Appel, S., Ludwig, H., Rother, U. & Rutz, G. (Hrsg.): Leitthema Lernkultur. Schwalbach: Wochenschau-Verl., 2008, 11–29.

kiknet EnergieSchweiz (2020): Unterschiedliche Energieformen. www.kiknet-energieeffizienz.org/deutsch/2-zyklus/.

Kirchhöfer, D. (2004): Lernkultur Kompetenzentwicklung – Begriffliche Grundlagen. Berlin.

Landesmedienzentrum Bayern (mebis) (2020): Spiele – didaktischer Kommentar. www.mebis.bayern.de/infoportal/tutorials/lernplattform-m-t/spiele/spiele-didaktischer-kommentar/.

Maué, B., Schönheit, E. & Trauth, J. (2019): Unterrichtsmaterialien Papier – von Natur bis Kultur. Hamburg.

Mayring, P. (2014): Qualitative content analysis: Theoretical foundation, basic procedures and software solution. Klagenfurt: Beltz.

Neubert, S., Reich, K. & Voß, R. (2001): Lernen als konstruktiver Prozess. In: Hug, T. (Hrsg.): Die Wissenschaft und ihr Wissen, Bd. 1. Baltmannsweiler: Schneider, 253–265.

Peschel, M. (2015): Konzeption des Grundschullabors für Offenes Experimentieren (GOFEX) – Elemente der Öffnung. In: Festschrift 10. LeLa Jahrestagung, 122–123.

Reich, K. (2014): Inklusive Didaktik. Bausteine für eine inklusive Schule Weinheim: Beltz.

Reich, K. (2012): Konstruktivistische Didaktik. Das Lehr- und Studienbuch mit Online-Methodenpool. 5., erw. Aufl. Weinheim: Beltz.

Reich, K. (2010): Erfinder, Entdecker und Enttarner von Wirklichkeit. Das kognitiv-konstruktivistische Verständnis von Lernen und Lehren. In: Pädagogik, 62 (1), 42–47.

Sonntag, K., Stegmaier, R., Schaper, N. & Friebe, J. (2004): Dem Lernen auf der Spur: Operationalisierung von Lernkultur. In: Unterrichtswissenschaft, 2, 104–127.

Zimmer, G. (2001): Ausblick: Perspektiven der Entwicklung der telematischen Lernkultur. In: Arnold, P. (Hrsg.): Didaktik und Methodik telematischen Lehrens und Lernens. Münster: Waxmann, 126–146.

Kristina Calvert & Anna K. Hausberg

Forschen als Kultur guten Lernens

Kreatives Philosophieren

Lernen muss getragen sein vom Verstehen wollen. Lernen funktioniert umso besser, je mehr die/der Lernende erfährt, dass dieses für die eigene Person bedeutsam ist. Lernen ist nicht die „Kehrseite" von Lehren. Lernen ist manchmal mühevoll und nicht frei von Fehlern und Irrtümern. Dies erfahren die Schüler*innen beim Forschen. Den Horizont der jeweils Lehrenden nicht als Begrenzungslinie für das Denken der Lernenden zu installieren, ist uns ein Bedürfnis. Denn es soll den Schüler*innen möglich werden, eigene Horizonte zu erfahren und zu erkunden.

Steckbrief Forschendes Lernen

(siehe: www.philosophieren-mit-kindern-hamburg.de/)

- Das **Forschende Lernen** ist fachübergreifendes oder besser fachunabhängiges selbstreguliertes Lernen.
- Kernpunkt: Die Lernenden formulieren eine **eigene Frage** aus ihrer eigenen Lebens- und Erfahrungswelt. Zu dieser Frage finden sie selber etwas heraus.
- Geforscht wird ca. ein halbes Jahr, in der Regel eine Doppelstunde in der Woche.
- **Jahrgänge:** alle Altersstufen, in allen Schulformen/Bildungseinrichtungen forschen gemeinsam/gleichzeitig.
- **Merkmale:** Beim Forschen stellen sich Schüler*innen bedeutungsvolle Aufgaben mit Bezug zu ihrer eigenen Lebenswelt. Durch diesen Lebensweltbezug sind die Schüler*innen intrinsisch motiviert sowie kognitiv aktiviert, wodurch sie auf dem eigenen Anforderungsniveau und im eigenen Lerntempo lernen. Das Forschende Lernen erfordert das Modellieren der Problemsituation. Dadurch, dass den Forscher*innen keine Forscherwege oder Themen vorgegeben werden, sondern sie diese selbst entwickeln, wird divergentes Denken als Problemlösekompetenz gefordert.
- **Pädagogische Grundhaltung**, Ansatz und Rolle der Pädagog*innen: Eine konstruktivistische Pädagogik betrachtet und berücksichtigt die Fähigkeiten des Menschen zu lernen. Lehren ist immer nur ein Anstoß für einen Selbstlernprozess. Die Lernenden brauchen dazu eine Lernumgebung, in der sie eigenaktiv, selbstgesteuert und sachbezogen motiviert lernen können. Die pädagogische Fachkraft ist dabei Lernbegleiter*in, nicht Fachexpert*in und „Besserwissende*r". Sie steht zur Verfügung für Beziehung

und als Reflexionsspiegel für den jeweils eigenen Forschungsprozess, nicht für inhaltliche Hilfestellung.

- **Ziel** des Forschenden Lernens: Erwerb bzw. Entwicklung von **Selbstkompetenzen**:
  - Anstrengungsbereitschaft
  - Selbstberuhigung
  - Selbstmotivierung
  - Durchhaltevermögen
  - Beharrlichkeit
  - Frustrationstoleranz
  - Selbstwirksamkeit
- Erwerb von **metakognitiven Kompetenzen**, wie z. B.: Orientieren, Problem formulieren, Informationen suchen, Wissen ausdrücken, vermuten, Ergebnisse finden, präsentieren, diskutieren und reflektieren.

Dabei zielt unsere Arbeit des Forschenden Lernens dezidiert auf die Entwicklung überfachlicher Kompetenzen und ist nicht etwa ein Beitrag zu einer neuen Didaktik des Philosophie- oder Naturwissenschaftlichen Unterrichts. Im Vordergrund steht somit nicht die Entwicklung von Fachwissen. Uns ist bewusst, dass das Lernen unserer Schüler*innen nicht linear und zeitoptimiert vorgefertigten und methodisch-didaktischen Schritten folgt, sondern sich eigene Wege sucht, die sich auch als Irrwege herausstellen können. Auch diese Erfahrungen (des Scheiterns) zu nutzen, sie als Ausgangspunkte für neue, eventuell erfolgreichere Überlegungen zu erfahren, scheint uns sehr wichtig zu sein. Anderenfalls verhielten wir uns wie jene übervorsichtige Mutter, die zu ihrem Kind sagt: „Du gehst mir keinen Schritt ins Wasser, bevor du nicht schwimmen kannst."

Forscherkreislauf

Das Forschende Lernen als Kultur guten Lernens dient der integrativen Begabungsentfaltung und der Stärkung der Selbstkompetenz. Der „Ablauf" des Forschens ist hierbei immer gleich (siehe Abb. 1 „Forscherkreislauf" auf S. 168).

Angeleitet und anschließend begleitet durch die Lehrkräfte forschen die Schüler*innen selbstständig. Dabei sind unterschiedliche Wege zulässig, gleichzeitig muss die Auswahl des jeweiligen Weges gut begründet sein, dies kennen die Schüler*innen vom Philosophieren.

Forschersonne

Nachdem jedes Kind seine individuelle Forscherfrage gefunden hat, beginnen wir gemeinsam im Klassenverband. Einmal wöchentlich findet eine Doppel-

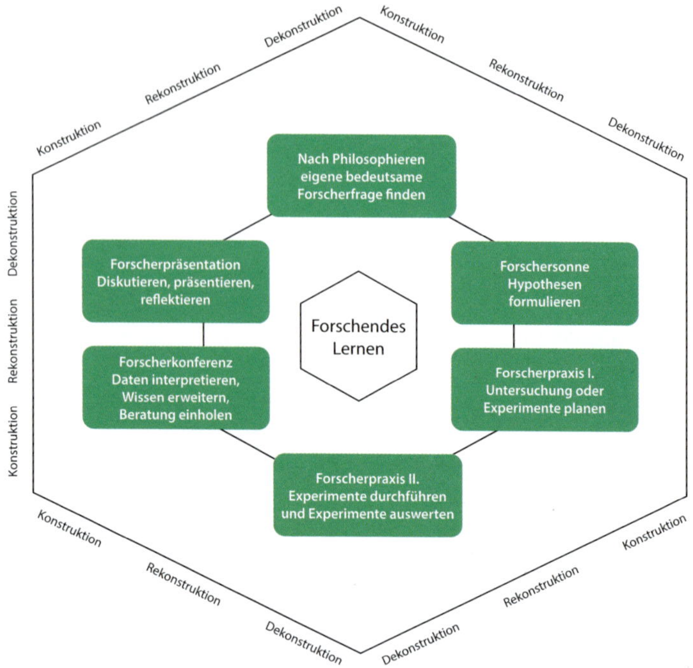

Abb. 1: Forscherkreislauf (© Calvert / Jakobi)

stunde Forschen statt. Jedes Kind entwickelt eine „Forschersonne". Dieses Werkzeug enthält mehrere Schritte und dient den Schüler*innen dazu, ihren Forschungsprozess zu strukturieren (siehe Abb. 2, Forschersonne „Wer hat den Kuchen erfunden und wieso essen wir Kuchen?").

Forscherwege

Zur Forschersonne gehören auch die Forscherwege. Hier überlegen wir, wie man den Dingen auf den Grund gehen und sie erforschen könnte. Oftmals laden wir dazu die „Großen", unsere Viertklässler*innen ein, damit sie uns erzählen, welche Forscherwege sie schon ausprobiert haben und welche sie davon empfehlen. Internetrecherche und Lesen in der Forscherbibliothek gehören als Wege genauso dazu wie das Unternehmen von Exkursionen in den Stadtteil oder das Führen von Experteninterviews. Auch alle Fachräume unserer Schule sind Orte, an denen die Kinder Experimente durchführen, Modelle erstellen oder Bewegungen erforschen.

Bei der Recherche im Internet stolpern vor allem die jüngeren Kinder häufig: Da sie tatsächlich alles selbst tun, dauert es, bis der Computer eingeschaltet ist, die Suchmaschine aufgerufen wurde und dann … endlich … tippt man seine Frage ein, z. B.: *„wie kompass das die tire nicht schbrechen?"* Ernüchternd

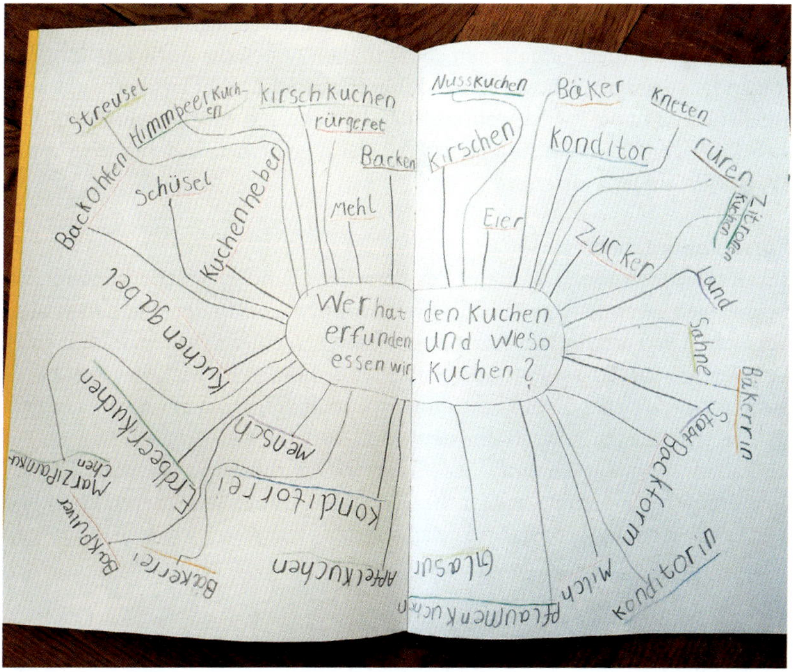

Abb. 2: Forschersonne – Wer hat den Kuchen erfunden …

die Ergebnisse: Klara wollte zur Tiersprache recherchieren und bekam nur Seiten angezeigt, auf denen Kompasse beschrieben wurden. Hier greift der Reflexionsprozess ein.

Reflexion

Jede der wöchentlichen Forscherzeiten wird mit einer Reflexion im Klassenverband beendet. Typische Fragen am Ende der wöchentlichen Forscherzeit sind:

- Wie war dein Forschen heute für dich? Warum?
- Was ist gut gelaufen?
- Kannst du das Vorgehen auch anderen empfehlen?
- Was hat nicht funktioniert und warum?
- Weißt du, wie du beim nächsten Mal weiterarbeiten kannst?

Die Schüler*innen berichten von ihren Erlebnissen der letzten 90 Minuten. Als Klara ihrem Unmut über das Internet, das „gar nicht alles weiß“, kundtut, meldet sich Jacob: „Klara, wie hast du denn Tiere geschrieben? Mit ie? Das weiß ich nämlich, weil ich auch eine Tierfrage hatte und bei mir hat das auch erst immer nicht geklappt, erst als ich das richtig eingetippt habe.“ So lernen die Schüler*innen voneinander und sind Expertinnen und Experten auf ihrem jeweiligen Gebiet. Die Lehrer*innen treten in den Hintergrund und müssen lernen, diese Situationen „auszuhalten". Auch die Zurückhaltung bei folgender Aussage: „Ich war in der Bibliothek und da gibt es überhaupt kein Buch über Bäume!" wird während der Forscherzeit ernst genommen. Die Lehrkraft „hilft", indem sie sagt: „Okay, dann geh einen anderen Weg" oder „Was willst du jetzt also tun?"

Forscherkonferenz

Immer wieder können während des Forschens Kinder Forscherkonferenzen beantragen. Wenn sie gar nicht weiterkommen und finden, sie haben alles versucht. Die Forscherkonferenz findet zwischen einer Lehrperson und einer Schüler*in statt. Es ist ein für das Forschende Lernen entwickeltes Feedback-Instrument, welches einem bestimmten Aufbau folgt und aus mehreren Fragen besteht, die der Erwachsene dem Kind stellt. Sich an genau diesen Ablauf zu halten und nicht ein einfaches „Gespräch" zu führen ist ebenfalls Teil der Lehreraufgabe hin zum Lerncoach. Die Schüler*innen reflektieren ihren bisherigen Forschungsprozess und gelangen so zu weiteren Zielen. *„Alles flutscht jetzt wieder. Das war schon irgendwie in meinem Kopf, aber mehr so bisschen hinten."*

Forscherwerkschau

Etwa vier Wochen vor dem Termin der Forscherwerkschau beginnt die konkrete Sichtung des zusammengetragenen Materials. Bei einigen Kindern ist das enorm viel, bei anderen ist es scheinbar sehr wenig. Erfahrungsgemäß melden nun viele Kinder Forscherkonferenzen an, weil sie gerne klären wollen, wie sie mit ihren Informationen umgehen wollen und in welcher Form sie präsentieren könnten/möchten. Ganz wichtig ist es uns, diese Fragen erst spät im Forschungsprozess zu diskutieren, denn wir wollen nicht, dass von Anfang an die Präsentation im Vordergrund der Arbeit steht. Bei uns ist tatsächlich „der Weg das Ziel". Nun aber geht es um konkrete Entscheidungen auf unterschiedlichen Ebenen. Welches Material haben die Kinder erarbeitet?

Das können Fotos sein, Artikel aus Zeitschriften, Ausdrucke aus dem Internet, Ton- und Bildaufnahmen, Sammlungen eigener Gegenstände, Fragebögen und Modelle etc. In vielen Fällen ist das eine derart große Menge von Informationen und Gegenständen, dass es nun um die Auswahl der geeignetsten Dinge geht. Andere Dinge herauszulassen, fällt den Kindern (und anderen Forschenden sicher auch!) sehr schwer.

Voraussetzungen für das Forschende Lernen

Damit der hier beschriebene Ansatz des Forschenden Lernens gelingt, braucht es auf der einen Seite Ressourcen personeller, räumlicher und finanzieller Art. Auf der anderen Seite ist dieses Forschen auch Schulentwicklung, daher benötigt es aufseiten der Lehrkräfte Fortbildungen und Haltung bzw. Haltungsveränderung hin zum Lerncoach, genauso wie bei Eltern, Kindern und externen Begleitungen (studentische Hilfskräfte etc.). Alle gemeinsam müssen sich bewegen!

Wie kommt jedes Kind zu seiner individuellen Forscherfrage?

Kreatives Philosophieren

Exemplarisch soll am Beispiel des Kreativen Philosophierens mit den 52 Bildkarten (Calvert 2020) vorgestellt werden, wie dies konkret aussieht und wie man mit diesem Medium die intrinsische fragende Haltung der Kinder fördern kann und ihnen Mut macht, auch eigene Forscher-Fragen zu stellen.

Philosophische Karten aufräumen

Die Karten liegen kreisförmig angeordnet am Boden, die Schüler*innen stehen dahinter. Die Gruppe kann nicht nur altersgemischt, sondern begabungsheterogen sein, jede Schüler*in bringt sich mit ihren spezifischen Kompetenzen und Präkonzepten in die Lösung der Aufgabe ein: Die Moderatorin spricht langsam, laut und deutlich die Aufgabe: „Ihr seht vor euch Karten liegen. Schaut sie euch noch einmal genau an. Wir lesen die Fragen auf den Karten einmal laut vor und hören dabei genau zu. Ich werde dann eine Karte in die Mitte legen. Bitte überlegt, welche Karte aus eurer Sicht dazu passt. Legt sie dazu und begründet uns bitte, warum ihr diese Karte dazulegt. Solange jemand in der Mitte steht und seine Karte legt und spricht, hören alle anderen Schüler*innen genau zu und überlegen, ob sie die Begründung verstanden haben. Erst dann geht es weiter und jemand anderes kann seine Karte anlegen, dabei gehen wir wie bei einem Domino vor! Man kann daher an allen aus der persönlichen Sicht heraus passenden Stellen anlegen und muss es angemessen begründen können."

Der Grad der Angemessenheit einer Begründung wird durch die Nachvollziehbarkeit durch die jeweilige Gruppe begrenzt. Die Moderatorin fragt nach: „Habt ihr verstanden, warum x die Karte gelegt hat, könnt ihr es nachvollziehen?" Es wird nicht gefragt, ob der Grund „richtig" ist, noch ob man sich auf einen „besten" Grund einigen könnte.

Die Anzahl der ausgelegten Karten variiert nach Anzahl der Schüler*innen. Sollten es 25 bis 30 Schüler*innen sein, sollten alle Karten ausgelegt werden. Sind die Kinder noch jung, 4 bis 5 Jahre, sollte pro Kind nur eine Karte ausgelegt werden.

Spielbeispiel Kreatives Philosophieren mit Philosophischen Karten

1. Die Moderatorin legt eine beliebige Karte in die Mitte.
2. Carla legt und begründet: *„Ich lege die Karte mit ‚Lächeln Kohlweißlinge auch?' daran, weil die Streifen des T-Shirts des Mädchens aus meiner Sicht Gitarrensaiten symbolisieren."*
3. Alex lacht: *„Oh, Carla, da wäre ich nie drauf gekommen. Ich lege die Karte ‚Sind Blumen böse', weil ich denke, dass Schmetterlinge erst lächeln und glücklich sein können, wenn sie auf Blumen sitzen."*
4. Paul: *„Warum hast du dich gar nicht auf die Frage bezogen?"*
5. Alex: *„Doch, habe ich, denn ein Gegenteil von böse kann glücklich sein."*
6. Moderatorin: *„Karten passen also auch, wenn sie nicht nur gleich sind, sondern auch wenn sie in einem Gegensatzverhältnis stehen?"*

So philosophieren die Kinder gemeinsam, bis alle Karten abgelegt sind.

Moderatorin: *„Was fällt euch auf, wenn ihr jetzt noch einmal alles anschaut, was wir eben gelegt haben."*
Alex: *„Viele Lebewesen sind dabei, auch Muscheln haben ja mal gelebt. Auf den ersten Blick sieht man nicht immer gleich den Zusammenhang, auf den zweiten Blick schon."*
Carla: *„Je nachdem, wie man guckt, Natur außen, Menschnatur alles drin, Strandnatur, ohne Mensch."*
Moderatorin: *„Meint ihr, dass die Karten so schon einmal gelegen haben?"*
Layan: *„Nein, weil ich mir sicher bin, dass niemand auf die Idee gekommen ist, etwas so zu begründen, wie ich es gemacht habe."*
Jan: *„In dieser Konstellation wahrscheinlich nicht, und wenn ja, dann nicht mit den gleichen Bezügen und Begründungen. Jeder Mensch ist eben anders, denkt anders, und hier gibt es nicht nur eine Bedeutung, die eine Karte hat, sondern immer mehrere. Der Zufall bestimmt, welche Karten schon gelegt sind und auf welche Karte ich mich beziehen kann. Sehe ich als kreative Herausforderung an."*
Moderatorin: *„Ich danke euch für euer Interesse am Philosophieren und hoffe, dass ihr ebenso Fragen findet, über die man immer weiter nachdenken kann."*

Im Ausbildungsworkshop Philosophieren und Forschendes Lernen für Pädagog*innen fragen wir die Teilnehmer*innen, welche Kompetenzen sie einsetzen mussten, um die Aufgabe zu lösen! Folgende **Selbst-, Sach- und Sozial-Kompetenzen** kommen hierbei zum Zuge:

1. Wahrnehmen
2. Begründen
3. Etwas wesentlich setzen
4. Farben und Formen sehen
5. Verknüpfen
6. Modellieren

7. Reflektieren
8. Zuhören
9. Aufeinander Bezug nehmen
10. Frustrationstoleranz üben
11. Geduldig sein
12. Beharrlich sein
13. Divergent denken
14. Aushalten
15. Tabufrei denken
16. Vorläufig denken
17. Vor-Wissen aktivieren und Transfer leisten

Bezogen auf das Philosophieren ist besonders herauszuheben, dass hier der Philosophische Dreischritt gegangen wird:

Selber Denken / Miteinander Denken / Weiter Denken – an philosophisch relevanten Inhalten

Dabei zeigt sich deutlich, dass es beim Philosophieren nicht um das Finden einer Wahrheit geht, sondern um das kritisch kreative Deuten von Deutungen. Philosophieren ist ein unabschließbarer Prozess, der aus sehr unterschiedlichen Denksystemen heraus seine Begründungen holen kann. Die hier vertretene Didaktik geht davon aus, dass dem Menschen die Welt nicht unvermittelt zur Verfügung steht, sondern sich erst durch Symbolsysteme dem menschlichen Denken und Verstehen zur Verfügung stellt. Diese Systeme sind Mythos, Religion, Kunst und Wissenschaft. Beim Philosophieren, d. h. in dem Versuch, etwas besser bzw. klarer zu verstehen, stehen alle Symbolsysteme gleichberechtigt nebeneinander. Wichtig ist es jedoch, bereits hier festzuhalten, dass eine Begründung für das Anlegen zweier Karten sowohl aus dem ästhetisch kreativen Denken über das Bild (z. B. Hund an Hund) als auch über eine Geschichte, die zwei Karten verbinden könnte (die liegen zusammen am Meer und reden miteinander), oder über einen religiösen Zusammenhang (Hunde gehen in die Kirche, Tiere haben einen Geist) ebenso wie über eine biologisch-wissenschaftliche (Sprachfähigkeiten von Tieren) Richtung kommen kann.

Durch diese Übung, die man immer wieder einsetzen kann, bekommen die Kinder und Teilnehmer*innen unserer Seminare eine Ahnung von der Qualität philosophischer, kognitiv herausfordernder Fragen. Und sie haben ein Vorbild für das Finden eigener Fragen und das offene Forschen, bei dem es nicht um das Finden einer Antwort geht, sondern um angemessene, wohlbegründete Thesen- und Theorieformulierung. So entsteht unserer Ansicht nach eine Kultur guten Lernens. Den Kindern soll das wichtigste Moment wissenschaftlichen Denkens von vornherein deutlich werden:

In den Wissenschaften ist nichts in Stein gemeißelt!

Kreativität und Forschendes Lernen – Heureka!

Kreativität in Bezug auf Begabungsentfaltung und Lernen

Die beim kreativen Philosophieren und somit auch beim Forschenden Lernen zugrunde liegende Definition von Kreativität wurde von Hausberg (2013) in Auseinandersetzung mit Preiser (1976), Csikszentmihalyi (1997), Sternberg (1999; 2006) und vor allem Urban (1995; 2004) herausgearbeitet und begreift das Verständnis von Kreativität wie folgt:

Kreatives Denken ist die Fähigkeit, durch selbstständiges Denken (allein und miteinander) zu neuen und überraschenden Lösungen zu kommen.

Selbstständiges Denken heißt hierbei

- neue Ideen zu entwickeln,
- interdisziplinäre Fragen zu stellen und
- durch Umstrukturieren und Neukombinieren von Gedanken, Assoziationen und bereits Bekanntem,
- neue und sinnstiftende Produkte zu erzeugen.

Kreatives Denken beinhaltet

- Analyse- und Synthesefähigkeit und
- Durchhaltevermögen, ebenso wie den
- Einsatz von Fantasie und Humor.

Kreatives Denken heißt Weiterdenken unter Berücksichtigung der genannten (einem oder mehreren) Aspekte. Da das kreative Denken zu neuen und überraschenden Lösungen kommt, kann davon ausgegangen werden, dass es sich auch um eine Problemlösekompetenz handelt. Beim Forschenden Lernen wenden die Schüler*innen derartige Problemlösekompetenzen ebenfalls an.

Forschendes Lernen nach dem hier vorgestellten Ansatz ist eine Möglichkeit, begabungsentfaltenden Unterricht zu gestalten. Da Kreativität als eine Facette von Intelligenz betrachtet werden kann, bietet das Forschende Lernen gerade im Hinblick auf die begabungsentfaltenden Möglichkeiten für Schüler*innen einen Weg, der selbstbestimmt gegangen werden kann.

Cropley (1991) geht auf die „Notwendigkeit des Kreativen“ ein und kommt zu einem Schluss, dem auch unser Ansatz des Forschenden Lernens folgt:

> *„Gut entwickeltes kreatives Denken führt zu einer effektiveren, breiteren und umfassenderen Intelligenz, die man für die Lösung von Lernproblemen im Unterricht einsetzen kann. Es hat sich gezeigt, daß unter solchen Voraussetzungen besser gelernt wird. Kreativität wirkt sich jedoch nicht nur auf den intellektuellen Aspekt des Lernens aus. Kinder, die im Unterricht kreativ mitdenken, werden beispielsweise durch Selbstverstärkung beim Lernen stärker motiviert und sind mit Energie und Zielstrebigkeit bei der Sache. Die Entwicklung der divergierenden Denkfähigkeit stärkt daher die positive Einstellung zum Lernen und die entsprechende Motivation.“* (Cropley 1991: 25)

Das übergeordnete Ziel kreativer Erziehung sind die daraus resultierende positive Einstellung und das positive Selbstkonzept einer Schüler*in (siehe hierzu Rauer & Schuck 2003 und Calvert & Solzbacher 2014). Beim Forschen werden diese Aspekte der kreativen Entfaltungsmöglichkeiten für die Schüler*innen bereitgestellt.

Auch Urban (2004) gibt ausführlichen Einblick in die Kreativitätsforschung, das Verhältnis von Schule und Kreativität, die Messung von Kreativität. Er zeigt eine Untersuchung zum kreativen Schreiben und gibt schließlich einen Ausblick auf die Entwicklung von kreativen (hochbegabten) Kindern und deren Aufgaben, die er mit der „verantwortlichen Kreatelligenzâ" betrauen möchte. In seinem Komponentenmodell der Kreativität stellt Urban (1995; 2004) sechs Komponenten dar. Jede Komponente beinhaltet noch einmal Kategorien, die deutlich machen, welche Eigenschaften beispielsweise zu divergentem Denken und Handeln dazugehören. Zu jeder Komponente formuliert Urban (ebd.: 100 ff.) Fragen, die helfen sollen, die schulische Wirklichkeit daraufhin zu untersuchen, ob und inwieweit sie kreativitätsförderliche Bedingungen bereitstellt. Angewendet auf das Forschende Lernen, ergibt sich daraus, dass derartige Bedingungen in diesem Unterricht geschaffen werden. Anhand eines Beispiels der „Komponente 5" soll dies deutlich gemacht werden.

Komponente 5: Motive und Motivation

Werden individuelle Interessen gewürdigt und unterstützt?

Ja, unbedingt! Beim Forschen können die Interessen des Kindes ganz individuell unterstützt werden. Dass sie gewürdigt werden, gehört zur Haltung des Philosophierens und Forschens und ist ein Grundsatz, wenn es darum geht, mit Kindern gemeinsam und auf Augenhöhe zu arbeiten. Besonders bei der Fragenentwicklung oder auch der Wahl der Forscherwege zeigen sich die individuellen Vorlieben, denen die Schülerinnen und Schüler nachgehen wollen. Die Eine kann sich mit dem Medium Schrift besonders identifizieren und Gedichte oder Geschichten zur „Beantwortung" der Forscherfrage schreiben. Der Andere kann sich durch Zeichnen besonders ausdrücken und fertigt vielfältige Zeichnungen beispielsweise von Drachen an. Wieder andere bleiben gern auf der sprachlich-kognitiven Ebene und vertiefen ihre Umsetzung durch ein Zwiegespräch mit der Lehrperson, einem Expert*inneninterview oder einer Umfrage. Es ist ein großes Anliegen des Forschens, dass die persönlichen und individuellen Interessen des Kindes wahrgenommen und weiter gefördert werden. Daher ist das Forschen auch für alle Schüler*innen aller Schulformen angelegt, damit jede*r die Möglichkeit erhält, sein besonderes Talent zu entdecken bzw. seinen Wissensdurst zu stillen.

Laut Hausberg (2013) ist deutlich gemacht worden, dass „die Schnittstelle von Kreativität aus Sicht der Psychologie und deren Umsetzung in der Erziehung zum kreativen Denken über und durch das PmKJ [Philosophieren mit

Kindern und Jugendlichen] gegeben ist“ (ebd.: 142). Dies bedeutet, dass der Beginn des Forschenden Lernens durch das Philosophieren in besonderem Maße kreatives Denken anregt und Schüler*innen bei der Findung ihrer großen Forscherfrage unterstützt.

Herausforderung unserer Schüler*innen in der Zukunft: 21st Century Skills

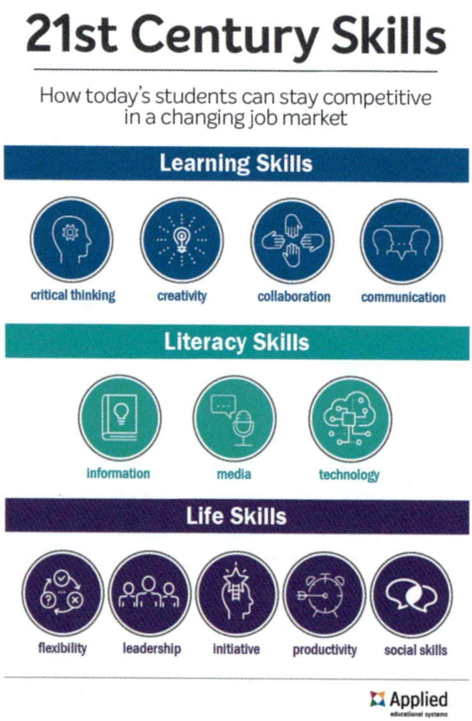

Abb. 3: www.aeseducation.com/blog/what-are-21st-century-skills

Bei der Entwicklung einer neuen Lernkultur in unseren Schulen greifen wir beim Ansatz des Philosophierens und Forschenden Lernens auch auf die 21st Century Skills zurück. Es sind 12 dieser Skills kategorisiert worden (OECD 2018), wobei sich diese nochmals in drei Unterkategorien aufsplittern:

- Learning Skills
- Literacy Skills
- Life Skills

Nachfolgend möchten wir exemplarisch aufzeigen, welche dieser Skills beim Philosophieren und Forschen zum Tragen kommen.

Zu den Learning Skills (the four C's) zählen:
Critical Thinking: Lösungen für Probleme finden, z. B. bei der Erforschung der eigenen Forscherfrage bzw. wenn ein Kind mehrere Antworten für eine Frage herausfindet.
Creativity: (Nach-)Denken „outside the box". Ziel kreativer Erziehung sind die daraus resultierende positive Einstellung und das positive Selbstkonzept einer Schüler*in (s. o.), dies wird den Kindern während der gesamten Unterrichtszeit des Forschens durch das von uns bereitgestellte Setting ermöglicht.
Collaboration: Mit anderen zusammenarbeiten, geschieht beim Forschenden Lernen in vielfältiger Art und Weise: Flüsterkonferenzen, Lernpartner*innen, wöchentliche Reflexionsrunde / Austausch im Plenum nach dem Forschen u. a.
Communication: Mit anderen sprechen. Dieser Skill kommt beim Forschen stetig zum Einsatz, sei es in den eben beschriebenen Formen der Zusammenarbeit oder dem Interview mit Expert*innen, der Forscherkonferenz oder der Forscherwerkschau.

Unser Fazit

Schule muss ein derart vielschichtiges Angebot vorhalten, dass es den Schüler*innen in der Auseinandersetzung mit diesem Angebot ermöglicht wird, eben diese 21th Century Skills auszubilden, jedwede persönliche Stärke zu erfahren und zu entwickeln. Nach nunmehr 13 Jahren Erfahrung mit unserem Ansatz des Philosophierens und Forschens können wir sagen, dass wir unsere Schüler*innen inzwischen mit einem strikt ressourcenorientierten Blick beobachten. Die Weiterentwicklungen aufseiten der Lehrkräfte, Pädagog*innen, Eltern, Student*innen, externen Forscherbegleitungen und natürlich die der Kinder lassen uns zu dem Schluss kommen, dass eine Kultur guten Lernens eben alle diese an Schule beteiligten Personen mit einbezieht.

Schließen möchten wir mit einem Fazit unserer Schülerin Fine, die mittlerweile die weiterführende Schule besucht. Sie wurde gebeten festzuhalten, was das Forschende Lernen ausmacht. Dazu wählte sie als zentralen Baustein einen wichtigen Begriff der hier so häufig erwähnten Selbstkompetenz aus: ICH.

ICH
- fange ein neues Projekt an.
- bin dafür verantwortlich, dass mir meine Frage gefällt.
- bestimme, wo es lang geht.
- mache mich und andere auf etwas aufmerksam.
- komme auf neue Ideen.
- helfe anderen.
- erstelle ein neues Unterrichtsfach.
- lerne etwas dazu.

Literatur

Calvert, K. (2021): 41 Bildkarten Philosophieren mit Kindern über Freundschaft. Mit 28-seitigem Booklet. Beltz Verlag 2021.

Calvert, K. (2020): 52 Bildkarten zum Philosophieren. Weinheim: Beltz.

Calvert, K. & Solzbacher, C. (Hrsg.) (2014): Ich schaff' das schon. Wie Kinder Selbstkompetenz entwickeln können. Freiburg im Breisgau u. a.: Herder.

Cropley, A. (1991): Unterricht ohne Schablone. Wege zur Kreativität. München: Ehrenwirth.

Csikszentmihalyi, M. (1997): Kreativität. Wie Sie das Unmögliche schaffen und Ihre Grenzen überwinden, Stuttgart: Klett-Cotta.

Hausberg, A. K. (2013): Fressen Katzen Rotklee? Kreativität beim Philosophieren mit Kindern und Jugendlichen, Marburg: Tectum.

OECD – 21st Century Skills: www.oecd.org/education/2030/E2030%20Position%20 Paper%20(05.04.2018).pdf.

Preiser, S. (1976): Kreativitätsforschung. Darmstadt: Wissenschaftliche Buchgesellschaft.

Rauer, W. & Schuck, K. (2003): Fragebogen zur Erfassung emotionaler und sozialer Schulerfahrungen von Grundschulkindern dritter und vierter Klassen: FEESS 3-4. Manual. Göttingen: Beltz Test.

Sternberg, R. (2006): Creating a Vision of Creativity. The First 25 Years. Yale University, Psychology of Aesthetics, Creativity and the Arts. Copyright 2006 by the American Psychological Association 2006, Vol. S, No. 1, 2–12.

Urban, K.K. (2004): Kreativität. Herausforderung für Schule, Wissenschaft und Gesellschaft. Münster: LIT.

Adrian Krawczyk

Lernkultur und Raum

Der aus einer reformpädagogischen Bewegung der 1950er-Jahre hervorgegangene Satz „Der Raum als dritter Pädagoge“ wird in den letzten Jahren häufig proklamiert und teilweise (über-)strapaziert. Kaum ein Vortrag oder Artikel zum Thema Raum und Schule, der ohne ihn auskommt. Warum finden sich viele Akteur*innen darin wieder? Bedient diese Formel nur gut, dass Bildung mit fortschreitendem gesellschaftlichem Wandel in anderer Weise und neuen Settings vermittelt werden müsste? Fehlt der modernen Pädagogik der passende strukturelle Rahmen, um eine neue Lernkultur zu etablieren? Die Beziehung von Raum und Lernkultur ist vielschichtig und wird in diesem Artikel näher betrachtet.

Einleitung

Schulgebäude sind Repräsentanten des gesellschaftlichen, sozialen und kulturellen Kontextes der Zeit ihrer Entstehung. Sie bilden deren jeweilige Haltung und Denkmuster ab. Dem innerstädtischen, mehrgeschossigen, streng symmetrischen und damit repräsentativen Schulgebäude folgten nach dem Zweiten Weltkrieg zum Beispiel funktional wirkende und locker auf dem Schulgelände verteilte ein- bis zweigeschossige Klassenhäuser, die mehr an einem dem Kind gemäßen Maßstab orientiert waren und eine Verbindung von Stadt und Natur herstellen wollten. Dieses Gegenmodell wartete auch im Inneren mit Neuerungen auf: Dem Klassenraum wurde von nun an ein Gruppenraum zugesellt. Tische wurden in Gruppen angeordnet, statt starr gereiht und frontal auf das Katheder ausgerichtet zu sein. Mit dieser räumlichen Neuorganisation sollte eine neue Lernkultur eingeläutet werden. Architektur, Städtebau und Pädagogik versuchten mit Differenzierung und kleinteiligerem Maßstab den Grundstein für ein neues demokratisches Gesellschaftsmodell zu legen (vgl. zu Raumkulturen oder Spatial Citizenship auch Gryl in diesem Band).

Eingang Schule Kielortallee

Heute bewerten wir diese architektonischen Konzepte von einst wieder anders. Unsere Verantwortung für künftige Generationen rückt energetische sowie wirtschaftliche Anforderungen in den Fokus. Kleinteilige Gebäude-Ensembles weisen ein schlechtes Verhältnis von Volumen zu Außenfläche auf. Kompakte Gebäude haben nicht nur energetisch einen Vorteil. Kurze Wege sind für den Tagesablauf aller Akteure von Nutzen, und in einem zentralen Gebäude begegnet man sich leichter und erlebt Schulgemeinschaft unmittelbarer. Offenbar haben sich Kontext, Anspruch und Bedürfnisse geändert. Ideen und die an sie angelehnte pädagogische Ausrichtung sind dabei in ständiger Bewegung.

Doch die Gebäude – sind sie erstmal errichtet – bleiben lange bestehen. Vielen Schulgebäuden geblieben ist etwa der Nukleus des allgemeinen Unterrichtsraumes – *die Organisationseinheit.* In Schulgebäuden werden Lerngruppen einer immer gleichen, bestimmten Größe auf immer gleich große Räume verteilt. Die Größe eines Schulgebäudes errechnet sich in der Regel über den Bedarf an Klassenräumen bzw. den o.g. Organisationseinheiten. Auch wenn sich pädagogische Konzepte längst weit auffächern, sind die zugrunde liegende und am meisten verbreitete räumliche Struktur sowie die Ausstattung von der Idee geprägt, dass Wissen (vgl. Rosa 2018)) linear, lehrerzentriert weitergegeben wird. Dies geschah in den letzten Jahrzehnten in Klassenräumen in der Größe um die 60m^2, standardisiert eingerichtet mit Tischen, Stühlen, Lehrmittelschrank, offenen Regalen und Tafel. Ein Raum gleicht dem anderen. In der Basisausstattung sind es unpersönliche Kopien, austauschbar Ein System flexibel organisierbarer Lehr-Zellen, die alle die gleichen Funktionen bereithalten – wirtschaftlich vernünftig und verwaltungstechnisch gut beherrschbar.[1]

Rauminterpretationen

Mit der Aneignung durch Klassenlehrer*innen beginnt ein transformatorischer Prozess dieser Lehr-Zellen. Ein „neutraler" Raum wird mit Persönlichkeit und individuellen Konzepten aufgeladen. Der institutionelle Rahmen mag zweckmäßig sein, die Bedürfnisse der Nutzer deckt er noch nicht. Nun wird der Raum mit „Leben" gefüllt. Der Gestaltungsakt wirkt identifikationsstiftend, durch ihn wird eine Beziehung zum Raum herausgebildet. Der Klassenraum wird aus der Lehrer*innen-Perspektive zur „Heimat" gemacht; ein in diesem Zusammenhang häufig verwendeter Begriff, der erahnen lässt, welche Wirkung man sich von der Gestaltung eines Raumes erhofft. Innerhalb eines unübersichtlichen Schulgebäudes voller Menschen ist er der Schutzraum, der

1) Teile dieses Systems, z. B. Lehrmittelschrank und Tafel, büßen seit dem zunehmenden Einzug digitaler Hilfsmittel an Nutzen ein.

Orientierung bietet und ein Gefühl von Vertrautheit und Sicherheit erzeugt. Das gilt gleichermaßen für Lehrende, Erzieher*innen wie für Schüler*innen: Ich kann hinter mir eine Tür schließen, kann die Kontrolle übernehmen und werde nicht kontrolliert, bin geborgen und sicher.[2] Der Klassenraum wird zur „Homebase", zum Ausgangspunkt für verschiedenartige Lernprozesse, an dem alle Akteur*innen im Blick behalten werden können; jeder weiß, wo was zu finden ist. Um das zu erleichtern, wurde der Raum sorgsam organisiert und mit viel persönlichem Engagement eingerichtet. In dem gestalteten Raum offenbaren sich Haltung, individueller Geschmack und Lernkultur insbesondere der Lehrkraft.

Gibt es Lernstationen und dafür vorgesehene Materialien, eine Klassenbibliothek, offene Regale mit anregender Impuls-„Ware"? Ist Platz reserviert, um Projekte ausstellen zu können? Wie ist die Sitzordnung? Wirkt der Raum nüchtern und strukturiert oder ist er beispielsweise üppig mit selbstgefertigten Kunstwerken, beispielsweise an Wäscheleinen befestigt, „dekoriert"? Gibt es eine besondere Ausstattung, wie z. B. Waschbecken, eine digitale Infrastruktur? Gibt es ein Lehrerpult oder ist es bewusst abgeschafft? Ist Platz für einen Rückzugsbereich, ein kleines Sofa, einen Teppich, einen Morgenkreis? In so manchen Schulen wird man innerhalb des gleichen Ausgangsmodells der Lehr-Zellen variantenreiche Ausprägungen von entstandenen Klassenräumen vorfinden können.

Sind in einem Schulgebäude Klassenräume frei, also nicht zwingend einer Lerngruppe zugeordnet, können dort jenseits von systemischen Vorgaben besondere Angebote eingerichtet werden, wie z. B. Lernwerkstatt, Inselraum, Projektraum, Forscherraum, Sinusraum, Spieleraum mit Bauecke, Bibliothek, Schulzoo, Snoozelraum, Proberaum usw. Das sind viele Facetten von Raumnutzungen eines Typus, die – für eine bestimmte Zeit – eine typische Lernform oder einen Lehrstil darstellen, eine Rahmung für das Zusammenwirken der Mitglieder bilden und weitere Aspekte der vorherrschenden Lernkultur offenbaren.

Der Raum scheint als Hülle unterschiedlich gefüllt werden zu können. Als Typus „Klassenzimmer" kann er nach wie vor verschiedenste Anforderungen bedienen. In Serie geschaltet, in gleicher Größe, rechteckig und in einem Flur einander aufgereiht, ist der Klassenraum Teil eines gleichmachenden Systems, das neben seinen wirtschaftlichen Vorzügen auch als Modell einer Lernkultur gelesen werden kann: Für alle Lehrenden und Lernenden sollen die gleichen Bedingungen gelten. Aber: Passt dieser Ansatz noch zu einer Gesellschaft, in der „Individualisierung" ein Megatrend ist, der auch pädagogisch in die Schule hineinwirkt? Der Begriff „personali-

2) Das ist in den Augen vieler Lehrkräfte insbesondere für die ersten Jahrgänge wichtig, denen ein erhöhtes Sicherheitsbedürfnis zugeschrieben wird.

siertes Lernen" beschreibt eine Lehr- und Lernpraxis im Zuge der neuen Lernkultur, die sich am jeweiligen Individuum ausrichtet. Passen Lernkultur und struktureller Rahmen unter dieser Prämisse noch zusammen? Müsste man nicht von einer Wechselwirkung ausgehen? Erhält sich das System selbst?

Räume und Wandlungsprozesse

Diese Frage ist insofern relevant, als Lernkultur an gesellschaftliche Wandlungsprozesse geknüpft ist. Wir leben mittlerweile in einer durch Digitalität (Stalder 2016; vgl. auch GDSU 2021) geprägten Zivilisation mit fortschreitenden und weitreichenden gesellschaftlichen Veränderungsprozessen. Das sollte auch in Schule ablesbar sein (vgl. Lernen in der Transformationsgesellschaft. Lernen und Transformation-Transformation des Lernens, vgl. Erdmann 2012). So gesehen könnte der über einen langen Zeitraum favorisierte Raum in Flur-Reihe – ca. 60m^2 im „Standard-Look" – als dritter Pädagoge heute vielleicht nicht mehr erste Wahl sein. Der „traditionelle Klassenraum" scheint dennoch auch bei Neubauten von Schulen weiterhin das bestimmende Denkmodell in vielen Köpfen und bei Entscheidern zu sein. Ist diese verfestigte Vorstellung möglicherweise die Hürde, aus dem „Klassenzimmer" heraus in unbekannten „Raum" zu treten und ihn pädagogisch, fachlich und atmosphärisch neu zu definieren? Hält das konventionelle Serienmodell des rechteckigen „Klassenzimmers" womöglich Schulentwicklung und den Wandel der Lernkultur auf? Falls ja, in welchen Raum würden wir stattdessen treten wollen? Wie wollen wir Räume und damit auch die Schule als Institution entwickeln? Welche Auswirkungen muss es haben, dass Schule durch Ganztagsangebote immer mehr zum Lebensraum wird? Wie sieht vor diesem Hintergrund ein zeitgemäßer Bildungs-„Raum" aus und wie kann dieser Bildungsraum für Innovationen offenbleiben?

Würde es etwas ändern, wenn der Klassenraum beispielsweise nicht mehr rechteckig, sondern ein Vieleck wäre? Es ergäben sich andere/neue Zonen, die ggf. mehr Differenzierung böten, gleichzeitig aber einsehbar wären (vgl. Herforder Modell, fraktale Schule 2004–2007). Ist der Tausch von Mobiliar, beispielsweise von rechteckigen Tischen zu rollbaren Dreieckstischen, die variantenreich gruppiert werden können und stapelbar sind, ein guter Start in eine zukunftsgewandte Lernkultur? Braucht jede*r Schüler*in überhaupt einen eigenen Tisch? Oder Stuhl? Wo/Wie arbeiten/lernen Kinder (individuell) gut? Die Abweichung, der Bruch mit Raum- und Tischzuschnitt wirkt in schulisch festgefahrenen Strukturen irritierend und gleichzeitig verführerisch. Eingefahrene Muster in der Beziehung von Raum und Pädagogik infrage zu stellen und mit neuen Ansätzen zu experimentieren, erscheint überfällig.

Doch gehen diese Ansätze überhaupt weit genug? Dreieckige Tische und vieleckige Räume haben auch ihre Tücken.[3] Wie wichtig ist die formale Abweichung tatsächlich für Lern-Prozesse und Haltung? Man ahnt vielleicht schon jetzt, dass formale Aspekte zwar Einfluss haben, aber als Rezept allein nicht ausreichen. Suchen wir weiter nach Kennzeichen eines „dritten Pädagogen" in spe.

Neue Lernorte – von der Arbeitswelt inspiriert

Wie könnte ein „neuer" Lernort aussehen? Durch Digitalität, überall verfügbaren Netz-Zugang und immer leistungsstärkere „Mobile Devices" wird Lernen und Arbeiten zunehmend „entortet". Diese neuen Lern- oder Arbeitsorte sind das Produkt eines bereits vor Jahrzehnten gestarteten digitalen Transformationsprozesses. Nun kann man zwar überall lernen und arbeiten, sowieso zu Hause, aber dennoch sucht man sich gern das besondere Setting. Neben Coworking-Spaces ist auch der „dritte Ort" (Oldenburg 1989) so ein „neuer" Lern- bzw. Arbeitsort. Die öffentliche Bibliothek bzw. Mediathek beispielsweise gewinnt trotzt allen Untergangsprognosen an Zulauf – auch durch andere Nutzungsformate, z. B. zum Lernen oder als Ort des Rückzugs.[4] In der Filiale einer „coolen" Kaffeehauskette treffen sich heute auch Schüler*innen oder Studierende zum Lernen und Arbeiten. Diese Orte haben Gemeinsamkeiten:

- qualitativ unterschiedliche Aufenthaltsbereiche: vom Einzelarbeitsplatz bis zum Gruppentisch; von aufrecht sitzen bis gemütlich „lümmeln"
- (leichte) Veränderbarkeit des Inventars (Tische zusammenstellen, Stühle, Sessel etc.)
- schöne Atmosphäre und Willkommenskultur
- Infrastruktur, wie z. B. Materialien, WLAN, Getränke, Snacks
- Konventionen, Regeln, Ruhe
- Flexibilität
- Co-Präsenz (vgl. Muuß-Merholz 2017)

3) So will die dreieckige Tischplatte z. B. nicht so recht zu den DIN-Formaten von Heft und Buch passen, und für das Stapeln muss der Tisch umständlich über einen anderen gehoben werden. Aus der Perspektive der Schulmöbelindustrie sind neuartige Möbel allerdings natürlich hoch interessant. Der andersartige Tisch wird intensiv als innovativ beworben, auch wenn – oder weil – er vielleicht schon mal das Dreifache des Standardproduktes kostet. Ein Austausch von noch funktionierendem Mobiliar wird in Bezug auf Nachhaltigkeit also gut abgewogen werden müssen. Ein Klassenraum mit vom Standard abweichendem Grundriss führt zwar zu einem besonderen Raumerlebnis. Aber ist er anders nutzbar? Kann er auch vielfältiger möbliert werden? Stellflächen an Wänden sind wertvoll. Den rechten Winkel zu verlassen, macht das Bauen teurer und für die Möblierung nicht einfacher.

4) Dies lässt sich auch auf die Schule übertragen. Sie kann – und muss – als immer mehr ganztägig organisierte Institution so gestaltet werden, dass Orte des Lernens auch als Ort des Rückzugs und der Entspannung genutzt werden können.

„Co-Working-Spaces“ umwerben potenzielle Mieter mit einer guten Infrastruktur, gestalterischer Qualität und verschiedenen Settings, aber mit Sicherheit liegt der Reiz auch im sozialen Kontext. Einen guten Ort zum Arbeiten finde ich vor, wenn ich mich wohlfühle und bei Bedarf auch interessante Impulse oder durch direkte Kontakte Unterstützung für meine Arbeit erhalte. Zugehörigkeit und Identifikation scheinen eine Rolle zu spielen.

Lernen und Arbeiten gelingt am besten, wenn es intrinsisch motiviert ist, wenn viele Informations- bzw. Lern-Zugänge zur Verfügung stehen, derer man sich selbstständig bedienen darf und kann. Dann gewinnt der eigene Antrieb im Lern- und Arbeitsprozess noch zusätzlich an Bedeutung – dann muss man es nämlich auch wollen. Vor diesem Hintergrund stellen sich auch Unternehmen die Frage, wie sie intrinsische Motivationen steigern können. Die individuelle Gestaltbarkeit des eigenen Arbeits- und Lernprozesses in angenehmer Atmosphäre ist ein relevanter Faktor. Gestaltungsfreiheit und angenehme Arbeitsatmosphäre sind innovativen Tech-Konzernen daher wichtig und in deren Raumkonzepten gut ablesbar.

Es gibt in modernen Unternehmen Räume unterschiedlichster Größe, Ausstattung und Atmosphäre. Verschiedene Arbeitsbereiche ermöglichen Einzel- und Gruppenarbeit mit guter Infrastruktur. Auch informelle Weiterbildung spielt in Unternehmen eine maßgebliche Rolle. Also werden bewusst Orte geschaffen, die die Mitarbeiter*innen gerne aufsuchen, wodurch die Wahrscheinlichkeit erhöht wird, sich zu treffen und beiläufig auszutauschen. Identifikation mit dem Unternehmen wird großgeschrieben und gezielt durch die Raumgestaltung befördert. Das Arbeitsumfeld ist nicht nur zweckmäßig, es ist mit gutem Grund professionell gestaltet und mit „Lokal-Kolorit“ versehen. In einer angenehmen Atmosphäre werden verschiedene Bedürfnisse über den Tag bedient. Bibliothek und Wintergarten sind beispielsweise Sonderbereiche, die sich für Rückzug und Treffen eignen. Für das leibliche Wohl wird in der Kantine und im Bistro mit Lounge-Bereich gesorgt. Man findet unterschiedliche Bewegungsangebote, manchmal sogar Physiotherapie, in entsprechend ausgestatteten Räumen. Könnte so das ideale Raumprogramm einer Ganztagsschule aussehen?

Schüler*innen haben zumindest ähnliche Vorstellungen – wenn man sie fragt. In einem Manifest wurden im Rahmen eines Schulprojekts (Her mit dem Beton! Beton-Manifest 2020/2021) Forderungen an Schulbauten von heute und morgen aufgestellt. Schüler*innen wollen sich in der Schule wohlfühlen können. Es werden z. B. Treffpunkte, Ruheräume zum Entspannen, Sitzecken und Rückzugsnischen mit Sofas und Kissen gefordert.

Welche Rückschlüsse könnten aus den beschriebenen Entwicklungen von Lern- bzw. Arbeitskultur auf Schule und deren Raumkonzeption gezogen werden? Möglich wäre:

- Wenn Lernsettings mehr individuelle Zugänge berücksichtigen und z. B. personalisiertes, projektorientiertes und forschendes Lernen ermöglichen sollen, so resultiert daraus, dass sich ein Mehr an Angeboten organisatorisch, infrastrukturell, aber vor allem räumlich abbilden muss.
- Atmosphäre und damit auch die Gestaltung des Ortes haben Relevanz.
- Identifikation ist wichtig.
- Schulen als Ort des sozialen Lernens und Miteinanders zu gestalten ist ein wesentlicher Faktor für das Lernen. Die Bedürfnisse aller Akteure über den ganzen Tag (!) müssen erfüllt werden können.
- Informelle Lernprozesse sind gewollt und werden durch viele Begegnungsmöglichkeiten und passende Settings an einladenden Orten unterstützt.

Die aufgeführten Punkte überraschen sicher nicht. Die einzelnen Aspekte lassen sich auch heute schon an Schule finden. Und der Stellenwert von Raum im Kontext Bildung nimmt zu. Neubauplanungen werden „Phase-0-Prozesse“ vorgeschaltet, um eine zukunftsfähige Verknüpfung von Pädagogik und Raum zu gewährleisten. Vor der Erstellung eines Raumprogrammes werden partizipativ Lernszenarien, Bedarfe und Atmosphären bestimmt. Es entstehen neue Konzepte, die mehr oder weniger deutlich mit bisherigen Strukturen brechen (vgl. Montagsstiftung, Schulen Planen und Bauen 2012; 2017). Das Ringen um das richtige Raumkonzept wird nicht ohne Grund professionell von Schulbauberatern moderiert. Ein Impuls von außen ist wichtig, und hier treffen verschiedene Perspektiven, Kompetenzen und Partikularinteressen aufeinander. Pädagogische Vorstellungen und Budgets müssen zusammengeführt bzw. ausgehandelt werden. Es geht um viel Geld.[5] Manche Städte präsentieren stolz ihre umfangreichen Schulbauprogramme. Der Raum kann in dem Zusammenhang zum Katalysator werden, der nicht selten weitreichende Change-Prozesse in der Schulentwicklung insgesamt anstößt. Man könnte meinen, der „Bauimpuls“ entscheidet über die Zukunftsfähigkeit unseres Bildungssystems – wenn die damit verbundenen Chancen genutzt werden.

Im Umkehrschluss würden Kommunen mit wenig Budget, also kaum Gestaltungsspielräumen, in der Entwicklung neuer Lernkulturen womöglich abgehängt. Was passiert zudem mit den vielen Bestandsschulen? Das Wesen einer (Lern-)Kultur ist, dass sie von vielen und über einen längeren Zeitraum entwickelt und getragen wird (vgl. auch Peschel in diesem Band).

---

5) Allein in Hamburg werden gegenwärtig pro Jahr über 400 Mill. Euro in den Schulbau investiert.

Lernkulturen im Wandel

Auch neuartige Schulen bzw. Raumkonzepte müssten von den Akteuren erst einmal gemäß ihrer implizierten pädagogischen Neuausrichtung konsequent umgesetzt („gelebt") werden. Das System Schule ist aber auf Kontinuität gebaut, und das bringt eine gewisse Trägheit für Veränderungen mit. Pädagog*innen, Eltern und Verwaltung sind unterschiedlich vom gesellschaftlichen Wandel betroffen, aber alle sind geprägt von der Lernkultur ihrer Kindheit bzw. Schulzeit oder der vermittelten pädagogischen Kultur in der (Lehrer*innen-)Ausbildung und dem damit verbundenen Raumbegriff.

Die in den letzten Jahren zunehmende Diskussion um den modernen Schulbau (vgl. Schulbaumessen ab 2013) ist ein Hinweis, dass sich ein Wandel der Lernkultur in Raumkonzepten abzeichnet. Es gibt den Wunsch nach einfachen Rezepten und klaren, praktisch umsetzbaren Vorgaben. Allerdings sind die Rahmenbedingungen unterschiedlich und tradierte Vorstellungen nicht einfach abzulegen. Am Übergang einer gesellschaftlichen Epoche zur anderen stehen sich Anspruch und Wirklichkeit gelegentlich schwer versöhnlich gegenüber. Dies betrifft auch den daraus folgenden Wandel von Lernkulturen. Andererseits wird man sich angesichts der aktuell drängenden Anforderungen an Schule und deren Flächen einer Auseinandersetzung mit Raum und Lernkultur nicht entziehen können:

1. Rechtsanspruch auf Ganztagsbetreuung für Grundschulkinder ab 2026:
   Wie kommt man dem aus dem ganztägigen Aufenthalt der Kinder resultierenden Bedürfnis nach Ruhe, Spiel und Bewegung an einer für die halbtägige Nutzung gebauten Schule entgegen? Woher nimmt man in wachsenden Städten den Raum dafür? Welchen Einfluss nimmt die systemische Umstellung auf die Organisation, Haltung und das Selbstverständnis von Schule?
2. Das Recht auf inklusive Bildung (Allgemeine Bemerkung Nr. 4 des UN-Ausschusses für die Rechte von Menschen mit Behinderungen):
   Die Bandbreite der Bedürfnisse, die von Schule abzudecken sind, erweitert sich. Wie bildet sie sich im pädagogischen Alltag und auch räumlich ab?
3. Digitale Transformation und OECD-Studie:
   Ist Digitalität vor allem eine Frage der Infrastruktur oder eröffnet sie eine Grundsatzdebatte über unser Bildungsverständnis? Die identifizierten

Schlüsselkompetenzen bzw. das 4K-Modell[6] sind auch ein Aufruf, pädagogische Konzepte zu überdenken. Wozu brauchen wir den physischen Ort Schule eigentlich noch?

4. Wachsende und um Fachkräfte konkurrierende Städte stehen unter dem Druck, schnell zusätzliche zeitgemäße Lernräume zu schaffen. Wer entscheidet über die pädagogische Ausrichtung und wie sieht das passende Raumkonzept dazu aus?

Das sind alles Handlungsfelder für Schulentwicklung an der Schnittstelle Raum. Wie bilden sich diese Herausforderungen strukturell in Schule ab? Man wird alte Gebäude nicht radikal durch neue Gebäude ersetzen können. Mittel für Neugründungen sind meist ebenso begrenzt wie Flächen. Diesbezüglich unterscheidet sich das städtische Umfeld von ländlichen Regionen, in denen vielleicht aufgrund von „Landflucht" eher zu viel als zu wenig Schulraum vorhanden ist. In städtischen Ballungsräumen dagegen wurde – und wird – deshalb bei zusätzlichen Bedarfen an Schule meist angebaut. Schaut man sich diese Schulgelände an, so findet man häufig die Addition von Gebäuden verschiedener Baujahre.

Bei den anstehenden Aufgaben wird es aber nicht nur um einen weiteren Anbau – ein nächstes „Add-on" – gehen können. Es stellt sich die Frage, ob ein weiterer Anbau überhaupt zweckmäßig ist. Ist es inhaltlich und zeitlich gesehen sinnvoll, Kinder wieder einmal über den Schulhof oder Flure zu schicken, damit sie weitere bzw. besondere Angebote im nächsten „Ergänzungsbau" in Anspruch nehmen können? Schulen abzureißen und hochverdichtet neu zu bauen ist denkbar, aber auch sehr teuer. Man wird in Bezug auf neuen Schulraum schnell an Grenzen stoßen. Vor diesem Hintergrund lohnt es sich, zuallererst den pädagogischen Wert von vorhandenen Räumen – auch außerhalb der Schule – neu zu vermessen. Dies wird im Folgenden skizziert.

Alte Räume, neue Ansprüche – eine Frage der Haltung

Es scheint beispielsweise wenig effizient, den Anspruch auf ganztägige Bildung und Betreuung mit einem Hort auf dem Schulgelände erfüllen zu wollen. Vormittags sind die Kinder in der Schule, aber niemand im Hort, nach-

6) Das 4-K-Modell (Kommunikation, Kollaboration, Kreativität und kritisches Denken), geht zurück auf die US-amerikanische Non-Profit-Organisation „Partnership for the 21st Century Learning". Wirtschaftsvertreter, Bildungsfachleute und Behörde haben 2002 die für den beruflichen Alltag im 21. Jahrhundert wichtigsten Kompetenzen formuliert. Andreas Schleicher, Bildungsforscher und OECD-Mitarbeiter, hat das Modell in seinem Vortrag auf der Re:publica 2013 im deutschsprachigen Raum bekannt gemacht.

mittags steht dann die Schule leer. Der Wunsch nach räumlicher Trennung beruht oft auf der vermeintlichen Annahme, dass das ernsthafte und disziplinierende Bildungsangebot der Schule am Vormittag durch Freizeitangebote der Jugendhilfe am Nachmittag ausgeglichen werden müsste. Und so wird argumentiert, dass der Raum, der der Erholung dienen soll, auf keinen Fall an Schule erinnern darf.

Wird hier aus einer rückwärtsgewandten Lernkultur heraus ein vermeintlicher Gegensatz beschworen? Die Perspektiven auf die zeitliche und inhaltliche Ausgestaltung des Tages des Kindes mögen unterschiedlich sein, aber beide Partner – Schule und Jugendhilfe – sind in unterschiedlicher Weise, aber gleichermaßen professionell an Sozialisierungs- und Bildungsprozessen beteiligt. Im gemeinsamen Arbeiten mit dem Kind, am gleichen Ort, läge die Chance, dass sich ihre professionellen Perspektiven und Zugänge ergänzen und in der Summe mehr als ihre Einzelteile erreichen. Wenn Lernen und Bildung vielfältige Kanäle nutzen und Kompetenzen fördern sollen, steckt im konsequenten Zusammendenken der räumlichen Angebote und Ausstattungen über den ganzen Tag eher eine Chance als ein Widerspruch – dieser muss sich dann auch nicht räumlich abbilden. Im Gegenteil. Kann man nicht mit Freude lernen?

Die Schule als Erlebniswerkstatt und Lernwelt im Sinne eines neuen Lernkulturbegriffs könnte dafür den Raum schaffen, dass vielfältige Kompetenzen zutage träten und optimal gefördert werden könnten. Ein gutes soziales Umfeld hat einen hohen Stellenwert und ist Voraussetzung für eine gute Lernatmosphäre. Wäre es da nicht naheliegend, dass man sich gemeinsam den passenden, flexiblen, angenehmen und vielseitigen Ort schafft? Die Nachmittagsbetreuung braucht zum Spielen und für Projekte usw. auch Tische und Stühle, Werkstätten und Ateliers mit gut sortierten Materiallagern. Die Schule braucht unterschiedliche Lernsettings, also neben Ort für Instruktion, Platz für Einzelarbeit, Gruppenarbeit beispielsweise auch eine passende Infrastruktur für Projektarbeit oder „offenes Forschen" (vgl. auch Beitrag Wedekind et al. in diesem Band). Gelernt wird über den ganzen Tag, am Tisch, aber auch auf dem Boden, auf dem Sofa oder im Atelier bzw. in der Lernwerkstatt. Jeder Quadratmeter zählt. Denn Angebote müssen „nah am Kind" vorgehalten werden, um jederzeit zur Verfügung zu stehen, erreichbar zu sein genau dann, wenn sie benötigt werden.

Wie viel Fläche erfordern ganztägige Betreuungs- und Bildungsangebote? Der Rechtsanspruch auf Ganztagsangebote hat für das Bundesgleichstellungsministerium den Stellenwert eines „Game-changers". Wenn sich die Erwartungen allein durch eine hohe Teilnahmequote bestätigen ließen, macht das Beispiel Hamburg Hoffnung, offenbart aber auch Herausforderungen. Die in Hamburg seit 2012 flächendeckend ausgebauten kostenfreien ganztägigen Bildungs-und Betreuungsangebote werden mittlerweile zu über 85%

in Anspruch genommen. Die hohe Teilnahmequote lässt erahnen, dass ein additiver „Ganztagsraum“ in der Grundschule oder das Hortgebäude auf dem Schulgelände die zu erwartenden Bedarfe nicht decken können. Tatsächlich findet der Ganztag in Hamburg bis auf das Mittagessen nur in den bereits vorhandenen Räumen an Schule statt.

Funktioniert das? Diskutiert wurde über die „Doppelnutzung“ von Räumen und neue Ausstattungsbedarfe, wie beispielsweise abschließbare Schränke und Möbel, die stapelbar bzw. durch Rollen flexibel sind. Der Fokus der Überlegungen richtete sich auf vereinzelte Ganztags-Räume oder Flure. An den Begriffen, der Auswahl der Orte und Möbel kann man aber auch erahnen, dass Ganztag möglichst „berührungsfrei“ in das bestehende System implementiert werden sollte. Dies ist jedoch nicht möglich. Denn Flure z. B. sind in der Regel Teile von Rettungswegen und deswegen aus Brandschutzgründen „tabu“. Variable Möbel-Settings wollen nicht ständig auf und wieder zurückgebaut werden, schon gar nicht, wenn sich am Vor- und Nachmittag zwei Systeme gegenüberstehen. Auch der Versuch, die angestrebte „Doppelnutzung“ dadurch zu ermöglichen, dass Klassen- und Differenzierungsräume ähnlich einem Wohnmobil raffiniert ausgebaut werden, scheitert nicht nur an finanziellen Grenzen. Wohin also mit den berechtigten Bedürfnissen der Kinder nach Rückzug, Bewegung und Spiel über den ganzen Tag? Und wie nutzt man die hinzukommenden Kompetenzen der neuen Kolleg*innen aus der Jugendhilfe für den Bildungsprozess und verschafft ihnen den erforderlichen Raum? Dies kann nur an einem Ort funktionieren, an dem ihnen nicht nur ein „Gast-Status“ eingeräumt wird.

Wenn Schulen ganztägig Bildung und Betreuung anbieten, wächst auch der Anspruch an Schulräume. Das hat Hamburg deutlich zu spüren bekommen, als die Elterninitiative „Guter Ganztag“ einen massiven Flächenausbau an den Schulen forderte, nachdem die institutionellen Betreuungsangebote am Nachmittag von den Horten flächendeckend dorthin verlagert wurden. Aber die Forderung nach zusätzlichen Ganztagsflächen am Schulstandort in größerem Umfang wäre nicht umsetzbar gewesen und hätte den Hamburger Haushalt gesprengt. Nach intensiven Verhandlungen einigte man sich darauf, einen Prozess zu initiieren, der Schulen bei der Entwicklung zu ganztägigen Lern- und Erfahrungsräumen unterstützt.

Für diese Entwicklung wurden Förderprogramme aufgelegt, die entsprechende Prozesse an den Schulen angestoßen haben. Einer der zentralen Bausteine war dabei die Bildung von Ganztagsausschüssen, die aus Vertreter*innen der Schule, Jugendhilfe, Eltern und bei weiterführenden Schulen auch aus der Schüler*innenschaft bestehen. In dieser Zusammensetzung waren alle Hamburger Schulen aufgefordert, angelehnt an einen eigens entwickelten Leitfaden ein Raumkonzept zu erarbeiten, das die verschiedenen Anforderungen in Bezug auf die Verknüpfung von Raum, Pädagogik und den aus der ganztägigen Nutzung entstehenden Bedürfnissen berücksichtigt. Denn der systemischen Umstellung wurde auch eine „kulturelle" Dimension zugeschrieben, deren Herausforderungen sich schnell an der Raumnutzung entzündeten. Veränderung wird schnell als Bedrohung empfunden. Eingeschliffene territoriale Ansprüche, „Einzelkämpfertum", unterschiedliches Bildungsverständnis, der Wunsch nach Segregation und das Festhalten an den vertrauten Strukturen erschweren den Veränderungsprozess.

Es ist nicht einfach, aus den zwei Teilen des neuen offenen Ganztagsschultypus (GBS: Ganztägige Betreuung und Bildung an Schule) – der Vormittag in der Verantwortung der Schule und der Nachmittag in Hand der Jugendhilfe – ein gemeinsames neues Drittes zu denken. Der Vorteil der multiprofessionellen Perspektive auf das Leben, Lernen, Arbeiten und Spielen des Kindes am gemeinsamen Ort kann sich nur im gelebten Zusammenspiel entfalten. Das lässt sich nicht erzwingen, sondern ist dem kulturellen Wandel vorbehalten, der neben Ressource vor allem Zeit braucht. Dem Umgang mit dem zur Verfügung stehenden Raum kommt dabei eine grundlegende Bedeutung zu.

In Hamburg entwickelten sich in den letzten Jahren positive Beispiele, die Veränderungen der Haltung bzw. Kultur in den Raumkonzepten sichtbar werden lassen. Pausenhallen wurden multifunktional zum „Herz" der Schule umgestaltet, es entstanden Jahrgangshäuser bzw. -ebenen.

Ilse-Löwenstein-Schule (Design und Foto: planerkollektiv)

Die Maßnahmen im Rahmen des angestoßenen Prozesses der Entwicklung der „alten" Schulgebäude zu ganztägigen Lern- und Erfahrungsräumen erstrecken sich von kleinen Ausstattungsvorhaben bis zur Neuorganisation des Standortes.

Schule Kielortallee, Multizone in der Jahrgangsebene (Foto: Anke Ehrenreich)

Diese Entwicklungen sind mühsam und brauchen oft Unterstützung von außen. Auch bei „einfachen" Innenraum-Gestaltungsaufgaben werden Planer*innen benötigt, die nicht nur formale und baurechtliche Aspekte in die Diskussion einbringen, sondern zugleich den Weg für veränderte pädagogische Konzepte und deren Organisation mitdenken. Manchmal ist auch Prozessbegleitung erforderlich, um einen inhaltlichen Wandel zu unterstützen. Vielfach sind es die sprichwörtliche Schere im Kopf und Ängste vor Veränderung, die verhindern, Schule raumorganisatorisch im Sinne einer veränderten Lernkultur, die Schule auch als Lebensraum wahrnimmt, anders zu denken.

Schule – ein begrenzter Raum?

Dabei wäre ein noch radikalerer Ansatz möglich: Warum Raumgrenzen von Schule nicht grundsätzlich konsequenter in alle möglichen Richtungen öffnen? Die Stadt, das Quartier, die Umgebung bieten in unmittelbarer Nähe zahlreiche Anknüpfungs- und Kooperationsmöglichkeiten für Freizeit und Bildungsplan. Wie organisiert man dieses außerschulische Angebot am besten, um es mit den schulischen Angeboten zu verknüpfen? Welchen Beitrag könnte „Digitalität", eine vernetzte Stadt, dazu leisten? Das Raumangebot von

Schule wäre ein „Pfund", um attraktive Impulse von außen hereinzuholen: So ist etwa eine Aula mit angrenzender Kantine ein attraktiver Veranstaltungsort. Der Speiseraum mit integriertem „Kinderkochstudio", also der Möglichkeit, neben der Gemeinschaftsküche noch selbst kochen zu dürfen, ist tagsüber ein lebenspraktisches Lernangebot (Apfelmus kochen, Lebensmittelkunde, Experimentieren, „Kulinarpädagogik") und danach ein Ort, um Gemeinschaft zu leben („Kochclub", Veranstaltung). Warum sollten Raumressourcen nicht lohnend für die Schule einzusetzen sein. Im (Schul-)Raum lassen sich Begegnung ermöglichen oder auch Einnahmen generieren.

Der Schulhof wäre prädestiniert dazu, eine Oase in der Stadt zu bilden, könnte als naturnaher Erlebnisraum dienen, der auch außerhalb von Schulzeiten soziales Miteinander ermöglicht. Wetterschutzdächer über Außensportflächen könnten die Optionen erweitern, Außenräume über den ganzen Tag und das Jahr vielfältig nutzen zu können (z.B. Flohmarkt). Wenn Städte sich immer weiter verdichten, kommt dem verbliebenen Freiraum ohnehin eine besondere Bedeutung zu, der qualitativ weiterentwickelt werden müsste. Das ist eine Aufgabe über spezifische Behördengrenzen hinaus und macht es schwierig: Unterschiedliche Budgets, Angst vor Vandalismus und Reinigungsanforderungen verhindern die Neubewertung immer kostbarer werdender öffentlicher Räume. Doch zugleich ist die Notwendigkeit, mit Schulflächen bzw. Schulhöfen Angebote in den Stadtteil hinein zu machen, nicht abzuweisen. Kinder wachsen in Städten heute unter anderen Bedingungen auf. Wo gibt es für Kinder noch die städtischen Brachen, die als Orte „Selbstwirksamkeit" erleben lassen? Wäre der Schulhof unter diesen Bedingungen nicht ein guter Ort, wo Kinder autonom, jenseits der „pädagogischen Glocke", ihre Gestaltungskraft erleben könnten? Statt mehr Geräte zum Klettern zu installieren, könnte man überlegen, mehr individuell gestaltbaren Raum anzubieten. Dies weitergedacht, könnten in einem Quartier Schulhöfe auch unterschiedliche Schwerpunkte haben und so einen Beitrag für mehr Vielfalt leisten.

Ressourcen großräumig zu denken scheint Potenzial zu haben. Das von der finnischen Stadt Espoo und der Aalto Universität gemeinsam entwickelte Konzept „School as a Service" (SaaS) ist ein Beispiel für die systemübergreifende Zusammenarbeit und wurde 2016 mit einem internationalen Innovationspreis in der Kategorie Bildung ausgezeichnet. Dem Projekt lag die Notsituation zugrunde, für die wachsende Stadt nicht schnell genügend guten Schulraum zur Verfügung stellen zu können. Statt Schule nur in einem Schulgebäude zu denken, wurden daher bestehende Ressourcen und Lernumgebungen gebündelt. Raum und Kursangebote der Universität wurden für Schüler*innen geöffnet. Interessant ist, wie sich in Espoo aktuelle Tendenzen, wie Vernetzung und „Sharing", in einem städtischen Rahmen abbilden. Ein weiteres Beispiel ist die Copenhagen International School – Nordhavn.

Sie befindet sich in einem neuen attraktiven Hafenviertel. Die Promenade an der Schule ist bewusst öffentlicher Stadtraum und die Gemeinschaftsbereiche werden für Schul- und Gemeindeveranstaltungen genutzt. In Innsbruck ist ein Gymnasium zusammen mit einem Einkaufszentrum unter einem Dach entstanden.

Zukunft Schule

Sind das Hinweise auf Raumkonzepte von Schule der Zukunft? Könnte Schule bzw. Bildung ein Teil von vielen Angeboten an einem Ort sein, damit man sich Infrastruktur und Ressourcen mit anderen teilen kann? Die Konzentration von Serviceangeboten an einem Ort oder die Möglichkeit der Mitnutzung bestehender Infrastruktur ist nicht nur ressourcensparend, sondern ermöglicht vielfältige Anschlusspunkte, provoziert Anlässe zum Austausch und damit Wissenstransfer – über Schule hinaus. Aus diesen zugegeben weit vorausgedachten Ansätzen könnte man folgende Leitgedanken herausfiltern:

1. Raum ist kostbar. Er stellt einen Wert für gesellschaftliches Zusammenleben dar und sollte möglichst vielen zugänglich sein.
2. Raum sollte, seinem Wert entsprechend, viele anregende und attraktive Angebote machen.
3. Kombinierte Angebote können den Raum wertvoller machen.
4. Indem man Raum (Flächen und Ressourcen) teilt, können Potenziale besser genutzt bzw. die Auslastung erhöht werden.
5. Vielfalt lässt sich erweitern, indem man bei gleichem Raum bzw. Funktionsangeboten in der Nähe unterschiedliche Schwerpunkte ausbildet.

Kehren wir wieder zum dritten Pädagogen an Schule zurück und wenden diese Grundsätze ganz pragmatisch auf bestehende Schulgebäude an. Der Klassenraum allein bietet wenige Möglichkeiten, hinzukommenden Bedürfnissen und Anforderungen Raum zu geben. Aber schon diese begrenzten Möglichkeiten können einen Unterschied machen: Der einzelne Raum kann zoniert, Funktionen können überlagert und über Ausstattungselemente optimiert werden. Ein Teppich schafft Raum für den Morgenkreis, kann aber auch zur Bauecke werden. Moderne Schranksysteme bieten neben verbesserten Organisationsmöglichkeiten einen zusätzlichen Nutzen, wenn Schranktüren zu Schiebelementen werden, die als großflächige Tafeln genutzt werden können.

Mehr Potenzial für Synergien entsteht dort, wo Akteure sich als Kollektiv verstehen und den Raum gemeinsam denken. Die dem klassisch gedachten Klassenraum inhärente Lernkultur müsste allerdings hinterfragt werden. Das ist eine gruppendynamische Herausforderung, die schnell an ihre Grenzen stoßen kann, aber auch im Kleinen beginnen, experimentell erprobt werden kann – und so die Chance zu wachsen hat.

Wenn man sich vom Einheits-Klassenzimmer gedanklich frei machen kann, wird es interessant. Denn die in Reihe geschalteten Klassenzimmer müssen nicht zwangsläufig das Gleiche bieten, wenn sie als Teambereich organisiert werden. In den Lehrmittelschränken aller Klassenräume findet sich oftmals das gleiche Material. Zentral organisiert könnte dies zu Flächen-Synergien führen. Räume innerhalb eines Clusters könnten ihre Klassenraumfunktion bzw. Gruppenheimat inkl. Bezugsperson behalten, aber unterschiedliche Themen-Schwerpunkte entwickeln.

Teambereiche für Jahrgangsteams könnten altersgerecht ausgestattet sein. Dann können sich Kinder auf einem Jahrgangsflur oder Jahrgangshaus frei bewegen und von erweiterten, da selbstverständlich geteilten Angeboten, profitieren.

Schule Kielortallee. Räume werden teilweise zum Flur hin geöffnet und bieten als „Multiräume" besondere Infrastruktur an (Küchenzeile, Bibliothek, Rückzug usw.)

Dabei könnte man auch klein anfangen und „Tandems" von benachbarten Räumen bilden, die sich mit Angeboten ergänzen. Das „Jahrgangshaus", ein Geschoss, ein Gebäudeflügel bieten ungleich mehr Potenzial über den ganzen Tag. Je weiter die Organisation in Teams gedacht wird, desto mehr Gestaltungsspielräume eröffnen sich. Nicht in jedem Raum muss Instruktion erfolgen. Durch die Setzung von räumlichen Schwerpunkten für bestimmte Funktionen könnten innerhalb eines Teambereiches neben einem Standard-Unterrichtsraum für Instruktion auch noch eine Forscherwerkstatt und ein Rückzugsbereich entstehen. In allen Räumen wird gelernt, nur jeweils anders.

Eine so weitreichende Neuorganisation wäre eng an ein verändertes pädagogisches Konzept und neue Organisationsformen gebunden. Aber so ließen sich auch neue Anforderungen aus dem Ganztag, der Inklusion sowie erweiterten Lernszenarien im räumlichen Bestand implementieren. Vielfalt entstünde dort, wo Gleichheit vorherrschte. Der Raum wird Ausgangspunkt und Anlass für Schulentwicklung.

Wichtig ist, dass Geborgenheit und Sicherheit, die erhoffte „Nestwärme", erhalten bleiben. Eine „Heimat", wie im Klassenraum, wird man aber auch auf einer „überschaubaren" Fläche, einem Geschoss, in einem Gebäude-Flügel oder in einem Gebäude erreichen. Die Umstellung von Gruppenräumen auf Funktionsräume gab es in der Vergangenheit bereits im Hort – und das funktioniert auch im Grundschulbereich.[7]

Gemeinschaftsflächen (Aulen, Pausenräume) oder Speiseräume bieten ein Flächenangebot, das über den Tag oft noch Nutzungspotenziale aufweist. Materialien und Ausstattung in der Nähe oder am Ort selbst können diese Flächen in den übrigen Zeiten aktivieren. Hier können z. B. Bewegungsangebote stattfinden oder großformatige Arbeiten entstehen (Matten, Teppiche, Sitzwürfel aus Schaumstoff zum Bauen, Tanzen, Jonglieren, Yoga, Spielesammlungen, Bastelsachen, Darstellendes Spiel etc.). Pausenhallen könnten mehr sein als leere Hallen mit der Anmutung einer U-Bahn-Haltestelle. Schnell schlägt man gedanklich die Brücke zu qualitativ hochwertig gestalteten modernen Lernorten. Wenn Speiseräume nicht nur für ein kurzes Mittagessen genutzt werden, sondern über den Tag einen Beitrag als Lern- und

---

7) Es gibt weitere Möglichkeiten den Bestand besser zu nutzen. Starre monofunktionale Zuordnungen von Räumen oder Zuordnungen zu einzelnen Personen oder Nutzungen führen dazu, dass Räume nur für wenige Stunden in der Woche besetzt und ansonsten für die Allgemeinheit verloren sind (z. B. Nähwerkstatt, Sinus-Werkstatt, muttersprachlicher Unterricht, Beratung). Sondernutzungen mit besonderen pädagogischen Angeboten sind vielleicht zentrale Punkte des Schulprofils und bleiben wertvoll, eventuell gibt es aber auch die Möglichkeit, diese Fläche durch organisatorische Maßnahmen über den ganzen Tag bzw. weiteren Nutzern sinnvoll zur Verfügung zu stellen. Manchmal reicht es, empfindliche Ausstattung und Materialien durch entsprechende Stauraumlösungen wegschließen zu können, um so einen ganzen Raum zurückzugewinnen. Attraktive, natürlich belichtete Räume wurden in der Vergangenheit schon mal zu Lagerräumen. Räume mit guten Belichtungsqualitäten sind jedoch zu wertvoll, um sie als Lager/Sammlung zu nutzen. Eventuell kann auf weniger attraktive Flächen ausgewichen werden. Könnte die Sammlung nicht auch dezentral untergebracht werden? Vielleicht lässt sie sich durch eine bessere Stauraumorganisation in andere Schränke in den Räumen eines Jahrgangs verteilen. Die Auslastung von Räumen über den ganzen Tag gibt Aufschluss, wieviel Potential in der Fläche noch aktiviert werden könnte.

Erfahrungsraum leisten, dann sollten sie zoniert sein und einladend mit verschiedenartigen Angeboten[8] gestaltet sein.

Elisabeth-Lange-Schule, Design: Rosan Bosch Studio

(An der Stadtteilschule Elisabeth-Lange-Schule in Hamburg-Harburg wurde als Pilotprojekt eine Bestandshalle als ganztägiger Lernort (https://rosanbosch.com/en/project/sts-ehestorfer-weg) geplant und 2020 fertiggestellt. Das für die Konzeption verantwortliche Planungsbüro Rosan Bosch Studio schafft mit Design anregende Lernumgebungen. Sie arbeiten aus der Grundüberzeugung, dass die physische Umgebung einen Unterschied in der Art und Weise macht, wie interagiert wird.)

Computerräume wirken mit zunehmender Präsenz von mobilen Endgeräten anachronistisch. Bei individuellen Lernarrangements sind ohnehin frei zugängliche Computer für individuelle (Recherche-)Tätigkeiten erforderlich. Wenn gemeinsames Arbeiten an Rechnern notwendig ist, könnte dies auch über Laptops ermöglicht werden. „Digitale Transformation" an Schule bildet sich auch über andere Lernsettings und Präsentationsformen aus. Unterstützend könnten fahrbare Container (Allroundmöbel mit Tafel, Stauraum, Tisch, Schubladen und technischer Ausstattung wie Tablets, Mikrofone und Kameras) ermöglichen, kollaborativ, flexibel und flankiert von digitaler Infrastruktur an verschiedenen Orten anders zu lernen.

8) Wie werden diese Aspekte in Konzepten und bei der Ausschreibung bedacht? –In Hamburg wurde ein Planungsbüro mit einem ausgeprägten partizipativen Entwurfsansatz (die baupiloten) beauftragt, standardisierte Gestaltungsansätze, sogenannte Atmosphären (Leicht und Luftig, WaldRuhe, WohligWarm und UnterWasser) für Speiseräume zu entwickeln. Auf Grundlage dessen wurde über eine Ausschreibung und abgeschlossene Rahmenverträge die Möglichkeit geschaffen, passende Möblierungen vereinfacht in die Fläche zu bringen.

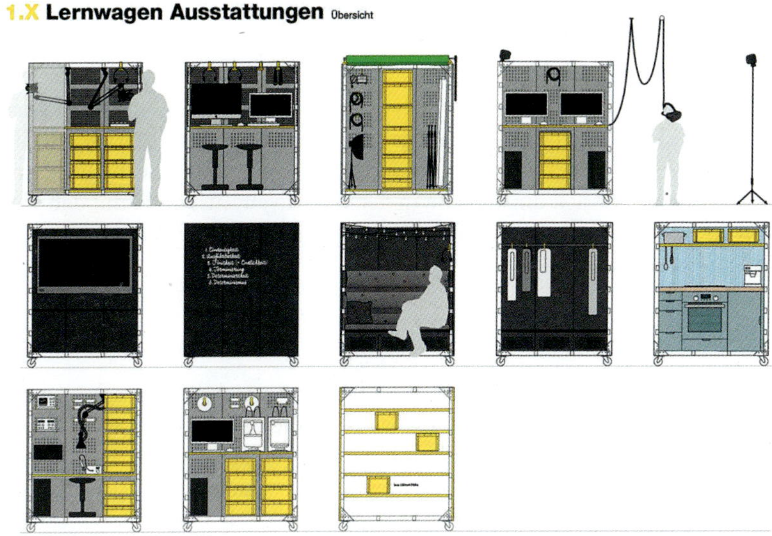

Ausstattungsprojekt, entwickelt von dem Planungsbüro Design for human nature (dfhn) für den Neubau des Marion-Dönhoff-Gymnasiums und die digitale Werkstatt des Landesinstitutes für Lehrerfortbildung

Auch der Verwaltungsbereich kann anders gedacht werden: Lehrerzimmer können bei zunehmendem Personalzuwachs oft ihre Anforderungen nicht mehr erfüllen. Zu viele konkurrierende Funktionen sind in einem Raum zusammengefügt. Eventuell können Konferenzen in anderen Räumlichkeiten stattfinden (z. B. Musikraum, Aula). Durch das Auslagern könnten so mehr Arbeitsplätze eingerichtet werden. Wenn es aber gelingt, Arbeitsplätze dezentral einzurichten, könnte aus dem Lehrerzimmer ein attraktiverer Sozialraum werden, in dem Interaktion und Rückzug möglich ist. Die Bedeutung von Austausch nimmt insbesondere in der multiprofessionellen Arbeit an Ganztagsschulen zu.

Bei Neugründung von Schule sind die Möglichkeiten, Raumkonzepte und Schulentwicklung zusammenzudenken, ungleich größer, folgen aber den gleichen Grundsätzen. Wenn ein Ergänzungsbau ansteht, könnte eventuell der ganze Standort neu gedacht und im Rahmen der Schulentwicklung neu „programmiert" werden. Eine Neuverteilung der Funktionen kann dabei Gestaltungsspielräume schaffen. Konzepte für Neubauten sind ungleich herausfordernder. Es ist schwer, nicht von formalen Vorbildern auszugehen und stattdessen erstmal in innovativen und unbekannten Szenarien zu denken. Wie viele der einzelnen Klassenräume gleicher Gestalt brauchen wir noch? Das Raumkonzept könnte, statt in Kompromissen gedacht, maßgeschneidert die veränderte Lernkultur der Zukunft unterstützen. Aber wenn die Diskussion um eine neue Lernkultur erst beginnt, wenn die Planung unmittelbar bevorsteht, wird es meist für mutige Experimente eng. Die Richtung, in die sich Schule und Lernkultur entwickeln sollen, muss rechtzeitig im Vorfeld definiert werden. Denn diese Überlegungen sollten zunächst frei von Raumbezügen sein und der Auseinandersetzung mit dem Planer – der hier nur der räumliche „Übersetzer“ ist – vorausgehen, damit alle nicht sofort wieder in althergebrachte Muster verfallen. Wenn das Ziel der neuen Lernkultur klar gefasst ist, lohnt es sich umso mehr, in den intensiven Austausch mit den Planern zu gehen und nach einer für die pädagogische Ausrichtung passenden Struktur zu suchen.

Fazit

Dem behäbigen System Schule scheinen Störungen nicht nur zu schaden, sie können vielmehr zum Vorteil genutzt werden. Nach Aussage des Systemtheoretikers Nicholas Taleb (2014) ist dies sogar dringend notwendig. Denn wenn Störungen nicht ernst genommen werden und die Akteur*innen sich nicht an eine Anpassung herantrauen, wird ein System nach Taleb fragil; es besteht die Gefahr von Brüchen. Besser ist es, sich auf die notwendigen Anpassungsprozesse einzulassen, flexibel zu werden – dann bewirken Störungen und Krisen Bewegung. Auf Schule angewandt, könnte dies bedeuten, die neuen Anforderungen im Zusammenhang mit Raumkonzepten als Chance für die eigenen Schulentwicklungsthemen zu identifizieren. Den Innovationen an Schule hilft der Anstoß und die kompetente Begleitung von außen. Baumaßnahmen wie auch neue strukturelle inhaltliche Anforderungen sind gute Anlässe, im besten Falle der Impuls, um Haltung, Organisation und damit auch den Kurs von Lernkultur und Schulentwicklung zu überdenken.

Die Anforderungen an Schule verändern sich, aber die neuen Bilder, jenseits der über Jahrzehnte hinweg etablierten Strukturen, müssen erst in ihrer Zahl wachsen und erprobt sowie akzeptiert werden. Dabei ist es wichtig, die Rolle des „dritten Pädagogen“ richtig zu verstehen und zu interpretieren: Räume eröffnen und unterstützen, letztlich bilden sie aber nur die hinter ihnen stehende Lernkultur ab. Sie spielen insofern eine Nebenrolle im pädagogischen Alltag. Als Katalysator für Schulentwicklung und den Wandel der Lernkultur aber können sie eine Hauptrolle besetzen, wenn man die Chance nutzt, mit dem „dritten Pädagogen“ ins Gespräch zu gehen.

Literatur

Montag Stiftungen, Jugend und Gesellschaft (2012): Schulen planen und bauen 2.0, Kallmeyer, Berlin.

Bosch, R. (2018): Designing for a better world starts at school, 1. Aufl., Copenhagen.

Tayler, A. (2009): Linking Architecture and Education, University of New Mexico.

Derecik, A. (2015): Praxisbuch Schulfreiraum, Springer VS, Wiesbaden.

Hofmann, S. (2014): Partizipation macht Architektur, jovis Verlag GmbH, Berlin.

3 Fachinhalte und Lernkulturen

Inga Gryl

Raumbezogenes Lernen und neue Lernkulturen

Mündigkeitsorientiert in und mit Räumen sowie über und durch Räume lernen

1 ‚Neue' Lernkulturen in raumbezogenen Beispielen

Dieser Beitrag analysiert ‚neue' Lernkulturen in raumbezogenen Vermittlungssettings sowie in Bezug auf die Beschäftigung mit Räumen. Damit ist einerseits die Verortung des Lernens erfasst, etwa im Klassenraum, in der Schule, in der Gemeinde und in digitalen Räumen, andererseits auch in Bezug auf Räume als Lerngegenstand, so in der geographischen Perspektive des Sachunterrichts, wobei beide Bereiche nicht trennscharf sind.[1] Mit der geographischen Perspektive aber wird der dem Terminus ‚Lernkultur' inhärente Kulturbegriff nicht nur als alltägliche Praxis des Lernens (und Lehrens) erfasst, sondern auch als Gegenstand der Vermittlung. Traditionell wurde in der geographischen Bildung eine Einheit zwischen Kultur und Raum postuliert (vgl. ‚Kulturerdteile'), die aber weder den alltäglichen Praktiken noch dem Stand geographischer Bildung entspricht. Kulturen sind vielmehr stets im Plural und als gelebte Praxis (Wardenga 2006) zu denken, die sowohl individuell als auch sozial geteilt vorliegen kann. Die „Gemeinschaftlichkeit" (Stalder 2016) ermöglicht ein Teilen von immer neuen/neu entdeckten kulturellen Praktiken und eine Aneignung dieser entlang der eigenen, durch das Umfeld beeinflussten Identitätsbildung – insbesondere auch in einer gegenwärtigen „Kultur der Digitalität" (ebd.). Letztere wirkt raumzeitlich entgrenzend, d.h. Kulturen sind nicht an Orte und Zeiten gebunden, sondern werden insgesamt variabler, flexibler, dynamischer, aber in ihrem Geteilt-Werden auch wirk- und deutungsmächtiger (vgl. z.B. globale Kulturen, Retro-Kulturen). Kultur in Räumen, und damit auch Lernkultur, ist aus diesem Blickwinkel eine nicht abgeschlossene und weiterhin fluide Verstetigung der Praxis des Alltäglichen und gegebenenfalls auch des Besonderen (z.B. Festtage). Dennoch existiert eine (vorwiegend alltagssprachliche) positive Konnotation von Kultur, die sich beispielsweise in Begriffen wie ‚Kulturtechnik', ‚Hochkultur' und ‚kultiviert' zeigt.

Dieser Band folgt diesem Positivismus insofern, als dass „neue Lernkulturen" (vgl. auch Peschel in diesem Band), deren Normativität explizit hervorgehoben wird, in die Schule Eingang finden sollen, um als unbefriedigend

1) Ein Beispiel ist die Neugestaltung des Schulhofs als an den Unterricht angebundenes Projekt, um über Maßstäbe, Karten, Planung, demokratische Aushandlung etc. zu lernen, was gleichzeitig die Schul- und Lernkultur beeinflusst.

wahrgenommene, überkommene Strukturen in der Schule sukzessiv zu ersetzen. Hierbei werden in unterschiedlicher Schärfe verschiedene Schwerpunkte wie Lernorientierung, Kindorientierung und Reflexivität (Peschel 2016; Giest & Lompscher 2004) gesetzt, für deren Legitimität ein gewisser Konsens herrschen dürfte und die sich auch mit einigen normativ geprägten Ansätzen geographischer Bildung überschneiden, etwa mit „mündigkeitsorientierter Bildung" (Dorsch & Kanwischer 2019) und Spatial Citizenship (Gryl & Jekel 2012).

An diesen Leitlinien einer ‚neuen Lernkultur' soll sich daher das hier betrachtete raumbezogene Lernen, ungeachtet der Ambiguität von Kulturbegriffen in fachlicher Hinsicht, messen und dabei über die kritisierte bloße Fachorientierung deutlich hinausgehen (vgl. Peschel in diesem Band). Auch der Begriff des ‚Neuen', der angesichts seiner eigenen Vergänglichkeit und der durchaus schon langfristig im Umlauf befindlichen Ideen, die hier referiert werden (z. B. Foucaults Machtkritik 1983; in Peschel in diesem Band), schwierig erscheint, kann genutzt werden, indem das Neue als Aufruf verstanden wird, Schule zu ändern. Zugleich bedarf dieser angestrebte Prozess der Veränderung einer stetigen kritischen (Selbst-)Analyse – in Bezug auf raumbezogenes Lernen wird dieser Beitrag eine derartige Reflexivität bzgl. entsprechender Ansätze einer ‚neuen Lernkultur' walten lassen. Die folgenden Beispiele bieten erste Ideen zu neuen Lernkulturen der Räumlichkeit, der geographischen Perspektive und der geographischen Bildung:

1. Die geographische Bildung ist eng mit dem methodischen Zugang der Exkursion verbunden, die Räume alltäglicher Praktiken (der Kinder und anderer Menschen) zu Lernräumen macht. Die Verheißung der für alle Lernenden gleich und verlässlich prägenden „Originalbegegnung" (Kreuzer 1980) ist angesichts der Punktualität der Erkundung, der subjektiven Wahrnehmung und der Inszenierung des Raums durch die Lehrkraft und andere Beteiligte aber längst überwunden. Vielmehr gilt es, die sowohl fachliche wie auch pädagogische Inszenierung der Originalbegegnung in und mit Räumen stets dahingehend reflexiv zu hinterfragen, wie die Deutungskonstruktion der Lernenden beeinflusst wird. Darüber hinaus können Kinder durch Methoden wie die „Spurensuche" (Hard 1989) Deutungshoheit teilen. Hierbei suchen sie selbstständig (ggf. thematisch orientiert) Spuren, stellen dazu Hypothesen auf und betten sie in einen Zusammenhang ein. Sie entwickeln damit eigenständig, unterstützt durch die Lehrkraft, Sinngebungen, die auch divergent sein können, was der Vielfalt an Praktiken in einem Raum entspricht. Dieser reflexive Blick auf Deutungskonstruktionen heißt aber nicht, dass nicht auch Resonanzeffekte, eine tiefe Wechselwirkung zwischen Selbst und sinnlich-leiblich-emotional erfahrenem Umfeld (Keßler 2017; Rosa 2016), im Raumerschließen angestrebt werden sollen. Auch ihnen liegt eine lernförderliche Subjektivität

inne, allerdings sind sie an eine Begegnung mit den Dingen gebunden, die von der deutenden Inszenierung weniger gezielt kontrolliert werden kann.

2. Raumbezüge helfen, wie bereits Mnemotechniken zeigen, Wissen zu ordnen. Dies macht sich, weniger kontextlos, auch eine interdisziplinär gedachte geographische Bildung zunutze, die das räumliche Ordnungsprinzip und dessen Visualisierung in Karten auf vielfältige Inhalte überträgt: Wie bereits häufig praktiziert, kann eine Visualisierung der Raumbezüge etwa eines Romans (klassisch: „The Lord of the Rings") oder historischer Ereignisse die Behaltensleistung deutlich fördern und zugleich einen Eindruck vermitteln bzgl. der Räumlichkeit von Praktiken. Dies wiederum erhöht die Komplexität des Verständnisses des Zusammenspiels von Zeit und Raum – und stärkt vernetztes Wissen zur Lernorientierung (vgl. auch Peschel in diesem Band) ‚neuer Lernkulturen'.
3. Zentral in der jüngeren geographischen Bildung, wenn auch im Unterricht bisher eher basal etabliert, ist das Verständnis, dass Räume sozial konstruiert sind: So ist das Einkaufszentrum für Kinder aufgrund ihrer begrenzten ökonomischen Mittel nur bedingt ein – so die in diesen Raum geschriebene Bedeutung – Konsumort, sondern eben auch ein Ort des Teilens von (teils konsumorientierten) Sehnsüchten und – für ältere Kinder – des Zusammentreffens (Matthews et al. 2000). Diese Umdeutung ist umso dringlicher, da Kinder im Stadtraum nur wenige Orte für die eigene (akzeptierte) Deutungssetzung und begrenzte Gestaltung besitzen (vgl. Vorschriften auf Spielplätzen, fremdkonstruierte Spielgeräte etc.). Sozial akzeptiertes Handeln ist demnach eine Frage der dominierenden Bedeutung eines Ortes, und diese ist vielfach durch Erwachsene geprägt und selbst bei angeblich kindbezogenen Orten überprägt. Kinder leben ihre (Um-)Deutungen in Praktiken (z. B. Nutzung von Bänken und Parks für Spiele und Sport), die teilweise von Vertreter*innen der dominierenden Deutung bekämpft, teilweise toleriert werden.
4. Geographische Bildung kann im Sinne neuer Lernkulturen die Chance eröffnen, die Gestaltung von Räumen durch Kinder im Sinne ihrer Deutungen zu fördern. Es gibt zahlreiche Beispiele, wie Deutungen mit gewisser Wirkung einfach kommuniziert werden können: Wenn Kinder sich etwa die Deutung eines inklusiven öffentlichen Raums zu eigen machen, angeregt durch eine aktive inklusive Schulkultur, dann können sie diese Deutung gestützt durch Kartierungen in der „Wheelmap" (wheelmap.org), einer Karte zur Identifikation von Barrieren und barrierefreien Orten im öffentlichen Raum, kommunizieren. Damit tragen sie sowohl zur Unterstützung schwächerer Gruppen in der Gesellschaft bei als auch zur politischen Kommunikation fehlender Inklusion. Hiermit wird die Befähigung zur gesellschaftlichen Partizipation an einem Beispiel vermittelt, dass das konflikthafte Feld öffentlicher Räume nutzt.

Diese raumbezogenen Beispiele werden in Kapitel 2 aufgegriffen und analysiert, um das Potenzial und die Grenzen der dahinter liegenden Ansätze für neue Lernkulturen aufzuzeigen.

2 Räume und raumbezogenes Lernen in neuen Lernkulturen – Versuch einer Systematik

Die Beispiele zeigen, dass Raumbezüge im Lernen vielfältig sein können, wobei eine idealtypische, aber nicht überschneidungsfreie Gliederung folgende sein kann: 1) Lernen findet *in Räumen* statt (Rahmung), 2) kann *mit Raumbezügen* gefördert werden (Struktur), 3) kann *Wissen über Räume* vermitteln (Metawissen) und 4) es können weiterführende Kompetenzen wie Reflexion und Partizipation *durch Räume* gefördert werden (Handlung).[2] Damit liegen implizite (1, 2) und auch explizite (3, 4) Anwendungen von Räumlichkeit im Lernen vor (Abb. 1), von denen keine auf die geographische Perspektive (allein) beschränkt sein muss. So können mit dieser Systematik etwa auch Räume für den Sport (vgl. auch Gramespacher et al. in diesem Band) oder mathematische Räume (vgl. auch Schorcht & Platz in diesem Band) für die und in der Vermittlung analysiert werden.

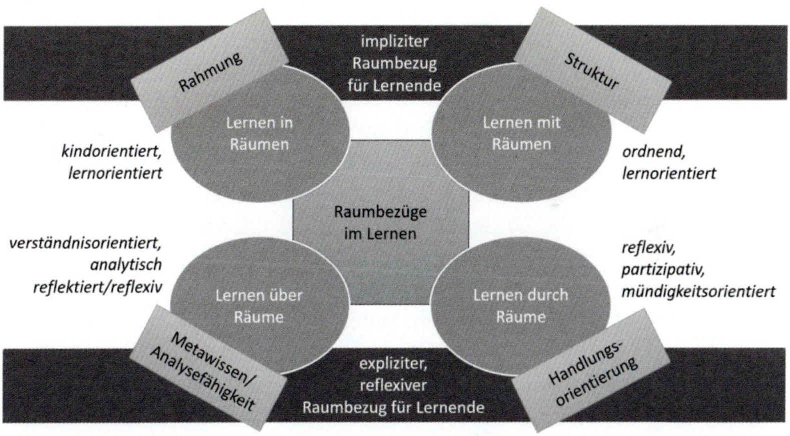

Abb. 1: Raumbezüge im Lernen. *Kursiv* dargestellt sind die möglichen Bezüge zu einer neuen Lernkultur bei entsprechender Ausgestaltung der vier Teilbereiche des Modells (eigene Darstellung).

2) Die Gliederung in ‚Lernen mit, über, durch' lehnt sich, ergänzt um den aus u. a. Dahlinger (2009) bekannten Bezug des Lernens ‚in' Räumen, an das auf Geomedien als räumliche Repräsentation bezogene System von Schulze & Gryl (im Druck) an. Dieses wiederum ist lose inspiriert durch die Adaption digitaler Geographien nach Felgenhauer & Gäbler (2019), die sich auf die fachlichen Überlegungen von Ash et al. (2018) beziehen.

2.1 Lernen *in* Räumen

So wie das eingangs genannte Beispiel 1, das Lernen in Räumen thematisiert, so wenig ist dieser Zugang begrenzt auf das Lernen in der geographischen Perspektive: Exkursionen bzw. außerschulisches Lernen ist für jede Perspektive des Sachunterrichts und weiterer Fächer der Grundschule denkbar. Darüber hinaus ist jede Lernumgebung in irgendeiner Form wirksam für das Lernen: zum einen auf der Ebene der materiellen Bedingungen und zum anderen, wie auch das Exkursionsbeispiel zeigt, auf der Ebene der Inwertsetzung und Inszenierung der Räumlichkeiten. Beides spielt ineinander, sodass Bedeutungszuweisungen sich auch in materiellen Artefakten widerspiegeln können (Lefebvre 1991), insbesondere, wenn der Raum wie etwa in der Schule – auch von/mit Kindern – gestaltbar ist.

Hier werden selbstverständlich auch Limitationen sichtbar: angefangen bei der baulichen Substanz, Enge und Lärmschutz, Brandschutzvorgaben, materiellen Grenzen über Gestaltungsverbote (z. B. Verbot von Klebeband oder Nägeln an den Wänden) hin zu Formen von Unterricht (Frontalunterricht), die auf eine bestimmte räumliche Gestaltung drängen, oder einer Gestaltung, die eine bestimmte Nutzung favorisiert (Fachräume). Räume können in ihrer gewissen Statik, gepaart mit unflexibleren Organisationsstrukturen, auch Lernformen wie dem klassen- oder jahrgangsübergreifenden Arbeiten entgegenstehen oder ein (möglicherweise willkommenes) Argument liefern, diese Praktiken nicht andenken zu müssen. So sind sie oftmals ein maßgebliches Argument gegen Inklusion. Tatsächlich haben Neubauten von Schulen (vgl. auch Krawczyk in diesem Band), die flexiblere Lernorte andenken, etwa mit zusätzlichen Gruppenräumen, Rückzugsorten, verschiebbaren Wänden, Lärmschutzmaßnahmen, Fachräumen, große Vorteile bzgl. der Umsetzung neuer Lernkulturen. Auch könnten sie durch flexible Arbeits- und Kommunikationsräume für Lehrende deren Zusammenarbeit fördern und mit dieser Vernetzung Entlastung und Qualitätsentwicklung voranbringen. Selbstverständlich sind die Räumlichkeiten kein Garant, aber teilweise Bedingung, teilweise förderlich für neue Lernkulturen. Neben den allgemein pädagogischen Rahmungen (Raum als dritter Pädagoge: Dahlinger 2009) haben Lernräume noch zusätzlichen Einfluss auf den fachlichen Kompetenzerwerb. Das ist nicht nur in der Wahl der Exkursionsorte und Orte des außerschulischen Lernens naheliegend, sondern auch im Klassenraum geht es etwa um geometrische Anordnung und Ausmaße, ästhetische Gestaltung sowie um demokratische Mitentscheidung.

Virtuelle Lernräume[3] geben der o. g. Vielfalt eine weitere Dimension: Sie bewegen sich hinsichtlich des Potenzials und ihrer Grenzen zwischen den materiellen Lernräumen und den Lernmedien und bieten zudem neue Formen der Arbeit (Kollaboration) und der Überprüfung (Überwachung nicht nur bzgl. der Ergebnisse, sondern auch bzgl. der Nutzungsgewohnheiten), und ein Stück weit können sie die Lehrkraft hinsichtlich Diagnostik entlasten oder ihr dabei Kontrolle abnehmen (vgl. algorithmengestützte Learning Analytics). Gerade aber letzteres Einsatzgebiet birgt Grenzen: die Beurteilung von allem, das außerhalb des Algorithmus liegt. Lernplattformen können ohnehin nur so gut sein, wie sie durch die Lehrkraft sinnvoll genutzt und eingebettet werden, die begrenzten Freiheitsgrade für Lehrkräfte und Schüler*innen nutzend, und inwiefern die Entwickler*innen ihre pädagogische Aufgabe vor den Maßstäben einer neuen Lernkultur wahrnehmen, was zudem selten transparent für die Lehrkraft offenliegt.

2.2 Lernen *mit* Räumen

Dieses zweite Beispiel spielt eher auf eine pädagogisch-psychologische Lesart neuer Lernkulturen an, die weniger emanzipatorische Aspekte adressiert, als vielmehr als Grundlage Lernen komplex und anwendungsorientiert gestalten helfen soll. Räume werden im Ansatz Spatially Enabled Learning (Vogler et al. 2012) als Referenz für Lerninhalte genutzt, was die klassische Vorgehensweise der Kartographie ist: Informationen werden verortet. Dies führt erstens zu einer nachgewiesen verbesserten Behaltensleistung durch Dual Coding, weil Karten(zeichen) sowohl bildhaft als auch textlich (Zeichen jedweder Art als Signifikant, Wood 1993) kodieren. Die Gleichzeitigkeit der Informationen – wie in jeder Concept Map – ermöglicht darüber hinaus deren Vernetzung jenseits textueller Chronologien. Zudem wird die Idee des Spatial Thinking (NRC 2006) angesprochen, nach der zahlreiche Fachgebiete räumliche Bezüge aufweisen und diese thematisieren sollten, da sie einen komplexeren wie auch ordnenden Zugang zu den Fachgegenständen erlauben; wobei Referenzen aus den Raumwissenschaften helfen können, Gegenstände für das Lernen aufzuschließen. Dabei sind nicht nur klassische geographische Räume angesprochen, sondern schlichtweg auch räumliche Anordnungen vom größten bis zum kleinsten Maßstab (z. B. technische Perspektive – Aufbau eines Fahrrads). Die Visualisierung von Raum-Lage-Beziehungen ist eine Praxis,

3) Virtuelle Räume sind nur im Zusammenspiel sowohl von physisch-materiellen Räumen (aufgrund der Leiblichkeit des Lernenden und der materiellen Bedingungen von IT) als auch sozial generierten Bedeutungen und sozialen Interaktionsräumen zu denken. Dies bewirkt eine enorme Komplexität der Bedingungen, die hier nur angerissen werden kann, wie sie die geographische Forschung umfassend darlegt (Kanderske & Thielman 2020).

die in einem Anschauungsunterricht wie dem Sachunterricht bereits vielfach angewandt wird und weiter vertieft werden kann: So können auch abstraktere räumliche Aspekte geordnet werden, etwa lässt sich so die grundlegende Fähigkeit des Ordnens (GDSU 2013: 20) durch vielfältige visuelle Sortierung üben.

Führt man nun die geänderten Möglichkeiten der Visualisierung an, so ergibt sich ein weiterer Bezug zum Lernen mit (und in) Räumen: Augmented und Virtual Reality machen es möglich, einen virtuell repräsentierten Gegenstand im Raum dreidimensional wahrzunehmen und in Relation zum eigenen Körper zu setzen, das heißt, ihn etwa zu umlaufen und durch Körperbewegungen verschiedene Perspektiven auf ihn einzunehmen. Es handelt sich dabei also um (im unterschiedlichen Maße) immersive Räume, in die durch den leiblichen Bezug ‚eingetaucht' werden und in denen man sich einem Lerngegenstand unter Berücksichtigung und Nutzung einer räumlichen Dimension anschaulich und leiblich zuwenden kann.

2.3 Lernen *über* Räume

Ein Kernelement der geographischen Perspektive ist das analytische Lernen *über* Räume. Klassischerweise bedient sich die geographische Bildung – im Bereich der Grundschule etwas unsystematischer aufgenommen (vgl. GDSU 2013) – vier Raumkonzepten, die der Fachwissenschaft Geographie und ihrer Entwicklung entlehnt sind (Wardenga 2002): Im ersten Raumkonzept geht es um die Verortung von Lerngegenständen (Räume als Container), im zweiten um geometrische Relationen (Räume als Systeme von Lagebeziehungen), im dritten um die Wahrnehmung von Räumen (Räume als Kategorie der Sinneswahrnehmung) und im vierten um soziale Konstruktionen (Räume als soziale Konstruktionen). Die Betrachtung des eingangs genannten Beispiels 3 bezieht sich vor allem auf das vierte Raumkonzept und legt damit die (Ohnmachts-) Position von Kindern in einer durch erwachsene Raumdeutungen geprägten Gesellschaft analytisch offen. Das dritte Raumkonzept wiederum wird, anders als die Bezeichnung, in der Regel über die Sinneswahrnehmung hinausgehend als subjektive Wahrnehmung, beruhend auf Vorerfahrungen, verstanden (Wardenga 2002).

Im Unterricht können damit etwa Angsträume und Wohlfühlorte sowie Images von Orten erklärt werden. Diese Nutzung Subjektiver Karten jenseits einer einseitigen und auf Reproduktion verhafteten Korrektur von Mental Maps (vgl. Rinschede 2003) kann Teil einer schüler*innenorientierten Lernkultur sein (Daum 2010). Das zweite Raumkonzept wiederum schafft ein räumliches Verständnis der geometrischen (Lage, Distanz) Beziehungen von Phänomenen in Räumen und das erste ordnet sie, wodurch, neben der analytischen Funktion, über Räume zu lernen, beide eng verbunden sind mit einem Lernen mit Räumen zum Aufschluss von Fachinhalten. Bei der komplexen Analyse eines Raumes ist ein Zusammenspiel aller Raumkonzepte sinnvoll – so spielen in Beispiel 3 und weiteren Orten der Kinder nicht nur die sozial konstruierten Verhältnisse, sondern auch die Frage, welche Assoziationen/Träume ein Ort für Kinder birgt, welche Lage-Relationen (Zentralität, Erreichbarkeit) die Nutzung begünstigen und welche räumlichen Gegebenheiten vor Ort anzutreffen sind (Sicherheit, Verweilzonen, Möglichkeit, der Beobachtung durch Erwachsene zu entgehen). Dank einer Metaebene auf das Konzept ‚Räume' können also raumbezogene Phänomene im fachlich interpretierten Sinne einer neuen Lernkultur durch Schüler*innen komplex erfasst werden, bis hin wiederum zu einer kritischen Analyse des eigenen Lernraums.

Digitale Räume sind hingegen ein Phänomen, das durch das Analysetool der vier Raumkonzepte noch unzureichend erfasst wird. Physische Raumbezüge verlieren und gewinnen zugleich an Bedeutung (Kanderske & Thielmann 2020): Kommunikation kann jenseits der räumlichen Co-Präsenz erfolgen, Informationen, Deutungen und Trends verbreiten sich global viral und Orte entwickeln im Web komplett neue, vom sinnlich-leiblichen Erleben vor Ort losgelöste Deutungen. Andererseits werden ‚instagramable' Orte für die zigfache inszenierte fotografische Reproduktion aufgesucht und überrannt. ‚Layer' an Informationen liegen vor Ort abrufbar über physisch-materiellen Orten und Positionsdaten werden beständig gesammelt, um Rückschlüsse über räumliches Handeln zu ziehen. Diese Komplexität auf einer Metaebene zu erfassen, um ein umfassendes Verständnis über jene Räume zu ermöglichen, ist eine Herausforderung neuer Lernkulturen, die sich an Alltagsräumen der Kinder orientiert und ihrer Handlungsfähigkeit in einer Kultur der Digitalität dient.

2.4 Lernen *durch* Räume

Lernen *durch* Räume meint die Herausbildung von Fähigkeiten wie sie für ein mündiges Handeln in der Gesellschaft relevant sind, anhand von raumbezogenen Anwendungen, in denen fachliche und überfachliche Bezüge eng verwoben sind. Beispiel 4 deutet das Mitgestaltungspotenzial (vgl. auch Falko Peschel in diesem Band) auf basalem Level an – in der Tradition des didaktischen Ansatzes Spatial Citizenship, der besagt, dass die erfolgreiche Partizipation an der Gestaltung von Räumen über einfache digitale räumliche Repräsentationen möglich werden kann. Dazu müssen a) reflexive Kompetenzen zur Analyse der Problemlagen und der Entwicklung alternativer räumlicher Deutungen vermittelt (hier: Inklusion als vernachlässigter Leitgedanke), b) basale technische Kompetenzen erworben zur Gestaltung der Gegennarrationen und c) Kompetenzen zur Aushandlung und Argumentation zwecks Partizipation erlangt werden (Gryl & Jekel 2012). Gleichwohl lädt auch dieses Beispiel zu einer Metaebene ein, etwa dahingehend, ob mit der

Karte nicht staatliche, per UN-Konvention ratifizierte Aufgaben der Inklusion durch Freiwillige übernommen werden. Das dahinterliegende pädagogische Konzept ist das einer mündigkeitsorientierten Bildung, das, angelehnt an Adorno (1971), folgende Fähigkeiten umfasst: Struktur- und Selbstreflexivität, Sich-seiner-Selbst-bewusst-Sein und Autonomie (Dorsch & Kanwischer 2019). Der Welt-Selbst-Bezug ist zentral und kommt einer reflexiv gedachten Schüler*innenorientierung zugute. Diese identitäts- wie gesellschaftsbezogene, reflexive wie partizipative Orientierung dürfte einer neuen Lernkultur als Bildungsziel besonders zuträglich sein. Solche Befähigungen zur fachlichen und alltagsweltlichen Anwendung, die bestehende Verhältnisse hinterfragen und deren Neugestaltung anregen, erfordern auch eine Neuinterpretation des pädagogischen Verhältnisses im Klassenraum, was durchaus gelingen kann: Nicht umsonst geht bereits auf Ebene der Lehrkraft die Überzeugung, reflexive fachbezogene Kompetenzen zu vermitteln, mit allgemein hoher pädagogischer Reflexivität einher (Gryl 2012).

3 Raumbezogene Lernkulturen, Macht und Paternalismus – Reflexionen

Neue Lernkulturen, wie sie in diesem Band normativ gesetzt werden, drängen darauf, klassische schulische Hierarchien nicht einfach hinzunehmen und zu reproduzieren, sondern ein zukunftsorientiertes Lernen zu ermöglichen, das die Veränderlichkeit der Welt als unvermeidbar nimmt und deshalb Gestaltungsfähigkeit zur Beeinflussung der Veränderung fördert. Im Zusammenhang mit raumbezogenem Lernen – in allen Bereichen – sind die Faktoren Macht, Hierarchie und Paternalismus Komponenten, die dringend der reflexiven Betrachtung bedürfen, da sie neuen Lernkulturen im Weg stehen können. Hierarchien im Klassenraum, die als Differenz von Macht zwischen verschiedenen Akteur*innen verstanden werden sollen, ergeben sich dabei durch ungleich verteilte Handlungsdispositionen. Paternalismus konkretisiert dabei jene Hierarchie, bei der die machtvollere (auch: in bestimmten Feldern kompetentere) Seite die andere einschränkt, also bevormundet, um deren Lernprozess/Erziehung/Sozialisation zu fördern (Giesinger 2006). Dabei ist zu beachten, dass Lehrer*innen und Schüler*innen nicht die einzigen Akteur*innen sind, sondern dass eine enge gesellschaftliche Einbettung von Schule durch formelle und informelle Vorgaben und Kontrolle den Akteur*innen aller Hierarchiestufen Zwänge auferlegt (z. B. curriculare Vorgaben, rechtliche Vorgaben, Kompetenzerwartungen an Kinder, Selektionsfunktion der Schule), die deren Beziehung zueinander deutlich prägen (Kron et al. 2004).

Im Folgenden werden diese durch Macht geprägten Bedingungen anhand von Forschungsarbeiten über das Lernen in Räumen, das Lernen mit und über Räume und das Lernen durch Räume analysiert, wobei neben einer problembehafteten Praxis auch Auswege und deren Grenzen aufgezeigt werden.

Zunächst seien die Verwertungslogiken am Beispiel des **Lernens in Räumen** untersucht, die sich sowohl in einer Input- als auch kompetenz- bzw. Output-orientierten Lehre widerspiegeln können (vgl. auch Peschel in diesem Band). Wie oben aufgezeigt, wandeln sich Lernräume von einer starren, auf die Lehrkraft ausgerichteten Sitzanordnung (die freilich pandemiebedingt erneut dominiert hat) hin zu flexiblen, teilweise bewegungsorientierten (vgl. auch Gramespacher et al. in diesem Band) Konstellationen, die weg vom Foucault'schen Panoptikum weisen, hin zu Kommunikation auch jenseits der unmittelbaren Sitznachbar*innen. Eng verwoben damit ist die Entwicklung von Methoden, die diesen Konstellationen angepasst sind bzw. diese erfordern. Zugleich müssen Klassenregeln an diese Konstellation angepasst werden, und diese wiederum sind weiterhin gebunden an sonstige Rahmungen, wie etwa die (in der Regel deutlich starrere) zeitliche Taktung, die Bewertung von Schüler*innen und die Bindung an einen Lehrplan.

Diese Rahmungen sind mit je unterschiedlicher Legitimation hinsichtlich des Bildungsauftrags von Schule versehen und bewegen sich zwischen Tradition und Notwendigkeit. Es kann angenommen werden, dass mit neuen Lernräumen aber neue Freiheiten entstehen, die den Kindern Gestaltungsspielräume ermöglichen – insbesondere, wenn jenseits des Gleichschritts individuell gestaltbare Kontexte mit Kommunikations- und Rückzugsmöglichkeiten angeboten werden. Doch nicht nur Schulen, Lehrkräfte und Anbieter von Lernmöbeln entwickeln neue physisch-materielle Lernräume, auch Kinder verorten sich schon immer räumlich und können damit Ausweichbewegungen und kreative Umdeutungen realisieren: das Senken des Blicks, das minimale Schieben der eigenen Person ins mutmaßliche Blickfeld der Lehrkraft, das Verstecken hinter einem aufgestellten Buch oder hinter einem Vorhang aus Haaren, das Wegdrehen am Gruppentisch, der Gang auf Umwegen zur Lerntheke sind minimale Freiheiten.

Diese und die neue Anordnung in Lernräumen sollen aber nicht darüber hinwegtäuschen, dass Schule weiterhin ein durch Hierarchien geprägter Raum ist. Während allerdings die traditionelle Schule auf ein (über-)deutliches Sichtbarmachen zumindest einer der hierarchischen Beziehungen durch deren räumliche Entsprechung (z. B. Lehrerpult, erhöhte und/oder zentrale Position der Lehrkraft) setzte, sind diese Tendenzen in der gegenwärtigen Schule verborgener, da die angebotenen Lernräume zwar zu Eigenaktivität und Gestaltungsoptionen einladen, aber oftmals vor allem eine Erfüllungshaltung hervorbringen. Dies ist in den Funktionsweisen einer neoliberalen Gesellschaft bedingt, die in einer schweren Durchschaubarkeit von Machtbeziehungen und einer Internalisierung von Zielen (jenseits intrinsischer Motivation) besteht. Durch normative Setzung von Bildungszielen und durch die Förderung von Eigeninitiative zu deren Erreichung kann Schule ebenfalls neoliberale Tendenzen entwickeln. Diese mögen einer Gesellschaft zuträglich sein, aber können auch fehlende Kritikfähigkeit und Mündigkeit hervorbringen, obgleich diese Kompetenzen in einer Demokratie notwendig sind und zumindest dem viel zitierten Humboldt'schen Bildungsideal innewohnen (von Humboldt 1980).

Digitale Lernräume können die für neoliberale Konstellationen notwendige Rahmung stärken: Zwar können auch schon Kinder auf digitale Umgebungen ausweichen, um der Überwachung durch Erwachsene zu entgehen. Learning Analytics im Klassenraum wird aber eindeutig von Erwachsenen und deren übergeordneten Zielstellungen kontrolliert und macht Ziele verbindlich im Rahmen des Algorithmus. Neben die Lehrkraft als traditionelle und sichtbare Autorität treten im Algorithmus schwer durchschaubare Ambitionen des Bildungssystems, die weniger als traditionelle Lehrkräfte für einen Dialog über die Sinnhaftigkeit zur Verfügung stehen, da das Frontend eine solche Interaktion nicht ermöglicht. Zugleich werden die Menschen, die hinter dem Algorithmus oder hinter den angewandten Leitlinien stehen, unsichtbar. Abgesehen von minimalen ‚Tricking the Algorithm'-Optionen, die für Grundschulkinder schwer anwendbar sind, ermöglicht nur eine Anpassung des Lernens an die Plattform eine positive Bestätigung, die ggf. über Gamification-Elemente verstärkt wird, und damit, ohne eine aushandelbare Beziehung wie die zur Lehrkraft, eine eher unreflektierte Aneignung externer Ziele fördert. Scheinbar kindgerechtere materielle und digitale Räume können also, zusammenfassend, verborgene Machtstrukturen transportieren, die einem mündigkeitsorientierten Lernen im Wege stehen können. Eine diesbezügliche und auf Bildungsziele bezogene Reflexivität der Lehrkraft ist hier demnach essenziell.

Im Bereich des **Lernens mit Räumen und über Räume** sind Beispiele, in denen Macht als solche reflektiert wird, möglich, wie etwa mit der Kartierung und Analyse von Ungleichheiten im Stadtraum. Bei BNE-orientierten Unterrichtsvorhaben muss die Komplexität der Vernetzung und Verantwortlichkeiten in den räumlichen Beziehungen der involvierten Akteur*innen oftmals deutlich reduziert werden, ohne dabei in eine klassische Falle kompensatorischer Eigenverantwortung (Bröckling 2007) der Schüler*innen als Weltenretter*innen zu treten, die einen relevanten, aber sehr begrenzten Handlungsspielraum haben (Hasse 2006). Auch gibt es zahlreiche raumbezogene Beispiele für eine ungenügende Reflexion von Macht, beispielsweise eine Schulbuchseite: Eine Karte zeigt die gegenwärtigen Ausmaße von Braunkohletagebaugebieten ebenso wie zukünftige Abbaugebiete und fragt dazu lediglich, welche Dörfer noch umgesiedelt werden müssen.[4] Dies ist ein Beispiel, wie ohne Problemorientierung bestehende raumbezogene Machtverhältnisse akzeptiert und die vielfältigen involvierten Interessen (z. B. Wohnrechte der Bewohner*innen der Dörfer) und Notwendigkeiten (z. B. Nachhaltigkeit) umgangen werden. Selbst für den Tagebau sprechende Argumente (z. B. Arbeitsplätze) werden nicht einbezogen. Mit Blick auf Werteerziehung wird dabei nicht einmal die Fähigkeit zur Empathie, die andere Nachhaltigkeitsbeispiele dominiert, angesprochen. Eine neue Lernkultur darf Probleme nicht derart auf das „technische Vermittlungsinteresse" (Vielhaber 2000) reduzieren, das sich unwidersprochen in eine Reproduktion von Verhältnissen einreiht und eine zukunftsfähige Bildung der Kinder vernachlässigt. Selbstverständlich kann diese Problematik auch im Zusammenhang mit anderen Themen des Sachunterrichts bestehen, aber raumbezogene Problemstellungen haben ein hohes Potential, divergente Interessen reflexiv zu behandeln, da öffentlicher Raum geteilt werden muss und privater Raum nur bedingt abgrenzbar ist. Dies wird durch weitere Beispiele wie den Ausbau von Verkehrswegen oder den Aufbau von Windkraftanlagen, in denen viele Interessen und Konsequenzen aufeinanderprallen, deutlich gezeigt.

Dass selbst jene Unterrichtsbeispiele, die auf Mündigkeit abzielen, nicht frei von Machtgefällen bzw. Paternalismus sind, zeigt folgende Untersuchung über das **Lernen durch Räume**: Schüler*innen im Bereich des Offenen Ganztags mehrerer Schulen konnten innerhalb von gleichnamigen Workshops gemeinsam „eine Stadt für Kinder" („Exploring Space and Power Relations with Primary School Children", Pokraka & Gryl in Review) konzipieren. Dazu haben sie ihre raumbezogenen Wünsche im Sinne einer Subjektiven Kartographie skizziert und diskutiert, ihr Schulumfeld mittels Tablets nach positiv und negativ wahrgenommenen Orten kartiert,[5] auf Basis der kartographischen Produkte Verbesserungsvorschläge für das Umfeld in der Gruppe ausgehandelt und letztlich der Schulöffentlichkeit auf Plakaten präsentiert. Der angewandte Ansatz Spatial Citizenship fußt auf der bereits ausgeführten Konkurrenz von dominanten und unterrepräsentierten Raumdeutungen und zielt auf eine potenzielle Verschiebung von Macht. Idealerweise werden auf diese Weise insbesondere jene Schüler*innen in die Lage versetzt, gesellschaftliche Diskurse stärker als bisher zu beeinflussen, die entlang spezifischer Intersektionalitätslinien Exklusion erfahren (z. B. Kinder, Kinder mit Migrationshintergrund). Sie werden in die Lage versetzt, sich ihrer Selbst

4) Beispiel entnommen aus einer Schulbuchanalyse von Lehner & Gryl (2019).

5) Die eingesetzte App ESRI Survey 123 ist für Grundschulen bei Anmeldung kostenfrei nutzbar und ermöglicht ein sehr einfaches, individuell gestaltbares Frontend etwa mit automatischer Verortung von Bildern und geschriebenen und gesprochenen Kommentaren.

und ihrer Interessen bewusst zu werden, über verbesserungswürdige Situationen im sozial belebten Raum zu reflektieren, alternative Raumdeutungen zu entwickeln, für diese zu argumentieren, sie auszuhandeln und möglichst wirkungsvoll zu kommunizieren. Hierbei hat die Neocartography, die simple, durch Web-Tools, GPS und mobile Endgeräte gestützte Erstellung von Karten, die Idee einer Demokratisierung von kommunikativen Zugängen zur räumlichen Gestaltung hervorgebracht.[6] Durch Spatial Citizenship wird ein Ansatz für eine andere Verteilung von Kommunikationsmacht gelegt, wobei das o. g. Projekt „eine Stadt für Kinder" zunächst einmal die Grundbausteine dieser Idee in der Schule untersucht hat. Gleichwohl war auch bereits diese Situation geprägt von Machtgefällen, die sich aus dem Zusammenspiel von Schule als Institution, Rolle der Lehrkraft und gesellschaftlicher Einbettung ergeben haben: Die Position der Schüler*innen in ihren Raumdeutungen war durch eine komplexe Interpretation ihrer eigenen Situation und Bedarfe gekennzeichnet. So wurden Ausweichbewegungen gegen elterliche und schulische Autorität ebenso verzeichnet wie Anpassung an Zuschreibungen etwa in Bezug auf Alter und sogar auf Geschlecht. Spannend ist mit Blick auf Machtverteilung insbesondere, dass Kinder jene Räume am meisten zu schätzen wussten, die geschützt sind, aber zugleich Gestaltungspotenzial ermöglichen: den eigenen Garten, den Garten anderer Kinder oder zumindest den Wunsch nach einem eigenen Garten.

Diese Tendenz zu einem gelungenen Paternalismus ordnet Giesinger (2006) als legitim bis notwendig ein und argumentiert, dass der Mangel an innerer Autonomie, der Fähigkeit der Lernenden, einen eigenen Willen auszubilden und im Handeln umzusetzen, Paternalismus rechtfertige, insbesondere, wenn er Schaden abwendet, wenn er eine Verletzung des Selbst verhindert und wenn er eine kohärente Moralerziehung sichert. Paternalismus deutet sich nicht nur in Bezug auf räumliche Aneignungsprozesse, sondern auch im Vermittlungssetting selbst an, das eigentlich auf eine emanzipatorische Bildung bzgl. räumlicher Settings abzielt: In den aufgezeichneten und mittels dokumentarischer Methode analysierten Gruppendiskussionen ist auch die Lehrenden-Lernenden-Beziehung nicht frei von Paternalismus, wenn auch in einer weichen Form: Die Teilnahme war für Schüler*innen freiwillig, aber die Verbindlichkeit des Settings und die Darstellung wie Betonung der Relevanz des Vorhabens bewirkte, dass einige Schüler*innen sich die Rolle aneigneten, andere Schüler*innen zur Mitarbeit zu ermahnen. Paternalismus tritt unvermeidbar in Schule und Vermittlungssettings auf, da Bildung

---

6) Auf der anderen Seite ist diese Form der Mitgestaltung nicht unumstritten, da sich einerseits in Neocartography-Communities immer wieder gut gebildete, männliche Personen durchsetzen (Leszczynski & Elwood 2015) und andererseits viele Tools auch als Nebenfolge die Sammlung von Daten gegen Service beinhalten.

stets eine normative Stoßrichtung beinhaltet.[7] Dies kann relativ gut mit Adornos idealem Konzept der Autorität belegt werden, die in Lernsettings prinzipiell nötig ist (und auch in Selbstlernmaterialien und erst recht in Learning Analytics auftritt), um auf Basis eines umfassenderen Wissens (das müssen nicht allein fachwissenschaftliche Kategorien von Wissen sein) Anleitung und Beratung zu geben, sich aber mit zunehmender Mündigkeit der Lernenden in diesem Gebiet unnötig macht.

Damit gilt auch für neue Lernkulturen, dass sie nicht komplett machtfrei, aber zumindest machtreflexiv sein können. Für Lehrende ist es daher relevant, dass sie sich der paternalistischen Tendenzen ihres pädagogischen Handelns bewusst sind und dass Ziele der Vermittlung im Sinne mündigkeitsorientierter Bildung nicht allein ausreichen, um Machtausübung im Klassenraum zu reflektieren. Czejkowska (2010) schlägt hierbei eine „distanzierte Involviertheit" vor. Diese sieht vor, dass sich Lehrende als Teil eines Systems begreifen, aber stets diese Position reflektieren, um sie und sich beständig im Abgleich mit den angestrebten Bildungszielen und -idealen zu hinterfragen. Im Falle neoliberaler Tendenzen etwa können so zwar nicht alle durch diese Tendenzen entstehenden Limitationen ausgeschlossen werden (Effizienzsteigerung, Notengebung), aber es kann deren Reichweite kritisch und nachsteuernd in Bezug auf das eigene Handeln vor dem Hintergrund mündigkeitsorientierter Bildungsziele reflektiert werden.

4 Fazit

Dieser Beitrag hat verdeutlicht, dass dem Raumbezug in Lernumgebungen – gerade angesichts der Komplexität der Raumbezüge mit materieller wie digitaler Ebene, subjektiven Wahrnehmungen und sozial ausgehandelten Deutungen – ein hohes Potenzial für neue Lernkulturen innewohnt. Bezüge zu Räumen können dabei implizit (als Lernumgebung) wie explizit (als Lerngegenstand) bestehen, und reflexive Ansätze ermöglichen mündigkeitsorientierte Zugänge als Teil neuer Lernkulturen. Zugleich ist die Lehrkraft mit reflexiven Überlegungen dazu angeregt, die als bildungswert eingeordneten Raumbezüge hinsichtlich ihrer gesellschaftlichen Involviertheit kritisch zu beleuchten. Es bestehen bereits machtreflexive und -umgestaltende Ansätze in der geographischen Bildung (und darüber hinaus). Beispielsweise fördert,

7) Giesinger (2006) hingegen erachtet nur Paternalismus gegenüber Kindern als legitim, was der Konstruiertheit der Abgrenzung von Kindheit (Skelton 2009) vom Erwachsenensein widerspricht und außer Acht lässt, dass auch Erwachsene einen Mangel an Mündigkeit aufweisen, da Mündigkeit nie in Gänze erreichbar ist und immer Hierarchien und, sich daraus ergebend, Sanktionsmacht (z. B. durch Wissensdifferenz, Amt) bestehen.

in Weiterentwicklung von Spatial Citizenship, eine sich derzeit in der Entwicklung und Erforschung befindliche ‚Bildung für Innovativität' (Weis et al. 2018) die kreative Entwicklung und wirksame Kommunikation neuer Ideen durch Lernende jenseits von rein technologiefokussierten Innovationsbestrebungen, gepaart mit mündigkeitsorientierter Bildung und Reflexivität seitens aller Beteiligten. Auch dieser stärker auf Begleitung und Befähigung zur Veränderung orientierte Ansatz lässt sich gut auf raumbezogene Problemstellungen und Lernsettings übertragen, sodass das Vorhaben zum Empowerment der Kinder zur Gestaltung der Räume der nahen und ferneren Zukunft als eine Zielstellung neuer Lernumgebungen eine zunehmend konkrete fachdidaktische Orientierung erfährt.

Literatur

Adorno, T. W. (1971): Erziehung zur Mündigkeit. Vorträge und Gespräche mit Hellmut Becker 1959–1969. Frankfurt a. M.: Suhrkamp.

Ash, J.; Kitchin, R. & Leszczynski, A. (2018): Digital turn, digital geographies? Progress in Human Geography, 42 (1), 25–43.

Bröckling, U. (2007): Das unternehmerische Selbst: Soziologie einer Subjektivierungsform. Frankfurt am Main: Suhrkamp.

Czejkowska, A. (2010): ‚Wenn ich groß bin, werde ich Humankapital!' Die Crux von Kompetenz, Performanz & Agency. Vierteljahresschrift für wissenschaftliche Pädagogik, 86 (4), 451–465.

Dahlinger, S. (2009): Der Raum als dritter Pädagoge. PÄD-Forum: unterrichten erziehen, 6 (37), 247–250.

Daum, E. (2010): Heimatmachen durch subjektives Kartographieren. Grundschulunterricht 2010 (2), 17–21.

Dorsch, C. & Kanwischer, D. (2019): Mündigkeitsorientierte Bildung in der geographischen Lehrkräftebildung. Zum Potential von E-Portfolios. Zeitschrift für Geographiedidaktik, 47 (3), 98–116.

Felgenhauer, T. & Gäbler, K. (2019): Geographien digitaler Alltagskultur. Überlegungen zur Digitalisierung in Schule und Unterricht. GW-Unterricht, 2019 (154), 5–20.

Foucault, M. (1983): Der Wille zum Wissen I. Sexualität und Wahrheit. Frankfurt a. M.: Suhrkamp.

GDSU (Gesellschaft für Didaktik des Sachunterrichts) (2013): Perspektivrahmen Sachunterricht. Bad Heilbrunn: Klinkhardt.

Giesinger, J. (2006): Paternalismus und Erziehung. Zur Rechtfertigung pädagogischer Eingriffe. Zeitschrift für Pädagogik, 52 (2), 265–284.

Giest, H. & Lompscher, J. (2004): Tätigkeitstheoretische Überlegungen zu einer neuen Lernkultur. In: Friedrich, B. (Hrsg.): Bildung heute – Gefährdungen und Möglichkeiten. Berlin: Trafo-Verlag, 101–124.

Gryl, I. (2012): Geographielehrende, Reflexivität und Geomedien. Zur Konstruktion einer empirisch begründeten Typologie. Geographie und ihre Didaktik, 40 (4), 161–182.

Gryl, I. & Jekel, T. (2012): Re-centering geoinformation in secondary education: Toward a spatial citizenship approach. Cartographica, 47 (1), 18–28.

Hard, G. (1989): Geographie als Spurenlesen. Eine Möglichkeit, den Sinn und die Grenzen der Geographie zu formulieren. Zeitschrift für Wirtschaftsgeographie, 33 (1/2), 2–11.

Hasse, J. (2006): Bildung für Nachhaltigkeit statt Umweltbildung? Starke Rhetorik – schwache Perspektiven. In B. Hiller & Lange, M. (Hrsg.): Bildung für nachhaltige

Entwicklung. Perspektiven für die Umweltbildung. Münster: Zentrum für Umweltforschung, 29–43.
Humboldt, W. v. (1980): Band 1: Schriften zur Anthropologie und Geschichte. In: Flitner, A. & Giel, K. (Hrsg.): Wilhelm von Humboldt. Werke in fünf Bänden. Darmstadt: Wissenschaftliche Buchgesellschaft.
Kanderske, M. & Thielmann, T. (2020): Virtuelle Geographien. In: Kasprowicz, C. & Rieger, S. (Hrsg.): Handbuch Virtualität. Wiesbaden: Springer, 279–300.
Keßler, L. (2017): ‚Originale Begegnung' vor dem Hintergrund resonanztheoretischer Überlegungen. Vortrag auf dem Deutschen Kongress Geographie am 01.10.2017.
Kreuzer, G. (1980): Unterrichtsprinzipien – ihr Beitrag zur Umsetzung von Lernzielen in Unterricht. In: Kreuzer, G. (Hrsg.): Didaktik des Geographieunterrichts. Hannover: Schroedel, 207–226.
Kron, F. W.; Jürgens, E. & Standop, J. (2014): Grundwissen Didaktik. München: UTB.
Lefebvre, H. (1991): The production of space. Oxford: Blackwell.
Lehner, M. & Gryl, I. (2019): Neoliberalismus in NRWs Sachunterrichtsbüchern? Geographie- und Wirtschaftskunde-Unterricht, 2019 (156), 5–18.
Leszczynski, A. & Elwood, S. (2015): Feminist geographies of new spatial media. The Canadian Geographer, 59 (1), 12–28.
Matthews, H.; Taylor, M.; Percy-Smith, B. & Limb, M. (2000): The Unacceptable Flaneur: The Shopping Mall as a Teenage Hangout. Childhood 7 (3), 279–294.
NRC (National Research Council) (2006): Learning to think spatially. Washington DC: National Academic Press.
Peschel, M. (2016): Lernkulturen in der Grundschule und im Sachunterricht Grundschule aktuell, 136, 3–6.
Pokraka, J. & Gryl, I. (im Review): Exploring Space and Power Relations with Primary School Children. Children's Geographies.
Rinschede, G. (2003): Geographiedidaktik. Paderborn: Schöningh.
Rosa, H. (2016): Resonanz. Eine Soziologie der Weltbeziehung. Berlin: Suhrkamp.
Schulze, U. & Gryl, I. (im Druck): Geographieunterricht im Zeichen digitaler Transformation. In: Frederking, V. & Romeike, R. (Hrsg.): Fachliche Bildung im Zeichen von Digitalisierung, Big Data und KI.
Skelton, T. (2009): Children, young people, UNICEF and participation. In: Aitken, S.; Lund, R. & Kjørholt, A. T. (Hrsg.): Global childhoods: globalization, development and young people. London: Routledge, 165–181.
Stalder, F. (2016): Kultur der Digitalität. Suhrkamp: Berlin.
Vielhaber, C. (2000): Vermittlung und Interesse. Zwei Schlüsselkategorien fachdidaktischer Grundlegungen im Geographieunterricht. In: Vielhaber, C. (Hrsg.): Geographiedidaktik kreuz und quer. Vom Vermittlungsinteresse bis zum Methodenstreit. Wien: Institut für Geographie und Regionalforschung, 9–26.
Vogler, R.; Hennig, S.; Jekel, T. & Donert, K. (2012): Towards a concept of 'Spatially Enabled Learning'. In: Jekel, T.; Car, A.; Strobl, J. & Griesebner, G. (Hrsg.): GI_Forum 2012: Geovizualisation, Society and Learning. Berlin: Wichmann, 204–211.
Wardenga, U. (2002): Alte und neue Raumkonzepte für den Geographieunterricht. Geographie heute, 23 (200), 8–11.
Wardenga, U. (2005): Raum- und Kulturbegriffe in der Geographie. In: Kanwischer, D. & Dickel, M. (Hrsg.): Tatorte. Neue Raumkonzepte didaktisch inszeniert. Münster: Lit, 21–47.
Weis, S.; Scharf, C. & Gryl, I. (2017): New and even newer. Fostering innovativeness in primary education. International E-Journal of Advances in Education, 3 (7), 209–219.
Wood, D. (1992): The power of maps. New York: Guilford.

Marcus Rauterberg & Gerold Scholz

Welterschließung als (zentrales) „Fach" der Grundschule

Einordnung

Der vom Herausgeber formulierte Titel des Beitrags versucht, neue didaktische und schulpädagogische Akzente zu setzen. Dies bedeutet andere Unterscheidungen als herkömmlich einzuführen oder sie anders zu gewichten. Dies zeigt sich für unseren Beitrag u. a. daran, dass „Welterschließen" als zentrales Fach der Grundschule thematisiert wird, es diesen Lernbereich in der Grundschule aber gar nicht gibt. Vielmehr finden sich dort – bundesweit betrachtet – Fächer, deren Namen in unterschiedlichen Kombinationen das Wort „Sach" enthalten oder enthielten: Sachunterricht, Sachkunde, Heimat- und Sachunterricht usw. Und inwieweit der Sachunterricht als zentraleres oder das zentrale Fach der Grundschule aufzufassen ist, ist wohl umstritten.

Wir Autoren fühlen uns dem Realienfach seit Jahrzehnten verpflichtet, sehen aber nicht nur deshalb durchaus gute Gründe dafür, die Auseinandersetzung mit Welt in das Zentrum des Grundschulunterrichts zu stellen: Schulgeschichtlich gesehen war – vor allem im Gesamtunterricht – die Beschäftigung mit Welt zunächst der Vermittlung moralisch begründeter Normen untergeordnet. Eine spätere Professionalisierung der Grundschulpädagogik ging einher mit der Loslösung des Sachlernens von der Moralerziehung oder, wenn man so will, von der „Gesinnungspädagogik" (vgl. Deckert-Peaceman & Scholz 2016: 187-220; Götz 2003). Heute einen historischen Schritt weiterzugehen könnte bedeuten, der Frage, wie Welt beschrieben wird, den Überlegungen nachzuordnen, welche Möglichkeiten der Beschreibung von Welt es überhaupt geben kann. Aus dieser Sicht sehen wir die Position einer Sacherschließung, eines Prozesses der „Welterschließung" als Mittelpunkt der Grundschulpädagogik begründbar. Der Deutsch- und der Matheunterricht beschäftigt sich, so gesehen, mit konkreten Arten, über Welt zu reden und zu schreiben bzw. sie zu berechnen. Dieser Gedanke zu einer neuen grundschulpädagogischen und -didaktischen Akzentsetzung wird hier nicht weitergehend entfaltet, er ist nur anlässlich des Beitragstitels skizziert.

Zur Sache

Im Folgenden konzentrieren wir uns auf eine andere Frage, die sich aus dem Titel sowie der Struktur des Buches ergibt. Das Wort *Fach* ist im Titel in Anführungszeichen gesetzt. Wir interpretieren dies in der Weise, dass „Welterschließen“ kein Fach sein soll, sondern ein bestimmtes Verständnis der Verbindung von Lehren und Lernen im Hinblick auf eine „Lernkultur“. In unserem Beitrag versuchen wir durch einen Blick auf Lernsituationen hierfür ein Verständnis zu entfalten.

Unterscheidungen

Die Fokussierung auf „Lernkultur“ organisiert eine Reihe von Unterscheidungen. In Abgrenzung zu Begriffen wie „Schulkultur“ oder „Kultur einer Klasse“ wird der didaktische Moment gegenüber dem sozialen betont. Hervorgehoben wird mit dem Begriff ein Konzept einer Kultur, die sich auf das Lernen bezieht und damit den Zusammenhang von Lehren und Lernen eher einseitig auflöst. Der Begriff „Lernkultur“ verweist auf einen Prozess, nicht auf ein Ergebnis, und stellt damit die Frage nach den Bedingungen der Möglichkeit, diesen Prozess so zu rahmen, dass den Lernenden relevante Lernergebnisse ermöglicht werden und auch der Lernprozess selbst von den Lernenden als wichtig betrachtet wird. Der Begriff „Lernkultur“ verweist damit auf ein didaktisches Konzept, das versucht, sich von der strukturgebenden Dominanz des Schulfachs – oder im Falle des Sachunterrichts darüber hinaus der Bezugsfächer – oder, allgemeiner gesagt, des Fachlichen zu lösen. Es geht um die Überlegung, das, was als sinnvoller Lernprozess und als sinnvolles Lernergebnis angesehen wird, nicht aus der Zeigefunktion der Didaktik auf Fachliches abzuleiten, sondern aus einem gemeinsamen Arbeitsprozess von Schüler*innen und Lehrer*innen.

Die Fokussierung auf den Begriff „Lernkultur“ unterstellt, dass Schule vor allem die Funktion habe – oder zumindest haben soll –, Lernen zu ermöglichen, und gibt darauf eine didaktische Antwort.

Nicht „Vergessene Zusammenhänge“ zu Gesellschaft

Aus einer Perspektive, die nicht didaktisch orientiert nach der Beziehung zwischen Schule und Gesellschaft fragt, hat Schule eine Vielfalt von Funktionen. Mit Fend lassen sich aufführen: Qualifikationsfunktion, Selektionsfunktion, Legitimationsfunktion (vgl. Fend 1980). Ergänzen ließen sich u. a. die Allokationsfunktion oder die Sozialisationsfunktion. Und Anfang 2020 sowie 2021 ist auch deutlich geworden, dass die Schule, zumindest die Grundschule, auch die Aufgabe hat, den Eltern der Kinder eine Berufstätigkeit zu ermöglichen.

Wir haben versucht deutlich zu machen, dass die Orientierung an dem Begriff „Lernkultur“ eine Reihe von weit über Didaktik hinausgehende Fragen aufwirft. In unserem Beitrag erwägen wir anhand von Beispielen einige Implikationen eines Welterschließungskonzepts, das auf dem Gedanken beruht, einen Beitrag zur Entwicklung einer Didaktik der Lernkulturen zu leisten.

Beispiel 1: Hochschule

Im Sommersemester 2021 wird an der PH Ludwigsburg für Studierende des Elementar- und Primarbereichs ein Seminar mit dem folgenden Titel angeboten werden: „… einer (Welterkundungs-)Frage nachgehen, die mich wirklich interessiert". Für das Seminar steht die „Werkstatt Sachlernen in Früher Bildung und Grundschule" mit ihrem Material, ihren Werkzeugen, Arbeitsplätzen, aber auch ihren Denk- und Erholungsorten wie Sesseln und Sofa und mit der Möglichkeit, nach draußen ins „Grüne" zu treten, zur Verfügung.

Zum Ende des Semesters wird von den Studierenden erwartet, dass sie ihren in der Fragenbearbeitung erreichten Stand den anderen Teilnehmer*innen im Seminar präsentieren. Beginnen wird das Seminar mit dem Suchen, Entwickeln, Finden der jeweiligen Frage, mit Überlegungen zu Methoden, mit denen sich die Frage klären lässt, und damit zusammenhängend mit der Planung der dazu notwendigen Arbeitsschritte und ihrer Reihenfolge. Ebenfalls wird an die Studierenden die Anforderung gestellt, sich zu überlegen, wie sie ihre Arbeitsschritte so dokumentieren und aufbereiten können, dass ihre Erkenntnisse für andere Teilnehmer*innen nachvollziehbar werden.

Projektmethode als Interpretationsfolie

Diese Rahmung weckt Assoziationen an die Projektmethode (vgl. Frey 1982). Als wenige übergreifende Merkmale durchaus unterschiedlicher Theorien des Projektunterrichts lassen sich herausstellen:

- Die Frage ist komplex und soll auch in ihrer Komplexität bearbeitet werden. Sie begründet sich nicht von einem Fach oder einer Fachwissenschaft her, sondern muss notwendig interdisziplinär angegangen werden.
- Die üblicherweise vom Lehrenden geleistete Aufgabe, die Schritte zur Lösung des Problems vorzugeben, wird an die Lernenden delegiert.
- Es soll sich in der Regel um ein praktisches, aus der sog. Lebenswelt stammendes Problem handeln, dessen im Lernprozess erarbeitete Lösung auch dazu dienen soll, das in der außerschulischen Welt vorhandene Problem zu lösen.

Nun findet das benannte Seminar in einer Hochschule statt, die auf Vermittlung von Wissenschaft im Sinne von disziplinär erarbeitetem Wissen ausgerichtet ist. Wir denken, dass ein für eigene Lern- und Erkenntniswege offen gestaltetes Seminar an einer Hochschule selbst – oder gerade – unter den Bedingungen von Modularisierung begründbar ist. Und zwar deshalb, weil die Debatte über den Projektunterricht gezeigt hat, dass eine Gegenüberstellung von Lehren und Lernen nicht plausibel ist. Denn zu den Anforderungen, die Projekte und damit auch dieses Seminar stellen, gehört eben Interdisziplinarität. Auch wenn man sich auf mehrere Wissenschaften beziehen soll, verlangt die Beschäftigung mit einer der Wissenschaften, sich auf deren

Logik und Wissenschaftsverständnis einzulassen. Das Fachwissen der üblichen hochschulischen Lehre wird im Projekt nicht negiert, allerdings anders als üblich eingebunden.

Der andere Rahmen besteht zum einen darin, eine Beziehung zwischen den Wissenschaften herzustellen. Dies meint der Begriff „inter". Darüber hinaus ist aber auch jenes Wissen heranzuziehen, das nicht als wissenschaftliches definiert ist. Man kann dies Alltagswissen nennen oder praktisches Wissen. Projektunterricht beinhaltet u. a. die Aufgabe, die Beziehung zwischen beiden Wissensformen zu reflektieren.

Die Rahmung des Seminars soll anregen, darüber zu arbeiten, ob und wie das, was einen selbst interessiert, mit dem zusammenhängt, was sich allgemein sagen lässt oder gesagt wird. Das Seminar ist darauf angelegt, das Spannungsverhältnis zwischen „ich" und „Welt" aus der Perspektive des Einzelnen zu reflektieren.

Die Anforderung besteht darin, zu klären, was man selbst so grundlegend wissen möchte, dass man bereit ist, dafür Zeit und Arbeit zu investieren. Das könnte vor dem Hintergrund der Erwartung der Studierenden herausfordernd sein, dass Ihnen das Studium üblicherweise fachlich bestimmtes Handlungswissen für das pädagogische Feld vermittelt bzw. wie die allgemeinbildende Schule sie nicht Fragen thematisieren lässt, die sie angehen.

„Was und zu welchem Zweck studiere ich?", könnte eine resultierende Frage und der Anfang des Nachdenkens über die nicht aufgeschriebenen Regeln des Lehrens und Lernens an einer pädagogischen Hochschule sein.

Beispiel 2: In der Grundschule bei Versuchen am Wasserbecken

Hans-Joachim Fischer filmt zwei Mädchen an einer mit Wasser gefüllten Plastikwanne. Sie knien vor der Wanne, und zwar einander gegenüber jeweils an der langen Seite der Wanne. Dieses Video ist Teil des Projektes „Naturbild" von Fischer und anderen aus dem Zeitraum zwischen Oktober 2009 und April 2010. An unterschiedlichen Orten wurden in Kitas und Grundschulen Szenen beobachtet und gefilmt, in denen sich Kinder u. a. durch Bereitstellung von Material initiiert, aber in Ausführung und Reflexion offen, mit Luft oder mit Wasser auseinandersetzen sollten.

Gefilmt wird im beschriebenen Fall in einer Grundschule: Die Kinder sitzen auf einem Linoleumboden, die Plastikwanne ist neu. Das Material – neben der Wanne ein Luftballon, ein Plastikbecher und ein Plastiklöffel – haben die Kinder ausgewählt und in die Situation mitgebracht. Fischer beschreibt im Begleitband insbesondere die Tätigkeiten des einen Mädchens „Halime":

> *„Halime hockt vor einer mit Wasser gefüllten Box, in der ein aufgeblasener Luftballon schwimmt. In der Linken hält sie einen Plastikbecher, aus dem sie Wasser in dünnem Strahl auf den Luftballon gießt, vorsichtig, mit kleinen Unterbrechungen.*

Dann wird der Strahl etwas dicker. Sie setzt ab, beobachtet, dass der Luftballon erst ruckhaft zu ihr hingleitet, dann wieder zurückweicht. Sie gießt einen dünnen Strahl nach, unter dem sich der Ballon zentriert und dann hin und her dreht. ‚Haaah!' Lächelnd stößt Halime den Ruf hervor, dabei löst sich der Blick vom Luftballon und hebt sich zu einem Mädchen, das gegenüber sitzt. Der Becher wird nun ganz auf dem Ballon ausgeleert, der dabei im Strahl hin- und hertreibt. Halime lacht. Ihr Lachen wird von dem anderen Mädchen zurückgegeben, während sie den Becher wieder füllt. Immer wieder begießt Halime den Ballon.“

(Fischer & Knörzer 2011: 13)

Die Forschungsgruppe um Fischer versucht vor allem zu verstehen, welcher „Logik“ die beobachtbare Variation der Aktionen durch die Mädchen folgt. Sie interpretieren: „Was Halime wirklich wahrnimmt und empfindet, können wir von außen nicht sehen. Aber jede neue Bewegung, jede Aktion gibt dem Resonanz und ist Ausdruck davon, was die Vorhergehende am Wasserballon gefunden hat“ (Fischer & Knörzer 2011: 13). Die Autor*innen nennen das, was die beiden Mädchen tun, „Spiel“ (vgl. ebd.: 14) und schreiben etwas später zu Halime: „Die Antworten, auf die sie aus ist, wollen kein äußeres Wissen zufriedenstellen. Sie sollen das Spiel gelingen lassen“ (vgl. ebd.: 15).

Wer den Film betrachtet, dem wird es schwerfallen, dieser Interpretation zu widersprechen. Folgt man ihr, so ist die didaktische Situation in einer Weise gerahmt, dass darin ein Spiel mit Wasser und einem Luftballon möglich ist. Aus einer anderen Perspektive könnte man die Situation aber auch als Beispiel für eine Lernkultur interpretieren. Die beiden Mädchen lernen – in und mit dem, was Fischer und Knörzer „Spiel“ nennen – etwas, auch wenn sie nicht daran orientiert sind oder es sich nicht so in ihrem Bewusstsein niederschlägt, dass sie benennen könnten, was sie gelernt haben. Aus dieser Perspektive zeigt der Film eine didaktisch gerahmte Situation, die Kinder dazu anregt, darüber nachzudenken und zu lernen.

Ein aus unserer Sicht entscheidendes Element dieser didaktischen Rahmung sind die Materialien, mit denen Halime agiert. Vermutlich geht keine Fachdidaktik davon aus, dass Kinder mit einem kleinen Plastikteelöffel lernen sollen, Wasser aus einer großen Wanne über Luftballons zu schöpfen. Die Tatsache, dass die Kinder hier die Möglichkeit hatten, sich die Materialien zu suchen, die aus ihrer Sicht und nicht aus der der Fachdidaktik zusammengehören, ist eine zentrale Voraussetzung für Welterschließung im Rahmen einer Lernkultur (vgl. Scholz 1995).

Beispiel 3: In der Grundschule beim Verstehen am Zeichentisch

Ein zweiter Film zeigt eine andere, vielleicht ebenfalls exemplarische Situation: Halime sitzt am Tisch vor einem DIN-A3-Blatt. Zentral ist darauf ein etwa 10 x 10 cm großes Quadrat gezeichnet, das gewissermaßen eine Seitenansicht eines Geschehens in dem genannten Wasserbecken abbildet, auf das Halime im ersten Video aber immer von oben blickt:[1] Skizziert sind das Becken, das Wasser, ein Stein, ein Stück Styropor, ein Stock und ein Holzmarienkäfer. Mit Linien zugeordnet sind die Bezeichnungen der Dinge: „Wasa", „Marienkäfa", „Stok", „Styropor". Die Zeichnung ist von Halime infolge des Auftrags der Forscher*innengruppe, die Beobachtungen am Wasserbecken in einer ihnen überlassenen Weise ästhetisch auszudrücken, offensichtlich mit viel Sorgfalt angefertigt worden. Der Film zeigt nun, wie Halime Fischer ihr Bild entlang seiner Fragen erklärt.

> Fischer: „Darf ich mal aufnehmen, was du gemacht hast?"
> Halime: „Ja."
> Fischer: „Erzählst du mir eine Geschichte dazu?"
> Halime: „Das ist ein Marienkäfer[2]. Den Marienkäfer hab ich darein getan. Der schwimmt langsam runter, weil ich den da getaucht hab. Das hier ist Wasser, deshalb habe ich Wasser dahin geschrieben. Styropor[3]. Und ein Stock ist des."
> Fischer: „Hhm."
> Halime: „Und das ist ein Marienkäfer und das schreib ich noch da hin.
> Fischer: „Kannst du auch erzählen, was du damit gemacht hast?"
> Halime: „Ja, das habe ich draufgelegt, das ist auch darunter getaucht."
> Fischer. „Das hast du da aufs Styropor – ach, das sieht man so. Was hast du da drauf gelegt?"
> Halime: „Das waren Steine."
> Fischer: „Oh. Und was ist passiert?"
> Halime: „Es ist dann langsam auch untergetaucht. Weil, das ist dann ein bisschen leichter geworden, weil ich hab die Steine weggenommen langsam."
> Fischer: „Ja. Wann ist es leichter geworden? Als du die Steine drauf getan hast oder als du sie runter genommen hast?"
> Halime: „Ja." ((Pause))
> Fischer: „Und was hast du noch gemacht?"
> Halime. „Ich hab so viel die, also die anderen, die hab ich vergessen."
> Fischer: „Hast du was mit diesem Marienkäfer gemacht?"
> Halime: „Ich hab´s draufgelegt und dann ist es auch langsam so runter getaucht."
> Fischer: „Ist er von selbst runter gegangen?"

1) Es spricht einiges dafür, dass Halime die Ansicht, die sie zeichnet, nicht gesehen hat. Sie hätte sich für die Perspektive gewissermaßen hinlegen müssen. Was sie zu zeichnen scheint, ist eine Abbildung ihrer Vorstellung von „Schwimmen und Sinken" bzw. ihre Vorstellung der von ihr durchgeführten Untersuchungen zum „Schwimmen und Sinken". Halime selbst nutzt den Begriff/das Wort „Sinken" nicht.

2) Es handelt sich um einen Marienkäfer aus Holz.

3) Halime zeigt mit dem Bleistift auf das Wort „Styropor", sie kann es aber nicht richtig aussprechen. Zugleich ist es die einzig richtig geschriebene Bezeichnung an der Zeichnung.

Halime: „Ja."
Fischer: „Oder hast du gedrückt?"
Halime: „Ne, nicht gedrückt?"
Fischer: „Warum ist er runter gegangen?"
Halime: „Weil es dann halt ein bisschen leicht war. Weil, wie ich bei den anderen Sachen gesagt habe: ‚Die leichten Sachen tauchen runter, ja', das ist ja auch leicht."
Fischer: „Ach ja."
Halime: „Die anderen Sachen waren auch ein bisschen leicht."
Fischer: „Warum tauchen die leichten Sachen runter?"
Halime: „Weil das so – da kommt ja Wasser drauf, das Wasser drückt das runter[4], weil mit Wasser wird das stärker, stärker, stärker. Wenn das stärker geht, dann geht's auch runter. Aber, wenn es auch so mittel ist, dann geht es nicht runter."
Fischer: „Aha. Ist das Wasser stark?"
Halime: „Nicht so viel, leichte Sachen bringt es halt runter."
Fischer: „Geht es darum, dass das Wasser stark ist und die leichten Sachen sind schwach?"
Halime: „Ja, die kleinen Sachen, die gehen so runter. Das Wasser macht das dann stärker, stärker, stärker halt und es geht immer noch runter. Wenn das gar nicht stärker macht, wenn das so oben bleibt[5]. Das ist so zum Beispiel[6] wenn das mit Steine war; könnte das, so mit drei Steine oder so, dann bleibt es ja oben[7]."
Fischer: Gut, prima, dann mal noch ein bisschen weiter."

Es fällt auf, dass Fischer versucht, die Denkweise des Kindes nachzuvollziehen.[8] Er schafft anfangs mit dem Vertrösten anderer Kinder einen Freiraum für das Gespräch mit Halime. Wichtig scheint uns dann die Einleitung des Gesprächs. Fischer fragt nicht, was schwimmt und was sinkt und auch nicht, was sie nun gelernt habe. Er fragt sie, ob sie ihm zu dem, was sie gemalt hat, eine Geschichte erzählt bzw. erzählen kann. Durch die Art seiner Rückfragen macht er im weiteren Verlauf Halime deutlich, dass er wirklich daran interessiert ist, ihre zeichnerischen Darlegungen und dahinterstehenden Überlegungen zum Schwimmen und Runtertauchen zu hören und zu verstehen. Er bleibt in ihrer Sprache, er fragt immer wieder nach, gibt deutlich zu ver-

4) Halime ringt so sehr nach Worten, dass kaum transkribierbar ist, was sie sagt.
5) Halime zeigt mit dem Finger an den oberen Rand des Wassers in ihrer Zeichnung.
6) Halime ringt nach Worten und zeigt auf einen Stein, der auf dem Boden des Wasserbeckens liegt.
7) Am Ende des Satzes blickt Halime Fischer an.
8) 2009 hat Hans-Joachim Fischer eine empirische Untersuchung zu Erklärungen des Phänomens Schwimmen und Sinken von Kindern veröffentlicht, in der er 12 Erklärungstypen unterscheidet (vgl. Fischer 2009).

stehen, wenn er Teilaspekte versteht. Er reformuliert sein Verständnis des Gesagten und Gezeigten.

Man könnte aus der Perspektive einer „Lernkultur“ sagen, dass es sich um eine tolle Leistung handelt, die Fischer hier vollbringt, nämlich nicht zu lehren, zu verbessern, zu belächeln. Er bleibt freundlich, respektvoll, ernst und ernsthaft interessiert, auch wenn Halimes Theorie doch deutlich von dem, was Fischer zum Schwimmen und Sinken sagen würde, abweicht.

Nun ist Fischer in dieser Situation nicht Lehrer, sondern Forscher. Er will und muss nicht „vermitteln“ – er möchte verstehen, wie Kinder sich ihre Welt erschließen. Seine für Halime durchaus verständlichen, gleichwohl nicht einfach zu beantwortenden Fragen zeigen, dass eine der Voraussetzungen, diese Kindersicht zu einem didaktischen Prozess einordnen zu können, darin besteht, die eigene Sicht – hier die physikalische Theorie der Auftriebskraft – verstanden zu haben.

Überträgt man diese Haltung eines professionellen Forschers auf Lehrende, lassen sich unseres Erachtens folgende Erkenntnisse ableiten.

- In einer auf Lernen fokussierten Unterrichtskultur könnte ein Aspekt der Rolle des Erwachsenen die eines nachfragend Zuhörenden, eines Lernenden, eines an Schüler*innenerkenntnissen Interessierten sein. Damit ist die Rolle des Lehrenden nicht verlassen, allerdings zunächst grundlegend anders orientiert. Aufgabe der Lehrenden wäre es zu verstehen, wie Kinder die Welt interpretieren. In diesem Sinne müssten Lehrende sich als Forschende verstehen oder, wenn man so will, auch als Lernende.
- Eine Lernkultur verlangt dann von Lehrenden auszuhalten, dass Kinder etwas tun oder sagen, was fachlich nicht zutreffend ist. Dies ist eine Voraussetzung für eine Didaktik, die am Verstehen der Kinder ansetzt.
- In einer Lernkultur sind Lehrende dann nicht in einer grundsätzlich anderen Situation als Fischer im Rahmen seiner Forschung. Nicht mehr allein das Verständnis des eigenen fachlich richtigen Wissens ist die Voraussetzung für Lehre, sondern das Verstehen des kindlichen Verständnisses bildet den Ausgangspunkt der Lehre. Die Verbindung zwischen dem Wissen um das eigene Wissen und dem Versuch zu lernen, das Kind zu verstehen, lässt keine Beliebigkeit zu. Beide Wissensformen sind nicht beliebig.
- Fischer ist und bleibt im Film naturwissenschaftskompetenter Erwachsener, der, um das Kind zu verstehen, diesem auch seine Deutung von der Erzählung des Kindes anbietet. Ein *Lehrender* könnte hier – darüber hinaus – eine Deutung anbieten für das, was aus der Perspektive des Kindes von dem lernbar wäre, was vermittelt werden soll. Das heißt, das Lernbare entscheidet sich nicht anhand fachcurricularer Konzepte, sondern anhand der Abwägung, was als Nächstes lernbar sein könnte. Und auch das könnte

außerhalb des Bereichs des fachlich relevanten liegen.[9] Konkreter: Was könnte das im Falle von Halime sein? Was Halime vorträgt, ist eben genau das, was sie mit ihrem Vorwissen, ihren Versuchen, ihren Wahrnehmungen und ihren Deutungen aus der Situation erkannt hat.[10] Das hat sie, so wie sie es kann, verbildlicht und versprachlicht.

- In einer Lernkultur entstehen damit andere Lerngegenstände. Eine Lernkultur ist nicht der andere Weg zum gleichen Ziel. Es entstehen veränderte Ziele: sich mit seiner Welterkundung inhaltlich und methodisch sowie in deren Ergebnissen auskennen, diese ausdrücken und erläutern und angesichts didaktischer Intervention weiterentwickeln können.

  Auch in einer Lernkultur entsteht die Frage, welches die richtige Antwort ist. Antworten und der Verweis auf das „richtige Wissen" sind zugelassen. Dieses kann von den Lernenden eingebracht werden oder von den Lehrenden, sofern es dabei im Erwägungshorizont der Lernenden beleibt. Entscheidend für eine Lernkultur ist die Rahmung der „richtigen Antwort" als vorläufige, was sie für die Lernenden weiterhin befragbar macht. Vorläufig „richtige Antworten" sind in der Wissenschaft Stationen auf dem Weg zu weiteren Fragen, Erkenntnissen und „richtigen Antworten", sodass eine Lernkultur in diesem Sinne als wissenschaftsorientiert aufgefasst werden kann.

Rahmung und Ertrag

An dieser Stelle sei noch einmal betont: Wir sprechen hier über die Grundschule und plädieren dafür, die Bedeutung, die fachliches Wissen in den Sekundarstufen haben kann, für diese Bildungsstufen zu diskutieren.

Das ist mehr für die Erwachsenen als für die Schüler*innen eine gewöhnungsbedürftige neue Situation. Man kann sagen, eine Lernorientierung in diesem Sinne verlangt etwas von den Erwachsenen in der Situation und darüber hinaus generell im Verständnis von Grundschule.[11] Sie bekommen das sachunterrichtliche Fachwissen, das Erwachsene in unserer Kultur auch zu Erwachsenen macht, das somit im Laufe der Schulzeit auch repräsentiert und gelernt werden muss, von den Kindern *in der Grundschule* nicht reproduziert.

---

9) Schäfer spricht im Rahmen der Ausformulierung seiner „Möglichkeitsorientierung" vom Horizont, „innerhalb dessen die Kinder diese [ihre Potentiale, MR/GS] weiter entwickeln können" (Schäfer 2010: 13).

10) Dies stellt auch die Frage, ob sprachliche Kommunikation für das weitere didaktische Vorgehen alternativlos ist.

11) In Tagen, wo auch für die Grundschule zentrale Prüfungsaufgaben eingeführt werden, scheint eine Veränderung der Haltung in diese Richtung eher unwahrscheinlich, aber deshalb nicht sinnlos.

Das kann als Verlust interpretiert werden, das veränderte Verhältnis zum von den Kindern generierten Wissen kann unter erkenntnistheoretischer, kindorientierter und demokratischer Perspektive aber auch begrüßt werden. Es gäbe also durchaus auch Gewinne, nämlich Erkenntnis- und Lernprozesse:

- In der *Sache* werden Sachverhalte, Prozesse und Zusammenhänge von Wasserbecken, Ballon und draufgegossenem Wasser usw. erkennend bearbeitet.
- In der Zeichnung findet sich ein – abstrahierendes – *Ausdruckslernen*: Wie kann ich meine Sichtweise und meine Deutung des Gesehenen auf einem Blatt zweidimensional, statisch bildlich für mich angemessen darstellen?
- In der *sprachlichen* Fassung des Gesehenen, Gedeuteten, Verbildlichten wird eine weitere Übersetzung vollzogen, ggf. gelernt. Hier kommt als weitere Anforderung hinzu, dass es sich nur teilweise um ein Nacherzählen des Gezeichneten handelt. Halime muss auf die Fragen Fischers eingehen. Sie berücksichtigt die Position des Erwachsenen und richtet ihre Erzählung über das von ihr Gezeichnete danach aus. Lehren verschwindet hier nicht, es wechselt nur die Autor*in: Halime erklärt Fischer innerhalb einer pädagogischen Rahmung ihre Welt. Nicht mehr die Kinder hören den Erwachsenen zu, sondern der Erwachsene hört dem Kind zu – in der Schule (vgl. Rauterberg 2020). Insofern kann man sagen, Schule, Didaktik, Welterschließen bedarf immer einer Repräsentation von Welt, von wem diese kommt, kann nachrangig sein.
- Und sichtbar ist ein *sozialer*, vielleicht auch kultureller Aspekt: Halime lernt, dass sich ein (fremder) Erwachsener in der Schule für ihr (pädagogisch initiiertes) Handeln, dessen Übersetzung ins Bild und ihr Denken zu den Prozessen interessiert, ihr in seinen Fragen sein Verständnis kundtut, sie nicht verbessert, nicht einmal sein Verständnis der Dinge – explizit – kundtut. Sie erlebt den Erwachsenen sich in seinem Wissen zurücknehmend, in seinem Interesse präsentierend. Dies könnte man Lerner*innenorientierung nennen.

Wir haben hier also zwei Lernende, vielleicht auch zwei Forschende, die in einer Lernkultur miteinander verbunden sind.

Beispiel 4: Mit den Kitakindern draußen und drinnen in der „Lernwerkstatt Natur"

„In einem Gelände, halb Park, halb Wald, mit Wasser, steilen Lehmhängen und weiten Wiesenflächen, direkt neben einem kleinen Tiergehege, steht ein Glashaus. Durch die Scheiben hindurch sieht man Werktische, Staffeleien, Regale mit Materialien und Büchern, Kaminöfen, in denen – wenn es kalt ist – das Feuer lodert. Kinder bauen, spielen, gestalten, diskutieren, hören zu oder hängen ihren Gedanken nach. Am Vormittag waren sie im Gelände. Sie haben an Orten ihrer Wahl Halt gemacht und sich ihren Projekten gewidmet. Nun sind sie zurück in der Werk-

> *statt, haben Dinge aus dem Wald oder auch nur Erinnerungen mitgebracht. Sie spüren den noch frischen Erfahrungen nach, stellen sich – allein oder im Gespräch mit anderen – ihre Erlebnisse und Gedanken vor Augen, lassen sie in ihre Malereien, Materialcollagen oder Spielszenen und Konstruktionen einfließen, vertiefen sich in Bilder- und Bestimmungsbücher, lassen sich Geschichten erzählen, erfinden selbst welche oder hängen träumerisch ihren inneren Bildern nach. Am nächsten Morgen werden die Mitarbeiterinnen sie durch ihre Dokumentation an die geleistete Arbeit erinnern, bevor sich alle zu neuen ‚Forschungen' wieder ins Gelände begeben."*
>
> (Schäfer 2009a: 7)

In Bezug auf die ihnen in dieser Naturwerkstatt zugängliche Welt entwickeln Kinder sowohl diskursive als auch versuchende und konstruierende Verfahren, um sich diese Welt zu erschließen. Deutlich wird, dass das Spiel hierfür eine relevante Erkenntnis- und Lernform darstellt. Es gibt in dieser Lernwerkstatt – anders als in den meisten sogenannten Mitmacheinrichtungen – keine Attraktionen, die man konsumieren kann. Erlebnisse und Erfahrungen müssen selbst hergestellt werden, entstehen durch die eigenen Bewegungen und in aller Regel gemeinsam mit anderen.

In einer gewissen Weise leben Kinder und wenige Erwachsene einige Tage lang in einer gemeinsam geteilten Umgebung. Und als soziale Wesen entwickeln sie so etwas wie eine Kultur des Umganges miteinander. Diese wird sicher von den Erwachsenen in Gang gesetzt. Aber sicher ist auch, dass sie nicht von diesen allein bestimmt wird.

„Kultur" ist ein komplizierter und weiter Begriff. Wir nehmen hier nur einen Aspekt heraus: Kultur als Umgang miteinander und mit seiner Umgebung. Die Frage ist dann: Wer darf was mit wem zusammen tun? Dazu fällt in den Dokumentationen von Schäfer et al. (vgl. 2009) zweierlei auf: Die Kinder haben Gelegenheit, mit den Materialien etwas zu tun, was nicht in deren Gebrauchsanweisung eingeschrieben ist, und tun das auch. Und die Kinder haben die Möglichkeit zu sagen, was sie (miteinander) denken, und tun auch das. Und die Kinder haben die Möglichkeit, es auf ihre Art und Weise zu tun, die sich ggf. auch erst in der Situation entwickelt und beispielsweise nicht zwischen Fantasie und Realität unterscheidet.

Die Handlungen und das Sprechen über diese führen zu einem Lernprozess, wenn zweierlei gegeben ist: Erstens die Akzeptanz des Gesagten durch die Gruppe und zweitens die Anforderung der Gruppe an die Einzelnen, sich zu erklären. Etwa eine Begründung für die eigene Interpretation zu nennen. Wir nennen diese Situation „Lernkultur", weil sie dazu führt, dass das einzelne Kind etwas über sich lernt, über die Natur, über das Material, über die anderen Kinder usw. und vor allem etwas darüber, was die Handlungen für einen selbst bedeuten. Für Erwachsene formuliert: Die gemeinsamen Handlungen, Erfahrungen und Reflexionen führen sicher zu einem Weltverhältnis, das anders ist als vor Beginn der Woche.

Man kann vielleicht – auch wenn es abgedroschen klingen mag – sagen, dass Kinder hier etwas für ihr Leben lernen. Gleichwohl sind mehr als die Ergebnisse ihrer Welterschließungen vor allem ihre *Methoden* der Welterschließung anschlussfähig an kulturell entwickelte Methoden, die Erwachsene anwenden: Etwas interessant finden, sich damit beschäftigen, beobachten, Hypothesen bilden, diese diskutieren, verwerfen, wieder neu beobachten und so weiter (vgl. Schäfer 2009b; Pech & Rauterberg 2013). Eher ungewöhnlich scheinen sie fast nur in einer Schule, die die Fragen entlang des Kriteriums sortiert, ob das Curriculum dafür Antworten vorsieht oder nicht.

Beispiel 5: Das „Typhusprojekt"

> *„In einer Klasse sind zwei Schüler, in deren Familie es regelmäßig im Herbst zu Typhus-Erkrankungen kommt. Die Schüler setzen sich mit diesem Problem auseinander und stellen Hypothesen über mögliche Ursachen dieser wiederkehrenden Erkrankung eigenständig auf, z.B. Wasserqualität, verdorbene Lebensmittel, Fliegen. Danach besuchen die Schüler die Familie Smith, um die Lebensbedingungen zu untersuchen und ihre Hypothesen zu prüfen. Es stellt sich heraus, dass wahrscheinlich die Fliegen der Grund für die Erkrankung sind. Anschließend versuchen die Schüler, eine Lösung für das Problem zu finden. Dazu eignen sie sich Wissen zum Thema an und befragen einen Experten. Ihre Lösung des Problems sind ein Mülleimer mit Deckel und der Bau einer Fliegenfalle. Der Familie Smith werden die Informationen vermittelt und die Dinge überbracht. Da die Ratschläge von der Familie befolgt werden, bessert sich das Problem: Die Fliegenplage wird eingedämmt und weitere Erkrankungen an Typhus bleiben aus."*
>
> (http://methodenpool.uni-koeln.de/projekt/projekt_darstellung.html)

Unabhängig von der Frage, ob es dieses Projekt tatsächlich gegeben hat oder nur darüber erzählt wurde, bietet es sich als Vorbild für die Gegenwart an.[12] Man könnte durchaus Schüler*innen im Grundschulalter drei Fragen, die miteinander zusammenhängen, in einem Projekt stellen:

- Was könnte man tun, um die Ausbreitung von Covid-19 zu verhindern?
- Wie kann man herausfinden, was wirksam ist?
- Wie finden wir heraus, ob zutreffend ist, was über den Virus gesagt und geschrieben wird?

Das Ergebnis könnte u.a. auch sein, dass es sinnvoll ist, sich die Hände zu waschen, die Räume zu lüften, sich nicht zu umarmen und in Situationen, in denen man sich lange nahekommt, eine wirklich gute Maske aufzusetzen. Vielleicht kämen die Schülerinnen und Schüler auch noch auf ganze andere Konzepte. Auf jeden Fall hätten sie gelernt, mit widersprüchlichen Informa-

12) Knoll bezweifelt, dass dieses Projekt tatsächlich durchgeführt wurde (http://mi-knoll.de/41185/63522.html).

tionen umzugehen, sie hätten verstanden, warum sie etwas tun sollen, und sie hätten erfahren, dass es für ihr Leben sinnvoll ist, etwas zu diesem Thema zu lernen. Wenn ihre Lehrerinnen und Lehrer den gleichen Fragen nachgehen würden, dann würden sie auch etwas lernen und vielleicht auch einen Beitrag zur Veränderung der realen Situationen in Schulen im Umgang mit dem Virus leisten können.

Ertrag der Beispiele für die Überlegungen zur Frage (kindorientierter) Lernkulturen

> *„Die Überzeugung, dass unsere jeweilige Ansicht die einzige vernünftige und moralisch richtige ist, hat große Anziehungskraft, vor allem, wenn sie in der Sprache von Wissenschaft, Rationalität, Religion und Tradition ausgedrückt wird."*
>
> (King 2020: 18)

Vor dem Hintergrund der Beispiele kommt es für welterschließende didaktische Konzeption darauf an, ob die Kinder (nur) als kompetente Lerner*innen oder (auch) als kompetente Welterschließer*innen gesehen werden – sollen. Auf der anderen Seite stellt sich die Frage, inwieweit die Lehrer*innen tatsächlich Lernbegleiter*innen sein können, was hier meint, inwiefern sie aushalten, wenn Kinder mit eigenwilligen Handlungs- und Interpretationsmethoden im Rahmen der vorgegebenen Möglichkeiten eigene Weltausschnitte auswählen und eigenwillig deuten.

Dies scheint eine Herausforderung, denn es bedeutet, dass – wie Fischer als Forscher und eben nicht als Lehrer – (nur) fachlich gesehen falsche Deutungen zwar befragt, aber nicht korrigiert werden. Es bedeutet, dass das für Dritte interessante Ergebnis forschenden Lernens auch in seiner oder gerade *durch seine Andersheit* „interessant" sein kann.[13]

Für einen lernorientierten Ansatz kann angesichts der globalen Krise(n) argumentiert werden, denn er zielt auf Lösungen, die in der „Lebensform" (vgl. Mollenhauer 2008: 18) bisher nicht tradiert werden, die für eine Zukunftsfähigkeit gefragt sind – Zukunft stellt eine pädagogische Zentralkategorie dar.

Man könnte formulieren, dass es für die Gesellschaft notwendig ist, dass die Kinder – in „Als-ob-Situationen" – lernen, andere Möglichkeiten zu entwickeln, eine Lernkultur wäre damit in der Erwachsenenwelt relevant. Dabei sind nicht notwendig die konkreten Ergebnisse zukunftsfähig, aber das „in anderen Möglichkeiten Denken lernen", den Möglichkeiten mit Akzeptanz,

---

13) Ein von Knörzer et al. (2019) ausgeführter Ansatz zum Forschenden Lernen fordert in einem ansonsten offen gehaltenen didaktischen Setting, dass ein für Dritte interessantes Ergebnis herauskommen soll.

mit Freude, mit Neugier begegnen. Das ist eine Haltung, die die Erwachsenen lernen müssten. Sie unterscheidet sich von einer sog. „Kindorientierung“, die sich für kindliche Präkonzepte interessiert, sie erhebt, um sie zu überwinden.

Der Begriff „Kind“ wird in unserem lernorientierten Ansatz nicht romantisch oder biedermeierlich verwendet, allerdings auch nicht kognitivistisch. Es geht nicht darum, den Kindern entgegenzukommen oder gar, sie nicht zu fordern. Im Gegenteil: Jede produktive Lernkultur stellt Anforderungen nicht nur an die Lehrenden, sondern auch an die beteiligten Kinder, im o.g. Beispiel auch an Studierende.

Der Begriff „Kind“ steht hier vor allem für einen Blick auf die Zukunft. Aus dieser Sicht ermöglichen Kindergarten und Schule – und dies gilt im Kern für alle Schulformen – den Raum für neue Handlungen, die ausprobiert werden können. Das meint: niemandem schaden. Es ist nicht der Gegensatz von Erwachsenen und Kindern, der diese Art von Schule sinnvoll macht, sondern eine politisch-gesellschaftliche Situation, die von Bildungsprozessen verlangt, dass sie so zu gestalten sind, dass die Lernenden in Kenntnis der ihnen bekannten Weltdeutungen die Chance bekommen, neue Weltdeutungen zu entwickeln.

Es ginge für die Grundschule, für das Welterschließen dann nicht (mehr) darum, die äußere Weltdeutung der Erwachsenen noch einmal zu repräsentieren, sondern Kindern handlungsentlastet die Möglichkeit für die Entwicklung eigener und damit auch anderer Deutungen zu geben.

Die Schule ist „die Welt noch einmal“ (Mollenhauer 2008: 76), insofern müsste (auch) außerhalb eine „zukunftsfähige Lebensform“ gelebt werden, damit Schule tatsächlich in einem Repräsentationsverhältnis erscheint. Wenn die Zeitdiagnose ergibt, dass zukunftsfähige Lebensformen neu entwickelt werden müssen, macht es sogar Sinn, auch für die Rolle der Erwachsenen in ihr, Schule aus dem Modus zu nehmen, in dem die Alten wissen (müssen) und es deshalb lehren (können). Es macht Sinn, sie in den Modus zu bringen, der repräsentiert, dass auch andere Umgangsweisen mit Welt und anderes Wissen aus diesen Umgangsweisen kulturell, nicht nur in der Schule, notwendig, gesucht und akzeptiert sind.

Das ist keine ganz neue Erkenntnis. Ihre Umsetzung ist aber vielleicht nicht nur dringender, sondern vielleicht auch plausibler geworden als früher. Denn wie sonst kann es möglich sein, ökologisch angemessene Lebensweisen zu entwickeln? Methoden der Welterschließung lassen sich nicht losgelöst denken von der Frage der Möglichkeit der Gestaltung des Zusammenlebens in einer nun einmal globalen Welt.

Literatur

Deckert-Peaceman, H. & Scholz, G. (2016): Vom Kind zum Schüler. Diskurs-Praxis-Formationen zum Schulanfang und ihre Bedeutung für die Theorie der Grundschule. Opladen/Berlin/Toronto: Verlag Barbara Budrich.

Eden, H. (2009): Klare Strukturen – ein Tag in der Lernwerkstatt. In: Schäfer, Gerd E. u. a.: Natur als Werkstatt. Weimar: Verlag das Netz, 45–61.

Fend, H.: (1980): Theorie der Schule. München: Urban & Schwarzenberg.

Fischer, H.-J. (2009): Schwimmen und Untergehen – Kindergartenkinder deuten ein Naturphänomen. In: Lauterbach, Roland/Giest, Hartmut/Marquardt-Mau, Brunhilde (Hrsg.) (2009): Lernen und Kindliche Entwicklung. Elementarbildung und Sachunterricht. Probleme und Perspektiven des Sachunterrichts, 19. Bad Heilbrunn: Klinkhardt, 173–180.

Fischer, H.-J. & Knörzer, M. (2011): Spielen mit Luft und Wasser: Aktionen und Reflexionen der Kinder. In: AG Naturbild (2011): Natur und Technik in frühen Bildungsprozessen. Studienbuch Bd. 2: Kinder wahrnehmen und verstehen. Baltmannsweiler: Schneider, 11–38.

Frey, K. (1982): Die Projektmethode. Weinheim/Basel: Beltz.

Götz, M. (Hrsg.) (2003): Zwischen Sachbildung und Gesinnungsbildung. Historische Studien zum heimatkundlichen Unterricht. Bad Heilbrunn: Klinkhardt.

King, Ch. (2020): Schule der Rebellen. Wie ein Kreis verwegener Anthropologen Race, Sex und Gender erfand. München: Hanser.

Knörzer, M.; Förster, L.; Franz, U. & Hartinger, A. (2019): Editorial. In: Knörzer, M.; Förster, L.; Franz, U. & Hartinger, A. (Hrsg.) (2019): Forschendes Lernen im Sachunterricht. Bad Heilbrunn: Klinkhardt, 9–16.

Mollenhauer, K. (2008): Vergessene Zusammenhänge: Über Kultur und Erziehung. Weinheim u. a.: Juventa.

Pech, D. & Rauterberg, M. (2013): Auf den Umgang kommt es an. ‚Umgangsweisen' als Ausgangspunkt einer Strukturierung des Sachunterrichts. Skizze der Entwicklung eines „Bildungsrahmens Sachlernen". Beiheft 5 von www.widerstreit-sachunterricht.de (völlig überarbeitete und ergänzte Neuauflage 2013).

Rauterberg, M. (2020): Funktionalisierungen im Sachunterricht der Grundschule – Funktionalisierungen des Sachunterrichts der Grundschule. In: www.widerstreit-sachunterricht.de 25/2020.

Schäfer, G. E.; Alemzadeh, M.; Eden, H. & Rosenfelder, D. (2009): Natur als Werkstatt. Weimar: Verlag das Netz.

Schäfer, G. E. (2009a): Treibhaus der Zukunft. In: Schäfer, G. E. u. a.: Natur als Werkstatt. Weimar: Verlag das Netz, 7–9.

Schäfer, G. E. (2009b): Frühe Wege ins Naturwissen. In: Schäfer, G. E. u. a.: Natur als Werkstatt. Weimar: Verlag das Netz, 81–99.

Schäfer, Gerd E. (2010): Welten entdecken, Welten gestalten, Welten verstehen. In: Fischer, H.-Jo.; Gansen, P. & Michalik, K. (Hrsg.) (2010): Sachunterricht und frühe Bildung. Forschungen zur Didaktik des Sachunterrichts. Band 9. Bad Heilbrunn: Verlag Julius Klinkhardt, 13–28.

Scholz, G. (1995): Offen aber nicht beliebig. Materialien zum Sachunterricht in der Grundschule. In: Die Grundschulzeitschrift, Jg. 9, Heft 88/1995, 6–12.

Markus Peschel, Marie Fischer, Pascal Kihm & Mark Liebig

Fragen der Kinder – Fragen der Schule – Fragen an die Sache

Die Kinder-Sachen-Welten-Frage (KSW-Frage) als Element einer neuen Lernkultur im Sinne der didaktischen Inszenierung eines vielperspektivischen Sachunterrichts

„Der Sachunterricht ist ein Fach, das sich in einer Dialektik zwischen Kind und Sache versteht, um die ‚Sachen der Begegnung', die ‚Erschließung von Weltwissen' oder die ‚originale Begegnung' als Lernauseinandersetzung zu nutzen und bestmöglich das Lernen an Sachen zu ermöglichen. Die Sachen/Themen sind dabei vielfältig und können als ‚Perspektivenvernetzende Themen' (GDSU 2013) die verschiedenen Perspektiven (naturwissenschaftliche P., historische P., geografische P., technische P. und sozialwissenschaftliche P.) verknüpfen und damit die Sachen des Sachunterrichts mehrperspektivisch erschließen. Dazu wurden von der Gesellschaft für Didaktik des Sachunterrichts (GDSU) einige Themenbereiche identifiziert, die eine mehrperspektivische Sicht erlauben bzw. einfordern: Medien, Mobilität, Nachhaltige Entwicklung und Gesundheit als Beispiele dieser Art der Verknüpfung mehrerer Blickwinkel auf eine Sache." (Peschel 2016: 4 f.)

Einleitung

Der Sachunterricht der Grundschule soll einerseits die Schüler*innen durch Begegnung mit den Sachen zu einem vertieften Verständnis „der Welt" – also ihrer Um- und Lebenswelt – qualifizieren, ferner werden Methoden, Näherungen und eine kritische Sichtweise auf die Sachen vermittelt, die es erlauben, vielperspektivisch und vernetzt Kompetenzen auszubilden (vgl. GDSU 2013; GDSU 2021). Eine Möglichkeit, sich die Sachen (des Sachunterrichts) zu erschließen, ist es, mittels einer Fragestellung an die Sachauseinandersetzung zu gehen und eine Klärung der Frage aus allen Perspektiven des Sachunterrichts vielperspektivisch bzw. „ganzheitlich" anzustreben.[1] Dabei sind Perspektivenvernetzende Themenbereiche (PVT), die von der GDSU beispielhaft skizziert wurden (Medien, Gesundheit, Mobilität und Nachhaltige Entwicklung), im besonderen Fokus. Mittels dieser PVT kann es gelingen, die Perspektiven *aufzuschließen*, indem mittels einer übergeordneten Frage-

1) Kahlert hat den Begriff der Ganzheitlichkeit als vielperspektivischen Sachunterricht verstanden (Kahlert et al. 2000). Die Perspektiven des Sachunterrichts sind seitens der GDSU (2013) als historische P., geografische P., naturwissenschaftliche P., technische P. und gesellschaftliche P. definiert.

stellung diese Vielperspektivität ermöglicht wird. Jedes Thema des Sachunterrichts kann und sollte u. E. auf diese Weise entwickelt werden.

Diese Perspektivenvernetzenden Themenbereiche, die die Vielperspektivität ermöglichen sollen, wurden im Perspektivrahmen Sachunterricht (GDSU 2013) beispielhaft skizziert und in Unterrichtsbeispielen konkretisiert. Nur: *Wie genau* diese Vernetzung praktisch umgesetzt wird, ist trotz der beispielhaften Lernsituationen, die im Perspektivrahmen aufgezeigt werden, bislang nicht eingehend thematisiert.

Um eine solche Vielperspektivität zu ermöglichen, damit einer Verinselung des fachlichen Wissens vorzubeugen und sich *aus lebensweltlichen Bezügen den Sachen zu nähern*, kann die *übergeordnete Frage* (üF, Schmid et al. 2013; Trevisan 2018) hilfreich sein. Eine solche üF hat u. a. als Ziel, Trivialisierung und Addition von Fachinhalten zu vermeiden und statt von Themen von Fragen ausgehend die Perspektiven zu entwickeln. Allerdings ergibt sich bei dem Umgang mit solchen üF teilweise die Gefahr, den Fokus zu verlieren, sollte der Fehler begangen werden, dass die *über*geordnete Frage mittels *unter*geordneter (und damit leicht bearbeitbarer) Fragen beantwortet wird. Die untergeordneten Fragen bergen die Gefahr, dass sie sich nur sehr begrenzt aufeinander oder auf die übergeordnete Frage beziehen und dann doch die Inhalte eher additiv und nebeneinander statt vernetzt betrachten.

Die große didaktische Kunst im Sinne der o. g. Inszenierung eines vielperspektivischen Sachunterrichts (vgl. auch Pech 2020 in Band 151 des Grundschulverbandes „Kinder lernen Zukunft. Über die Fächer hinaus: Prinzipien und Perspektiven") ist es daher, eine zentrale, übergeordnete und nicht zwangsläufig (leicht) ableitbare Frage zu definieren, die es erlaubt, vielperspektivische Sachverhalte aufzuschließen und vernetzt zu bearbeiten, ohne den Bezugskontext und die Zielorientierung dieser Frage zu verlassen.[2] In Erweiterung der übergeordneten Frage nach Schmid et al. (2013) – im Sinne des Inszenierungscharakters, der Vermeidung von Teilfragen und der gleichsamen Fokussierung von ‚Kinder-Sachen-Welten' – schlagen wir daher hier den Begriff der „Kinder-Sachen-Welten-Frage" (KSW) vor, da erstens der Sachunterricht u. E. zwangsläufig und so oft es geht vielperspektivisch angelegt sein sollte und zweitens eine gut gewählte KSW-Frage diese Vielperspektivität erzwingt bzw. zwingend erfordert und eine Addition von perspektivierenden Ansätzen durch eine geschickte Frageauswahl direkt vermieden wird. Dazu muss aber entsprechende Sorgfalt auf die Konzeption und Inszenierung der KSW-Frage gelegt werden.

---

2) Ähnliche Ansätze gibt es auch in anderen Fachrichtungen (Offene Frage, open ended Problems, inquiry based learning, vgl. u. a. Bernholt 2013; Becker & Shimada 1997).

Die Kinder-Sachen-Welt Frage als Sachunterrichtszugang

Nachhaltigkeitsthema Baumwolle

Baumwollfasern sind weltweit die **zweithäufigst genutzten Textilfasern** (hinter Chemiefasern mit ca. 70 %). Kinder im Grundschulalter (und auch ihre Lehrer*innen) tragen täglich Kleidung aus Baumwolle und nutzen Nebenprodukte der Baumwollpflanze, z. B. Öl in Lebensmitteln und Kosmetika oder Watte. Gleichzeitig ist Baumwolle aber auch ein sehr beliebtes (Sach-)Thema in der Grundschule, vor allem für den fächerübergreifenden Unterricht. Dazu gibt es eine ganze Bandbreite an Materialien, die man kommerziell erwerben oder teilweise auch über NGOs gebührenfrei beziehen kann (vgl. z. B. Brameier 2019)[3]. Zum Beispiel bietet der Verlag an der Ruhr eine „Aktivmappe" zum Thema „Baumwolle" (Karpinski & Mönning 2001). Diese verspricht „vielfältige Arbeitsanregungen mit kopierbaren Arbeitsblättern rund um die Baumwolle". Gemeinsam mit ihrer Lehrkraft pflanzen die Kinder Baumwolle an[4], experimentieren mit Fasern, bedienen ein Spinnrad, fertigen Baumwollkunstwerke an, machen eine Mode-Schau und singen Lieder, die schon Sklav*innen bei der Arbeit auf der Plantage gesungen haben. Egal, ob dieser Unterricht in einer Projektwoche, im Laufe einer normalen Schulwoche oder an einem einzigen Schultag (erste Stunde: Sachunterricht mit Biologie, in der zweiten Stunde dann mit Technik, dritte Stunde: Kunst, vierte Stunde: Musik usw.) stattfindet, ist u. E. kritisch zu hinterfragen, ob der „fächer*übergreifende* Unterricht" hier nicht möglicherweise der Instrumentalisierung durch einen „fächer*übergriffigen* Unterricht" weicht. Eine Addition von Fachbezügen und Fachinhalten ist eben nicht die o. g. Vernetzung in einem vielperspektivischen Sachunterricht.

Vielperspektivität, Perspektivenvernetzung und fächerverbindender Unterricht

Indem man ein Thema im Sachunterricht oder innerhalb eines PVTs sucht, wird versucht, möglichst viele Fächer bzw. auch Perspektiven des Sachunterrichts (die naturwissenschaftliche, die technische, ggf. auch die historische Perspektive usw.) abzudecken oder „zu bedienen". Dies geschieht häufig rein additiv – wie im o. g. Beispiel plakativ dargestellt. Die fachliche Gliederung (bzw. die der ausgewiesenen Perspektiven) bleibt dabei in der jeweiligen Fachkultur weitgehend erhalten; die Teilinhalte und *einzelne* Methodiken

---

3) Brameier, U. (2019): Baumwolle und Textilien, oder: „Gibt's das auch in fair?" Online verfügbar unter: https://www.fairtrade-deutschland.de/fileadmin/DE/mediathek/pdf/fairtrade_unterrichtseinheit_baumwolle_textilien.pdf [18.11.2021].

4) Oder schauen zumindest dabei zu, wie die Lehrkraft die Baumwolle anpflanzt, mit Fasern experimentiert, ein Spinnrad bedient usw.

bzw. Tätigkeiten werden in den jeweiligen (*Einzel-*)Fächern bzw. Fachbezügen fachgerecht ausgeführt und *additiv* zu einem (vermeintlichen) Ganzen – hier dem Projekt „Baumwoll-Woche" o. Ä. – zusammengefügt, bleibt aber weitgehend parallelisiert (vgl. Carle 1999). Zudem liegt die Unterrichtsplanung eines solchen fächerübergreifenden Unterrichts meistens bei der Lehrperson. Fächer*übergriffig* ist ein solcher Unterricht u. E. vor allem dann, wenn es ein bestimmtes Leitfach (oder eine Leitperspektive) gibt, um das sich Arbeiten anderer Fächer oder Perspektiven als Zulieferer herumgruppieren oder zu dem aus Sicht eines fächerübergreifenden Unterrichts bzw. eines vielperspektivischen Sachunterrichts weitere Perspektiven anderer Fächer hinzugezogen werden (vgl. auch Winter & Walther 2006), z. B. im o. g. Beispiel der Fachbezug Musik.

Zu einem Verständnis der Schüler*innen für das Thema Baumwolle trägt dies dagegen eher nicht bei – auch nicht zu einem komplexeren Verständnis des damit adressierten Themas, das nachhaltig, vielperspektivisch und bildungsrelevant ist. Denn trotz großer – auch über eine z. B. mittels Experimente erschlossenen – Sachorientierung von Baumwolle als saugfähiges und hautfreundliches Material gerät die historische und gesellschaftliche Bedeutung des Baumwollanbaus in verschiedenen Ländern oder eine moderne Interpretation der notwendigen Wasserressourcen (Stichwort „virtuelles Wasser"; vgl. Colberg & Brugger 2021) weitgehend in den Hintergrund. Die Schüler*innen erarbeiten diese kritischen Inhalte in einem solchen Unterricht nur randwertig oder lernen diese Aspekte zusammengefasst z. B. aus Lesetexten (vgl. Scheller 2011).

Ein paar Hinweise zur Komplexität:

- Für ein Kilogramm Baumwolle werden meist mehr als 11.000 Liter Wasser benötigt, die meist durch künstliche Bewässerung eingespeist werden müssen, da die Pflanze ansonsten (für eine optimale Qualität der Faser) auf trockene, klimatische Bedingungen angewiesen ist.
- Die Branche ist außerdem „für ihre gesundheitsgefährdenden und ausbeuterischen Arbeitsbedingungen bekannt. Lange Arbeitstage, erzwungene Überstunden und ein Hungerlohn sind traurige Realität der hauptsächlich weiblichen Beschäftigten, die oft getrennt von ihren Familien leben" (Hinzmann 2009).
- Obwohl der Baumwollanbau nur 2,4 % der gesamten Landwirtschaftsfläche weltweit einnimmt, werden dort 10 % der Pestizide und 25 % der Insektizide verwendet, wodurch Boden- und Wasserqualität für Anwohner*innen in Anbaugebieten gefährdet ist (vgl. Stechert 2011).

Die Rolle von Baumwolle in der Globalisierung ist ebenso interessant (vor allem aus historischer Perspektive): Im 18. Jahrhundert wurde Baumwolle zu einem *der* Rohstoffe, der für die industrielle Revolution Europas (erster mechanischer Webstuhl; Spinning Jenny als erste Spinnmaschine) verantwortlich war. Damit wurden die Lebensbedingungen vieler Europäer*innen deutlich verbessert, die Grundlage dafür aber gleichzeitig von Sklav*innen in den Südstaaten der USA angebaut und geerntet. Menschenverachtende Arbeitsbedingungen, die in jenem Jahrhundert zu einem Bürgerkrieg führten, aber heute in den Sweat-Shops Südostasiens in moderner Interpretation von Lohnarbeit existieren.

Die Ausführungen zeigen zum einen, wie vielperspektivisch das Thema „Baumwolle" ist, und zum anderen, dass nur durch Vernetzung verschiedener Perspektiven diese komplexen Zusammenhänge dargestellt werden können.

Es geht ergo nicht um „Themen", mit denen eine bzw. mehrere Perspektiven bedient werden, während die restlichen Perspektiven oder weitere Fächer untergeordnete oder „lediglich dienende Funktionen" (Jonen & Jung 2007: 7) im Sinne eines o. g. Zulieferers haben. Es muss ein *„echtes Vernetzen"* im Sinne einer Vielperspektivität (s. Infokasten) stattfinden, da bisher oft die verschiedenen Perspektiven nur additiv nebeneinander behandelt, statt integrativ miteinander vernetzt werden (vgl. Carle 1999).

Vielperspektivität und Perspektiven*vernetzung* als Teil einer Didaktik der Lernkulturen (oder sogar als Änderung der Lernkultur) „würde in dieser Hinsicht bedeuten, sich z. B. mit den großen Fragen (Thomas 2013) bzw. übergeordneten Fragestellungen (Schmid et al. 2013) zu beschäftigen" (Peschel 2016: 4 f.). Die KSW-Frage geht dabei über bisherige Konzeptionen hinaus und ermöglicht u. a. eine Integration weiterer Fachinhalte, die nicht originär im Sachunterricht zu verorten sind, bzw. versucht, einen einen perspektivenvernetzenden und fächerverbindenden Unterricht zu erzeugen.[5]

Vernetzung durch eine fragende Haltung mittels KSW-Frage – statt „Thema: Baumwolle" oder „Baumwoll-Woche" – eine Näherung

Das folgende Kapitel stellt das Konzept der Näherung an einen vernetzenden und fächerverbindenden Unterricht mittels einer **„Kinder-Sachen-Welten-Frage"** vor und erläutert am Beispiel **„Sollten wir keine T-Shirts aus Baumwolle mehr tragen?"**, wie diese Herangehensweise mittels KSW-Frage einem additiven Unterricht entgegenwirkt. Durch die KSW-Frage werden unmittelbar auch ökologische, ökonomische und soziale Kontroversen adressiert, die in einem vielperspektivischen, perspektivenvernetzenden/-integrativen (Sach-)Unterricht weiter bearbeitbar gemacht werden, ohne die Sachausei-

5) Vgl. u. a. Weber (2020).

nandersetzung mit dem Thema Baumwolle auf eine einseitige Betrachtung, z. B. auf historisch bedingte Betroffenheit („Sklavenarbeit in den USA"), zu reduzieren. Dass diese Auseinandersetzung nicht auf den Sachunterricht beschränkt ist, zeigt sich allein an den zusätzlichen Kompetenzen, die nötig sind, sich der Beantwortung zu nähern, und schließt ethische, ökonomische, individuelle Aspekte unmittelbar ein.[6]

Dies setzt voraus, „einen Kooperationsrahmen [zu] schaffen" (Carle 1999: 10), der den beteiligten Lehrpersonen „die arbeitsteilige Beteiligung und Unterstützung der Lernprozesse der Schülerinnen und Schüler erlaubt. Es muss eine andere integrierende Unterrichtsstruktur vorhanden sein, welche die [aufgehobene] Fächer- [und Perspektiven-] Gliederung ersetzt" (ebd.: 10). Die Unterrichtsplanung wird dabei weitgehend in Schüler*innenhände gelegt, während die Lehrpersonen moderierende und unterstützende Funktionen einnehmen (vgl. ebd.).

Anders als beim oben karikierten „fächer*übergriffigen* oder perspektiven*übergriffigen*" Unterricht werden die Inhalte und Fachbezüge (hier zu Baumwolle) dabei nicht instrumentalisiert, um möglichst viele Fächer bzw. Perspektiven abzudecken. Stattdessen erzeugt die KSW-Frage über die Auseinandersetzung mit vielfältigen Aspekten des Themas eine Fragehaltung, die eine „andere integrierende Unterrichtsstruktur" (Carle 1999: 10) ermöglicht. Fachzugänge, -inhalte oder Perspektiven des Sachunterrichts lassen sich *aufgrund* der Fragestellung vernetzen bzw. *müssen* genutzt werden, um die Frage letztlich umfänglich (= vielperspektivisch oder „ganzheitlich") beantworten zu können.

Dazu muss eine passende Kinder-Sachen-Welten-Frage allerdings so konzipiert und eingesetzt werden, dass zur Beschäftigung mit der Frage die Perspektiven des Sachunterrichts auch tatsächlich vernetzt werden müssen. Eine KSW-Frage ist also hochanspruchsvoll und nicht einfach zu erzeugen – hier liegt u. E. die zentrale Expertise und Verantwortung bei der Lehrperson, die die „Mächtigkeit der Frage" moderieren muss. Dies grenzt „einfache" Fragen[7] (z. B. definitorischer Natur: „Was genau ist Baumwolle?", „Seit wann

---

6) Dass Lebenswelt hier der Ausgangspunkt und Bezugsrahmen der KSW-Frage ist, ergibt sich aus der Sache und der Orientierung an den Aspekten von Welterschließung, die vorrangig in der Didaktik des Sachunterrichts entwickelt sind, beschränkt sich dabei aber nicht auf diese Fachkultur, sondern inszeniert eine Lernkultur, in der die Sache den Fokus bildet und daraus eine vielperspektivische und fächerübergreifende Kultur versucht.

7) In dem o. g. Bezug zu u. a. Trevisan (2018) sind dies u. E. auch abgeleitete untergeordnete Fragen, die eben nicht direkt die üF bzw. die KSW-Frage adressieren und in Richtung bestimmter Fachantworten gehen, die dann addiert werden. Ob sich aber die üF damit beantworten lässt, bleibt u. E. fraglich. Oder anders gesagt: Eine KSW-Frage ist nicht (abschließend) beantwortbar, aber sehr gut bearbeitbar und vernetzend.

nutzen Menschen Baumwolle?“ oder solche, die nach Erklärungen suchen: „Warum heißt Baumwolle eigentlich Baumwolle, obwohl sie doch an Sträuchern wächst?“) u. E. aus, da die Kontroversität und Vernetzung der Fächer/Perspektiven nicht erkennbar wird und damit eine Vernetzung nicht zwangsläufig ist.[8]

Kinderfragen und KSW-Frage

Kinderfragen (vgl. auch Calvert & Hausberg in diesem Band) als alternativer Zugang zum Welterschließen sind dabei häufig (!) ebenfalls im Sinne der o. g. Vielperspektivität angelegt, da sie sich aus der Lebenswelt der Kinder generieren und damit nicht dem üblichem Fächerverständnis folgen, aber sie sind zumeist „nur" subjektiv bedeutsam, da diese Kinderfrage eben genau dieses Kind, das die Frage stellt, interessiert. Aber auch wenn diese Kinderfragen möglicherweise aus subjektiver Bedeutsamkeit herrühren, haben sie ein generelles Potenzial, ebenfalls die o. g. Vielperspektivität zu erzeugen, sofern es sich um „echte Kinderfragen" handelt und zweitens eine Ausstrahlung im Sinne einer Aktivierung weiterer fragender Kinder erzeugt, sodass eine Kooperation und Dissemination der Inhalte und Methoden erfolgen kann. Im Wesentlichen lassen sich die Unterschiede zwischen einer Kinder-Sachen-Welten-Frage und einer Kinderfrage anhand von drei verschiedenen Aspekten erläutern: Fragenursprung, -zweck und -art. So wird die Kinder-Sachen-Welten-Frage von der Lehrkraft entwickelt und gestellt (Ursprung) mit dem übergeordneten Ziel, einen vielperspektivischen und perspektivenvernetzenden Sachunterricht zu realisieren (Zweck). Um dieses Ziel zu erreichen und darüber hinaus grundlegenden subjektorientierten, konstruktivistischen und bildungsorientierten Anforderungen zu genügen, muss sie bestimmte Kriterien erfüllen (Art), wie im weiteren Verlauf dieses Artikels noch explizit thematisiert wird. Kinderfragen dagegen werden aus den verschiedensten Gründen (Zweck) vom Kind und nicht von der Lehrkraft (Ursprung) eingebracht, die dadurch ein didaktisches Prinzip realisieren möchte. Außerdem finden sich in der einschlägigen Fachliteratur Vorschläge zur eindeutigen Kategorisierung der Fragearten, die von inhaltlichen Sachfragen über persönliche Fragen bis hin zu organisatorischen Fragen reichen (vgl. z. B. Ritz-Fröhlich 1992).

8) Auch die Steuerung von eher über- und untergeordneten Fragen ist hier eine notwendige Kompetenz der Lehrperson. Es geht eben genau darum, NICHT einfache Fragen zu stellen, sondern über die *Komplexität* der KSW-Frage die Vernetzung von Perspektiven als Notwendigkeit zu generieren. Gleichzeitig sollte die Frage den Gegenstand / den Themenbereich rahmen, fokussieren, moderieren und in einen bildungsrelevanten Zusammenhang stellen (vgl. auch Rauterberg & Scholz in diesem Band).

Perspektiven-/Fächervernetzung durch Kinder-Sachen-Welten-Frage

Der Ansatz, eine Fragestellung *aus didaktischen Gründen* in den Mittelpunkt von unterrichtlichen Lehr-Szenarien zu setzen und als Ausgangspunkt für Lernprozesse zu nutzen, stellt in der Didaktik (des Sachunterrichts) keine Neuheit dar (siehe dazu Pech 2009; Tänzer 2010; Pech 2020). Mit diesem Beitrag soll hingegen die Art und Funktion dieser spezifischen Kinder-Sachen-Welten-Frage herausgestellt werden: Sie ist ein *didaktisches Hilfsmittel, das von der Lehrperson eingesetzt* bzw. in den Unterricht eingebettet wird, um sowohl eine Vielperspektivität als auch eine Vernetzung (möglichst) aller Perspektiven im Lernprozess der Schüler*innen zu erreichen (s. Infokasten). Wie am Beispiel der „Baumwolle" und entsprechender Unterrichtsmaterialien zuvor exemplifiziert, wäre dies mit einer Fokussierung auf Stichwörter wie „Insekten", „der Apfel" oder Themen wie „Wasser" oder „Magnetismus" als Unterrichtsthemen weniger gut umsetzbar (vgl. Schmid et al. 2013).[9] „Wird dieser Weg verfolgt, besteht [...] die Gefahr einer beliebigen Aneinanderreihung von Inhalten, ohne auf die relevanten Sachzusammenhänge einzugehen" (ebd.: 50). Zur „Beantwortung" einer Kinder-Sachen-Welten-Frage müssen verschiedene sachunterrichtsdidaktische Perspektiven sowie fachorientierte Perspektiven (vgl. Schmid et al. 2013; GDSU 2013) herangezogen werden. Erst die Vernetzung dieser Perspektiven kann zu einer (immer nur vorläufigen!) Beantwortung der Frage führen. Durch die Kinder-Sachen-Welten-Frage soll diese Vernetzung didaktisch handhabbar gemacht, Inselwissen und „Addition statt Vernetzung" (Schmid et al. 2013: 48) vorgebeugt werden.

Beantwortung einer KSW-Frage

Der Begriff „Beantwortung" benötigt u.E. an dieser Stelle aus verschiedenen Gründen unbedingt eine genauere Erläuterung. Grundsätzlich weist das Begriffspaar „Frage–Antwort" Bezüge zu traditionellen, lehrerzentrierten und frontalorientierten Unterrichtsformen, wie z.B. dem fragend-entwickelnden Unterricht, auf. Es geht bei der Beantwortung einer Kinder-Sachen-Welten-Frage jedoch nicht darum, „Lehrerfragen" zu stellen, deren Antwort der Lehrperson sowieso schon bekannt ist und zu der die Schüler*innen dann die Antwort finden sollen (vgl. auch „Osterhasenpädagogik", vgl. Gudjons 2012; Wahl 2013). Vielmehr soll durch die Frage ein andauernder vielperspektivischer und vernetzender Beantwortungsprozess angeregt werden, an dessen Ende die

9) Wie aus einem Stichwort ein Bildungsinhalt und dann ein Unterrichtsthema wird, s. Tänzer (2010) und Peschel et al. (2022 i. V.).

Lernenden eine fachlich begründete, aber individuelle Position einnehmen. In diesem Sinne kann zu einer Kinder-Sachen-Welten-Frage nie eine „klassischen", eindimensionale Antwort gegeben werden, worauf im Abschnitt zu den Kriterien noch näher eingegangen wird.

Entstehung des Konzepts der Kinder-Sachen-Welten-Frage (KSW-Frage)

Das Ziel der Entwicklung einer Kinder-Sachen-Welten-Frage war es, einen Beitrag dazu zu leisten, einen vielperspektivischen und dabei perspektiven*vernetzenden* Sachunterricht *didaktisch zu inszenieren*. Das Konzept, eine Frage in das Zentrum eines vielperspektivischen Sachunterrichts zu stellen, ging dabei ursprünglich aus „der Zusammenarbeit zwischen Expert*innen aus den Bereichen Sachunterrichtsdidaktik und BNE an der damaligen Pädagogischen Hochschule Solothurn" (Künzli David & Schmid 2018: 12) hervor. Diese Didaktiker*innen entwickelten in der Lehre einen neuen Weg, indem sie statt eines spezifischen Themas eine „übergeordnete Fragestellung" in das Zentrum aller sachunterrichtlichen Lernprozesse stellten (vgl. Schmid et al. 2013). Es ist also festzuhalten, dass die Ursprünge der Kinder-Sachen-Welten-Frage[10] im sachunterrichtsdidaktischen Konzept der Vielperspektivität selbst liegen (s. Exkurs).

▶ Exkurs: Vielperspektivität im Sachunterricht heute und die Ursprünge der Konzeption *oder* Warum überhaupt Vielperspektivität?

Die konzeptionellen Ursprünge der übergeordneten Fragestellung gehen auf die Konzeption der *Vielperspektivität* zurück. Der Terminus Vielperspektivität ist „so zentral mit der Didaktik des Sachunterrichts verbunden, wie kaum ein anderer" (Giest et al. 2017: 9) und wird inzwischen von einem großen Teil der Sachunterrichtsdidaktiker*innen als konstituierendes Merkmal des Sachunterrichts angesehen (vgl. Lauterbach 2017: 13).

„Aktuell erweist sich daher die vielperspektivische Konzeption als tragfähig, wie sie im Perspektivrahmen Sachunterricht beschrieben wird. Bezogen auf zentrale Grunddimensionen unseres Lebens, Natur, Kultur, Raum und Zeit können Perspektiven auf die Welt unterschieden und für das Gesamtverstehen wiederum bewusst vernetzt werden. Die Perspektivität erlaubt eine unterrichtlich distanzierende Systematisierung lebensweltlicher Phänomene und unterstützt das 'Begreifen' der Welt als kognitive Leistung

10) Bei der Kinder-Sachen-Welten-Frage handelt es sich also um eine Weiterentwicklung der übergeordneten Fragestellung. Sie greift wünschenswerte Ziele und Potenziale des Konzepts der übergeordneten Fragestellung auf und entwickelt die theoretische Fundierung weiter.

durch fachbezogene Begriffsbildung, also die Generalisierung subjektiv singulärer Wahrnehmung durch Symbolisierung z.B. in Form von Modellen oder Sprache. Die Rückbindung an die Lebenswelt gelingt wiederum über die für die Ganzheitlichkeit des Handelns in der Welt notwendige Vernetzung der Perspektiven und die Entwicklung übergreifender, vom konkreten Gegenstand und der Situation loslösbarer Kompetenzen, die vom Wahrnehmen, Fragen und Untersuchen über das Problemlösen, Kommunizieren und Argumentieren bis hin zum Positionieren und Umsetzen reichen" (Gervé 2017: 38).

Bezüglich begrifflicher Klärung und Verwendung existieren verschiedene Definitionen von Vielperspektivität, zumal der Begriff wenig trennscharf von verwandten Konzeptionen, z.B. Mehrperspektivität, unterschieden wird (vgl. Lauterbach 2017: 13-22). Köhnlein (2012: 1) definiert *Vielperspektivität als „basales Prinzip der Vielfalt aufeinander bezogener Inhalte, Betrachtungsweisen, Wissensformen und Methoden"*. In einem vielperspektivischen Sachunterricht sollen Perspektiven nicht nur aufgegriffen, sondern „aufeinander bezogen", *integriert* oder *vernetzt* werden. Dies stellt den zentralen Unterschied zwischen einem *vielperspektivisch-addierenden Sachunterricht* dar, der einen Unterrichtsgegenstand zwar aus verschiedenen Perspektiven beleuchtet, diese jedoch nur additiv aneinanderreiht (s. „Baumwolle" am Beispiel der Werkstatt bzw. des fächer*übergriffigen* Unterrichts), und einem *vielperspektivisch-vernetzenden Sachunterricht*, der eine tatsächliche Vernetzung anstrebt (vgl. auch Trevisan 2018).

Ein vielperspektivisch-vernetzender Sachunterricht erscheint dabei aus einer Reihe an Gründen wünschenswert. Diese zahlreichen Argumente können in verschiedenen Begründungssträngen zusammengefasst werden (vgl. u.a. Lauterbach 2017; Albers 2017; Trevisan 2018):

1. sachunterrichtshistorisch
2. strukturell
3. konstruktivistisch
4. bildungstheoretisch
5. lernpsychologisch
6. entwicklungspsychologisch
7. gestalttheoretisch
8. systemisch
9. philosophisch
10. lernbiologisch

Ohne im Detail auf all diese Begründungsstränge einzugehen, sollen anhand der vorliegenden Kinder-Sachen-Welten-Frage („Sollten wir keine T-Shirts aus Baumwolle mehr tragen?") drei dieser Begründungsstränge erläutert werden. Dadurch soll aufgezeigt werden, dass die KSW-Frage eine ansprechende Möglichkeit darstellt, einen vielperspektivischen Sachunterricht didaktisch zu inszenieren.

Der konstruktivistische Begründungsansatz beruft sich auf die grundlegende Vorstellung, dass Lernen niemals als bloße und für alle Lernenden kollektiv gleiche Abbildung einer objektiven Wirklichkeit, sondern als individuelle Konstruktion der Wirklichkeit im Spannungsfeld zwischen der subjektiven Lebenswelt und fachlichen Bezügen erfolgt. Exakt diese Sichtweise auf Lernprozesse kann durch die vorliegende KSW-Frage in den Unterricht transferiert werden. Indem sich die Schüler*innen ausgehend von ihrem Vorwissen und ihrer subjektiven Betroffenheit mit der Frage beschäftigen, erschließen bzw. konstruieren sie sich ihre Lebenswelt. Sie lernen eben nicht mehr kollektiv durch das Beschriften einer Skizze, aus welchen Teilen die Baumwollpflanze besteht, sondern erforschen ausgehend davon, dass Baumwoll-T-Shirts in jedem Schrank zu finden sind, welche Risiken und Probleme dahinterstecken.

Der gestalttheoretische Ansatz basiert auf dem simplen Prinzip, dass die Phänomene unserer Welt (in den allermeisten Fällen) unmöglich aus einer Perspektive erschlossen werden können. Betrachtet man dazu wiederum die beispielhafte KSW-Frage, so scheint es eindeutig, dass die Frage nur dann in einem andauernden Annäherungsprozess „beantwortet“ werden kann, wenn man individuelle wie auch gesellschaftliche Konsumentscheidungen mit den Arbeitsverhältnissen der Arbeiter*innen auf den Baumwollplantagen, ökologischen Folgen des Baumwollanbaus und ökonomischen Wirkungen und Zielen von Unternehmen in Beziehung setzt.

Schließlich kann die Vielperspektivität aber auch aus entwicklungspsychologischer Perspektive didaktisch inszeniert durch eine KSW-Frage mit folgender Aussage begründet werden: „Frühkindliches Denken ist schon rudimentär vernetzt, da es Sachverhalte (noch) nicht nach Fächern trennt“ (Trevisan 2018: 38). Diese Aussage ist so treffend wie einfach. Junge Menschen werden sich wohl kaum dadurch mit der vorliegenden Frage auseinandersetzen, dass sie sich beispielsweise aus historischer Perspektive fragen, wie sich der Baumwollanbau im letzten Jahrhundert entwickelt hat, und dann aus sozialwissenschaftlicher Perspektive Konsumentscheidungen in den Blick nehmen, sondern ausgehend von ihrer Lebenswelt und ihrem Vorwissen die Frage zunehmend erforschen (und dabei z.B. den Herstellungsprozess von Baumwolle vernetzt im Spannungsfeld von Arbeitsverhältnissen, geographischen Gegebenheiten, technischen Möglichkeiten und ökologischen Folgen betrachten).

Kriterien für gute Kinder-Sachen-Welten-Fragen[11]

Eine *gute* Kinder-Sachen-Welten-Frage zu finden, stellt zugegebenermaßen eine durchaus schwierige Aufgabe dar, weil sie verschiedene Kriterien erfüllen sollte.[12] Orientiert an den folgenden Kriterien kann sie ihren sachunterrichtsbezogenen, lernförderlichen Charakter sowie ihr Bildungspotenzial entfalten. In den folgenden Abschnitten werden daher vier ausgewählte – und u. E. zentrale – Kriterien mit direktem Bezug auf die in diesem Artikel vorgestellte KSW-Frage („Sollten wir keine T-Shirts aus Baumwolle mehr tragen?") vorgestellt.

Wolfgang Klafki, einer der einflussreichsten deutschen Bildungstheoretiker, postulierte (u.a. 1980; 1985; 1993; 2005), dass sich ein jeder Lern- und Bildungsgegenstand an seiner Bedeutung in dreifacher Hinsicht zu messen habe: seine exemplarische Bedeutung, seine Gegenwartsbedeutung und seine Zukunftsbedeutung. Da, wie bereits dargelegt wurde, statt eines spezifischen Unterrichtsthemas nun eine Frage ins Zentrum des schulischen Sachunterrichts gerückt wird, erscheint es logisch, dass dieser Anspruch gleichermaßen auch auf diese KSW-Frage zu transferieren ist.

Bildungsrelevanz und Lebensweltbezug

1. **Kriterium „Lebenswelten" (Bildungsrelevanz I):** Ist die Frage interessant und wichtig? Bezieht sich die Frage auf Interessen, Kompetenzen, und Erfahrungen der Kinder? „Ist die Frage anschlussfähig an Lebenswelt(en) der Kinder? Ist sie sinnstiftend für die Gegenwart und Zukunft der Schüler*innen?" (Trevisan 2018: 47).

Ein moderner und zeitgemäßer Bildungsprozess sollte sich stets am Subjekt, also den Schüler*innen, ausrichten. Die Kinder sollen durch den schulischen Unterricht zu einem freien, individuellen, solidarischen sowie selbst- und mitbestimmten Leben befähigt werden (vgl. Klafki, u. a. 1980; 1985; 1993; 2005). Dies bedeutet, dass jeder Lerngegenstand (oder jede Sache sowie Frage) einerseits in den aktuellen Lebenswelten der Kinder und andererseits in ihren zukünftigen Lebenswegen eine Rolle spielen sollte. Es ist also unabdingbar als Sachunterrichtslehrkraft, die einen vielperspektivischen und perspektivenvernetzenden Sachunterricht didaktisch inszeniert über eine

---

11) Es wird hier ausdrücklich Bezug auf Schmid et al. (2013) und Trevisan (2018) genommen, diese Erarbeitungen aber weiter präzisiert bzw. differenziert und in Bezug auf die DAHs und übergreifenden Aspekte bezogen.

12) In Rahmen dieses Artikels werden lediglich die u. E. zentralen Kriterien anhand eines konkreten Beispiels erläutert. Für weitere Kriterien verweisen wir wiederum gerne auf die noch folgende Publikation (Peschel et al. 2022) oder Trevisans Kriterien an eine übergeordnete Fragestellung (vgl. Trevisan 2018; oder auch Weber 2020).

KSW-Frage anbieten möchte, die Bedeutung dieser Frage in Gegenwart und Zukunft der Schüler*innen zu identifizieren.

Mit Bezug zur o.g. KSW-Frage erscheint einleuchtend, welche Rolle der Kleidung im kindlichen und jugendlichen Sozialisationsprozess zukommt: Schon früh im Leben beginnt Kleidung eine große Rolle im Leben eines Menschen einzunehmen (vgl. dazu auch Gläser 2011) – egal ob sie für die Aktivität des Kindes funktional sein soll oder z.B. zum Verkleiden genutzt wird. Hinzu kommt, dass wohl jedes Kind T-Shirts (und weitere Kleidungsstücke) aus Baumwolle besitzt, was es mit einem einfachen Blick auf das Etikett seiner Kleidung feststellen kann. Aber nicht nur Aspekte der Kleidung sind in der Gegenwart von Kindern von Bedeutung. Auch ökologische Fragen und Themen (der Nachhaltigkeit) sowie Aspekte sozialer Gerechtigkeit rücken zunehmend in das Bewusstsein von Kindern und Jugendlichen (vgl. Rohrer 2020) und damit auch in den Unterricht. Exakt diese Aspekte werden durch die hier vorgestellte KSW-Frage aufgegriffen. Außerdem sind es eben diese Aspekte der Frage, die auch in der Zukunft der Lernenden von Bedeutung sind. Die Schüler*innen lernen den Einfluss von individuellen Konsumentscheidungen auf ökologische Umweltfaktoren und soziale Arbeitsverhältnisse in bestimmten Ländern kennen, wodurch sie zur selbstbestimmten und kompetenten wirtschaftlichen Teilhabe als aktive und reflektierte Konsument*innen befähigt werden.

Exemplarität

2. **Kriterium „Exemplarität" (Bildungsrelevanz II):** Lassen sich die Erkenntnisse aus der Beschäftigung mit dieser exemplarischen Frage auf weitere Fragen übertragen?

Der dritte Aspekt Klafkis (vgl. 1985: 199), der für das Bildungspotenzial eines jeden Lerninhalts eine zentrale Rolle spielt, ist die sogenannte exemplarische Bedeutung. Diese meint im Wesentlichen, dass das Unterrichtsthema bzw. hier die KSW-Frage als Exempel fungiert. Schließlich sollen die Lernenden durch die Beschäftigung mit diesem beispielhaften Inhalt allgemeine Zusammenhänge, Strukturen oder Regelmäßigkeiten entdecken, die sie auf andere Themen, Bereiche oder (Kinder-Sachen-Welten-)Fragen transferieren können (vgl. Klafki 1985). Mit Blick auf die hier vorgestellte KSW-Frage lässt sich dieses Kriterium folgendermaßen erläutern: Die Schüler*innen lernen durch die Beantwortung der Frage und ihren perspektivenvernetzenden Charakter auf exemplarische Weise die komplexen Wechselwirkungen zwischen geographischen Gegebenheiten, naturwissenschaftlichen Eigenschaften, historischen Entwicklungen, technischen Möglichkeiten und sozialwissenschaftlich Rahmenbedingungen sowie ökonomischen Aspekten im Spannungsfeld zwischen menschlichen Bedürfnissen und der Natur kennen.

Vernetzung und Integration

3. **Kriterium „Vernetzung/Integration" (Vielperspektivität I):** Lassen sich durch die Beschäftigung mit der Frage Perspektiven vernetzen und zueinander in Beziehung setzen?

Es wurde nun bereits mehrfach angesprochen, dass die KSW-Frage einen Beitrag dazu leisten will, einen tatsächlich vielperspektivisch-vernetzenden Unterricht didaktisch zu inszenieren. Um dies zu erreichen, ist es unbedingt anzustreben, dass die Frage die verschiedenen Perspektiven aufschlüsselt und die Lernenden dazu „zwingt", sich vernetzend mit diesen Perspektiven auseinanderzusetzen, wenn sie die Frage in einem andauernden Annäherungsprozess „beantworten" wollen. Wie diese Aufschlüsselung und Vernetzung der verschiedenen Perspektiven exemplarisch aussehen kann, wird im folgenden Abschnitt dargestellt

Konfliktfelder in der KSW-Frage

4. **Kriterium „Kontroversität" (Vielperspektivität II):** Lässt sich die Fragestellung mit verschiedenen Interessen/aus verschiedenen Perspektiven unterschiedlich und nicht eindeutig beantworten? Existiert ein Spannungsfeld differenter Akteur*innen oder Interessen?

Dieses Kriterium einer KSW-Frage basiert wiederum auf einer der Prüffragen Trevisan (2018), die expliziert, dass eine Frage im Zentrum des sachunterrichtlichen Lernens stets eine Art „Konfliktpotenzial" mit sich bringen sollte. Im Kern geht es hierbei darum, dass die Lernenden bei der Beantwortung mit verschiedenen, teils konfligierenden individuellen Interessen auf der einen Seite und den Interessen verschiedener Akteur*innen auf der anderen Seite konfrontiert werden. Dabei sollen schließlich ihre subjektiven Einstellungen, Interessen und Werte aufgegriffen werden, sodass im Lernprozess unterschiedliche, aber begründete und explizite Standpunkte eingenommen werden. Mit Blick auf unsere Kinder-Sachen-Welten-Frage wird dieses Kriterium deutlich: So ist es zwangsläufig Teil des Annäherungs- und Vernetzungsprozesses, dass sich die Lernenden mit den Interessen und Handlungsmotiven der Arbeiter*innen auf den Baumwollplantagen, der Betreibenden dieser Plantagen, der Politiker*innen im Ausland sowie in Deutschland, der CEOs von führenden Mode-Unternehmen und schließlich der Konsument*innen und so sich selbst auseinandersetzen. Am Ende dieses Prozesses sollen die Schüler*innen eine differenzierte, individuelle Position im Hinblick auf die Frage ausbilden bzw. einnehmen und *vorläufig* beantworten.[13]

---

13) Wie schon mehrfach angedeutet, kann eine solche komplexe Frage immer nur vorläufig und ausschnittsweise beantwortet werden. Dies erlaubt wiederum eine dauerhaftere Beschäftigung oder eine wiederholte Beschäftigung mit der Frage im Sinne immer wieder neuer Erkenntnisse – je nach tiefgehender Beschäftigung, Fokuslegung oder neueren Erkenntnissen.

Von besonderer Bedeutung ist, dass diese individuelle Position, die sich durchaus von denen der Mitschüler*innen abgrenzen kann, begründet eingenommen wird. Die Lernenden sollen am Ende einer Unterrichtseinheit zur vorliegenden Frage also begründet darstellen können, warum sie der Ansicht sind, dass sie noch T-Shirts aus Baumwolle tragen sollten oder eben nicht mehr, bzw. differenzierte Positionen unter Anführung von Rahmenbedingungen auf diesem Kontinuum von einem klaren „Nein" hin zu einem klaren „Ja" einnehmen.[14]

Umsetzung der Perspektivenvernetzungen

Im Folgenden wird das Kreismodell des Perspektivrahmens (s. Abb. 1) genutzt, um die Idee der Perspektivenvernetzung durch eine Kinder-Sachen-Welten-Frage grafisch und ausgehend vom Sachunterricht darzustellen.[15]

Beispiel einer Sachnäherung: Sollten wir keine T-Shirts aus Baumwolle mehr tragen?

- **Naturwissenschaftliche Perspektive**

Themenbereiche: Baumwollpflanze: Wachstum(-sbedingungen); Baumwollfaser; Blütezeit und Ernte; Klassifizierung als Kulturpflanze; Inhaltsstoffe der Pflanze und ihre Weiterverarbeitung; Eigenschaften von Baumwolle; Schädlingsbekämpfung durch Chemikalien (Einfluss auf den Klimawandel durch CO2; genetische Veränderung des Saatgutes); biologische Abbaubarkeit (Recycling oder Kompostierbarkeit)
Denk-, Arbeits- und Handlungsweisen (DAH): Bewertung des Einsatzes von Pestiziden für Pflanzen, Landwirt*innen, Erntehelfer*innen und Umwelt; Betrachten der Baumwollpflanze (Anzucht und Beobachtung einer eigenen Baumwollpflanze ist im Klassenzimmer nur schwer umsetzbar); Experimentieren zu den Eigenschaften (Saugfähigkeit, Reißfestigkeit, Kühlungseffekt, Hautverträglichkeit der Baumwollfaser): Vergleichen mit z. B. synthetischen Fasern wie Polyester

---

14) Dies könnte zu Positionen bzw. Haltungen führen, wie z. B. „Wir sollten nur noch T-Shirts aus Baumwolle tragen, wenn sich die Arbeitsverhältnisse der Arbeiter*innen auf den Plantagen durch politische Maßnahmen nachhaltig verbessern. Dabei sollten auch die negativen Auswirkungen auf die Umwelt verringert werden. Dann sollten wir auch bereit sein, einen höheren Preis für Baumwollprodukte zu zahlen. Zertifikate könnten dies signalisieren."

15) Für Themen zum Lernen *über* und *mit* Medien wurde das Kreismodell bereits bei Kunkel & Peschel (2020) eingehend erläutert. Allerdings fehlt dort die Anwendung einer Fragestellung statt eines Themas. Curriculare Umsetzung dazu u. a. im niedersächsischen Kernlehrplan.

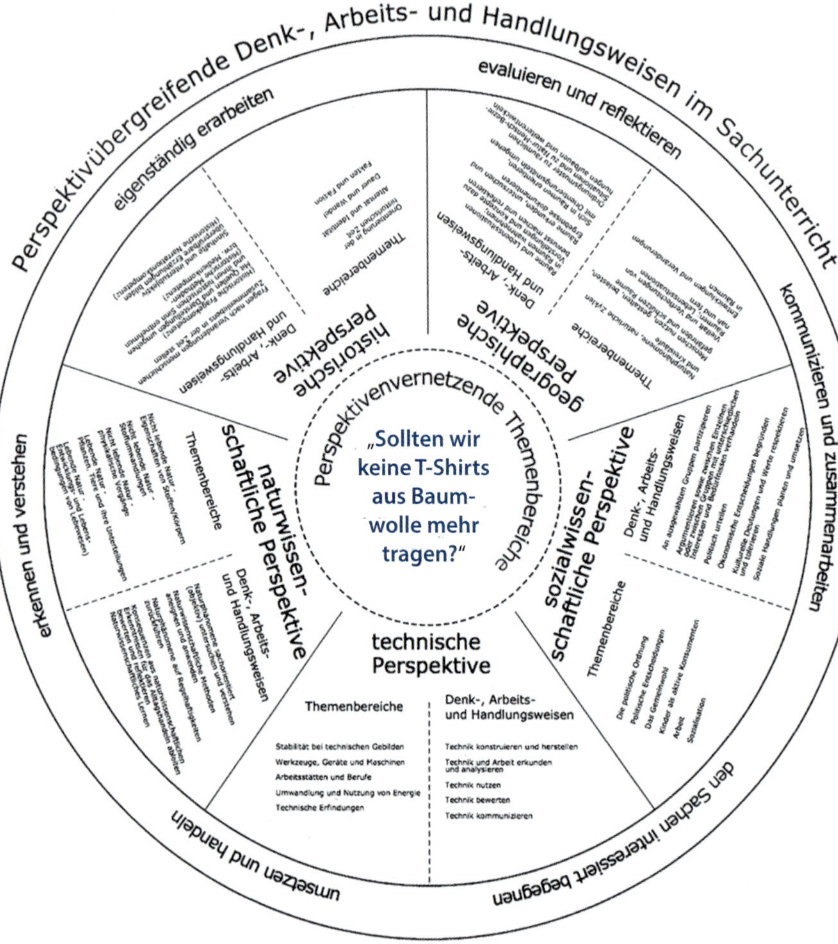

Abb. 1: Kreismodell des Perspektivrahmens, erarbeit von der AG Medien & Digitalisierung der GDSU, Grafik Christian Borowski (Peschel 2016)

- **Technische Perspektive**

Themenbereiche: Erntegeräte; Weiterverarbeitungsmaschinen (u. a. Spinnen, Weben, Färben, Nähen); technische Erfindungen in der Baumwollindustrie; künstliche Bewässerungsanlagen im Anbau; Handernte vs. maschinelle Ernte; Gefahren der Maschinen für den Menschen

DAH: Technik bewerten (Abwägen von Vor- und Nachteilen): Bewässerung und Weiterarbeitungsprozesse; Recherche über die Arbeit an den Maschinen/ Geräten

- **Historische Perspektive**
Themenbereiche: Namensherkunft und geografische Herkunft/Ursprung (auf verschiedenen Kontinenten zur gleichen Zeit erstmals kultiviert); Fakt und Fiktion (Baumwolle wächst gar nicht an einem Baum, sondern an einem Strauch); Anbau der Baumwolle früher; Sklaverei in den USA (Arbeitsbedingungen, Menschenhandel); erste Baumwollprodukte; Industrialisierung (neue Erfindungen fördern das wirtschaftliche Wachstum); globaler Handel mit Baumwolle früher und heute
DAH: historische Fragekompetenz: Fragen stellen nach den äußeren Bedingungen (Politik, Gesetz, Menschenrechte) zum Sklavenhandel/Arbeitsbedingungen, nach Einsatz von Baumwolle in verschiedenen Zeiten; Fragen nach der Zukunft von Baumwolle; historische Methoden- und Medienkompetenz: Quellenanalyse, z. B. zur Namensherkunft Zitat aus Herodots Historienbuch

- **Geografische Perspektive**
Themenbereiche: natürliche Zyklen: Lebenszyklus eines T-Shirts aus Baumwolle; ökologischer Fußabdruck in den Anbaugebieten; Anbaugebiete im Baumwollgürtel (räumliche und klimatische Bedingungen); Verflechtungen und Transportwege zu den Verarbeitungsorten; Veränderungen von Räumen: Austrocknung um Anbaugebiete am Beispiel des Aralsees
DAH: Perspektivwechsel (Kleidung von Kindern in anderen Räumen/Lebenssituationen); Angebot von Baumwollprodukten in Geschäften; Natur-Mensch-Beziehung reflektieren; Kartenarbeit zum Baumwollgürtel

- **Sozialwissenschaftliche Perspektive**
Themenbereiche: politische Entscheidungen (Gesetze zu Menschenrechten, Arbeitsbedingungen, Kinderarbeit, Lohn, Einsatz von umweltschädlichen Stoffen, Subventionen, Kontrolle durch Siegel); Gemeinwohl (Einkommen durch Arbeit, ethische Verantwortung gegenüber Mensch und Natur), Konsumverhalten/Sozialisation (Werbung, Siegel, Preis, Marke, Trend, persönlicher Modegeschmack)
DAH: Abwägen/Verhandeln zwischen verschiedenen Interessen (Landwirt*in vs. Konsument*in vs. Modegeschäft); universelle Bedeutung der Baumwolle untersuchen und verstehen; eigene Handlungen für die Zukunft planen und reflektieren

Fazit

Jedes Thema kann und sollte vielperspektivisch verstanden und didaktisch so inszeniert werden, dass die Perspektiven (des Sachunterrichts) möglichst vernetzt und vielperspektivisch aufgeschlossen werden. Dazu müssen neben einem übergeordneten Thema vor allem die Näherung an alle Teilthemen und Perspektiven mittels einer passenden Kinder-Sachen-Welten-Frage subsumiert werden, die dann wiederum mittels perspektivenbezogener Denk-, Arbeits- und Handlungsweisen die Perspektiven (zwangsläufig) aufschließen.

Dass dabei übergeordnete Aspekte des Unterrichts im Sinne der Klafkischen Bildungsideale adressiert werden, versteht sich durch den Lebensweltbezug und die notwendige Bildung im Sinne der Sachen (vgl. Pech 2009). Die didaktische Umsetzung, hier als KSW-Frage fokussiert, erlaubt eine Einschätzung entlang der bildenden Aspekte und der Vernetzung, um Welt zu erschließen bzw. zu verstehen. Als Weiterführung der Solothurner Diskurse über die übergeordnete Fragestellung dient die theoretische Erweiterung entlang der DAHs des Sachunterrichts und der didaktischen Prüfung, welche Fragen sich einer didaktischen Inszenierung von Welt eignen, um eben Vielperspektivität zu berücksichtigen. Das Ergebnis sind u. E. KSW-Fragen, die zeigen, dass der Sachunterricht das Potenzial, die Methoden und die Notwendigkeit hat, sich der Welt „ganzheitlich" – im Kahlertschen Verständnis vielperspektivisch zu nähern. Die Kinder-Sachen-Welten-Frage ist dabei ein Instrument, um dies didaktisch zu planen und umzusetzen.

Literatur

Bernholt, S. (2013): Inquiry-based Learning – Forschendes Lernen. Gesellschaft für Didaktik der Chemie und Physik – Jahrestagung in Hannover 2012, Band 33. Kiel: IPN.

Becker, J. P. & Shimada, S. (1997): The open-ended approach: A new proposal for teaching mathematics: Reston, Virgina. Mathematics National Council of Teachers of Mathematics, INC.

Brameier, U. (2019): Baumwolle und Textilien, oder: „Gibt's das auch in fair?" Online verfügbar unter: www.fairtrade-deutschland.de/fileadmin/DE/mediathek/pdf/fairtrade_unterrichtseinheit_baumwolle_textilien.pdf [18.11.2021].

Carle, U. (1999): Fächerübergreifende Unterrichtsplanung – Entwicklung einer Heuristik für mehrperspektivische Zugänge zu Themen und Zielen. Online verfügbar unter: www.grundschulpaedagogik.uni-bremen.de/archiv/Carle/1999/fuegr_planung.pdf [18.11.2021].

Colberg, C. & Brugger, P. (2021): Wo steckt überall Wasser drin? Vernetzt denken. Grundschule Sachunterricht, Nr. 89/2021, 24–29.

Gervé, F. (2017): Welt erschließen: zum didaktischen Ort digitaler Medien im Sachunterricht. In: HaBiFo (Hrsg.): Haushalt in Bildung und Forschung, 6. Jg., H. 2 2017: konsum in der digitalen Welt, 36–51.

GDSU (2021): Positionspapier Sachunterricht und Digitalisierung. Erarbeitet von der AG Medien & Digitalisierung der Gesellschaft für Didaktik des Sachunterrichts – GDSU (Markus Peschel, Friedrich Gervé, Inga Gryl, Thomas Irion, Daniela Schmeinck, Philipp Straube). Online-Publikation, www.gdsu.de, [22.04.2021].

Gesellschaft für Didaktik des Sachunterrichts (2013): Perspektivrahmen Sachunterricht. Bad Heilbrunn: Verlag Julius Klinkhardt.

Giest, H.; Hartinger, A. & Tänzer, S. (2017): Editorial. In: Giest, H.; Hartinger, A. & Tänzer, S. (Hrsg.): Vielperspektivität im Sachunterricht. Bad Heilbrunn: Verlag Julius Klinkhardt, 9–12.

Gläser, E. (2011): Kleidung – die zweite Haut des Menschen. In: Grundschule Sachunterricht – Kleidung, 50 (2), 2–3.

Herbert Gudjons: Pädagogisches Grundwissen. Überblick – Kompendium – Studienbuch. 11. Auflage. Klinkhardt Verlag, Bad Heilbrunn 2012.

Hinzmann, B. (2009): Arbeits- und Menschenrechte in der Textilindustrie. Dossier Menschenrechte. Bundeszentrale für politische Bildung. Online verfügbar unter: www.bpb.de/internationales/weltweit/menschenrechte/38751/textilindustrie [18.11.2021].

Kahlert, J. (2000): Ganzheitlich lernen mit allen Sinnen? Plädoyer für einen Abschied von unergiebigen Begriffen. In: Grundschulmagazin, 68 (2000) 12, 37–40.

Karpinski, D. & Mönning, P. (2001): Baumwolle – eine Aktivmappe. Mülheim an der Ruhr: Verlag an der Ruhr.

Klafki, W. (1980): Die bildungstheoretische Didaktik im Rahmen kritisch-konstruktiver Erziehungswissenschaft. In: Westermanns pädagogische Beiträge, 32 (1980), 32–37.

Klafki, W. (1985): Neue Studien zur Bildungstheorie und Didaktik. Beiträge zur kritisch-konstruktiven Didaktik. Weinheim: Beltz.

Klafki, W. (1993): Zum Verhältnis von Allgemeiner Didaktik und Fachdidaktik. In: Meyer, M. & Plöger, W. (Hrsg.): Allgemeine Didaktik und Fachunterricht. Weinheim: Beltz.

Klafki, W. (2005): Allgemeinbildung in der Grundschule und der Bildungsauftrag des Sachunterrichts. In: www.widerstreit-sachunterricht.de, Nr. 4, März 2005.

Köhnlein, W. (2012): Sachunterricht und Bildung. Bad Heilbrunn: Verlag Julius Klinkhardt.

Kunkel, C. & Peschel, M. (2020): Lernen mit und über digitale Medien im Sachunterricht. Entwicklung eines vielperspektivischen Konzepts zur Erschliessung digitaler Medien. In: Rummler, K.; Koppel, I.; Aßmann, S.; Bettinger, P. & Wolf, K.D. (Hrsg.): Jahrbuch Medienpädagogik 17: Lernen mit und über Medien in einer digitalen Welt. Zürich: Zeitschrift MedienPädagogik, Sektion Medienpädagogik (DGfE), 455–476.

Künzli David, C. & Schmid, K. (2018): Vorwort. In: Trevisan, P. & Helbling, D. (Hrsg.): Nachdenken und vernetzen in Natur, Mensch, Gesellschaft. Studienbuch für den kompetenzorientierten Unterricht im 1. und 2. Zyklus. Bern: hep, 11–13.

Lauterbach, R. G. (2017): Vielperspektivität – ein Beitrag zur Identitätsfindung der Didaktik des Sachunterrichts. In: Giest, H.; Hartinger, A. & Tänzer, S. (Hrsg.): Vielperspektivität im Sachunterricht. Bad Heilbrunn: Verlag Julius Klinkhardt, 13–26.

Pech, D. (2009): Sachunterricht – Didaktik und Disziplin. Annäherungen an ein Sachlernverständnis im Kontext der Fachentwicklung des Sachunterrichts und seiner Didaktik. In: www.widerstreit-sachunterricht.de, Nr. 13, Oktober 2009.

Pech, D. (2020): Tragfähige Grundlagen: Sachunterricht. In: Hecker, U.; Lassek, M. & Ramseger, J. (Hrsg.): Kindern lernen Zukunft. Anforderungen und tragfähige Grundlagen. Reihe: Beiträge zur Reform der Grundschule. Bd. 150. Frankfurt/Main: Grundschulverband, 158–167.

Peschel, M. (2016): Lernkulturen in der Grundschule und im Sachunterricht. In: Grundschule aktuell, H. 136, 3–6.

Ritz-Fröhlich, G. (1992): Kinderfragen im Unterricht. Bad Heilbrunn: Verlag Julius Klinkhardt.

Rohrer, M. (2020): SOS-Kinderdorf Jugendstudie 2020 – Vorstellungen junger Österreicher/innen von einer nachhaltigen und lebenswerten Zukunft. Wien: SOS Kinderdorf Österreich. Online verfügbar unter: www.sos-kinderdorf.at/getmedia/cc9a6e5c-909b-4b45-8cc4-c4a5e9a4f0bf/Ergebnisbericht_SOS-Kinderdorf-Jugendstudie-Zukunft_2020.pdf [23.11.2021]

Scheller, A. (2011): Wir entdecken und erkunden: Berufe und Arbeitswelt Berufswelt gestern und heute – Grundwissen und Zusammenhänge (3. und 4. Klasse). Buxtehude: AOL-Verlag.

Schmid, K.; Trevisan, P.; Künzli David, C. & Di Giulio, A. (2013): Die übergeordnete Fragestellung als zentrales Element im Sachunterricht. In: Peschel, M.; Favre, P. & Mathis, C. (Hrsg.): SaCHen unterriCHten. Beiträge zur Situation der Sachunterrichtsdidaktik in der deutschsprachigen Schweiz. Hohengehren: Schneider-Verlag, 41–53.
Stechert, C. (2011): Einsatz von Insektiziden im Baumwollanbau in Benin und deren Auswirkung auf Nicht-Zielorganismen. Dissertation zur Erlangung des Doktorgrades in den Naturwissenschaften. Braunschweig: TU Braunschweig.
Tänzer, S. (2010): Unterrichtsthemen entwerfen. In: Tänzer, S. & Lauterbach, R. (Hrsg.): Sachunterricht begründet planen: Bedingungen, Entscheidungen, Modelle, Beispiele. Bad Heilbrunn: Klinkhardt, 129–140.
Trevisan, P. (2018): Natur, Mensch, Gesellschaft – ein vielperspektivisches und integratives Fach. In: Trevisan, P. & Helbling, D. (Hrsg.). Nachdenken und vernetzen in Natur, Mensch, Gesellschaft. Studienbuch für den kompetenzorientierten Unterricht im 1. und 2. Zyklus. Bern: hep, 23–55.
Diethelm Wahl: Lernumgebungen erfolgreich gestalten. Vom trägen Wissen zum kompetenten Handeln. 3. Auflage. Klinkhardt Verlag, Bad Heilbrunn 2013.
Weber, A. (2020): „Wo fange ich an?“ – Sachunterricht aus der Didaktik ins Klassenzimmer. In: Hecker, U.; Lassek, M. & Ramseger, J. (Hrsg.): Kindern lernen Zukunft. Anforderungen und tagfähige Grundlagen (=Beiträge zur Reform der Grundschule, Band 150). Frankfurt/Main: Grundschulverband, 168–180.
Winter, H. & Walther, G. (2006): SINUS-Transfer Grundschule Mathematik Modul G 6: Fächerübergreifend und fächerverbindend unterrichten. Kiel: IPN.

Sebastian Schorcht & Melanie Platz

Wege zu einer Lernkultur mathematischer Entdeckungen

Im Beitrag werden Wege aufgezeigt, wie mathematische Erkenntnisgewinnung in einer individuellen und überfachlichen Lernkultur gelingen kann. Dabei stehen vier Handlungsschritte im Fokus (Dörfler 2006): 1. Konstruieren, 2. Experimentieren, 3. Ergebnisse festhalten, 4. Gültigkeit prüfen. Dörfler bezieht diese Vorgehensweise auf innermathematische Prozesse. Im vorliegenden Text wird diese Perspektive auf individuelles und mathematisches Lernen der Kinder im überfachlichen Kontext erweitert. Aufgaben zum Modellieren oder Problemlösen im weiteren Sinne können diese Handlungsschritte anregen (Daten erheben, Gewinnchancen analysieren, Größen nutzen, Muster erforschen). Hierbei konstruieren die Kinder mathematische Modelle[1], experimentieren innermathematisch[2] mit diesen, erzielen Ergebnisse und überprüfen deren intersubjektive „Gültigkeit“. Es handelt sich um eine Idee einer Lernkultur, die mathematische Erkenntnisgewinnung überfachlich ermöglichen soll.

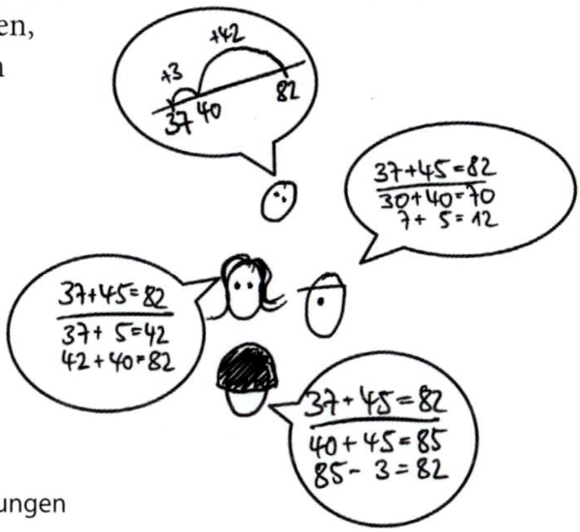

Abb. 1: Diskurs und gemeinsame Einigung bezüglich einer oder mehrerer Problemlösungen

---

1) Ein Modell ist immer eine vereinfachende Darstellung der Realität, die nur für das jeweilige Problem relevante Teilaspekte berücksichtigt. Ein mathematisches Modell für eine Situation kann ein Term, eine Gleichung, eine Funktion (dargestellt als Tabelle, Graph oder Term), eine Folge, eine Differenzialgleichung, ein Bild oder Dia-gramm, eine geometrische Konstruktion, eine Folge von Koordinaten, ein Zufallsversuch, ein Algorithmus usw. sein. Die Stärke von mathematischen Modellen ist die „Kunst der Reduktion“: Weil sie nur einige wesentliche Aspekte beschreiben, besitzen sie eine Art universellen Charakter und passen auf viele verschiedene Situationen. Analoge Situationen lassen sich durch identische Modelle beschreiben, ein mathematisches Modell kann für verschiedene Realsituationen verwendet werden (Leuders & Maaß 2005).

2) Experimentieren mit mathematischen Objekten (Leuders & Philipp 2012).

Didaktik der Lernkultur in der Grundschule

Unter **Kultur** im Allgemeinen verstehen wir die Bewältigung von Problemstellungen, welche in einer Gemeinschaft auf unterschiedliche Art und Weise erfolgen. Die Problemlösung ist dabei eine gesellschaftlich ausgehandelte Lösung. Kulturen finden in diesem Verständnis unterschiedliche Lösungen für Grundbedürfnisse menschlicher Existenzen. Die Institution „Schule" entspricht beispielsweise einer kulturellen Problemlösung bezüglich der Kohärenz gesellschaftlichen Wissens. Schule als Kulturlösung schafft bewusst Lerngelegenheiten, um Wissen über mehrere Generationen und Jahrhunderte hinweg zu konstruieren und zu konservieren.

Die **Lernkultur** beinhaltet, mit dem oben beschriebenen Kulturbegriff, eine ausgehandelte Problemlösung einer Gruppe. Dies kann im Klassenkontext die anerkannte vollständige Lösung eines Problems sein, d.h., die Lösung wird nach Erreichung eines sozialen bzw. fachlichen Konsenses anerkannt (Brunner 2014). Lernkulturen beinhalten demnach immer einen Diskurs und eine gemeinsame Einigung bezüglich einer oder mehrerer Problemlösungen. Innerhalb der Lernkulturen sind Lerngelegenheiten Initiatoren für diese Diskurse.

Eine **Didaktik der Lernkultur** fokussiert für uns folglich Theorie und Praxis von Aushandlungen sozialer bzw. fachlicher Konsense bezüglich Problemlösungen. Sie ist interdisziplinär und gruppenspezifisch. Lernen unter einer bestimmten *Lern*kultur beinhaltet das soziale, konstruktive Lernen an einer intersubjektiv angeeigneten Umwelt der umgebenden Kultur. Abgrenzen wollen wir hiervon die *Lehr*kultur, die sich mit der Kultur des Lehrens befasst und der „Übertragung" von Wissen (vgl. auch Giest in diesem Band).

Mit diesem Verständnis ist die Lehrkraft bei Weitem nicht abgeschafft, vielmehr wird ihr eine neue Rolle zugesprochen: „Ziel des didaktischen Handelns von Lehrpersonen ist es, Schülerinnen und Schülern bei der Auseinandersetzung mit der dinglichen und sozialen Welt und im Umgang mit kulturellen Werkzeugen und Symbolsystemen Gelegenheit zu einem handlungs- und problemorientierten, verständnisvollen und dialogischen Lernen zu geben" (Reusser 2009: 227). Folgen wir diesem Gedanken einer Didaktik der Lernkultur, dann obliegt uns Lehrerinnen und Lehrern die Aufgabe, eine Lernkultur zu unterstützen, die Lernprozesse anstößt und ermöglicht.

Zu einer Didaktik der Lernkultur gehört für uns auch unbedingt der Freiraum, eigene Entdeckungen vorzunehmen. Lernen findet hierbei in einem kreativen freien Prozess statt und kann in verschiedenen Situationen zum Lerngegenstand führen. Dabei ist der Freiraum zum Denken und zur kritischen Auseinandersetzung mit dem Gegenstand entscheidend. Förderung der Kreativität ermöglicht Räume zum Erkunden (Bröckling 2004: 240). Lernkulturen, die mathematische Handlungen ermöglichen, bieten in unserem Sinne immer auch Raum für Kreativität.

Letztendlich entscheidet die Gruppe – meist mit Unterstützung durch die Lehrerin oder den Lehrer – über die Ausgestaltung der jeweiligen Lernkultur in der Klasse. Damit entspricht eine ausgestaltete Lernkultur im schulischen Umfeld auch den Empfehlungen der Kultusministerkonferenz zur Arbeit in der Grundschule:

> *„Lernen ist einerseits ein individueller, selbstgesteuerter, andererseits ein professionell gestalteter und sozialer Prozess, der durch Kommunikation mit anderen bestimmt wird. […] Im sozialen Miteinander der Gruppe lernen Kinder zunehmend selbstgesteuert sowie aktiv konstruierend und reflektieren ihren Lernprozess."*
>
> (Kultusministerkonferenz 2015: 8)

Das Individuum als Akteur des eigenen Lernprozesses ist Teil dieser Lernkultur und gestaltet diese aktiv mit. Die Lernenden beeinflussen mit den eigenen, ganz individuellen Lösungswegen die Ausgestaltung der Lernkultur in der Klasse. Individuelle Lerngewohnheiten können auf Gruppenprozesse adaptiert werden. Gleichzeitig ist die Beeinflussung der eigenen Lernprozesse durch die angebotene Lernkultur der Klasse beeinflussbar. Im Wechselspiel verändert sich die Lernkultur und ist im Klassenverband einem stetigen Wandel über die Zeit hinweg ausgesetzt.

Lernkultur mathematischer Entdeckungen – gemeinsam forschen

Ein Vorschlag zur Strukturierung von Lernkulturen, die mathematische Entdeckungen und kreative Freiräume ermöglichen, fußt unserer Vorstellung nach auch auf einer flexiblen Ausgestaltung individueller Lernprozesse. Wir folgen der konstruktivistischen Grundannahme mathematischer Lernprozesse, die von Entdeckungen geprägt sind: „Lernen durch Entdeckenlassen und Nacherfinden[,] gilt als übergeordnete Idee und geht von der konstruktivistischen Grundannahme aus, dass aktives Tun und eigenes Erfahren zu wirkungsvolleren Erkenntnissen führt als die Belehrung von Schülerinnen und Schülern und deren eher imitierendes Nachlernen" (Häsel-Weide & Nührenbörger 2017: 10). Als Ausgangspunkt unserer weiteren Überlegungen dienen das mathematikdidaktische Prinzip des aktiv-entdeckenden Lernens, welches auf einem konstruktivistischen Lernbegriff basiert und in sich das Prinzip des aktiven Lernens, das operative und das genetische Prinzip integriert (Wittmann 1993; Käpnick & Benölken 2014):

- Das **Prinzip des aktiven Lernens** wurde aus den kognitiven Theorien Piagets abgeleitet und fordert, dass sich jedes Kind den Lernstoff im Unterricht aktiv erarbeiten soll. „Hierzu muss der Unterricht an der vorliegenden kognitiven Struktur der Lernenden ansetzen und die Lernthemen müssen für die Kinder verständlich aufbereitet sein" (Käpnick & Benölken 2014: 50). In diesem Sinne liegt es in der Hand der Lehrkraft, individuelle Lernprozesse aufzugreifen und für ein strukturiertes Lernen passende Impulse zu setzen. Diese Impulse führen dann zu einer aktiven Auseinandersetzung mit der mathematischen Perspektive. Das Prinzip des aktiven Lernens bildet einen Teilaspekt des operativen Prinzips (Käpnick & Benölken 2014).

- Das **operative Prinzip** fordert, dass mathematisches Lernen mithilfe von Handlungen (Operationen) erfolgt (Käpnick & Benölken 2014). Diese Handlungen werden in der Primarstufe zumeist an konkreten Objekten auf einer innermathematischen Ebene durchgeführt. Hier setzt auch Dörflers Ansatz des diagrammatischen Schließens an (Dörfler 2006), den wir später nochmals aufgreifen und näher beleuchten wollen. Nach Aebli (1985: 4) ermöglicht das operative Prinzip, das Denken im Rahmen des Handelns zu wecken, das Denken als ein System von Operationen – also keine einzelnen Operationen, sondern von Operationen in ihren „Gruppierungen" (Krauthausen 2018: 233) – aufzubauen und es schließlich wieder auf das praktische Handeln zu übertragen. Die Handlungen müssen verinnerlich werden, d. h. auch allein vorstellungsmäßig verfügbar werden und die „[…] Organisation der Operationen in Gruppierungen gewährleistet die erwünschte Beweglichkeit des Denkens" (Krauthausen 2018: 233).
- Das **genetische Prinzip** wurde von Wagenschein (1968), Freudenthal (1963) und Wittenberg (1963) geprägt, sowie von Schubring (1978) für die Mathematikdidaktik aufbereitet und umfasst nach Käpnick und Benölken (2014: 58) zwei Dimensionen: „Erstens sollen die Schüler Einblicke in den Prozess der Entstehung der Mathematik erhalten und Mathematik nicht als ‚Fertigprodukt' erfahren (historisch-genetische Dimension). Zweitens soll der Unterricht so gestaltet werden, dass die Kinder ihre individuellen Erkenntnisprozesse aktiv entwickeln, häufig beginnend mit intuitiven Ansätzen (psychologisch-genetische Dimension). Mathematikunterricht auf der Basis des genetischen Prinzips ist demgemäß in der Regel problemorientiertes Lernen." Wir ergänzen den Ansatz von Käpnick und Benölken (2014) um die individual-genetische Dimension, die das individuelle Lernen in einer genetischen Perspektive erfasst. Das genetische Prinzip besitzt demgemäß drei Dimensionen: historisch-genetisch, individual-genetisch und psychologisch-genetisch (Schorcht 2018).

Auf diesen mathematikdidaktischen Prinzipien bauen wir im Folgenden eine **Lernkultur mathematischer Entdeckungen** auf:

Das Prinzip des aktiv-entdeckenden Lernens beinhaltet die *aktive* Auseinandersetzung mit dem mathematischen Sachverhalt, indem *mathematische Handlungen* von den Lernenden durchgeführt werden, um auf verschiedenen Dimensionen Wissen *genetisch aufzubauen*.

Grundlegend für *mathematisches Handeln* ist nach Fischer (2006) das *Darstellen, Operieren und Interpretieren* mathematischer Gegenstände. Das Darstellen mathematischer Ideen und Handlungen kann dabei ganz unterschiedlich sein. So können Plättchen, Handlungsabläufe, geometrische Formen oder Symbole zur Darstellung mathematischer Ideen dienen. Das Besondere der Mathematik liegt in der Möglichkeit der Operation an den Darstellungen. Im Speziellen an der symbolischen Darstellungsweise können Veränderungen, also Operationen, zu für die Kinder neuen mathematischen Entdeckungen und Erkenntnissen führen. Diese zu entdecken, darzustellen und deren Bedeutung für die eigene Lebenswelt zu interpretieren, sind grundlegende Basishandlungen mathematischer Tätigkeiten.

Dörfler (2006) beschreibt diese Handlungen an mathematischen Darstellungen und fasst die Darstellungen an sich als „Diagramme" auf. „Diagramme" im Dörflerschen Sinne sind keine Diagramme der Datenerhebung oder Statistik, es sind Zeichnungen oder Symbolfolgen, die unter Regeln veränderbar sind. Diagramme verstehen wir als Darstellungen[3], die Relationen zwischen Teilen von ihnen explizit hervorheben.

Das Zeichen „4" trägt u.a. die Bedeutung der Anzahligkeit einer Menge mit vier Elementen (Kardinalzahl) und ist beispielsweise erst ein Symbol, wenn diese Bedeutung den Schülerinnen und Schülern auch bewusst ist. Nach Dörfler wird das Symbol allerdings erst durch eine Relation zur verwendbaren Darstellung. So beispielsweise in der Relation $4 + 5 = 9$. Solche Darstellungen von Relationen müssen zunächst konstruiert werden, um mit ihnen weiterarbeiten zu können. Zu Beginn mathematischer Handlungen steht folglich die **Konstruktion einer Darstellung** anhand subjektiv oder intersubjektiv festgelegter Regeln eines Darstellungssystems. Mathematische Symbole entfalten erst in der Anwendung festgelegter Regeln ihr volles Potential. Beispielsweise ist die Reihenfolge der Symbole in der oberen Gleichung durch mathematische Regelungen vorgeschrieben und die Zeichenfolge „9 4 5 + =" ist keine verwendbare Darstellung, an der Operationen durchgeführt werden können.

Die mathematischen Regeln zur Anwendung von Darstellungen und das innewohnende mathematische Denken gilt es in einer Lernkultur zu erkunden, um mathematisches Lernen interdisziplinär zu ermöglichen. Es sollten zielorientierte Veränderungen an den konstruierten Darstellungen durchgeführt werden.

---

3) Der wissenschaftlich kritische Diskurs zum Begriff „Darstellen" soll im Folgenden nicht unbeachtet bleiben. Uns ist sehr wohl bewusst, dass Darstellungen an sich nichts darstellen, sondern erst durch das zu interpretierende Subjekt ihre Bedeutung erhalten. Trotzdem möchten wir im Folgenden den Begriff „Darstellungen" verwenden, wenn wir uns auf „Diagramme" im Dörflerschen Sinne beziehen.

Die Darstellung

„4 + 5 = 9“

kann umgeschrieben werden zu

„4 + 5 = 3 + 6“

oder auch zu einer bildlichen Interpretation der Gleichung (s. Abb. 2).

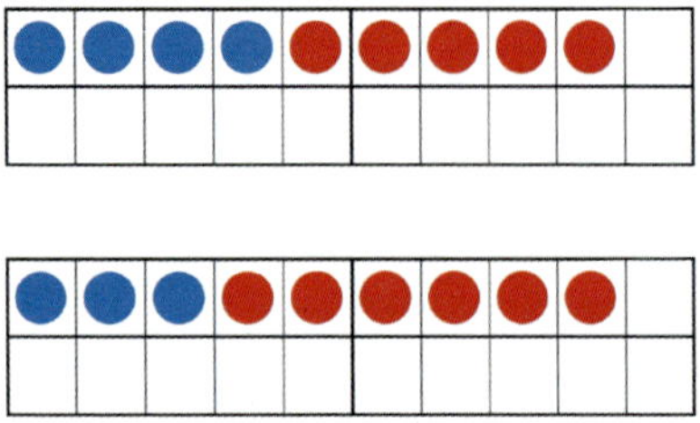

Abb. 2: Repräsentation der Terme 4 + 5 und 3 + 6 im Zwanzigerfeld. Der Vergleich beider Repräsentationen führt mit dem Assoziativgesetz und dem Gesetz der Konstanz der Summe zur Gleichung 4 + 5 = 3 + 6 und der Strategie des gegensinnigen Veränderns

Veränderung der Darstellungen von der Zeichen- auf eine ikonische Bildebene führt im Idealfall zu neuen Assoziationen, die vorher beispielsweise nicht sichtbar waren (Hoffmann 2005: 149). So wird in der Darstellung „4 + 5 = 3 + 6“ das gegensinnige Verändern von Additionsaufgaben sichtbar, während in der Darstellung „4 + 5 = 9“ diese Entdeckung nur schwierig leistbar ist. Solche neuen Verbindungen, die erst durch die Veränderung der Darstellung aufgedeckt werden, können in vielfältiger Weise Schülerinnen und Schüler in **Experimenten an den Darstellungen beobachten**.

Die Mathematik kennt eine Fülle von Veränderungen der Darstellungen, die letztendlich Kinder neue Erkenntnisse aufdecken lassen. Ziel ist dann das Festhalten und **Sammeln der Ergebnisse der Experimente** in der Klasse. Eventuell sind die neuen Erkenntnisse allgemein für alle Umformungen im oben beschriebenen Sinne gültig. In unserem Beispiel stellt sich demnach die Frage, ob alle zweistelligen additiven Verknüpfungen mit der Mächtigkeit 9 auf diese Weise durch gegensinniges Verändern hergestellt werden können. In einem mathematischen grundlegenden (Kultur-)Verständnis folgen demnach das Nachdenken und **Festhalten der allgemeinen Gültigkeit** der eigenen Entdeckungen. Die entdeckten Regeln legen dabei fest, welche Veränderungen an den Darstellungen erlaubt sind. Das klassische Festhalten der allgemeinen Gültigkeit mathematischer Aussagen stellt Grundschulkinder vor eine deutliche Herausforderung, trotzdem können beispielsweise propädeutische Beweise mit Plättchen oder Zeichnungen erste Denkprozesse in dieses grundlegende Verständnis der Fachkultur initiieren.

Aus der Perspektive Dörflers (2019) taucht diese Vorgehensweise bei innermathematischen Handlungen auf. Wir wollen im Folgenden an Beispielen aufzeigen, wie mathematische Entdeckungen auch in einer interdisziplinären Didaktik der Lernkulturen gelingen können. Dazu folgen wir, auf Grundlage Dörflers, vier Schritten, die sich in die vier Unterrichtsphasen der Unterrichtsgestaltung nach dem Prinzip des entdeckenden Lernens (Winter 1984) einfügen:

- **Konstruktion von Darstellungen**
- **Beobachten von Experimenten an den Darstellungen**
- **Festhalten der Ergebnisse dieser Experimente**
- **Betrachtung der allgemeinen Gültigkeit der Ergebnisse**

Lernkultur mathematischer Entdeckungen in der Praxis

Wir skizzieren im Folgenden einige allgemeine Situationen, die dann einen Weg in den Bereich der Mathematik weisen.

Beispiel: Daten erheben

Ausgelöst durch den Beginn eines veränderten Tagesablaufs, sei es durch die Geburt eines Geschwisterkindes, durch den neuen Job der Mutter oder einfach den Beginn der Schulzeit, können verschiedene Tagesabläufe in der Klassengemeinschaft Thema unter den Kindern werden: „Was machst du nach der Schule?“, „Wie lange darfst du wach bleiben?“, „Wann darfst du zu Hause online sein?“ oder „Nimmt dein Vater dich im Auto zur Schule mit?“

Auch in der Lernumgebung „Zeitverläufe beschreiben, Zeiten berechnen“ (Hirt & Wälti 2016: 137) erhalten die Schülerinnen und Schüler verschiedene Aufträge zu Tagesabläufen: „Beschreibe oder skizziere deinen Tagesablauf. Wann hast du was gemacht? Ergänze ihn mit der Dauer der einzelnen Tätigkeiten.“ Anschließend vergleichen die Kinder ihre Tagesabläufe und halten die Ergebnisse in einem Erhebungsbogen fest. Hierbei werden verschiedene Darstellungen konstruiert. Die Lernenden agieren mit dem Größenbereich Zeit und können von anderen Schülerinnen und Schülern lernen, indem sie gemeinsam Tagesabläufe erkunden, sammeln und diese gegebenenfalls in einem Wochenablauf oder Monatsheft festhalten und vergleichen. Die *Konstruktion der Darstellungen* in Relationen zwischen den verschiedenen Zeitangaben der Tätigkeiten kann zu Experimenten führen.

Um *Experimente* an den verschiedenen Erhebungsbögen für Tages- und Wochenablauf oder Monatsbuch vorzunehmen, können die Kinder weitere Forscherfragen (hier z. B. in Bezug auf den Größenbereich Zeit) entwickeln: „Wie viel Zeit verbringe ich pro Woche in der Schule?“, „Wer benötigt die längste Zeit für den Schulweg?“, „Sind Kinder im Auto wirklich schneller in der Schule als Kinder zu Fuß?“ oder „Treffe ich häufiger Freunde digital oder analog?“ Die Forscherfragen führen zu vertiefenden Berechnungen mit Zeitangaben, um Ergebnisse zu erzielen und Antworten zu finden. Dabei kann auf natürliche Weise auch der Unterschied zwischen Zeitspannen und Zeitpunkten diskutiert werden. Die Kinder gelangen letztlich in einen Austausch und Reflexionsprozess, der sie hierbei über Zeit-Verteilungen von Freizeitaktivitäten nachdenken lässt.

Auf natürliche Weise tauchen die Schülerinnen und Schüler so in die Welt der Mathematik ein und verknüpfen diese Sichtweise mit dem Ziel der Wissensaneignung. Das *Festhalten der Ergebnisse* und die Präsentation bringt anschließend Diskussionen in Gang, die eventuell zu Überlegungen von *Verallgemeinerungsprozessen* führen: „Dürfen alle älteren Schülerinnen und Schüler länger wach bleiben?“ oder „Wann starten die meisten Kinder ihren Schulweg?“ Diese ersten Verallgemeinerungen ebnen den Weg zur Betrachtung von allgemeinen Gültigkeiten.

Beispiel: Gewinnchancen analysieren

Auch in Gewinnspielen können sich mathematische Fragen ergeben. Bei der *Konstruktion der Darstellungen* zu Spielen könnten beispielsweise Gewinnbedingungen erkundet werden: „Warum verliere ich das Spiel?“, „Welche Züge sind notwendig, damit ich das Spiel gewinne?“, „Wie können wir Spiele interessanter gestalten?“ oder „Welche Spiele sind für unser Sommerfest möglich?“ Die Gewinnbedingungen sind dann möglichst übersichtlich zu notieren. Dazu eignet sich ein systematisches Vorgehen, um eine Übersicht über die Möglichkeiten zu erhalten (Kombinatorik). Eventuell sind auch schon passende Relationen zu wählen, um eine Systematik herzustellen. Für einen Wurf mit zwei Würfeln bietet sich beispielsweise die Sammlung der möglichen Würfelergebnisse an. Hierbei können Farben und bestimmte Anordnungen ausgenutzt werden (Abb. 3). Die Kinder tauchen so sehr zügig in die Welt der Mathematik ein und beantworten eigene Fragen, wie: „Welche Würfelsumme (-produkt) kommt häufiger vor?“, „Können wir auch Spielregeln ändern?“, „Welche Regeln sind sinnvoll?“ Muster und Strukturen müssen erkannt und genutzt werden, um über die gewonnenen Daten zu sprechen. Häufigkeiten und der Zufall können so ins Zentrum der Lernkultur gelangen.

Abb. 3: Würfelergebnisse mit zwei verschiedenen Würfeln. Würfelergebnisse mit gleicher Augensumme sind gleichfarbig markiert (Wagner 2018)

Die Sammlung der Ergebnisse kann nun weiterentwickelt werden, indem beispielsweise die Darstellung verändert wird (Abb. 4). An der Darstellung können somit *Experimente* bezüglich unterschiedlicher Gewinnchancen erprobt werden, beispielsweise die Gewinnchance, wenn ein Pasch zum Sieg führt. Es ist sogar die Erweiterung um einen dritten Würfel denkbar, wobei die Menge der möglichen Ereignisse auf 216 ansteigt. Auch die Veränderung der Würfelaugen von {1 ,2, 3, 4, 5, 6} zu {1, 1, 1, 3, 6, 6} kann als Thema in der Lernkultur Berücksichtigung finden. Über die Entwicklung eines manipulierten Würfels zur Erlangung eines Spielvorteils (Pielsticker 2020) können so Vorstellungen zum Wahrscheinlichkeitsbegriff entwickelt werden. Die verschiedenen Experimente an den Darstellungen erlauben somit vielfältige Lerngelegenheiten. Letztendlich führen diese zu Ergebnissen, die in der Klasse vorgestellt werden können, um so eine Diskussion anzuregen. Besitzt die Beschäftigung mit dem Thema einen gewissen Bedeutungswert, sind hitzige Diskussionen und mathematische Ideen vorprogrammiert.

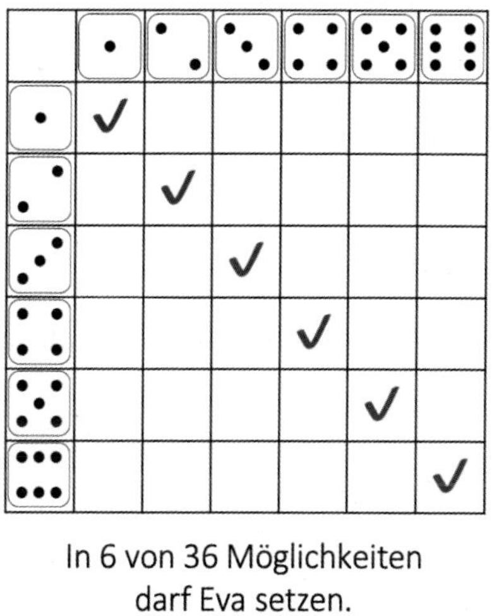

Abb. 4: Würfelergebnisse mit zwei verschiedenen Würfeln in einer Tabelle. Markiert ist der Gewinn bei einem Pasch. In 6 von 36 möglichen Wurfergebnissen ist ein Gewinn möglich

Letztendlich können diese *Ergebnisse gemeinsam festgehalten* werden und als Grundlage für weitere Überlegungen dienen: „Was passiert bei Würfeln mit 10 Flächen?“, „Bei welchen Würfeln ist die Gewinnchance mit selbst gewählten Regeln besonders hoch, bei welchen besonders niedrig bis unmöglich?“

Zur Betrachtung der allgemeinen Gültigkeit der Ergebnisse ist dann der Schritt zur Frage „Wie können wir die Gewinnchance bei Zufallsgeneratoren wie Würfel, Münze oder Reißzwecke möglichst geschickt ermitteln?“ nicht mehr weit. Die Unterscheidung zwischen symmetrischen und asymmetrischen Zufallsgeneratoren rückt in den Vordergrund. Die *mathematisch all-*

gemeine Gültigkeit kann mit Grundschülerinnen und -schülern dann über das Gesetz der großen Zahlen erfahrbar werden. Der erste Schritt zu einem Beweisbedürfnis bezüglich der Überlegung ist somit getan.

Beispiel: Größen nutzen

Eine Didaktik der Lernkultur stellt das Lernen der Kinder in den Mittelpunkt. Dies geschieht auf natürliche Weise in alltäglichen Situationen. Schon beim Einkauf machen Kinder erste Erfahrungen mit dem Warenwert und der eigenen Kaufkraft. Der Umgang mit Geld schließt sich spätestens an, wenn die ersten Kinder Taschengeld erhalten. Lernen findet in diesem Fall zunächst in einer außerschulischen Umgebung statt. In der schulischen Umwelt können diese Phänomene strukturiert untersucht werden. So auch beim Thema Geld. Kinder berichten zunächst über ihre Erfahrungen mit Geld. Dies fokussiert die eigene Aufmerksamkeit auf den Umgang mit Geld im Alltag. Beobachtung der Eltern beim Einkaufen und weitere Beschreibung im Erzählkreis schärfen den Blick und können erste Vermutungen herbeiführen. Als Geldforscherinnen und -forscher teilen die Lernenden Ihre Ergebnisse nicht nur verbal, sondern eventuell auch über mitgebrachte Gegenstände, Plakate oder Forscherhefte.

In einer Didaktik der Lernkultur sollten Fragen als Kernideen vom Kind aus gestellt werden, aber in manchen Situationen sind Anregungen durch die Lehrkraft hilfreich, um den Weg in noch unbekannte „Lernregionen" aufzuzeigen. Hirt & Wälti (2016: 168 f.) schlagen in ihrer Lernumgebung vor, verschiedene Fragen zu thematisieren. So sind beispielsweise die Aufträge „Kaufe mit deinem Geld so ein, dass du kein Rückgeld erhältst. Finde verschiedene Möglichkeiten", „Kaufe mit deinem Geld möglichst viele verschiedene Artikel ein, sodass du kein oder nur wenig Rückgeld erhältst" und „Mit welchem Gegenstand im Laden erhältst du das meiste Rückgeld?" möglich. Die Kinder machen Erfahrungen mit der Stückelung unseres Geldes und wenden diese zur Lösung der Rätsel an (*Konstruktion der Darstellung*). In der Einkaufssituation können auch Rätsel für den nächsten Einkauf der anderen Kinder in der Klasse gestellt werden: „Ich habe für 5 Euro vier Produkte gekauft. Was habe ich gekauft?", „Ich kaufe mit 10 Euro einige Äpfel und einige Semmeln. Wie viele habe ich gekauft?" und „Ich habe vier Produkte gekauft, Annette jedoch sechs. Mein Einkauf ist aber 1 Euro teurer."

Die Kinder werden aktiv zum Mitgestalten von Rätseln angehalten und können Einkaufsrätsel anderer Kinder lösen. Hierbei wird mit verschiedenen Darstellungen *experimentiert* und es wird der Umgang mit Geld geübt und vertieft, indem die Stückelung des Geldes mit Zahlzerlegungen natürlicher Zahlen verknüpft wird. Die selbst erstellten Rätsel lösen die Kinder, halten die Lösung auf einer Lösungskarte fest und präsentieren eigene Rätsel z. B. an einer Wand. Anschließend wird ein Rätsel einer Mitschülerin oder eines Mitschülers gelöst, und die gelösten Rätsel werden mit dem Rätselersteller besprochen. „Dabei werden einige Kinder erstaunt feststellen, dass zu vielen Rätseln mehrere Lösungen möglich sind“ (Hirt & Wälti 2016: 168 f.). Die Lösungskarte wird ggf. überarbeitet. Anschließend werden die Ergebnisse *gemeinsam besprochen und festgehalten*. Die Kinder stellen im Idealfall fest, dass jeder beliebige Geldbetrag mit unserem Geld bezahlt werden kann. So können durch Fragestellungen wie „Könnte ich jeden Betrag bezahlen, wenn wir nur 1-Cent-Münzen, 2-Cent-Münzen und 5-Cent-Münzen hätten? Falls ja, warum gibt es dennoch Euro-Münzen und Scheine?“ *Verallgemeinerungsprozesse* angeregt werden.

Beispiel Muster erforschen

Mathematik als die „Wissenschaft von den Mustern“ (Devlin 1998: 3) ist besonders für die Betrachtung von Regelmäßigkeiten in Anordnungen und Sortierungen geeignet. Zur *Konstruktion von Darstellungen*, die Muster und Strukturen[4] erfassen, eignet sich das Ordnen und Strukturieren von Gegenständen (Verboom 2006: 175). Dies kann mit Steckwürfeln im freien Spiel passieren, bei der Sortierung von Laub im Herbst oder bei der Gestaltung von Armbändern. Diese einfachen Handlungen führen mit einem Blick auf die mathematische Struktur zu Entdeckungen, die Muster ins Zentrum der Betrachtungen stellen (Steinweg 2013: 25). Immanent bei der Betrachtung von Mustern ist die innermathematische Entdeckung von Beziehungen und Relationen zwischen den Objekten. Dabei sind Zahlen als Platzhalter von Mengen einsetzbar, um die Strukturen zu beschreiben. Es entstehen auf diese Weise erste Darstellungen, mit denen auf unterschiedliche Weise *experimentiert* werden kann.

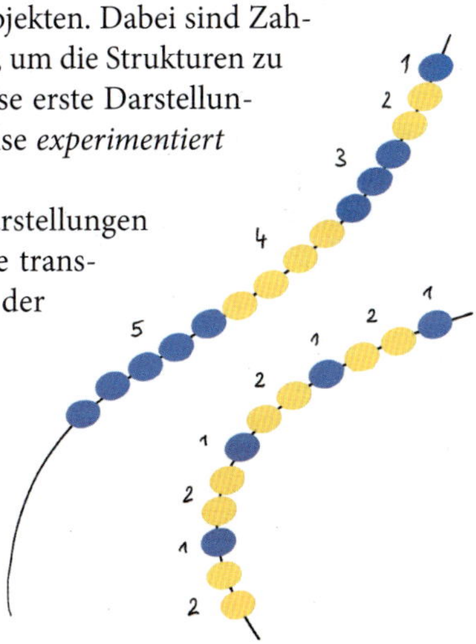

Zum Experimentieren mit den Darstellungen werden diese auf unterschiedliche Weise transformiert. Dazu ist eine Veränderung der Darstellungsweise notwendig, um eventuell neue Beziehungen zwischen den Objekten ausfindig zu machen. So können die nebenstehenden Ketten auch als Tupel (1, 2, 3, 4, 5) und (1, 2, 1, 2, 1, 2, 1, 2) beschrieben werden. Die Änderung der Beschreibung in unendliche Mengen ergibt dann eine potentielle

4) Ausführliche Betrachtungen von Muster und Strukturen finden sich bei Lüken (2012), Steinweg (2013) oder Wittmann & Müller (2016).

Fortsetzbarkeit zu den Folgen (1, 2, 3, 4, 5, …) oder (1, 2, 1, 2, 1, 2, 1, 2, …). Untersuchungen können auch an figurierten Zahlen durchgeführt werden (u. a. Wittmann 1985). Forscherfragen ergeben sich nun auf natürliche Weise: „Haben wir genug blaue Kugeln für unsere Kette?", „Wann können wir das Muster nicht mehr fortsetzen, weil wir zu wenig gelbe Kugeln haben?", „Wie viele Kugeln besitzt diese Kette?" und „Welche Farbe besitzt die 100. Kugel?"

„Welche Muster habt ihr gestaltet?", „Wie seid ihr vorgegangen?" oder „Was bleibt immer gleich, was verändert sich?" sind typische Fragen zum *Festhalten von Ergebnissen* und zum Betrachten von *Generalisierungen* im Muster. Werden die Muster mit dem mathematischen Blick wahrgenommen, können auch innermathematische Beziehungen beschrieben werden. Zahlbeziehungen und Relationen können ihre Bedeutung entfalten.

Auch in einer Didaktik der Lernkulturen sind somit mathematische Entdeckungen leistbar, die Einblicke in Zahlbeziehungen stärken und algebraisches Denken anbahnen. Nötig ist allerdings ein mathematischer Blick, der in der Betrachtung der Muster eine Bereicherung für die alltägliche Handlung wahrnimmt.

Fazit

Im vorliegenden Beitrag wurde eine Lernkultur mathematischen Entdeckens beschrieben, welche die aktive Auseinandersetzung mit dem mathematischen Sachverhalt fokussiert, indem mathematische Handlungen (Darstellungen, Operationen und Interpretationen) von den Lernenden durchgeführt werden. Um eine solche Lernkultur im schulischen Kontext zu ermöglichen, können Lehrpersonen Lernanlässe mithilfe der vier Handlungsschritte „Konstruieren", „Experimentieren", „Ergebnisse festhalten" und „Gültigkeit prüfen" (Dörfler 2006) begleiten und eventuell sinnvolle Impulse setzen. Exemplarisch wurden Lernanlässe zu den Themenbereichen „Daten erheben", „Gewinnchancen analysieren", „Größen nutzen" und „Muster erforschen" vorgestellt. Wir denken, die Erweiterung der Themen ist sicherlich möglich und nötig, um eine Didaktik der Lernkultur auch bezüglich mathematischen Lernens auszugestalten.

Literatur

Aebli, H. (1985): Das operative Prinzip. Mathematik lehren, 11(1985), 4–6.

Bröckling, U. (2004): Über Kreativität. Ein Brainstorming. In: Bröckling, U.; Paul, A. & Kaufmann, S. (Hrsg.): Vernunft – Entwicklung – Leben. Schlüsselbegriffe der Moderne. München: Wilhelm Fink, 235–244.

Brunner, E. (2014): Mathematisches Argumentieren, Begründen und Beweisen. Berlin, Heidelberg: Springer.

Devlin, K. (1998): Muster der Mathematik. Heidelberg: Spektrum.

Dörfler, W. (2019): Peirce und Wittgenstein: Ideen für die Grundschule. In A. S. Steinweg, Darstellen und Kommunizieren. University of Bamberg Press: Bamberg, 23–38.

Dörfler, W. (2006): Diagramme und Mathematikunterricht. In: Journal für Mathematik-Didaktik 27 (3/4), 200–219.

Fischer, R. (2006): Materialisierung und Organisation: Zur kulturellen Bedeutung der Mathematik. München: Profil-Verlag.

Freudenthal, H. (1963): Was ist Axiomatik und welchen Bildungswert kann sie haben? Der Mathematikunterricht, 4: 5–29.

Häsel-Weide, U. & Nührenbörger, M. (2017): Gemeinsam Mathematik lernen – mit allen Kindern rechnen. Reihe: Beiträge zur Reform der Grundschule. Bd. 144. Frankfurt a. M.: Grundschulverband e. V.

Hirt, U. & Wälti, B. (2016): Lernumgebungen im Mathematikunterricht: natürliche Differenzierung für Rechenschwache und Hochbegabte (5. Aufl.). Seelze: Kallmeyer.

Hoffmann, M. H. G. (2005): Erkenntnisentwicklung. Ein semiotisch-pragmatischer Ansatz. Frankfurt am Main: Klostermann (Philosophische Abhandlungen, 90).

Käpnick, F. & Benölken, R. (2014): Mathematiklernen in der Grundschule. Berlin, Heidelberg: Springer.

Krauthausen (2018): Einführung in die Mathematikdidaktik: Grundschule. Berlin: Springer.

Kultusministerkonferenz (2015): Empfehlungen zur Arbeit in der Grundschule. Beschluss der Kultusministerkonferenz vom 2.7.1970 i. d. F. vom 11.6.2015.

Leuders, T. & Maaß, K. (2005): Modellieren–Brücken zwischen Welt und Mathematik. Praxis der Mathematik, 3: 1–7.

Leuders, T. & Philipp, K. (2012): Innermathematisches Experimentieren – empiriegestützte Entwicklung eines Kompetenzmodells und Evaluation eines Förderkonzepts. In: Rieß, W.; Wirtz, M. & Barzel, B. (Hrsg): Experimentieren im mathematisch-naturwissenschaftlichen Unterricht – Theoretische Fundierung und empirische Befunde. Münster: Waxmann. 285–300.

Lüken, M. M. (2012): Muster und Strukturen. Eine Betrachtung der Begriffe, ihrer Bedeutung und möglichen Schwierigkeiten im Umgehen mit ihnen. Grundschulunterricht Mathematik (1), 4–7.

Pielsticker, F. (2020): Mathematische Wissensentwicklungsprozesse von Schülerinnen und Schülern. Wiesbaden: Springer Spektrum.

Reusser, K. (2009): Empirisch fundierte Didaktik—didaktisch fundierte Unterrichtsforschung. In Perspektiven der Didaktik (pp. 219-237). VS Verlag für Sozialwissenschaften.

Schorcht, S. (2018): Typisierung mathematikhistorischer Beispiele in deutschen Mathematikschulbüchern der Klassenstufe 1 bis 7. Münster: WTM-Verlag.

Schubring, G. (1978): Das genetische Prinzip in der Mathematik-Didaktik. Stuttgart: Klett-Cotta.

Steinweg, A. S. (2013): Algebra in der Grundschule. Muster und Strukturen – Gleichungen – funktionale Beziehungen. Berlin: Springer.

Verboom, L. (2006): „Mir fällt auf: Du hast die 1 krumm geschrieben!“ In Rathgeb-Schnierer, E. & Ross, U. (Hrsg.): Wie rechnen Matheprofis? . München: Oldenbourg, 167–178.
Wagenschein, M. (1968): Verstehen lehren: Genetisch - Sokratisch - Exemplarisch. Weinheim & Basel: Beltz.
Wagner, K. (2018): Portfolio: Denken und Handeln mit Darstellungen. Unveröffentlichte Seminararbeit. Gießen.
Winter, H. (1984): Entdeckendes Lernen im Mathematikunterricht. Grundschule, 16 (4), 26–29.
Wittenberg, A. I. (1963): Bildung und Mathematik. Stuttgart: Klett.
Wittmann, E. Chr.: Wider die Flut „bunten Hunde“ und der „grauen Päckchen“: Die Konzeption des aktiv-entdeckenden Lernens und des produktiven Übens. In: Wittmann, E. Chr. & Müller, G. N.: Handbuch produktiver Rechenübungen (Band 1). Stuttgart 1993, 152–167.
Wittmann, E. C. (1985): Objekte – Operationen – Wirkungen: Das operative Prinzip in der Mathematikdidaktik. Mathematik lehren, 11(1985), 7–11.
Wittmann, E. Chr. & Müller, G. N. (2016): Muster und Strukturen als fachliches Grundkonzept. In: Walther, G.; van den Heuvel-Panhuizen, M.; Granzer, D. & Köller, O. (Hrsg.): Bildungsstandards für die Grundschule: Mathematik konkret (7. Aufl.). Lehrerbücherei Grundschule. Berlin: Cornelsen, 42–65.
Wollring, B.: Zur Kennzeichnung von Lernumgebungen für den Mathematikunterricht in der Grundschule. In: Kasseler Forschungsgruppe: Lernumgebungen auf dem Prüfstand. Zwischenergebnisse aus den Forschungsprojekten. Kassel 2008, 9–27.

Elke Gramespacher, Susanne Störch Mehring,
Zita Bucher & Claudia Klostermann

Lernkulturen im Grundschulsport und bewegte Lernkulturen an Grundschulen

An Grundschulen sind Bewegung, Spiel und Sport von besonderer Bedeutung, denn „[I]n keinem Lebensabschnitt spielt Bewegung eine so große Rolle wie in der Kindheit und zu keiner Zeit sind körperlich-sinnliche Erfahrungen so wichtig. Bewegung und ein positives Selbst- und Körperkonzept sind Motoren für die Gesamtentwicklung des Kindes in allen seinen Facetten" (Billmeier & Ziroli 2014: 123). Um diesem Anspruch gerecht zu werden, erhalten Kinder an Grundschulen vielfältige Einblicke in den Kulturbereich „Bewegung, Spiel und Sport": Vor allem im Sportunterricht, der in Sport- und Schwimmhallen oder draußen stattfindet, aber auch bei Spiel- und Sportfesten, auf Radtouren sowie in bewegt gestalteten Lernarrangements – unabhängig vom Fach Sport – und im täglichen freien Spiel, etwa auf dem Schulhof.

Dabei fördern Bewegung, Spiel und Sport in entsprechenden Lernsettings verschiedene Modi der Welterschließung, dies sind kognitiv-instrumentelle, ästhetisch-expressive und normativ-evaluative Zugänge (Dressler 2013). Sie gestatten nicht nur mehrere Perspektiven auf *Lernkulturen im Grundschulsport*, der sowohl Lektionen im Sportunterricht als auch außerunterrichtliche Sportangebote (z. B. Sport-Arbeitsgemeinschaften, Sporttage) umfasst. Vielmehr öffnen die Modi der Welterschließung durch Bewegung, Spiel und Sport den Blick für *bewegte Lernkulturen an Grundschulen*, die einen kindgerechten und sacherschließenden Beitrag in Bildungs- und Lernprozessen leisten.

Der Beitrag präsentiert die Bedeutungsvielfalt von Bewegung, Spiel und Sport und entfaltet einen erweiterten, bildungsbezogenen Blick auf Lernkulturen im Grundschulsport wie auch auf bewegte Lernkulturen an Grundschulen. Die Ausführungen basieren auf dem „Modell zur Bedeutungsvielfalt von Bewegung, Spiel und Sport" (Gramespacher et al. 2021), das in Kapitel 1 leicht modifiziert präsentiert wird. Die im Modell abgebildete Perspektive *Bewegung als Medium des Lernens* wird in diesem Beitrag etwas differenzierter als die anderen Perspektiven betrachtet. Lernen im Grundschulsport bezieht sich in diesem Modell auf kognitives Lernen; also auf das Erkunden und Erschließen, (Ein-)Ordnen und Deuten, Entscheiden und Planen (Pfitzner 2018: 51), was Gogoll (2014) auch als Kompetenztrias – Erschließungs-, Orientierungs- und Partizipationskompetenz – beschreibt. Kapitel 2 fokussiert auf entsprechende Lernkulturen im Grundschulsport und differenziert den Stellenwert von

Bewegung, Psychomotorik, Spiel und Sport – auch im Freien – zur bewegten Erschließung der (Um-)Welt sowie das Potenzial des fächerverbindenden Lernens unter Einbezug des Schulsports am Beispiel der Rhythmik als einer Form, Bewegung und Musik zu verbinden. Kapitel 3 thematisiert bewegte Lernkulturen an Grundschulen. Hierbei kommen die Aspekte „Draußenspiel" und „Draußensport" (z.B. Laging & Witte 2019) ebenso in den Blick wie das auf dem in den 1980er-Jahren ursprünglich von Urs Illi (z.B. Illi 1991) entwickelte Konzept „Bewegte Schule". Schließlich wird in Kapitel 4 resümiert, wie die Vielfalt von Bewegung, Spiel und Sport für Lernkulturen im Grundschulsport ausgeschöpft und das Konzept „Bewegte Schule" für bewegte Lernkulturen an Grundschulen genutzt werden kann.

1 Modell zur Bedeutungsvielfalt von Bewegung, Spiel und Sport

„Bewegung, Spiel und Sport" ist ein vielgestaltiger Bestandteil des schulischen Bildungs- *und* Erziehungsauftrags an Grundschulen und hat in den letzten Jahren im Ganztag an Bedeutung gewonnen (Neuber et al. 2015). Bewegung, Spiel und Sport wird mit dem Ziel gelehrt, dass Kinder an der außerschulischen Bewegungs-, Spiel- und Sportkultur teilhaben können; dieser Auftrag wird als „Erziehung *zum* Sport" gefasst. Zugleich verbindet sich mit der Vermittlung von Bewegung, Spiel und Sport die Idee, zu einer über dieses Handlungsfeld hinausgehenden umfassenden Persönlichkeitsbildung und -erziehung beizutragen, was als „Erziehung *durch* Sport" beschrieben wird. Die theoretische Fundierung für diesen doppelten Erziehungsanspruch des Schulsports bietet eine bildungstheoretische Perspektive, die als *Bewegungsbildung* verstanden wird:

> *„Bewegungsbildung bzw. sportliche Bildung (letztere als eine spezielle Ausprägung von Bewegungsbildung verstanden) müssten als Vermittlungsprozesse, als ein Beziehungsgeschehen verstanden werden, nämlich als eine spezifische Weise des In-Beziehung-Tretens, der Auseinandersetzung von Mensch und Welt; als aktive Vorgänge der selbstgesteuerten Bewegung einer Person oder mehrerer Personen in der Auseinandersetzung mit spezifischen Erfahrungsfeldern der naturhaften und der kulturellen Wirklichkeit. Die zentrale Aufgabe der Bewegungs- bzw. der Sportbildung wird dann darin gesehen, den Zugang zu so verstandenen, also an die Leiblichkeit des Menschen, sein Bewegungsbedürfnis und seine potentielle Bewegungsfähigkeit gebundenen Formen der Wirklichkeitserfahrung und -gestaltung zu eröffnen."*
>
> (Klafki 2005: 19f.; Herv. im Orig.)

Bewegungsbildung ist ein qualitativ bestimmbarer, im Schulsport vermittelbarer Erfahrungsprozess, der es erlaubt, Lernprozesse zu initiieren – im engeren Sinne der Erziehung zum Sport –, die sich auf die Entwicklung der

Kompetenz zu einer selbstbestimmten Teilhabe am (organisierten) Sport ausrichten (Gogoll 2011). Überdies verbinden sich mit der Bewegungsbildung gesellschaftliche und soziale Aspekte von Bildung beziehungsweise Zugänge zur Welt (Dressler 2013). Damit ergibt sich eine allgemeinbildende Perspektive auf die Bewegungserziehung (Prohl & Ratzmann 2018). Die verschiedenen Ausrichtungen und Auslegungen von Bewegung im Kontext schulischer Bildung und Erziehung finden sich im „Modell zur Bedeutungsvielfalt von Bewegung, Spiel und Sport" (Gramespacher et al. 2021; s. Abb. 1).

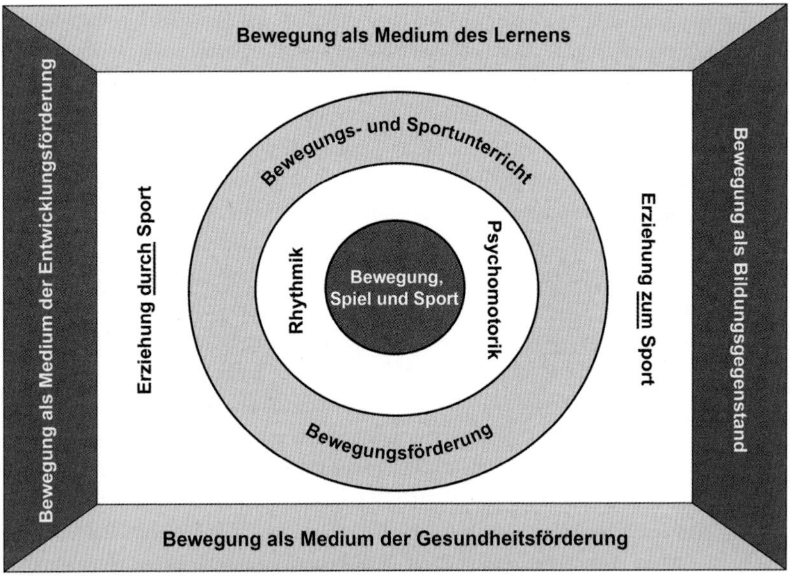

Abb. 1: Modell zur Bedeutungsvielfalt von Bewegung, Spiel und Sport (Gramespacher et al. 2021: 66; hier: leicht modifiziert dargestellt)

Der Auftrag der „Erziehung *zum* Sport" bezieht sich im Kern auf die Perspektive *Bewegung, Spiel und Sport als Bildungsgegenstand*, ist auf die außerschulische Bewegungs-, Spiel- und Sportkultur ausgerichtet und zielt auf die Ausbildung einer „kulturellen Basiskompetenz" (Baumert 2002, zit. n. Dressler 2013: 186). Im Zentrum steht dabei nicht nur das motorische Können der Kinder. Vielmehr bildet dieser Auftrag den Kern für eine auf den Alltag, auf die Freizeit und Lebensgestaltung bezogene Bildungsperspektive, die in sportpädagogischen Diskursen begrifflich gefasst wird als bewegungs-, spiel- und sportbezogene *Handlungsfähigkeit*. Handlungsfähigkeit ist seit den 1970er-Jahren das tragende sportpädagogische Konzept (Meinberg 1991: 102 ff., hier mit Verweis z. B. auf Ehni 1979; später z. B. Kurz 2004; Schierz & Thiele 2013; Neumann 2020), das aktuell durch das Konzept der sport- und bewegungs*kul-*

turellen Kompetenz (Gogoll 2011; 2013) ergänzt wird. Als deren Gemeinsamkeit kann allerdings nicht nur die Befähigung zur Teilhabe an der je aktuellen Bewegungs-, Spiel- und Sportkultur betrachtet werden. Vielmehr sollen Kinder befähigt werden, durch mehrperspektivische und reflexive Bewegungs-, Spiel- und Sporterfahrungen über die *Bedeutung* von Bewegung, Spiel und Sport in ihrem Lebensentwurf selbstständig und begründet entscheiden zu können (Gogoll 2013).

Der Auftrag „Erziehung *durch* Sport" verdeutlicht den erweiterten pädagogischen Anspruch des Schulsports und bezieht sich vor allem auf drei der vier im Modell abgebildete Perspektiven: *Bewegung als Medium der Entwicklungsförderung, Bewegung als Medium der Gesundheitsförderung* und *Bewegung als Medium des Lernens.* Diese Perspektiven sind für die Ausgestaltung – auch neuer – Lernkulturen im Grundschulsport ebenso relevant wie für die Implementierung bewegter Lernkulturen an Grundschulen. Im Folgenden werden die beiden Perspektiven *Bewegung als Medium der Entwicklungsförderung* und *Bewegung als Medium der Gesundheitsförderung* skizziert und die Perspektive *Bewegung als Medium des Lernens* wird mit Blick auf ihren Beitrag zu Lernkulturen im Grundschulsport und zu bewegten Lernkulturen an Grundschule weiter ausgeführt.

Bewegung als Medium der Entwicklungsförderung ist eine vielseitige Perspektive (z. B. Zimmer 1999; Krus 2018; Voss 2019). Sie umschließt etwa die psychisch-emotionale und die soziale Entwicklung der Kinder, was in dieser Funktion die Bedeutung der Bewegung im Sinne eines zentralen Zugangs zur Welt hervorhebt: Bewegung ermöglicht es Kindern, sich ihre (Um-)Welt zu erschließen und dabei auch persönlich darauf Einfluss zu nehmen. Bewegung ist für Kinder eine zentrale Quelle der Erfahrung: Nur bewegt können sie die (Um-)Welt wahrnehmen, (be)greifen, erkennen, erkunden und persönliche Einflussnahme auf sie erproben. Bewegung und Sport werden – meist in Form des bewegten Spiel(en)s (s. Kap. 2.1) – als körperbezogene Modi kindlicher Welterschließung betrachtet (Laging & Kuhn 2018; Krus 2019; Voss 2019). Dazu dienen basale Bewegungsformen und elementare Fertigkeiten, die in bewegten Spielen relevant sind: Dies sind beispielsweise das Gehen, Laufen, Springen, Werfen, Gleiten, Rollen, Fahren, Hüpfen, Ziehen, Stoßen, Klettern, Schaukeln, Schwingen (Roth & Roth 2009); sie befähigen das Kind zur Wahrnehmung seiner materialen, personalen und sozialen (Um-)Welt (Scherler 1990).

Die Perspektive *Bewegung als Medium der Gesundheitsförderung* knüpft aktuell primär – aber nicht nur (Balz et al. 2016) – am breit geführten Diskurs über eine zunehmende Bewegungsarmut bei Kindern, die durch sich verändernde kindliche Lebenswelten entsteht, an. Medizinisch motivierte Warnungen etwa verweisen auf negative gesundheitliche Folgen bei abnehmender Bewegungsaktivität bei Kindern (z. B. Voss 2019) – und dies ist von Beginn der Grundschulzeit an relevant. Internationale Studien zum Übertritt vom Kindergarten (bzw. von der Kita) in die erste Klasse allerdings zeigen, dass die Bewegungsaktivität in dieser Transitionsphase abnimmt, was vor allem Mädchen betrifft (Adler & Gramespacher 2021). Die WHO (2020) empfiehlt für alle Kinder im Grundschulalter eine Bewegungszeit in mittlerer bis hoher Intensität von täglich mindestens 60 Minuten. Europaweit erreichen im Schnitt etwa 18 % der Kinder diese Empfehlung (Konstabel et al. 2014), in Deutschland sind dies bei den drei- bis 17-Jährigen 22,4 % der Mädchen und 29,4 % der Jungen (Finger et al. 2018). Eindrucksvoll ist, dass sich während des ersten strikten, durch die Covid-19-Pandemie bedingten Lockdowns (16.03.2020 bis 03.05.2020) das Aktivitätsverhalten Vier- bis 17-jähriger in Deutschland mit Blick auf die jüngeren Kinder deutlich erhöht hat; zugleich aber wurden auch längere Zeiten sedentären Verhaltens während der Mediennutzung festgestellt (Schmidt et al. 2020). Weitere Forschungen dazu stehen zwar noch aus, aber an bislang vorliegenden Erkenntnissen könnten Grundschulen bereits anknüpfen, weswegen Kapitel 2.1 unter anderem auch Anmerkungen zum Potenzial des „draußen Spielens“ aufnimmt.

Den Diskurs zum vermehrten Sitzverhalten in der Schule hat auch die ursprüngliche und darauf aufbauende Entwicklung des Konzepts „Bewegte Schule“ geprägt. Zunächst war das Konzept als Kompensation für die „Sitzschule“ gedacht und hat Bewegung als Rhythmisierungs- und Entlastungsmöglichkeit im Unterricht betrachtet (Illi 1991; 1995). Heute wird das Konzept in einem weiteren Sinne als integrativer Bestandteil der Schulkultur verstanden (z. B. Brägger et al. 2020) und ist damit auch richtungsweisend für die Entfaltung bewegter Lernkulturen an Schulen (s. Kap. 3). Im Kontext des Grundschulsports verweist das Konzept „Bewegte Schule“ zudem auf Aspekte des Körpererlebens und des subjektiven Wohlbefindens. Dies regt dazu an, mit Blick auf den Schulsport ‚etablierte Vorstellungen‘ und ‚tradierte Idealbilder‘ zu hinterfragen und einem breiteren Verständnis von Gesundheit im Kontext von Körper, Bewegung, Spiel und Sport Raum zu geben. Darauf fußen die in Kapitel 2 dargelegten Überlegungen zu den Lernkulturen im Grundschulsport.

Die Perspektive *Bewegung als Medium des Lernens* verweist auf die Lernkulturen im Grundschulsport und auf die Möglichkeiten der Gestaltung bewegter Lernkulturen mit einer lern*erschließenden* Funktion. Grundlegend wird in dieser Perspektive das Lernen *mit dem Körper* und *über den Körper* als eine wesentliche, in der Kindheit typische Art der Erkenntnisgewinnung (Krus & Jasmund 2019) betrachtet: Bewegt werden Erfahrungen möglich, die auch Irritation auslösen und im reflexiven Gespräch mit den Schülerinnen und Schülern bewusstgemacht werden sollen und können, damit sie diese im Hinblick auf ihre Bildungsprozesse einordnen können. Bewegung spielt hier die zentrale Rolle, da davon ausgegangen wird, dass kindliche Entwicklungs-

und Erkenntnisprozesse sehr stark durch handelnde Lernprozesse geprägt und Kinder sich über sinnlich-körperliche Erfahrungen praktische Wissensbestände aneignen, was als „unumgehbare Fundierung" des abstrahierenden Denkens betrachtet werden kann (Horn & Bašić 2018: 145). Grundschülerinnen und -schüler sind – besonders im Anfangsunterricht – nicht nur in der Lage, körperlich, bewegt und handelnd zu lernen; vielmehr können sie eigentlich nur auf diese Weise kognitiv lernen. Auf diese enge, wechselseitige Verknüpfung von Körper, kognitiven Funktionen, Wahrnehmung, Emotionen und Handlung verweisen auch Forschungen zum *Embodiment* (z. B. Kiefer & Trumpp 2012; Kunde 2017). Demnach kommt „dem motorischen System nicht allein die Funktion der ‚Steuerung von Bewegung' zu, sondern es hat auch einen bedeutenden Einfluss auf höhere kognitive Funktionen" (Horn & Bašić 2018: 155; Herv. im Orig.).

Auch neurowissenschaftlich begründete Zusammenhänge zwischen Bewegung und kognitivem Lernen sind belegt; demnach tragen körperbezogene Aktivitäten „zu einer bewegungsinduzierten Verbesserung derjenigen kognitiven Infrastruktur bei, die für ein erfolgreiches Lernen und bessere darauf basierende Lernleistungen erforderlich ist" (Gogoll & Gerlach 2020: 465). Kognitionspsychologisch fundierten Ansätzen zufolge trägt Bewegung etwa zur Entwicklung neuronaler Strukturen bei – auch, da sie die Hirndurchblutung erhöht –, was in der Folge (meta-)kognitive (Lern-)Prozesse begünstigt (z. B. *cognitive stimulation hypothesis*; Tomporowski et al. 2015). Diese Zusammenhänge können spielerisch gefördert werden; so gibt es beispielsweise etliche Bewegungsspiele, zu deren Gelingen eine Inhibitionsfähigkeit erforderlich ist (z. B. Eckenbach 2019).

Insgesamt sind Entwicklung, Lernen und Bildung an Grundschulen ohne Körper, einschließlich seiner Sinne und Bewegung, nicht denkbar (Horn & Bašić 2018: 140). Damit erweisen sich Bewegung, Spiel und Sport als ein wesentliches, wenn nicht sogar als zentrales Medium des Lernens an Grundschulen. Insofern sind der Grundschulsport und eine bewegte Gestaltung möglichst vieler Lernprozesse an Grundschulen von großer Bedeutung und spiegeln damit eine bewegungsorientierte Lernkultur wider.

2 Lernkulturen im Grundschulsport

Im Zentrum des bildenden und erziehenden Schulsports steht das „Bewegungslernen als eine spezifische Form des Problemlösens [...], wofür die Aktivität und Initiative des Lernenden unabdingbare Voraussetzungen sind" (Prohl 2017: 86). Mit Blick auf Lernkulturen im Grundschulsport sind Kinder aufgrund ihrer (ab der Einschulung) vorhandenen, obgleich durch ihre Primärsozialisation verschieden ausgeprägten Bewegungs- und Sportkompetenzen (z. B. Mutz & Albrecht 2017) nicht nur zu instruieren, sondern sie sollten auch freie Erkundungsphasen erhalten – und zugleich sind die Lehr-Lern-Arrangements zwischen einer engeren fachlichen Ausrichtung und einer fächerverbindenden Unterrichtskultur zu variieren (Streit et al. 2014).

Der Grundschulsport soll Kindern ausgehend von ihrem jeweiligen Bewegungs-, Sport- und Körperpotenzial durch vielfältige, bewegungsanregende Aufgabenstellungen und Lernumgebungen ermöglichen, neue Einsichten und Erkenntnisse bei der Problembearbeitung zu erlangen und dabei auch fachliche Kompetenzen – motorisches Können, Wissen und eine (möglichst positive) Haltung zu Bewegung, Spiel und Sport – anzueignen (s. Kap. 2.1). Verschiedene Lernkulturen im Grundschulsport verweisen auf das Potenzial fächerverbindenden Lernens unter Hinzuziehung von Bewegung, Spiel und Sport. Diese werden in Kapitel 2.2 am Beispiel der Rhythmik, welche die Bewegung und Musik miteinander verknüpft, verdeutlicht.

2.1 Bewegte Erschließung der (Um-)Welt im Grundschulsport

Die individuelle Auseinandersetzung mit der (Um-)Welt mit dem und über den eigenen Körper und Bewegung ist ein zentrales Thema im Grundschulsport. Diese Sichtweise orientiert sich an den Leitideen und Arbeitsweisen der Psychomotorik und bildet im Sinne der Bewegungsförderung eine Basis für den Grundschulsport: Aufgrund der Wahrnehmung des eigenen Körpers und eigener (Bewegungs-)Handlungen erkundet und begreift das Kind reflexiv sein Selbst als auch sein soziales und materiales Umfeld (Scherler 1990). In diesem Sinne „werden Menschen dazu angeregt, sich handelnd mit ihrer Umwelt auseinanderzusetzen. Sie sollen sich diese in Bewegung erschließen und erfahren beziehungsweise lernen, ihren persönlichen Bedürfnissen entsprechend auf ihre Umwelt einzuwirken […]“ (Kuhlenkamp 2017: 45). Ausgehend von einem handlungsorientierten Begreifen aufgrund des Bewegungs- und Körpererlebens kann das Kind seine Persönlichkeit entwickeln. Um diese Prozesse zu fördern, können Arbeitsprinzipien und Unterrichtsmethoden zwischen Instruktion und offenen Lernarrangements variiert werden (Streit et al. 2014). So können etwa im Anfangsunterricht offene (z. B. Bewegungsbaustelle[1]) als auch geschlossene Bewegungsangebote (z. B. Wahrnehmungswerkstatt[2]) gestaltet und reflexiv mit den Schülerinnen und Schülern ausgewertet werden. Für höhere Klassenstufen können Erprobungsphasen, die den Kindern das Selbst-Entdecken und Selbst-Erproben des für sie neuen Sportmaterials, wie zum Beispiel Basketbälle oder Indiakas, gestatten.

1) Bewegungsbaustellen sind offene, freie Bewegungsangebote, bei denen sich – mithilfe von Bau- und Sportmaterialien – vielfältige und variable Bewegungsaktivitäten konstruieren lassen (z. B. Miedzinski & Fischer 2014).

2) In einer Wahrnehmungswerkstatt leitet die Lehrperson diverse Angebote zur Bewegungs- und Wahrnehmungsförderung an beziehungsweise instruiert diese.

Zwischen Selbsterkundung und Anleitung variierende Lehr-Lern-Arrangements erlauben die bewegte und umfassende Erschließung der (Um-)Welt wie auch des eigenen Körpers.

Die bewegte Erschließung der (Um-)Welt erfolgt im Grundschulsport beispielsweise im Kompetenzfeld „Spielen", das sich in allen Grundschullehrplänen findet. Dabei kommen in Grundschulen vor allem die sogenannten ‚Kleinen Spiele' zum Zuge: Sie dienen zum einen der „Erziehung zum Sport", sofern sie auf die Vorbereitung der Sportspiele der außerschulischen Bewegungs- und Sportkultur ausgerichtet sind. Gemäß Lange (2014) leisten sie zum anderen einen wichtigen Beitrag zur Persönlichkeitsentwicklung der Kinder, zum kognitiven Lernen bezüglich taktischer Fragen, indem sie vielfältige Chancen – darunter etwa soziale Krisen (Lüsebrink 2020) – für fachliche Reflexionen im Grundschulsport bieten. Überdies lassen sich ‚Kleine Spiele' als eigenständige Spiele ohne Instrumentalisierungsanspruch initiieren und umsetzen. Dieses Verständnis nimmt den von den organisierten Sportformen unabhängigen Lebensweltbezug an Grundschulen auf und bereichert den kindlichen Alltag, auch an der Schule selbst – etwa im freien Spiel auf dem Schulhof: das Spiel(en) wird hier zum Selbstzweck. Der Selbstzweck entspricht nicht nur dem konstitutiven Charakter des Sports (Volkamer 1984) und verbindet damit den Anspruch einer auf Bewegung und Sport bezogenen Bildung; er lässt es auch zu, dass im ‚Kleinen Spiel' das kindliche Spiel(en) selbst im Zentrum steht. So sind bei Grundschulkindern Fang- und Laufspiele nicht etwa deshalb so beliebt, da sich durch die Spielformen die körperliche Fitness (in Form der Schnelligkeit) verbessern lässt, sondern weil durch ständigen, teils überraschenden Rollenwechsel zwischen den „Gejagten" und den „Fängerinnen und Fängern" eine lustvolle Spannung aufgebaut werden kann, die auf der Ungewissheit über den Spielausgang fußt. Im Spielverlauf sind demnach von den Kindern in relativ rascher Abfolge vielfältige Bewegungsprobleme zu lösen, richtige Zeitpunkte für Lauf- und Fangeinsätze zu finden und zudem können die Kinder die Regeln für das ‚Kleine Spiel' selbstständig verändern und steuern. Ein anderes, etwas weniger raumgreifendes ‚klassisches Kinderspiel' ist Gummitwist. Hier haben die Spielenden das Problem zu lösen, wie sie ihre eigenen regelmäßigen und rhythmischen Körperbewegungen zum einen auf das Spielobjekt (Höhe und Breite der Gummiseile) anpassen und zum anderen gestalterisch variieren können (Lange & Sinning 2009).

Das eigenständige Spiel(en) kann auch in offenen sportunterrichtlichen Lernarrangements umgesetzt werden, etwa in einer Bewegungslandschaft. Offene Settings gestatten es, den Eigenwert des Spiel(en)s zu betonen. Hierbei können neben der Gestaltung von bestimmten, zielgerichteten Arrangements – etwa solche zur Auseinandersetzung mit dem Gleichgewicht auf festen, dynamischen oder (un-)ebenen Untergründen im Sinne des eigenständigen Problemlösens, um in der Bewegungslandschaft von A nach B zu

Kleine Spiele	
Vorbereitung auf Sportarten	Eigenständige Spiele
– Vorbereitung von Sportspielen – Schulung technischer und taktischer Fertigkeiten – Verbesserung motorischer und konditioneller Fähigkeiten – Schulung sozialer Kompetenzen	– Selbstzweck – Entwicklung von Selbstständigkeit – Förderung der kindlichen Persönlichkeitsentwicklung

Tab. 1: Vielfältige Lernziele ,Kleiner Spiele' (siehe Lange 2014: 138; eigene Darstellung)

gelangen – auch soziale und emotionale Lernprozesse initiiert und begleitet werden. Häufig entstehen in offenen, also nicht geführten Situationen auch spontane Rollenspiele, in denen die Kinder verschiedene (soziale) Rollen, Kooperations- und Interaktionsformen spielerisch erproben. Diese Prozesse können Lehrpersonen in Reflexionsgesprächen aufgreifen und thematisieren. So tragen ‚Kleine Spiele' auch in diesem Sinne zur Bildung und zum Lernen der Kinder bei. Insgesamt haben ‚Kleine Spiele' diese wie auch einige weitere Lernziele, was in einer Vielfalt an Lernzielen mündet (s. Tab. 1).

‚Kleine Spiele' finden aufgrund ihrer Vielfalt an Lernzielen an Grundschulen in jeder Sportlektion zum Aufwärmen, im Hauptteil oder zum Abschluss einen sinnvollen Platz. Sie haben in diesem Rahmen zwar auch das Ziel, die Kinder auf Sportarten vorzubereiten, was die Perspektive des Selbstzwecks der ‚Kleinen Spiele' mitunter bricht. Zugleich lernen die Kinder aber viele verschiedene ‚Kleine Spiele' kennen, die sie in informellen Bewegungssequenzen (Unterrichtspausen, Freizeit) – also im Alltag – selbstbestimmt (weiter-) spielen und variieren können. Damit bieten ‚Kleine Spiele' den Kindern einen Gestaltungsraum, in dem sie ihr (soziales) Umfeld eigenständig, bewegt und spielend erfahren können.

Aufgrund gesellschaftlicher Veränderungen wird die spielerische, bewegte Erschließung der (Um-)Welt allerdings zumindest außerhalb der Grundschule sukzessive reduziert, womit die Lernkulturen im Grundschulsport – über ihre allgemeinen bildungs- und entwicklungsbezogenen sowie lernunterstützenden Funktionen von Bewegung, Spiel und Sport hinaus – auch eine Kompensationsfunktion erhalten:

> *„Kinder werden – so die sozialökologisch geprägten Beobachtungen – in zerstückelte und funktionalisierte Lebensräume hineinsozialisiert, in welchen Technisierung und Automatisierung starke Immobilität erzeugen und in denen ihnen immer weniger Bewegungsräume zur Verfügung stehen, um entwicklungsrelevante Erfahrungen sammeln und den natürlichen Bewegungstrieb ausleben zu können."*
>
> (Thiel & Teubert 2018: 505)

Insbesondere die stetigen (städte-)baulichen Veränderungen führen zu einem Rückgang kindlicher Lebenswelten im Freien und die zunehmende „Institutionalisierung, Pädagogisierung sowie Mediatisierung der Kindheit" (Krus 2019: 112) bedeuten auch eine zunehmende Verschiebung der Lebenswelt in die Innenräume. Der Lebensweltbezug von Bewegung und Sport aber zeigt sich insbesondere im „Draußenspiel" und im „Draußensport", die der Grundschulsport aufgreifen kann.

Das entwicklungsfördernde Potenzial von Bewegung, Spiel und Sport im Freien – im Sinne des aus Skandinavien stammenden schulpädagogischen Konzepts „Draußenschule" (z. B. Gräfe et al. 2016a; Plotzki 2019) – setzt der Urbanisierung kindlicher Lebenswelten etwas entgegen und ist mehr als eine sinnvolle Ergänzung zum Grundschulsport in den gängigen Schulsporträumen (Turn- und Schwimmhalle) (Laging & Witte 2019). Nicht nur die Weitläufigkeit des Schulgeländes, das vielfältige und große Bewegungsräume eröffnet, ist in diesem Konzept relevant. Vielmehr kommt durch den Naturbezug beim Draußen-Unterrichten der sinnlichen-körperlichen Wahrnehmung mehr Bedeutung zu; und so kommt dabei auch der Schulsport in den Fokus. Skandinavische Studien zeigen, dass Lehrpersonen dort mit dem Draußen-Unterrichten im Kern folgende Perspektiven verbinden:

> *„The main focus is on knowledge of the local environment, outdoor recreation, physical education, environmental education, and development of health, social and academic competencies (Bentsen/Jensen 2012, S. 208)."*
>
> (zit. n. Gräfe et al. 2016b: 82)

Und Befunde einer empirischen Studie im Rahmen eines Modellprojekts an deutschen Grundschulen, in dem Lehrpersonen einmal pro Woche draußen unterrichtet haben (Gräfe et al. 2016a), zeigen, dass Lehrpersonen davon ausgehen, dass sie beim Draußen-Unterrichten das sinnliche Lernen, die Vergemeinschaftung und das Wohlbefinden anregen, die zunehmende Einschränkung der Bewegungsoptionen in urbanen Räumen kompensieren und auch die Schulentwicklung fördern (Gräfe et al. 2016b, 91 f.).

Darüber hinaus ist zu konstatieren, dass das bewegte Unterrichten draußen durch seine Nähe zum selbstgesteuerten Spielalltag direkt an die Lebenswelt von Grundschulkindern anknüpft und dabei einen wichtigen Bestandteil eines gesundheitsförderlichen Aktivitätsverhaltens von Kindern bildet; auch, weil das Spiel im Freien die Kinder meist sozial und körperlich umfassend fordert:

> *„Das Draußenspiel findet zumeist in einer (altersgemischten) Gruppe von Kindern statt, wobei das soziale Miteinander und der »Einsatz des ganzen Körpers, einschließlich aller Sinne« (Richard-Elsner 2017: 22) im Vordergrund stehen."*
>
> (Krus 2019: 113)

Summa summarum mündet der Bildungsanspruch der Handlungsfähigkeit, der im Sinne eines bildenden Sportunterrichts auf eine Teilhabe an der außerschulischen Bewegungs- und Sportkultur wie auf die Befähigung zur eigenverantwortlichen Gestaltung eines lebenslangen bewegungsaktiven Lebensstils zielt, in der Forderung eines mehrperspektivischen Grundschulsports. Der Begriff *Mehrperspektivität* verknüpft sich mit der Vorstellung, die einzelnen Inhalte der Kompetenzbereiche (dies sind neben dem hier exemplarisch herangezogenen „Spielen" in der Regel: „Laufen–Springen–Werfen", „Bewegen an Geräten", „Bewegen–Darstellen–Tanzen", „Gleiten–Rollen–Fahren", „Bewegen im Wasser / Schwimmen") mit den für den Sportunterricht zentralen pädagogischen Perspektiven Leistung, Eindruck, Ausdruck, Miteinander, Wagnis und Gesundheit (Kurz 2004) zu verbinden. Diese pädagogischen Perspektiven sollen nicht nur „sportlich", also im Sinne eines Leistungsvergleichs, ausgelegt werden (Balz 2009): Kinder sollen nicht nur lernen, schnell zu laufen, um ihre körperliche Leistung zu steigern; vielmehr vermittelt schnelles Laufen unter der Perspektive des Eindrucks eine intensive Körpererfahrung (z. B. der Atmung), fördert die Bewegungs- und Wahrnehmungsfähigkeit, ist für das Miteinander in vielen ‚Kleinen Spielen' wichtig und trägt zum Gesundheitshandeln bei. Bei alldem ist die Perspektive auf den „Raum als dritter Pädagoge" (Hofmann 2015) zu bedenken, und dies bedeutet für den Grundschulsport gewendet: (Schul-) Räume sind variabel, also unter Einbezug der Turn- und Schwimmhallen wie auch der verfügbaren Außenräume, einzubeziehen (s. dazu auch Kap. 3).

2.2 Der Grundschulsport in fächerverbindenden Unterrichtsvorhaben – am Beispiel der Rhythmik

Fächerverbindende Unterrichtsvorhaben haben im Grundschulsport eine lange Tradition (Warwitz 1974) und mit Blick auf ein aktuelles Verständnis zum fächerverbindenden Arbeiten an Grundschulen zum Ziel, transversale Perspektiven zu entwickeln. Dabei sind die in fächerverbindenden Unterrichtsvorhaben beteiligten Schulfächer als gleichwertig zu betrachten: Die Kinder lernen mit Blick auf alle relevanten fachlichen Perspektiven etwas hinzu. Fächerverbindender Unterricht befasst sich mit wechselseitig aufeinander bezogenen, als ebenbürtig betrachteten Perspektiven. Damit wird fächerverbindender Unterricht

> *„... von der kindlichen Lebenswelt, von Aktivitäten und insgesamt von Vorerfahrungen und Erkenntnismöglichkeiten und -weisen der Kinder und von ihrer Entwicklung in unterschiedlichen Bereichen (Wahrnehmung, Kognition, Emotion etc.) her begründet und geplant (Künzli David & Aerni 2015). Der Unterricht geht oftmals vom konkreten, alltäglichen Tätigsein der Kinder (vgl. Blum, Brütsch, Garcia, Künzli David, Streit & Wyss [i. V.]), situativ von Gegebenheiten der Alltagsgestaltung oder von lebensweltlich relevanten Themen aus."*
>
> (Künzli David & de Sterke 2021: 167)

Im Grundschulsport ist etwa der in den Lehrplänen ausgewiesene Bereich „Bewegen–Darstellen–Tanzen" mit Blick auf diesen didaktischen Anspruch relevant. Die Rhythmik, die diesem Kompetenzbereich zugeordnet werden kann, löst diesen Anspruch in ihrer Tradition ein. Sie verknüpft die in der Rhythmik als gleichwertig betrachteten Bereiche Bewegung und Musik, die Mittel wie auch Inhalt und Ziel sind (Klicpera 2016; Thaler-Battistini 2019). Die Orientierung am für die Rhythmik konstitutiven Zusammenhang von Bewegung und Musik ist komplex und bietet folgende für das Unterrichten von Bewegung und Sport an Grundschulen bildungsrelevante Handlungsfelder und Lernbereiche: Sensibilisierung der Sinne (Differenzierung der Wahrnehmung und Körpererfahrung), Entwicklung sozialer Kompetenzen (Selbst- und Fremdwahrnehmung, Empathie, Kommunikationsfähigkeit, Aspekte der Interaktion) und persönliche Ausdrucksfähigkeit (kreatives Gestalten in Bewegung, Musik, mit Stimme, Sprache, Bild und Material; z. B. Bankl et al. 2009). Damit schließt die Rhythmik an bildungsbezogene Aspekte zu Bewegung, Spiel, Sport und Psychomotorik (s. Kap. 2.1) an und erweitert diese dezidiert um die ästhetische Perspektive, die insbesondere im Entwickeln der kreativen Fähigkeiten in Bewegung und mit Musik zum Tragen kommt. Durch den besonders hohen Anteil an Improvisieren, Explorieren und Komponieren, welcher der Rhythmik eigen ist, erhalten die Kinder die Chance, individuell oder gemeinsam Ideen und Lösungen für Aufgabenstellungen, etwa im freien Spielen und Gestalten mit einem (Rhythmik-)Material oder auch im Bereich des Darstellens und/oder Tanzens, zu entwickeln (z. B. Bucher 2021).

Die Arbeitsweise der Rhythmik kann als problemzentriert im Sinne einer „produktiven Verunsicherung" verstanden werden (Weise 2017), was mitunter bedeutet, dass der Lehrkraft vor allem in der Begleitung und Unterstützung von kreativen Prozessen eine wesentliche Rolle zukommt. Sie stellt mit einem interaktiven Lehrstil die Weichen und die Rahmenbedingungen, damit Kinder eine sinn- und entwicklungsstiftende Konfrontation mit dem Lerngegenstand erleben und sich dabei ästhetisch-gestalterisch entwickeln können.

In diesen Lernprozessen spielt das Prinzip der Transformation (Brandstätter 2008) eine wesentliche Rolle: demnach führt die „… Fokussierung der Wahrnehmung auf bestimmte Gestaltungsmerkmale in einem Ausdrucksmedium […] zu Übertragungsprozessen in einem anderen Ausdrucksmedium" (Weise 2017: 10). Beispielsweise spielt oder singt ein Kind eine (ggf. einfache) Melodie und ein anderes Kind versucht die gehörte Melodie direkt in einer Bewegung umzusetzen. Das musizierende Kind und das tanzende Kind sind dabei in einem Dialog, der von den beteiligten Kindern gemeinsam gestaltet werden kann. Die Rhythmik an sich ist transversaler Unterricht (sensu Künzli David & de Sterke 2021) und sie hat das Potenzial, das Schulfach Sport durch ihre sie konstituierende Fächerverbindung zu stärken. Weiter trägt die Rhythmik auch dazu bei, die tradierten Strukturen des Grundschulsports aufzubrechen, wie dazu, dass Bewegung, Spiel und Sport im Sinne der Fächerverbindung auf neue Weise wahrgenommen werden können.

Grundsätzlich sind Lernkulturen im Grundschulsport auf Bewegung, Spiel und Sport bezogen und zielen auf eine Erweiterung der Bewegungs-, Spiel- und Sportkompetenzen. Kinder können sich allerdings bereits beim Schuleintritt bewegen und können diesbezügliche Kompetenzen entwicklungsbedingt gerade während der Grundschulzeit erheblich ausbauen (Willimczik 2009). Es ist wichtig, die motorischen Fähigkeiten und Fertigkeiten während dieser Phase der Kindheit im Grundschulsport wie auch in entsprechenden fächerverbindenden Unterrichtsvorhaben gezielt *und* vielfältig zu fördern. Diese Einsicht – verknüpft mit der Perspektive, dass Bewegung, Spiel und Sport Medien des Lernens sind (s. Kap. 1) – kann auch für die Gestaltung bewegter Lernkulturen an Grundschulen genutzt werden.

3 Bewegte Lernkulturen an Grundschulen

Trotz zahlreicher Bildungschancen durch Bewegung setzen Grundschulen Bewegungsgrenzen. Dies nicht nur durch die Vorstellung, dass Unterricht Stühle und Tische erfordert, sondern auch durch die architektonischen Gegebenheiten, insofern Architektur als „… physisches Gebilde beziehungsweise Ausdrucksmaterialität, an welche Regeln gebunden sind, […] primär einen einschränkenden und verhindernden Charakter [hat], der die Bewegungsmöglichkeiten einengt und die Funktionalität einschränkt. Architektur setzt performative Grenzen“ (Egger 2019: 57). Bewegungsgrenzen ergeben sich zum Beispiel durch normierende schulische Räume wie etwa die „klassische“ Turnhalle mit ihrer tradierten Ausstattung oder durch Pausenhöfe, auf denen ebenfalls oft tradierte Spielgeräte (z. B. Springseile) und/oder Bodenzeichnungen (z. B. das Hüpfspiel „Himmel und Hölle“) angeboten werden. Hinzu kommen restringierende Verhaltensregeln im Schulhaus wie etwa die Forderung ruhigen Sitzens im Klassenzimmer oder Rennverbote in den Schulgängen und Treppenhäusern. Zudem findet traditionell Bewegung, Spiel und Sport primär im Sport- und Bewegungsunterricht statt. Damit wird der Schulsport zeitlich wie auch örtlich abgegrenzt und auf bestimmte Räume verwiesen. Diese Räume nehmen darüber hinaus normierenden Einfluss auf informelle Zeiten an Schulen: Sofern sich Turnhallen und Sportplätze auf dem Schulgelände befinden, kommt es vor, dass diese bis zur Hälfte des Schulareals in Anspruch nehmen und zuweilen alleine deswegen von den Kindern auch für informelle Spielzeiten (etwa in Hofpausen) genutzt werden (Egger 2019: 139 ff.).

Zugleich schätzen Lehrpersonen die infrastrukturellen Rahmenbedingungen an Schulen für das Bewegen als mittelmäßig bis eher negativ ein (Thiel &

Teubert 2018: 507). Daher wäre zu überlegen, ob etwa auf dem Schulhof vielfältige bewegungsanregende Geräte, deren Montage und erforderliche pädagogische Sicherheitsabklärung (DGUV 2020) nicht immer aufwendig sein muss, installiert werden können. Alternativ dazu könnte das Schulgelände für bewegtes Lernen verlassen werden – wie etwa seit 2008 an einigen Grundschulen in Hamburg (Plotzki 2019) – um „Draußensport“ (Laging & Witte 2019) umzusetzen. Dieser eröffnet nicht nur weitere Perspektiven für neue Lernkulturen im Grundschulsport (s. Kap. 2.1), sondern auch für fächerverbindenden Unterricht (s. Kap. 2.2), wenn etwa Tiere beobachtet werden (Sachunterricht) und dabei unter anderem auch deren Bewegungen beziehungsweise Bewegungsqualitäten spielerisch imitiert und allenfalls in ‚Kleine Spiele‘ (s. Kap. 2.1) integriert werden.

Das Konzept „Bewegte Schule“ greift ausgehend von der Infragestellung der Nutzung des Mobiliars im Klassenzimmer (Illi 1991; 1995) auch Fragen zur Schulhausarchitektur auf und wirkt den zum Beispiel (innen-)architektonisch bedingten Bewegungsrestriktionen entgegen. Dies zum einen, um neue Lernkulturen zu etablieren, aber auch, um die Gesundheit der Kinder zu fördern. Im Zuge dieser Entwicklungen wird die Bewegung über den Schulsport hinaus als integraler Bestandteil der Schulkultur aufgefasst, sodass sich auch bewegte Lernkulturen an Grundschulen entwickeln. Das Konzept wird aktuell variantenreich und vor allem an Grundschulen umgesetzt; so erhält es in den Bundesländern etwa verschiedene Bezeichnungen (z. B. „Bewegungsfreudige Schule“, „Gesunde Schule“, „Schule als Bewegungsraum“, Brägger et al. 2020: 288) und auch der bildungspolitische Umgang damit variiert – beispielsweise gibt es in Sachsen das Zertifikat „Bewegte Schule“ (Dinter & Müller 2008). Das Konzept „Bewegte Schule“ wird international umgesetzt und weiterentwickelt (Brägger et al. 2020: 10) und aktuelle Studien und Entwicklungen zum Konzept fokussieren auf den Zusammenhang von Bewegung und spezifische fachliche und überfachlich bedeutsame Lernprozesse (z. B. Schmidt et al. 2016).

Trotz dieser Diversität haben „Bewegte Schulen“ grundsätzlich den Anspruch, bewegte Lernkulturen möglichst umfassend umzusetzen, und weisen diesen häufig in ihrem Schulprogramm aus. In der Regel werden dabei Bewegung, Spiel und Sport als Qualitätsmerkmale der Grundschule anerkannt, Bewegung und Sinneswahrnehmungen als zentral für Lernprozesse betrachtet und körperliche Aktivitäten aller Art spielen in als ganzheitlich verstandenen Lernaktivitäten eine Rolle und werden so inszeniert, dass alle Akteure an Grundschulen sich davon angesprochen fühlen (Brägger et al. 2020: 16). Dieses Vorgehen trägt ebenso wie die Programmatik dazu bei, dass ein Grundschulkollegium ein Commitment für diesen Ansatz entwickelt, was diesen nachhaltig sichert. In der inhaltlichen Umsetzung kommt etwa das an Grundschulen zentrale Handlungsfeld der *alltagsintegrierten Sprachentwicklung* in den Blick. Dies nicht nur aufgrund des bestehenden und gegebenenfalls wachsenden Anteils von Kindern mit Migrationshintergrund, sondern vor allem auch, weil der bewegte Zugang zur Welt das Erkennen und Wahrnehmen der (Um-)Welt ermöglicht, was eine Voraussetzung für Sprachentwicklung ist (Zimmer 2016). Weiter bildet das differenzierende Unterscheiden räumlicher Strukturen, das Kinder ebenfalls ausschließlich bewegt erlernen, eine Voraussetzung für das Erkennen von Reihenfolgen in der Repräsentation von Laut- beziehungsweise Buchstabenfolgen (Fischer 2018). Trotz dieser Erkenntnisse weisen erste Evaluationsstudien darauf hin, dass die Konzeption „Bewegte Schule" zwar unter den Lehrpersonen eine hohe Akzeptanz erfährt, die konkrete Umsetzung aber auf dem besonderen Engagement weniger Lehrpersonen beruht (Thiel et al. 2013; Thiel & Teubert 2018). Insgesamt liegen vergleichsweise wenige Studien zur Effektivität sowie zur Umsetzung des Konzeptes vor, die Datenlage kann dazu als defizitär bezeichnet werden.

4 Die Vielfalt von Bewegung, Spiel und Sport ausschöpfen und deren Potenziale für eine neue bewegte Lernkultur nutzen

Bewegung, Spiel und Sport ist an Grundschulen vielfältig und birgt viele verschiedene, sehr relevante Ausprägungen für den Lern- und Lebensraum Schule. Daher ist eine *bewegungsbezogene Grundschulentwicklung* anspruchsvoll: Sie bezieht sich auf den Grundschulsport selbst, in dem neben den ‚tradierten Inhalten' auch Aspekte der Psychomotorik und eines transversal konzipierten, fächerverbindenden Unterrichtens – etwa der Rhythmik – relevant werden können. Auch für bewegte Lernkulturen birgt eine solche Grundschulentwicklung große Potenziale, sofern diese es vermögen, kognitiv-instrumentelle, ästhetisch-expressive und normativ-evaluative Zugänge zur Welterschließung (Dressler 2013) einzubinden. Kognitiv-instrumentelle Perspektiven kommen etwa in einer alltagsintegrierten, bewegt gestalteten Sprachförderung zum Tragen (s. Kap. 3), ästhetisch-expressive Zugänge zur Welt bietet nicht nur, aber auch der fächerverbindende Unterricht in der Rhythmik (s. Kap. 2.2) und normativ-evaluative Zugänge zur Welt bieten viele verschiedene ‚Kleine Spiele', insbesondere solche, die den Bildungsauftrag aufgreifen und damit eine reflexive Handlungsfähigkeit (s. Kap. 2.1) aller Kinder in der aktuellen Sport- und Bewegungskultur anstreben. Insgesamt sind Bewegung, Spiel und Sport gleichermaßen als Bildungsgegenstand wie auch als Medium für Bildungsprozesse aufzufassen. Entwicklung, Lernen und Bildung sind an Grundschulen ohne Körper, einschließlich seiner Sinne und Bewegung, nicht denkbar.

Um diese vielfältigen Möglichkeiten der Lernkultur im Grundschulsport sowie bewegter Lernkulturen in der Grundschule systematisch aufgreifen zu können, geht es im Sinne von Bewegung, Spiel und Sport als Bildungsgegenstand darum, Bewegungslernen als eine spezifische Form des Problemlösens durch offene wie durch instruierte Unterrichtssettings in unterschiedlichen Bildungsräumen, die drinnen und draußen liegen, zu inszenieren, in denen die Kinder auch selbstständig zu gestaltende Freiräume erhalten; und es gilt, diese auch professionell anhand reflexiver Auseinandersetzung zu begleiten.

Im Sinne bewegter Lernkulturen sind dabei nicht nur der Grundschulsport an sich, sondern bewegtes Lernen im Sinne eines ganzheitlichen Weltzugangs sowie das Potenzial fächerverbindender Unterrichtsvorhaben einzubeziehen. Räume sind hierbei variantenreich in den Blick zu nehmen. Dies bezieht sich nicht nur auf die für den Grundschulsport normierten Räume, sondern auf alle (Schul-)Räume; solche mit normierenden Raumstrukturen wie auch offene Räume – insbesondere draußen (s. Kap. 2.1 und 3). Ein Überdenken und Aufbrechen der mit den Räumen teilweise verknüpften Bewegungsrestriktionen und normativen Vorstellungen über ein gewünschtes „ruhiges lernförderliches" Verhalten bietet in diesem Sinne weiteres Potenzial hin zu variierenden, bewegten Lernkulturen in der Praxis der Grundschulen.

Literatur

Adler, K. & Gramespacher, E. (2021): Mädchen im Fokus: Kindliches Aktivitätsverhalten im Übergang Kindergarten-Schule. In: K. Adler & C. Andrä (Hrsg.) (2021): Bewegung, Spiel und Sport bei Kindern im Krippen- und Kindergartenalter. Forschung aus der Praxis für die Praxis. Chemnitz: Universitätsverlag Chemnitz, 278–304.

Balz, E. (2009): „Fachdidaktische Konzepte update" oder: Woran soll sich der Schulsport orientieren? In: Sportpädagogik, 33. Jg., H. 1, 25–32.

Balz, E.; Erlemeyer, R.; Kastrup, V. & Mergelkuhl, T. (2016): Gesundheitsförderung im Schulsport. Grundlagen, Themenfelder und Praxisbeispiele. Aachen: Meyer & Meyer. https://doi.org/10.5771/9783840311482.

Bankl, I.; Mayr, M. & Witoszynskyj, E. (2009): Lebendiges Lernen durch Musik, Bewegung, Sprache. Wien: G&G.

Billmeier, U. & Ziroli, S. (2014): Bewegungsbildung in der frühen Kindheit. Zur Begleitung und Gestaltung von Bewegungssituationen. In: D. Kucharz, K. Mackowiak, S. Ziroli, A. Kauertz, E. Rathgeb-Schnierer & M. Dieck (Hrsg.) (2014): Professionelles Handeln im Elementarbereich (PRIMEL). Eine deutsch-schweizerische Videostudie. Münster: Waxmann, 123–144.

Brägger, G.; Hundeloh, H.; Posse, N. & Städtler, N. (2020): Bewegung und Lernen. Konzept und Praxis Bewegter Schulen (2. Aufl.). Weinheim: Beltz.

Brandstätter, U. (2008): Grundfragen der Ästhetik. Bild – Musik – Sprache – Körper. Köln: Böhlau.

Bucher, Z. (2021): Gemeinsam wie Schneeflocken tanzen. Ästhetische Bewegungsbildung. In: Grundschule Sport, Schwerpunkt: Mehr als Sport, 8. Jg., H. 2, 12–15.

Danuser-Zogg, E. (2019): Musik und Bewegung. Struktur und Dynamik der Unterrichtsgestaltung: Forschungsprojekt der Hochschule für Musik und Theater (4., akt. Aufl.). Zürich: Academia. https://doi.org/10.5771/9783896658197-191.

Deutsche Gesetzliche Unfallversicherung [DGUV] (2020): Pädagogische Gefährdungsbeurteilung. Zugriff am 26.12.2020 unter www.sichere-schule.de/sporthalle/lehrkraft/paedagogische-gefaehrdungsbeurteilung.

Dinter, A. & Müller, C. (2008): Bewegte Schule gestalten. Ideen aus „Bewegten und sicheren Schulen". Meißen: Unfallkasse Sachsen.

Dressler, B. (2013): Fachdidaktik und die Lesbarkeit der Welt. Ein Vorschlag für ein bildungstheoretisches Rahmenkonzept der Fachdidaktiken. In: K. Müller-Roselius & U. Hericks (Hrsg.) (2013): Bildung – Empirischer Zugang und theoretischer Widerstreit (Studien zur Bildungsgangforschung, Bd. 34). Opladen: Budrich, 183–202. https://doi.org/10.2307/j.ctvdf067c.13.

Eckenbach, K. (2019): Games for Brains: Spielerische Lernförderung durch Bewegung (2. Aufl.). Seelze: Friedrich.

Egger, J. (2019): Häuser machen Schule. Eine architektursoziologische Analyse gebauter Bildung (Reihe Rekonstruktive Bildungsforschung, Bd. 27). Wiesbaden: VS Verlag für Sozialwissenschaften. https://doi.org/10.1007/978-3-658-26653-0.

Ehni, H. W. (1979): Handlungsorientierte Sportdidaktik. In: S. Größing (Hrsg.) (1979): Spektrum der Sportdidaktik (Handbücher zur Pädagogik und Didaktik des Sports, Bd. 2). Bad Homburg: Limpert, 173–206.

Finger, J. D.; Varnaccia, G.; Borrmann, A.; Lange, C. & Mensink, G. B. M. (2018): Körperliche Aktivität von Kindern und Jugendlichen in Deutschland – Querschnittsergebnisse aus KiGGS Welle 2 und Trends. In: Journal of Health Monitoring, 3. Jg., H. 1, 24–31.

Fischer, K. (2018): Hand und Kopf: Die Bedeutung von Körperlichkeit und Handeln für Schriftspracherwerb und Lesekompetenz. In: motorik. Zeitschrift für Psychomotorik in Entwicklung, Bildung und Gesundheit, 41. Jg., H. 4, 164–170. https://doi.org/10.2378/mot2018.art25d.

Gogoll, A. (2011): Sport- und bewegungskulturelle Kompetenz. Eine Voraussetzung für den Aufbau von Handlungsfähigkeit im Bereich Sport und Bewegung. In: Sportpädagogik, 35. Jg., H. 5, 46–51.

Gogoll, A. (2013): Sport- und bewegungskulturelle Kompetenz. Zur Begründung und Modellierung eines Teils handlungsbezogener Bildung im Fach Sport. In: Zeitschrift für sportpädagogische Forschung, 1. Jg., H. 2, 5–24.

Gogoll, A. (2014): Das Modell der sport- und bewegungskulturellen Kompetenz und seine Implikationen für die Aufgabenkultur im Sportunterricht. In: M. Pfitzner (Hrsg.) (2014): Aufgabenkultur im Sportunterricht. Konzepte und Befunde zur Methodendiskussion für eine neue Lernkultur. Wiesbaden: Springer VS, 93–110. https://doi.org/10.1007/978-3-658-03837-3_5.

Gogoll, A. & Gerlach, E. (2020): Bewegung, Sport und Lernen – zwischen pädagogischem Wunsch und empirischer Wirklichkeit. In: I. von Ackeren, H. Bremer, F. Kessl, H.-C. Koller, N. Pfaff, C. Rotter, E. D. Klein & U. Salaschek (Hrsg.) (2020): Bewegungen. Beiträge zum 26. Kongress der Deutschen Gesellschaft für Erziehungswissenschaft (Schriften der DGfE). Opladen: Barbara Budrich, 463–475. https://doi.org/10.2307/j.ctv10h9fjc.36.

Gräfe, R.; Gillessen, C.; Harring, M.; Sahrakhiz, S. & Witte, M. D. (2016a): Bildungsräume anders denken. Das Modellprojekt Draußenschule. In: von Au, J. & Gade, U. (Hrsg.) (2016): Raus aus dem Klassenzimmer – Outdoor Education als Unterrichtskonzept. Weinheim/Basel: Beltz, 70–78.

Gräfe, R.; Gillessen, C.; Harring, M.; Sahrakhiz, S. & Witte, M. D. (2016b): Einmal wöchentlich draußen unterrichten?! Eine qualitativ-empirische Studie zur Draußenschule aus der Perspektive von Grundschullehrerinnen. In: von Au, J. & Gade, U. (Hrsg.) (2016): Raus aus dem Klassenzimmer – Outdoor Education als Unterrichtskonzept. Weinheim/Basel: Beltz, 79–95.

Gramespacher, E.; Störch Mehring, S.; Bucher, Z. & Klostermann, C. (2021): Bewegungsbildung für Kinder: Für „Generalistinnen" und „Generalisten" nicht nur eine sportdidaktische Herausforderung! In: S. Bachmann, F. Bertschy, C. Künzli David, T. Leonhard & R. Peyer (Hrsg.) (2021): Die Bildung der Generalistinnen und Generalisten. Perspektiven auf Fachlichkeit im Studium zur Lehrperson für Kindergarten und Primarschule (Reihe: Studien zur Professionsforschung und Lehrerbildung). Bad Heilbrunn: Klinkhardt, 63–84. https://doi.org/10.35468/5860-05.

Hofmann, P. (2015): Der Klassenraum als dritter Pädagoge: Gestaltung und Einfluss des Klassenzimmers auf Schüler und Lehrer. Hamburg: Diplomica.

Horn, A. & Bašić, P. (2018): Bildung in Bewegung. Ein Plädoyer für ein ganzheitliches Bildungsverständnis unter besonderer Berücksichtigung der physischen Dimension von Bildung im Anschluss an das Projekt „Vorschüler in Bewegung". Berlin: Logos.

Illi, U. (Hrsg.) (1991): Sitzen als Belastung. Zumikon: SVSS.

Illi, U. (1995): Bewegte Schule. Die Bedeutung und Funktion der Bewegung als Beitrag zu einer ganzheitlichen Gesundheitsbildung im Lebensraum Schule. In: sportunterricht, 44. Jg., H. 10, 404–415.

Kiefer, M. & Trumpp, N. M. (2012): Embodiment theory and education: The foundation of cognition in perception and action. In: Trends in Neuroscience and Education, 1. Jg., H. 1, 15–20. https://doi.org/10.1016/j.tine.2012.07.002.

Klafki, W. (2005): Bewegungskompetenz als Bildungsdimension. In: R. Laging & R. Prohl (Hrsg.) (2005): Bewegungskompetenz als Bildungsdimension. Hamburg: Feldhaus, Edition Czwalina, 15–24.

Klicpera, R. (2016): Rhythmik – Ein fächerübergreifendes Prinzip (3. Aufl.). Wien: Lernen mit Pfiff.

Konstabel, K.; Veidebaum, T.; Verbestel, V.; Moreno, L. A.; Bammann, K.; Tornaritis, M.; Eiben, G.; Molnár, D.; Siani, A.; Sprengeler, O.; Wirsik, N.; Ahrens, W. & Pitsiladis, Y. (2014): Objectively measured physical activity in European children: the IDEFICS study. In: International Journal of Obesity, 38. Jg., H. 2, 135–143. https://doi.org/10.1038/ijo.2014.144.

Krus, A. (2019): Spielräume der Entwicklung. Das Potenzial lebensweltgebundener Spiel- und Bewegungsräume. In: motorik. Zeitschrift für Psychomotorik in Entwicklung, Bildung und Gesundheit, 42. Jg., H. 3, 112–117. https://doi.org/10.2378/mot2019.art19d.

Krus, A. (2018): Qualitätsprofil Bewegung für Lehrkräfte. Bewegung lehren – in Bewegung lernen. Wiesbaden: Springer VS Verlag für Sozialwissenschaften. https://doi.org/10.1007/978-3-658-21353-4.

Krus, A. & Jasmund, C. (2019): Bewegungsbezogene Kompetenzen von Kindheitspädagog_innen. In: A. Voss (Hrsg.) (2019): Bewegung und Sport in der Kindheitspädagogik. Ein Handbuch. Stuttgart: Kohlhammer, 165–173.

Künzli David, C. & de Sterke, E. (2021): Mehr als Fachlichkeit. Transversales Unterrichten als Spezifik einer Didaktik des Zyklus 1 und als verbindendes Konzept im Studiengang für Lehrpersonen dieser Stufe. In: S. Bachmann, F. Bertschy, C. Künzli David, T. Leonhard & R. Peyer (Hrsg.) (2021): Die Bildung der Generalistinnen und Generalisten. Perspektiven auf Fachlichkeit im Studium zur Lehrperson für Kindergarten und Primarschule (Reihe: Studien zur Professionsforschung und Lehrerbildung). Bad Heilbrunn: Klinkhardt, 165–193. https://doi.org/10.25656/01:22210.

Kuhlenkamp, S. (2017): Lehrbuch Psychomotorik (Vol. 8717). München: Reinhardt, UTB.

Kunde, W. (2017): Handlung und Wahrnehmung. In: J. Müsseler & M. Rieger (Hrsg.) (2017): Allgemeine Psychologie. Berlin: Springer, 821–837. https://doi.org/10.1007/978-3-642-53898-8_22.

Kurz, D. (2004): Von der Vielfalt sportlichen Sinns zu den pädagogischen Perspektiven im Schulsport. In: P. Neumann & E. Balz (Hrsg.) (2004): Mehrperspektivischer Sportunterricht. Orientierungen und Beispiele. Schorndorf: Hofmann, 57–70.
Laging, R. & Kuhn, P. (2018): Bildungstheorie und Sportdidaktik. Ein Diskurs zwischen kategorialer und transformatorischer Bildung (Bildung und Sport, Schriftenreihe des Centrums für Bildungsforschung im Sport, Bd. 9). Wiesbaden: Springer VS Verlag für Sozialwissenschaften. https://doi.org/10.1007/978-3-658-17096-7.
Lange, H. (2014): Sportdidaktik und Sportpädagogik: Ein fachdidaktischer Grundriss. München: Oldenbourg. https://doi.org/10.1524/9783486763836.
Lange, H. & Sinning, S. (2009): Bewegungsspiele – Kleine Spiele. Spiele verstehen, systematisieren und erfinderisch spielen können. In: H. Lange & S. Sinning (Hrsg.) (2009): Handbuch Sportdidaktik (2. Aufl.). Balingen: Spitta, 340–358.
Laging, R. & Witte, M.D. (2019): Draußensport. Sportunterricht im Freien. In: Grundschule Sport, Schwerpunkt: Draußen, 6. Jg., H. 1, 2–5.
Lüsebrink, I. (2020): Fachliche Bildungsmomente im Sportunterricht. Soziale Krisen als Anlass für fachliche Reflexionen. In: sportunterricht, 69 Jg., H. 12, 537–542.
Meinberg, E. (1991): Hauptprobleme der Sportpädagogik. Eine Einführung (2. Aufl.). Darmstadt: Wissenschaftliche Buchgesellschaft.
Miedzinski, K. & Fischer, K. (2014): Die neue Bewegungsbaustelle (3. Aufl.). Dortmund: Borgmann.
Mutz, M. & Albrecht, P. (2017): Parents' Social Status and Children's Daily Physical Activity: The Role of Familial Socialization and Support. In: Journal of Child and Family Studies, 26. Jg., 3026–3035. https://doi.org/10.1007/s10826-017-0808-3.
Neuber, N.; Kaufmann, N. & Salomon, S. (2015): Ganztag und Sport. In: W. Schmidt, N. Neuber, T. Rauschenbach, H. P. Brandl-Bredenbeck, J. Süßenbach & C. Breuer (Hrsg.) (2015): Dritter Deutscher Kinder- und Jugendsportbericht. Kinder- und Jugendsport im Umbruch. Schorndorf: Hofmann, 416–443.
Neumann, P. (2020): Reflexive Handlungsfähigkeit im Sportunterricht. Wie nehmen Sportlehrkräfte diese neue Zielstellung wahr? In: sportunterricht, 69 Jg., H. 12, 530–536.
Pfitzner M. (2018): Ausgangspunkte und Reflexionsanlässe. In: Lernaufgaben im kompetenzförderlichen Sportunterricht. Bildung und Sport (Schriftenreihe des Centrums für Bildungsforschung im Sport, Bd. 14). Springer VS Verlag für Sozialwissenschaften, Wiesbaden. https://doi.org/10.1007/978-3-658-19776-6_1.
Plotzki, J. (2019): Das Konzept Draußenschule. In: Grundschule Sport, Schwerpunkt: Draußen, 6. Jg., H. 1, 22–23.
Prohl, R. (2017): Vermittlungsformen im Erziehenden Sportunterricht. In: V. Scheid & R. Prohl (Hrsg.) (2017): Sportdidaktik. Grundlagen, Vermittlungsformen, Bewegungsfelder (2. Aufl.). Wiebelsheim: Limpert, 85–103.
Prohl, R. & Ratzmann, A. (2018): Bewegungsbildung im Horizont allgemeiner Bildung. In: R. Laging & P. Kuhn (Hrsg.) (2018): Bildungstheorie und Sportdidaktik. Ein Diskurs zwischen kategorialer und transformatorischer Bildung (Bildung und Sport, Schriftenreihe des Centrums für Bildungsforschung im Sport, Bd. 9). Wiesbaden: Springer VS Verlag für Sozialwissenschaften, 133–154. https://doi.org/10.1007/978-3-658-17096-7_7.
Roth, K. & Roth, C. (2009): Entwicklung motorischer Fertigkeiten. In: J. Baur, K. Bös, A. Conzelmann & R. Singer (Hrsg.) (2009): Handbuch Motorische Entwicklung (2., kompl. überarb. Aufl.). Schorndorf: Hofmann, 277–247.
Scherler, K. (1990): Bewegung als Zeichen. In: H. Gabler & U. Göhner (Hrsg.) (1990): Für einen besseren Sport. Schorndorf: Hofmann, 396–414.

Schierz, M. & Thiele, J. (2013): Weiter denken – Umdenken – Neu denken? Argumente zur Fortentwicklung der sportdidaktischen Leitidee der Handlungsfähigkeit. In: H. Aschebrock & G. Stibbe (Hrsg.) (2013): Didaktische Konzepte für den Schulsport. Aachen: Meyer & Meyer, 122–147. https://doi.org/10.5771/9783840309182-122.

Schmidt, S. C. E.; Anedda, B.; Burchartz, A.; Eichsteller, A.; Kolb, S.; Nigg, C.; Niessner, C.; Oriwol, D.; Worth, A. & Woll, A. (2020): Physical activity and screen time of children and adolescents before and during the COVID-19 lockdown in Germany: a natural experiment. In: nature research, scientific reports, 10. Jg., H. 21780, https://doi.org/10.1038/s41598-020-78438-4.

Schmidt, M.; Benzing, V. & Kamer, M. (2016): Classroom-based physical activity breaks and children's attention: cognitive engagement works! In: Frontiers in Psychology, 7. Jg., H. 1473, 317. https://doi.org/10.3389/fpsyg.2016.01474.

Streit, C.; Künzli David, C. & Hildebrandt, E. (2014): Besonderheiten des Lernens und Lehrens auf der Bildungsstufe der 4- bis 8-Jährigen – ein Diskussionsbeitrag. In: E. Hildebrandt; M. Peschel & M. Weißhaupt (Hrsg.) (2014): Lernen zwischen freiem und instruiertem Tätigsein. Bad Heilbrunn: Klinkhardt, 17–31. https://doi.org/10.35468/5375_02.

Thaler-Battistini, A. (2019): Rhythmik: handlungsorientiert, mehrdimensional, ästhetisch. Ein gestalterisches Verfahren in der Pädagogik und der Heilpädagogik (HfH-Reihe, Bd. 39). Bern: Edition SZH/CSPS.

Thiel, A.; Teubert, H. & Kleindienst-Cachay, C. (2013): Die Bewegte Schule auf dem Weg in die Praxis: Theoretische und empirische Analysen einer pädagogischen Innovation. Hohengehren: Schneider.

Thiel, A. & Teubert, H. (2018): Die Bewegte Schule. In: H. Barz (Hrsg.) (2018): Handbuch Bildungsreform und Reformpädagogik. Wiesbaden: Springer VS, 503–510. https://doi.org/10.1007/978-3-658-07491-3_47.

Tomporowski, P.; McCullick, B.; Pendleton, D. M. & Pesce, C. (2015): Exercise and children's cognition: The role of exercise characteristics and a place for metacognition. In: Journal of Sport and Health Science, 4. Jg., H. 1, 47–55. https://doi.org/10.1016/j.jshs.2014.09.003.

Volkamer, M. (1984): Zur Definition des Begriffs „Sport". In: Sportwissenschaft, 14. Jg., H. 2, 195–203.

Voss, A. (2019): Sport- und bewegungsbezogene Pädagogik der frühen Kindheit – eine Bestandsaufnahme. In: A. Voss (Hrsg.) (2019): Bewegung und Sport in der Kindheitspädagogik. Ein Handbuch. Stuttgart: Kohlhammer, 17–36.

Warwitz, S. A. (1974): Interdisziplinäre Sporterziehung: didaktische Perspektiven und Modellbeispiele fachübergreifenden Unterrichts. Schorndorf: Hofmann.

Weise, D. (2017): Über die Notwendigkeit des Gegen-Stands. In: Fachzeitschrift Rhythmik Schweiz, 16. Jg., H. 31, 8–11.

World Health Organization [WHO] (2020): WHO guidelines on physical activity and sedentary behavior. Zugriff am 11.01.2021 unter https://apps.who.int/iris/bitstream/handle/10665/336656/9789240015128-eng.pdf?sequence=1&isAllowed=y.

Willimczik, K. (2009): Motorische Entwicklung in der mittleren/späteren Kindheit und im Jugendalter. In: J. Baur, K. Bös, A. Conzelmann & R. Singer (Hrsg.) (2009): Handbuch Motorische Entwicklung (2., kompl. überarb. Aufl.). Schorndorf: Hofmann, 301–332.

Zimmer, R. (1999): Handbuch Psychomotorik. Theorie und Praxis der psychomotorischen Förderung von Kindern. Freiburg/Br.: Herder.

Zimmer, R. (2016): Handbuch Bewegung und Sprache. Alltagsintegrierte Sprachbildung in der Kita. Freiburg/Br.: Herder.

Autorinnen und Autoren

Dr. Katja N. Andersen ist Professorin für Primary Science Education an der Universität Luxemburg. Ihre Forschungsschwerpunkte liegen in den Bereichen Inquiry Based Science Education, Förderung der MINT-Kompetenzen sowie naturwissenschaftliches Lehren und Lernen in mehrsprachigen Kontexten. Im Luxembourg Science Center hat sie die naturwissenschaftliche Primarschulbildung mitentwickelt.

Zita Bucher ist Dozentin für Rhythmik an der Professur Bewegungsförderung und Sportdidaktik im Kindesalter am Institut Kindergarten-/Unterstufe der Pädagogischen Hochschule FHNW (Schweiz). Sie ist Redaktionsleiterin der Fachzeitschrift „Rhythmik Schweiz" und als freischaffende Künstlerin im Bereich Musiktheater tätig.

Dr. Kristina Calvert ist Dozentin, Autorin und Multiplikatorin für das Philosophieren mit Kindern und Forschendes Lernen. Gemeinsam mit Dr. Anna K. Hausberg bildet sie den Vorstand des Vereins Philosophieren mit Kindern Hamburg e. V.

Marie Fischer ist wissenschaftliche Mitarbeiterin am Lehrstuhl für Didaktik des Sachunterrichts an der Universität des Saarlandes und unterstützt das Projekt „Sprachlichkeiten – Fachlichkeiten". Ihr Forschungsinteresse liegt in der kindlichen Konzeptentwicklung im naturwissenschaftlich orientierten Sachunterricht.

Dr. Hartmut Giest wirkte von 1994 bis 2018 als Professor für Grundschulpädagogik/Sachunterricht – naturwissenschaftlich-technischer Schwerpunkt an der Universität Potsdam. Seine Forschungsschwerpunkte liegen auf dem Gebiet der Didaktik des Sachunterrichts und der darauf bezogenen Unterrichtsforschung, Lern-Lehr-Forschung sowie dem Lernen mit digitalen Medien.

Dr. Elke Gramespacher, Professorin, leitet die Professur Bewegungsförderung und Sportdidaktik im Kindesalter am Institut Kindergarten-/Unterstufe (assoziiert am Institut Primarstufe) der Pädagogischen Hochschule FHNW (Schweiz). Seit 2017 ist sie Mitherausgeberin der Zeitschrift Grundschule Sport. Zu ihren Arbeitsschwerpunkten zählen: Bewegung im Übergang Kindergarten-Primarschule, Geschlechterforschung mit Fokus Mädchenförderung und Orientalischer Tanz.

Dr. Inga Gryl ist Professorin für Didaktik des Sachunterrichts an der Universität Duisburg-Essen. Sie ist eine der zwei Leiter*innen des Instituts für Sachunterricht sowie eines Graduiertenkollegs zur Lehrerbildung an der Universität Duisburg-Essen. Ihre Forschungsschwerpunkte sind: geographische Bildung, Digitalisierung in der Lehrer*innenbildung sowie Partizipation und Innovativität in Bildungsprozessen.

Dr. Anna K. Hausberg ist Abteilungsleiterin an der Grundschule Forsmannstraße, Dozentin, Autorin und Multiplikatorin für das Philosophieren mit Kindern und Forschendes Lernen. Gemeinsam mit Dr. Kristina Calvert bildet sie den Vorstand des Vereins Philosophieren mit Kindern Hamburg e. V.

Dr. Thomas Irion ist Professor für Erziehungswissenschaft, Leiter der Abteilung Grundschulpädagogik und Direktor des Zentrums für Medienbildung an der Pädagogischen Hochschule Schwäbisch Gmünd. Er ist Vorstandsmitglied des Bundesgrundschulverbandes und dort zuständig für das Ressort Digitale Grundbildung. Als Senior Fellow betreut er Nachwuchswissenschaftler*innen im MINT-Kolleg Didaktik:digital der Joachim Herz Stiftung, Hamburg.

Pascal Kihm ist wissenschaftlicher Mitarbeiter am Lehrstuhl für Didaktik des Sachunterrichts an der Universität des Saarlandes. Seine Arbeits- und Forschungsschwerpunkte sind: Interaktions-, Aushandlungs- und Kommunikationsprozesse beim Experimentieren im Grundschullabor für Offenes Experimentieren (GOFEX) und im naturwissenschaftlich orientierten Sachunterricht.

Dr. Claudia Klostermann ist Dozentin für Bewegung und Sport an der Professur Bewegungsförderung und Sportdidaktik im Kindesalter am Institut Kindergarten-/Unterstufe der Pädagogischen Hochschule FHNW (Schweiz). Ihre Arbeitsschwerpunkte umfassen sportliche Aktivitäten im Lebensverlauf, soziale Determinanten des Sportengagements sowie Gesundheits- und Bewegungsförderung im Kindesalter.

Verena Knoblauch arbeitet als Grundschullehrerin und medienpädagogische Beraterin in Nürnberg. Außerdem ist sie in der Lehrerfortbildung, als Referentin und als Autorin tätig und hält bundesweit Vorträge, Workshops und Online-Fortbildungen zum Thema Lehren und Lernen mit digitalen Medien.

Adrian Krawczyk ist Referent für Raumkonzepte im Ganztag in der Behörde für Schule und Berufsbildung in Hamburg. Als Architekt beschäftigt er sich seit mehr als zehn Jahren mit der Verbindung von Raumkonzept und Pädagogik, verantwortet Förderprogramme zur Qualitätsentwicklung an der Schnittstelle Ganztag, Schulentwicklung und Raum.

Mark Liebig hat im Rahmen der Qualitätsoffensive Lehrerbildung im Bereich Didaktik des Sachunterrichts zur Kinder-Sachen-Welten-Frage gearbeitet. Zudem unterstützt er das Projekt „Self*Pro*", in dem die Selbstkonzeptentwicklung und Professionalisierung von Studierenden des Lehramts Primarstufe und Sekundarstufe I untersucht werden.

Dr. Andreas Nießeler ist Professor für Grundschuldidaktik/Schwerpunkt Sachunterricht am Institut für Pädagogik an der Julius-Maximilians-Universität Würzburg. Seine Arbeitsschwerpunkte sind: Theorie des Sachunterrichts, Kulturanthropologische Theorie der Bildung und des Lernens, Philosophieren mit Kindern.

Dr. Falko Peschel ist Grundschullehrer und Erziehungswissenschaftler. Sein Arbeits- und Forschungsschwerpunkt lautet „Theorie und Praxis des Offenen Unterrichts in der Grundschule". Er hatte langjährige Lehraufträge an verschiedenen Universitäten inne, ist Mitglied im Kompetenzteam des Landes Nordrhein-Westfalen sowie Gründer und Leiter der „Bildungsschule Harzberg" als Fortbildungseinrichtung für Lehrer*innen sowie als private Ersatzschule im Primarbereich.

Dr. Markus Peschel ist Professor für Didaktik der Primarstufe – Schwerpunkt Sachunterricht und leitet die Arbeitsgruppe Didaktik des Sachunterrichts. Seine Forschungsschwerpunkte sind Offenes Experimentieren, Didaktik der Lernwerkstätten, Sprachlichkeiten – Fachlichkeiten und Mediales Lernen. Er ist Vorsitzender der AG Medien & Digitalisierung der Gesellschaft für Didaktik des Sachunterrichts (GDSU) und Fachreferent für Lernkulturen & Sachunterricht im Grundschulverband.

Dr. Melanie Platz ist Professorin für Didaktik der Primarstufe – Schwerpunkt Mathematik an der Universität des Saarlandes. Ihr Forschungsfokus liegt auf dem Einsatz digitaler Medien sowie der Entwicklung substanzieller Lernumgebungen zum Beweisen im Mathematikunterricht der Primarstufe.

Dr. Marcus Rauterberg ist im Arbeitsbereich Sachunterricht des Instituts für Erziehungswissenschaften an der Pädagogischen Hochschule Ludwigsburg tätig und interessiert sich insbesondere für Ansätze zum Welterkunden von Kindern im Elementarbereich und kindliches Weltumleben außerhalb pädagogischer Einrichtungen.

Dr. Gerold Scholz ist Professor im Ruhestand für Grundschulpädagogik an der Goethe-Universität Frankfurt am Main und Mitglied im Vorstand der Martha-Muchow-Stiftung. Einen seiner Forschungsschwerpunkte stellte der Schulanfang dar.

Dr. Sebastian Schorcht ist Mathematikdidaktiker an der Justus-Liebig-Universität Gießen. Der Schwerpunkt seiner Arbeit liegt im Bereich digitaler und analoger mathematischer Darstellungen.

Dr. Susanne Störch Mehring leitet die Beratungsstelle Gesundheitsbildung und Prävention am Institut Weiterbildung und Beratung der Pädagogischen Hochschule FHNW (Schweiz). Zuvor war sie als Psychomotoriktherapeutin sowie als wissenschaftliche Mitarbeiterin und Dozentin in Bereichen der Psychomotorik, der Bewegungsförderung und der Sportdidaktik an der Professur Bewegungsförderung und Sportdidaktik im Kindesalter an der Pädagogischen Hochschule FHNW (Schweiz) tätig.

Dr. Hartmut Wedekind wirkte bis 2019 als Professor für Frühpädagogik und -didaktik mit den Schwerpunkten Naturwissenschaften, Mathematik und Technik an der Alice Salomon Hochschule Berlin und bis Dezember 2020 als wissenschaftlicher Leiter des Kinderforscherzentrums HELLEUM Berlin.